古典文獻研究輯刊

二 編

潘美月・杜潔祥 主編

第 6 冊

《初學記》徵引集部典籍考（上）

江 秀 梅 著

國家圖書館出版品預行編目資料

《初學記》徵引集部典籍考（上）／江秀梅著 — 初版 — 台北縣永和市：花木蘭文化出版社，2006〔民95〕

目 2＋280 面；19×26 公分（古典文獻研究輯刊 二編；第 6 冊）

ISBN：986-7128-26-5（上冊：精裝）
1. 類書－研究與考訂

041.4 95003572

ISBN 986712826-5

古典文獻研究輯刊
二 編 第六冊 ISBN：986-7128-26-5

《初學記》徵引集部典籍考（上）

作　　者　江秀梅
主　　編　潘美月　杜潔祥
企劃出版　北京大學文化資源研究中心
出　　版　花木蘭文化出版社
發 行 所　花木蘭文化出版社
發 行 人　高小娟
聯絡地址　台北縣永和市中正路五九五號七樓之三
　　　　　電話：02-2923-1455／傳眞：02-2923-1452
電子信箱　sut81518@ms59.hinet.net
初　　版　2006 年 3 月
定　　價　二編 20 冊（精裝）新台幣 31,000 元

《初學記》徵引集部典籍考(上)

江秀梅　著

作者簡介

江秀梅，一九六七年生。

學歷：輔仁大學中國文學系碩士畢業。

現職：國立新竹高商。

著作：論文〈魏晉南北朝詩賦合流現象初探〉、專著〈初學記徵引集部典籍考〉。

提　要

　　隋以前圖書散佚嚴重，開皇三年，秘書監牛弘表請搜訪異書，經籍於是漸備。唐自立國，即極重視圖籍之收聚。唐官府藏書在隋之官藏基礎予以發展，官府藏書處之規模亦有擴大。唐代除大規模整理舊籍外，類書之編纂亦蓬勃興起。《初學記》為開元年間，玄宗敕徐堅所撰。其書所採撮，皆隋以前古書，而去取謹嚴，多可應用，在唐人類書中，頗具文獻價值。

　　研究文學，檢尋古籍，倘不辨明真偽，以論作家生平及其作品風格，則往往差以毫釐，謬以千里。然欲考求唐前之詩文集，惟賴〈隋志〉，而唐代類書所徵引之唐前詩文集，或有〈隋志〉未著錄者，凡此皆可補〈隋志〉之不足。《初學記》於整理初唐以前之文學史料，極具價值。故冀以本文，可將初唐以前集部亡佚之書，詳加考索，爬梳董理，不致使其永晦不彰，並可為漢魏六朝文學之研究，盡棉薄之力。

　　全文凡例、緒論外分為三章：

　　首為「緒論」，敘述本文研究動機與方法。

　　第一章「類書與初學記概述」，本章又分二節：第一節類書概說，將類書之內容與特性、起源與演變及其作用與缺失略作探討；第二節《初學記》之纂修及其內容，將《初學記》所具有之內容、性質及功能予以提出。

　　第二章「《初學記》徵引集部典籍考」，此章為本論文主體。所考之古籍，以《初學記》徵引集部典籍為範圍，所考諸書，其分類與次第，一仿〈隋志〉；凡〈隋志〉未著錄者，則參考諸史志，力求分類妥愜。

　　書目考之體例，於撰者生平及著作內容等，加以敘述。撰者之考索，其資料或得自史傳，或採自方志，或引自碑銘，其詳略去取，視要而定。著作內容之考訂，則有關序跋及足資論證者，視實際需要引錄之；如佚文尚可鉤稽而有助於考證者，亦略事徵引，以資考核。其有輯本者，則著其輯本之名稱及內容概略。其他如撰者之誤題、書名之舛謬、篇卷之多寡等，亦視其情形，酌加考訂。本章分為三節，第一節為楚辭類，第二節為別集類，第三節為總集類。

　　第三章「結論」，總結本文研究成果，並以《初學記》徵引集部書為例，論述《初學記》一書之文獻價值。隨後並有附錄三篇，其一為〈初學記徵引集部作者篇名索引〉，俾便讀者檢索；其二為〈初學記徵引集部典籍存佚表〉，每書著其存佚及殘本、輯本，俾便省覽；其三為參考書目舉要。

目 錄

凡　例

一、本文以楊家駱主編鼎文書局《國學名著珍本彙刊・類書彙刊》之一《初學記》三十卷爲底本（古香齋本），并參考近人閻琴南《初學記異文校注》。

二、本文所考訂之古籍，以《初學記》所引用集部典籍爲範圍。

三、本文所考諸書，其分類及次序，一仿《隋書・經籍志》。凡〈隋志〉未著錄者，則參考諸史志，力求其分類之妥愜。

四、本文仿《四庫總目提要》之例，於撰者生平及著作內容等，加以敍述。撰者之考索，其資料或得自史傳，或採自方志，或引自碑銘，或擷自年譜，其詳略去取，視需要而定。於著作內容之考訂，則有關序跋及足資論證者，視實際需要引錄之；如佚文尚可鉤稽而有助於考證者，亦略事徵引，以資考核。其有輯本者，則著其輯本之名稱及內容概略。他如撰者之誤題，書名之舛謬，篇卷之多寡，歸類之得失等，亦視其情形，酌加考訂。

五、本文楚辭類、總集類以一書爲一目，別集類則以一人爲一目，若一書數名，或書名繁省不同，則併爲一目，而於按語下說明。每朝之下，凡史志著錄者，列於前；史志未著錄者，則附於後。

六、凡作者事蹟見前，他類別見者，例書別有考三字。

七、今存之書，略說其演變。今亡之書，則參考類書、地志、經史等，記其書名，卷數之異同。

八、本文之末，有附錄二篇：其一爲〈初學記徵引集部典籍存佚表〉，每書著其存佚或殘本、輯本，俾便省覽；其二爲〈初學記徵引集部典籍書名作者綜合索引〉，俾便讀者索檢。

緒　論

　　隋以前，圖書罹經五厄〔註1〕。開皇三年，秘書監牛弘乃表請搜訪異書，經籍於是漸備。唐自立國，即極重視圖籍之收聚。《新唐書‧藝文志》云：「隋嘉則殿書三十七萬卷，至武德初，有書八萬卷，重復相糅。」武德四年（621 年），唐高祖於克平王世充後，即將隋東都洛陽之圖書與古籍俱收爲唐所有。惜其時「命司農少卿宋遵貴載之以船，泝河西上，將到京師。行經砥柱，多被漂沒。其所存者，十不一二〔註2〕。」凡此前代遺書，爲唐所承繼，然較隋之經籍已亡佚不少。武德五年，隋末唐初戰事已平，故令狐德棻「奏請購募遺書，重加錢帛，增置楷書令繕寫，數年之間，群書略備〔註3〕。」唐代官藏，基本已備。

　　唐太宗貞觀年間，魏徵、虞世南、顏師古相繼任秘書監，並請購天下書，「選五品以上子孫工書者爲書手，繕寫藏於內庫，以宮人掌之〔註4〕。」唐中宗景龍三年（709 年）以經籍多缺，使天下搜羅。此次搜集藏書，採「令京官有學行者，分行天下，搜括圖籍」之法進行。唐睿宗景雲年間，又以經籍多缺，「令京官有學行者分行天下，搜檢圖籍〔註5〕。」玄宗開元年間，亦多次搜集經典。開元七年（719年），玄宗曾「詔公卿士庶之家，所有異書，官借繕寫〔註6〕。」開元十年（722年）九月，張說都知麗正殿修書事，秘書徐堅爲副，張悱改充知圖書括訪異書使。故知開元文籍最備，「所藏至七萬卷，學士張說等四十七人分司典籍〔註7〕。」至

〔註1〕見《隋書‧牛弘傳》（卷四九）。其云：「臣以經書，自仲尼以後，迄於當今，年踰千載，數遭五厄，興集之期，屬膺聖世。」
〔註2〕見《隋書‧經籍志》（卷三二）。
〔註3〕見《舊唐書‧令狐德棻傳》（卷七三）。
〔註4〕見《新唐書‧藝文志一》（卷五七）。
〔註5〕見《唐會要‧經籍》（卷三五）。
〔註6〕見《舊唐書‧經籍志》（卷四七）下。
〔註7〕見《古今圖書集成‧理學匯編‧經籍典》引集賢注記。

此，唐代官藏已達巔峰。

唐代官府藏書在隋之官藏基礎予以發展，官府藏書處之規模亦有擴大。有秘書省、弘文館、集賢院、史館、崇文館等。凡此官藏機構既各自獨立，又互相緊密聯繫，構成唐代官府藏書體系。而官藏機構主要工作，在於舊籍之搜羅、整理與輯校。

唐代史館既爲藏書之所，亦爲學術研究機構。唐代史館所修正史頗多，貞觀三年（629 年），唐太宗命姚思廉撰《梁書》、《陳書》，李百藥撰《北齊書》，令狐德棻等撰《周書》，魏徵等撰《隋書》，由魏徵總監諸史。貞觀十年正月，《五代史》修成，共紀傳二百四十一卷，稱之爲《五代史》。以《五代史》皆無志，貞觀十五年復詔修《五代史志》，十五年後修成（即顯慶元年，西元 656 年），初爲單行，後併入《隋書》，專稱〈隋志〉。編撰〈隋志〉乃以隋大業御書目錄底本，此部目所收爲東都觀文殿正御書，於東都遷運至西京途中，爲水漂沒十之七八，故於編〈隋志〉時，僅能以正御目核查殘缺藏書，故〈隋志〉所著錄者當爲唐初現存藏書。

就集部別集類檢尋，〈隋志〉著錄四百三十七部，四千三百八十一卷，驗之今藏書目，庶幾亡佚，所得見者，亦僅輯本而已：較著者如梅鼎祚之《文紀》、張溥之《漢魏六朝百三名家集》、丁福保之《全漢三國晉南北朝詩》、嚴可均《全上古三代秦漢三國六朝文》、逯欽立《先秦漢魏晉南北朝詩》，雖殘膏賸馥，亦足以沾溉後學。其中以嚴氏輯本、逯氏輯本最稱美備。前者就嚴氏自序云：「廣搜三分書，與夫收藏家秘笈，金石文字，遠而九譯，旁及釋道鬼神，鴻裁巨製，片語單辭，罔弗綜錄，省并複疊，聯類畸零。」及其凡例所云：「文有煩簡完闕雅俗，或寫刻承訛，或宋以前依託，畢登無所去取。」則嚴氏之書或有可議之處。後者收錄先秦、漢、魏、晉、宋、齊、梁、北魏、北齊、北周、陳、隋各代之詩，凡一百三十五卷，爲先秦至隋除《詩經》、《楚辭》以外，最完備之詩歌總集。其取材廣博，引書達三百餘種，資料翔實，書中每首詩皆詳注出處，考訂精審，並注明異文。然檢其所收錄，就《初學記》一書而言，僅限「詩文」中之詩作，而於「事對」所引用者，則似未留意。

再者，就文學發展史而言，漢魏六朝文學，上承周楚，下啓唐宋，實居樞紐。欲考求唐前之詩文集，惟賴〈隋志〉。而唐代類書所徵引之唐前詩文集，或有〈隋志〉未著錄者，凡此或可補〈隋志〉之不足。後人考證〈隋志〉者，有清乾嘉間章宗源及光緒中姚振宗。章氏所撰，今僅存史部，姚氏仿其成規，廣徵古史異說，頗爲精審，然姚氏臚列諸說，重於某人有無某書之著作，至其書之存佚概況及其內容爲何，則罕論及之。

　　民國八十二年，余入輔大中研所從王師金凌修習治學方法，其時王老師提出
《初學記》一書，對於整理初唐以前之文學史料，極具價值；且又深感研究文學，
檢尋古籍，輒以亡殘訛誤而慨嘆，倘不辨明眞僞，以論作家生平及其作品風格，
則往往差以毫釐，謬以千里。自清季以來，稽考典籍存佚之風頗盛，其通考通代
之書者，如朱彝尊《經義考》三百卷，博稽歷代經籍；謝啓昆《小學考》五十卷，
補朱氏之不及，歷代小學之書，至此灼然可知。另有沈廷芳《續經義考》、翁方綱
《經義考補正》等，皆是類之作。稽考史籍者，較著者如清乾隆間，章學誠撰《史
籍考》，據其總目，多至三百二十五卷，分類詳密，規模亦閎。惜其書未竟，稿亦
不存。又如章宗源《隋志考證》，於史部考證尤詳。再者如謝國楨《晚明史籍考》、
劉兆祐《宋史・藝文志史部佚籍考》等皆是。然或經或史，於集則未及之。是以
引發此一研究動機，冀以本文，將初唐以前集部亡佚之書，詳加考索，爬梳整理，
不致使其永晦不彰，並可爲漢魏六朝文學之研究，盡棉薄之力。

　　探求初唐以前典籍，端賴當時之書目。唐以前目錄之書，據《新唐書・藝文
志》目錄類所載，有二十二部，四百六卷。其中失姓名二家，毋煚以下不著錄十
二家，一百一十四卷，今皆已散佚。欲考唐以前典籍之存佚及其流變，當以宋以
前之史志目錄爲主。宋代以前史志目錄，可得見者，有《漢書・藝文志》、《隋書・
經籍志》、《舊唐書・經籍志》、《新唐書・藝文志》。以今所能見資料言之，上所列
諸史志目錄爲著錄當時書籍最備之目錄書。本文探求《初學記》徵引集部典籍，
即以上述諸史志爲主，爲考其源流演變，並參以宋以後諸史志書目、官修書目及
私家書目〔註8〕。稽考今存初唐以前文集，並非易事，而探求佚書，尤爲艱難，以
文獻不足故也。所幸今存唐人類書中，尚有可取資者。唐人類書，多已亡佚，今
僅存《北堂書鈔》、《藝文類聚》、《初學記》及《白氏六帖事類集》。本文研究範圍
以《初學記》徵引集部典籍爲主，至其附錄佛、道典籍，以其性質與集部不合，
故不列論。《初學記》凡三十卷，分二十三部，三百一十三目。每目前爲敘事，次
爲事對，次爲詩文，皆摘六經諸子百家之言而記之。其徵引書目遍及四部之書，
本文原以《初學記》引書考爲題，冀將其所徵引初唐以前經籍一一稽考，後以其
卷帙浩繁，個人學力不足；且於引書考方面之研究，前人多致力於經、史典籍之
稽考，於集則未之觀。本文逐以《初學記》徵引集部典籍爲範圍，冀將初唐以前

〔註8〕宋以後史志目錄有《宋史・藝文志》、《明史・藝文志》；官修書目主要有《崇文總
　　　目》、《四庫全書總目》；私家書目則主要有晁公武《郡齋讀書志》、陳振孫《直齋書
　　　錄解題》及馬端臨《文獻通考經籍考》。此外於歷代史志之補撰與考訂，與本文相
　　　關者，亦酌採互參之。

集部典籍，博采有關文獻，稽考董理，並藉此以觀《初學記》一書之文獻價值。

第一章　類書與《初學記》概述

第一節　類書概說

一、類書之內容與特性

　　唐代除大規模整理舊籍外，類書之編纂亦蓬勃興起。唐代類書，不僅數量驟增，且品質超邁前人。類書為匯集古籍中之詞語等資料，按類或韻編次，以供檢索之書。舉凡詩文、辭藻、人物、典故、天文、地理、典章、制度、飛禽、走獸、草木、蟲魚等，幾乎無所不包，內容範圍廣泛，故其編製異於他類諸書。而類書將多種材料集錄，以供採擇，正為類書之作用。其中有經書、史書、子書、小說、雜錄，尚有屬集部著作之賦、啟、詩、文等，顯示其內容之紛雜。可知類書之特性，以內容論，其採擇經史子集諸書之語詞、詩文、典故等，彙輯成書，取材並不囿限；以形式言，皆分門別類，編次排比，以便檢尋；就作用言，其與字典、詞典、現代百科全書相類。然其雖錄經書，卻非經傳注疏；雖列故事，卻非史書；雖採子書，卻非專取一家之言；雖選詩文，卻非各家著作之總集；雖有語詞之訓詁，卻與字典、詞典、百科全書之注解有異。故類書非單一著作，而為各類資料之彙編、雜抄。其編撰者，多僅就其搜輯、採擇之材料，分門別類予以剪裁、排比，或個別加按語予以辨釋、考證或校勘。又前人將書籍析為經、史、子、集四部，類書卻無從歸入，以其既非經非史，亦非子非集，然又兼包含四部內容。故《四庫提要·類書小序》云：「類事之書，兼收四部，而非經、非史、非子、非集，四部之內乃無類可歸。」凡此皆說明類書編製「以雜見稱」、「兼含四部」之特性。

二、類書之起源與演變

　　類書起源頗早，鴻篇巨製，代有興作，無數失傳文獻賴以保存，歷代典章制度亦可藉資查考。至今類書於文獻整理、史料輯佚以及語言史、文學史、古代科技史等之研究，仍具極大功用。漢代《史記》、《漢書》之編撰，於史料整理建立分朝、分類、分人繫屬之法。尤以司馬遷《史記》，於編年、紀傳外，復將有關學術、制度之史料編爲八書，實開啓以類隸事之類書體例。劉向編校中秘書，整理舊籍，匯集相關史事，成《說苑》、《新序》，以類相從，亦皆具類書之體。文學方面，辭賦之辭藻堆砌，成爲漢代文學之重要體裁。如班固〈西都賦〉：「鳥則玄鶴白鷺、黃鵠鵁鸛、鶬鴰鴇鶂、鳥鷖鴻雁，朝發河海，夕宿江漢。」即連用十二鳥部之字；張衡〈南都賦〉云：「其木則檉松楔稷、槾柏杻橿、楓枑櫨欐，帝女之桑，楈枒栟櫚，柍柘檍檀。」即連用二十木部之字。如此重視辭藻，必然須有廣博見聞與豐富資料以供臨文之參考。文風所向，促使文士必求助於類書之體。三國魏文帝，喜好文學，除親自著述外，嘗令儒臣王象、桓範、劉劭、韋誕、繆襲等，撰集經傳，分門別類編成《皇覽》。此部書分四十餘部，每部有數十篇，凡八百餘萬字〔註1〕。延康元年（220年）始撰，歷來學者視其爲類書之權輿〔註2〕。惜原書久佚，清孫馮翼由諸書輯得佚文一卷，收入《問經堂叢書》，然所存寥寥無幾。

　　六朝辭賦承漢賦之體而尤甚焉。逞博炫奇，標新立異，競相以奇語難字僻典，形成一代文風。而其時南方之富庶及發展，佛經之傳播等，皆豐富辭彙之內容，此皆促使類書應運而生。六朝類書，〈隋志〉著錄有梁劉峻《類苑》一百二十卷、徐勉等《華林遍略》六百二十卷與北齊聖壽堂《御覽》三百六十卷等；此後《南史》著錄梁陶宏景《學苑》一百卷、梁簡文帝《法寶聯璧》三百卷，《梁書》亦載張纘《鴻寶》一百卷。凡此雖史志未標其爲類書，實皆類書也。直至《新唐書·藝文志》始著類書之目，亦爲類書見諸史志之始。梁劉勰《文心雕龍》有事類一篇，其釋「事類」云：「事類者，蓋文章之外，據事以類義，援古以證今者也。」劉勰以爲作文章不僅應綜採紀傳之「古事」，且可博取詩文之「舊辭」。此注重辭藻、典故之風，自亦促使類書之產生與發展。《皇覽》後，至南北朝時，類書編纂頗受重視，上至王公貴族，下至士大夫階層，競相編製，盛極一時。自六朝至清末，據歷代藝文志、經籍志著錄約六百餘種，大多已散佚，今存者約二百種左右，

〔註1〕按《三國志·魏志·楊俊傳》裴松之注引《魏略》云：「王象受詔撰《皇覽》，使象領秘書監。象由延康元年始撰集，數歲成，藏於秘府，合四十餘部，部有數十篇，通合八百餘萬字。」

〔註2〕如王應麟《玉海·藝文》卷五四，〈承詔撰述篇〉稱「類事之書，起於《皇覽》」。

雖有部分佚文，卻難觀原書舊貌。現存類書以唐《藝文類聚》、《北堂書鈔》、《初學記》、《太平御覽》、《冊府元龜》、《玉海》等以及《白氏六帖》為著。明《永樂大典》凡二萬二千九百餘卷，清《古今圖書集成》一萬卷，可謂類書集大成之作。

由三國以至明清之類書觀之，於內容、形式與編纂目的，不盡相同；每朝之官私類書，皆受當時文風、學風所影響；帝王下令修類書，則或多或少皆含政治作用。古代官修類書，或為供皇帝閱覽有關治亂興衰、君臣得失之事蹟，以為施政借鑒；或為作詩文採擇典故、辭藻之用。故魏文帝時《皇覽》，僅為類比事蹟；宋太宗時《太平御覽》，著重取經史百家之言，以為讀書稽古之助。兩書一名《皇覽》，一稱《御覽》，即可說明此點。而唐宋明清之類書，如《北堂書鈔》、《藝文類聚》、《初學記》、《太平御覽》、《冊府元龜》、《唐類函》、《淵鑒類函》等，皆將帝王部列於卷首，或繫附於天地、歲時之後，亦反映尊崇帝王之意。

早期類書，偏重經傳，間錄子集，取材範圍較狹。《皇覽》與《修文殿御覽》之類，於材料之編排，恐欠妥善。唐劉肅《大唐新語》（卷九）稱《初學記》之輯錄云：「玄宗謂張說曰：『兒子等欲學綴文，須檢事及看文體。《御覽》〔註3〕之輩，部帙既大，尋討稍難。卿與諸學士撰集要事並要文，以類相從，務取省便，令兒子等易見成就也。』」〔註4〕此正說明類書之實際作用，且亦知唐人鑒於以往類書不便檢尋，故於編次材料之形式予以改進。

總括而言，類書內容範圍之漸廣，與其用途與編撰目的之演變關係密切。唐人所編類書如《藝文類聚》與《初學記》等，皆兼採典故、詩，不若《皇覽》、《修文殿御覽》，僅列事類，以其不僅備皇帝閱覽，且兼具作文參考之用，或專為作文輯錄。唐時已有六朝人所編之總集、別集可供取資，固亦予撰輯類書者採擇詩文提供方便。此後雖專供皇帝閱覽之類書，如《冊府元龜》，與供文士取資之類書，依舊並存，然一物實具二用；而並列典故、詩文，則為類書之主要形式。

三、類書之作用與缺失

古代類書，除供皇帝閱覽外，主要為文士作文採擇辭藻、典故之用。由於類書分門別類集中各種材料，檢尋較便，故或以翻類書為讀書捷徑，或恃以為應試剽竊之資。實則類書雖非學術著作，然其除工具書之價值外，其作用約略可分以下三方面言之：

〔註3〕此處「御覽」，指《修文殿御覽》。
〔註4〕據《叢書集成》本，《大唐新語》卷九所引。

（一）檢尋各類材料

古代類書保存諸多與史、地、文學、藝術、典章、制度、風俗、民情等相關之材料，可作為百科詞典以供檢尋，有助於閱讀古書一般知識性之問題，亦可作為分類資料彙編之用，從中檢尋所需材料。如欲知「寒食」一事，翻閱《初學記》（卷四）「歲時部下」，即可覓及與「寒食」相關之傳說與古代民俗之描述。又如欲知唐以前官制，可檢尋《初學記》（卷十一至卷十二）「職官部」上下，即可搜羅唐以前諸種與官制之資料。

（二）輯存古書佚文

歷代類書，皆由當時所存之諸種書籍摘錄材料，採擇範圍甚廣，故以各朝書籍，雖多已失傳，然恃類書而存留部分佚文，使後世讀者猶能觀其一麟半爪。如《藝文類聚》、《初學記》所引即多隋以前古籍；《太平廣記》所引古小說約五百種，原書已有半數亡佚；《太平御覽》所引，即或多由轉錄以前類書而來，然採輯之豐，已超邁其前舊類書。故明清人輯存古書佚文，多由唐宋類書中取資。如明張溥編《漢魏六朝百三名家集》，多係取自《藝文類聚》；清嚴可均輯《全上古三代秦漢三國六朝文》，則多取資於《北堂書鈔》、《藝文類聚》、《初學記》、《太平御覽》等書。

《四庫全書總目・類書類小序》云：「古籍散亡，十不存一，遺文舊事，往往託以得存，殘璣斷璧，至捃拾不窮。」說明類書保存散佚典籍之功。梁啟超亦嘗論及：

> 古書累代散亡，百不存一，……其稍彌此缺憾者，惟恃類書。類書者，將當時所有之書分類鈔撮而成，其本身原無甚價值，但閱世以後，彼時代之書多佚，而其一部份附類書以俸存，類書乃可貴矣！……現存類書，自唐之《藝文類聚》、宋之《太平御覽》、明之《永樂大典》，以迄清之《圖書集成》等，皆卷帙浩瀚，收容豐富。大抵其書愈古，則其在學問上之價值愈高，其價值非以體例之良窳而定，實以所收錄古書存佚之多寡而定也。類書既分類，於學者之檢查滋便，故向此中求史料，所得往往獨多也〔註5〕。

據此梁任公不惟著意於類書保存遺佚之特殊價值，且更說明類書纂輯體制之特殊性，致能發揮保存遺文舊事之功用。由此可言，類書雖非學術著作，卻保存諸多已佚古書片斷，於學術研究頗多助益。

〔註5〕梁啟超，《中國歷史研究法五種》（台北：里仁書局，民國71年），頁96～97。

（三）校勘考證古籍

今傳古籍，時有訛誤，亦可以古類書所引材料供校勘、考證之用。如《初學記》（卷十八）「人部中」富五事對『借車子　請如願』下云：

> 干寶《搜神記》曰：「有周攬嘖者，貧而好道，夫婦夜耕困臥，夢天公過而哀之，敕外有以給與。《司錄案籍》曰：『此人相貧，限不過此。唯有張車子應賜千萬，車子未生，請以借之。』天公曰：『善！』又《錄異傳》曰：「盧陵歐明，從賈客道經彭澤湖，每以舟中所有多少投湖中，云以爲禮。積數年後復過，忽見湖中有大道，上多風塵；有數吏乘車馬來候明，云是青洪君使要。須臾達，見有府舍，門下吏卒。明甚怖。吏曰：『無所怖，青洪君感君前後有禮，故要君，必有重遺。君皆勿取，獨求如願耳。』明既見青洪君，乃求如願，使隨明去。如願者，青洪君婢也。明將歸，所願輒得，數年大富。」

此處所引『借車子』之典，出於《搜神記》，『請如願』之事，則出於《錄異傳》。今本《搜神記》（卷四）所載「盧陵歐明」一節，與《初學記》所引《錄異傳》之『請如願』同，僅字稍異。按汪紹楹標校之《太平廣記》（卷二百九十二），亦載此事，而較詳，結尾有異，注云：「出博異錄」，明抄本作「出《錄異傳》」，皆未稱出於《搜神記》。由此可知今本《搜神記》爲宋以後人所輯錄，「盧陵歐明」一段或即抄自《初學記》，而以其時匆促，將二事併連不辨，故將『請如願』一事誤入《搜神記》中。

總括而言，因類書本身亦有諸多錯誤、刪節、訛脫，故於引證時，凡見於今本古籍者，當以今本與類書所引參校異同，決定取捨。凡屬佚文，無書可校者，可檢索其他類書是否亦引有類似內容或相關材料，予以研究分析。若以類書引文校勘今本古書之文，尤須嚴謹愼重，若無旁證，不宜輕作改易。以其究爲類書有誤或今本古籍有誤，實不可必，故不可因類書時代較早，即予以輕信。再者由類書搜集佚文，因其體制之特殊背景，首須注意唐宋類書如《藝文類聚》、《初學記》、《太平御覽》中能輯唐以前佚書，此殆與類書於纂輯時，所能徵引文獻之時代有關；其次不可盡信迷信類書，王叔岷《斠讎學》云：「類書既經鈔、刻，自不能無紊亂。然因有紊亂，遂不『據以爲質』，譬猶因噎廢食，此亦『通人之蔽』也！岷謂類書，多存古籍之舊觀，不可不信，惟不可迷信〔註6〕。」再者爲引用書名之諸

〔註 6〕王叔岷，《斠讎學》，中央研究院歷史語言研究所專刊之三十七（據四八年八月中央研究院歷史語言研究所排印本影印，台北：台聯國風出版社，民國61年），頁124A。

問題，其一、類書之引書書名常有一書多名，繁簡並用等情形。其二、類書於稱引引用書名之技巧鮮有改進，書名包含之事項不夠完全，如某些引用書僅列書名，至多加上作者、時代，難有更進一步指示。若其所引之書爲經典之作，或有名之書籍，如五經、諸子，則勉可作爲檢尋是書之線索，然此等書名下亦未列出卷數之所在，致於覓得原書後，猶需多費功夫，方得閱原文。其三、類書引用文獻，間或以書中之篇名以代書名而爲引用名者，以《初學記》徵引集部典籍言之，即其著例，其於稱引詩、賦、文者尤多省略出處，詩則逕稱「某某詩」、賦則逕稱「某某賦」、文則逕稱「某某表」、「某某銘」等，而非「某某集」，如「卞裕詩」、「王彪之賦」、「干寶表」類皆是，凡此皆非書名，以是之故，若欲《辨證》參考，較諸前項僅列書名、作者，尤費時耗力。殆因古人皆以腹爲笥，然今吾人利用，則不免喟興大海撈針之嘆。其四、類書引用古書，於一處下連續有數條者，除首條著錄書名外，其下各條則不再列書名，而冠以「又曰」，如首條書名逸去，則與前一處之書名無異，輯者如未審知，逕以此爲彼，則易舛訛〔註 7〕。

第二節 《初學記》之纂修及其內容

唐初，受南北朝影響，文章仍講究辭藻典故，盛行駢儷，是以供作詩文取材之類書，多編於此時。其中較早者爲虞世南於隋任秘書郎時所編《北堂書鈔》，原爲一百七十三卷，分八十部，八百零一類，其中所引，亦有不少隋以前之古籍。唐高祖武德五年（622 年）命歐陽詢等撰《藝文類聚》一百卷，分四十七部，七百四十餘類，以其中多人兼任修史，故至武德七年（624 年）九月乃修成。此書亦保存隋以前類書之部分內容。開元年間，徐堅爲集賢院學士時，玄宗敕其「纂經史要事及歷代文章，以類相從，欲令皇子簡事綴文〔註 8〕。」玄宗自定爲《初學記》。此書編撰始末，前人已詳論考〔註 9〕，其編成乃唐玄宗爲皇子學綴文，而命張說、徐堅、韋述、余欽、施敬本、張烜、李銳、孫季良等八人編撰。撰時約於開元七年（719 年）後，書成奏上則於開元十六年（728 年）正月前，至其確切時日，則史有闕文，已不可詳考。

《初學記》分二十三部，三百一十三目。每目前爲敘事，次爲事對，末爲詩

〔註 7〕詳參見本文〈附錄一：初學記徵引集部典籍作者篇名索引〉。
〔註 8〕見《古今圖書集成・理學匯編・經籍典》引集賢注記。
〔註 9〕詳見閻琴南《初學記研究》一文〈導論〉，頁 17～33。

文。敘事之文，重在名義，故多引爾雅、說文、釋名等字書，復自經史諸子采擷，並兼及沿革、緣起，若闡釋不足，撰者則加按語。事對之文，遍及四部之書，取二至四字為辭，辭必有對，下繫典出之文，除少數例外，皆以一事一文。詩文所引，隨篇定稱，名稱不一，有賦、詩、篇、文、序、頌、讚、述、詔、制、冊、奏、章、表、箴、碑、銘、書、論、啟、牋、約、誡、教、〈歌〉、行、吟、辭、詞、誄、墓誌、冊文、祝文、雜文、彈文、祭文、集序諸體，亦間或有事對以下全無詩文徵引者，此或為特例也。此一體例，《四庫全書總目提要》云：

> 其敘事雖雜取群書，而次第若相連屬，與他類書獨殊。其詩文兼錄初唐，於諸臣附前代後，於太宗御製，則升冠前代之首，較《玉臺新詠》以梁武帝詩雜置諸臣之中者，亦特有體例。其所採摭，皆隋以前古書，而去取謹嚴，多可應用，在唐人類書中，博不及《藝文類聚》，而精則勝之，若《北堂書鈔》及《六帖》，則出此書下遠矣。

近人聞一多由類書體例之演化，申言《初學記》一書，「每一項目下，最初是敘事，其次事對，最後便是成篇的詩賦或文。其實這三項中減去事對，就等於《藝文類聚》，再減去詩賦文，便等於《北堂書鈔》〔註10〕。」而由《北堂書鈔》至《初學記》之體制漸趨完善，可觀類書之演化至《初學記》已臻至成熟，此後宋、元、明、清歷代類書，均不脫此一範疇；即或有所改易，亦僅於方便檢索稍加改良罷了。可知《初學記》所具有之價值，即在於保存遺文舊事，尤以隋以前古書，去取謹嚴，多可應用。

本文原以《初學記》引書考為題，欲將隋以前古書予以董理爬梳，據初步統計歸類，其引用之書計約已達一千一百七十多種〔註11〕，其中引用經部書約一百七十五種，引用史部書約三百三十五種，引用子部書約二百七十五種，引用集部書約三百八十八種。以其包羅萬象，且數量甚多，非個人學力所及；再者稽考古籍，前人多致力經、史，於集部則罕及之，故本文遂以《初學記》徵引集部典籍為稽考範圍。

〔註10〕聞一多，《類書與詩》，原載詩選與校箋，頁6～7。
〔註11〕此據〈初學記引書索引〉（本文撰者自製）之初步統計結果而論。

第二章 《初學記》徵引集部典籍考

第一節 楚辭類

⊙ 《楚辭》 屈原等撰、漢王逸注

屈原者，名平，楚之同姓也。爲楚懷王左徒。博聞彊志，明於治亂，嫻於辭令。入則與王圖議國事，以出號令；出則接遇賓客，應對諸侯。上官大夫與之同列，爭寵，而心害其能。懷王使屈平造爲憲令，屈原屬草稿未定，上官大夫見而欲奪之。屈平不與。因讒之。王怒而疏屈平。平憂愁幽思，而作〈離騷〉。頃襄王立，以其弟子蘭爲令尹。楚人既咎子蘭以勸懷王入秦而不反也。屈平既嫉之，雖放流，睠顧楚國，繫心懷王，不忘欲反，冀幸君之一悟，俗之一改也。其存君興國而欲反覆之，一篇之中三致志焉。令尹子蘭聞之大怒，卒使上官大夫短屈原於頃襄王。頃襄王怒而遷之。屈原至於江濱，被髮行吟澤畔，顏色憔悴，形容枯槁。後懷石自投汨羅以死。事蹟具《史記》（卷八四）〈屈賈列傳〉。

王逸，字叔師，南郡宜城人。安帝元初中，舉上計吏，爲校書郎。順帝時，爲侍中。著《楚辭章句》、漢詩百二十三篇及賦、書、論等二十篇。事蹟具《後漢書・文苑傳》（卷八十）。

〈漢志・詩賦略〉云：「屈原賦二十五篇。注云：楚懷王大夫，有列傳。」

〈隋志〉云：「楚辭十二卷。注云：并目錄，後漢校書郎王逸注。」又「楚辭三卷。注云：郭璞注。梁有楚辭十一卷，宋何偃刪王逸注，亡。」

〈舊唐志〉云：「楚詞十六卷。注云：王逸撰。」又「楚詞十卷。注云：郭璞撰。」

〈新唐志〉云：「王逸注楚辭十六卷。」又「郭璞注楚辭十卷。」

《崇文總目》云：「楚詞十七卷，王逸注。」

《郡齋讀書志》著錄楚辭十七卷，晁氏云：

> 後漢校書郎王逸叔師注。楚屈原名平，為懷王左徒，博聞強志，嫻於辭令。後同列心害其能而讒之，王怒，疏平。平自傷忠而被謗，乃作〈離騷經〉以諷，不見省納。及襄王立，又放之江南，復作〈九歌〉、〈天問〉、〈九章〉、〈遠遊〉、〈卜居〉、〈漁父〉、〈大招〉，自沈汨羅以死。其後楚宋玉作〈九辯〉、〈招魂〉，漢賈誼作〈惜誓〉，淮南小山作〈招隱士〉，東方朔作〈七諫〉，嚴忌作〈哀時命〉，王褒作〈九懷〉，劉向作〈九歎〉，皆擬其文，而哀平之死於忠。至漢武時，淮南王安始作〈離騷傳〉。向典校經書，分為十六卷，東京班固、賈逵，各作離騷章句，餘十五卷，闕而不說。至逸，自以為南陽人，與原同土，悼傷之，復作十六卷章句，又續為〈九思〉，取班固二序附之為十七篇。按〈漢書志〉屈原賦二十五篇，今起〈離騷經〉至〈大招〉凡六，〈九章〉、〈九歌〉又十八，則原賦存者二十四篇耳。并〈國殤〉、〈禮魂〉在〈九歌〉之外十一，則溢而為二十六篇，不知〈國殤〉、〈禮魂〉何以繫〈九歌〉之末，又不可合十一為九？然則謂〈大招〉為原辭，可疑也。夫以〈招魂〉為義，恐非自作，或曰景差，蓋近之。其卷後有蔣之翰跋，云晁美叔家本也。

《直齋書錄解題》著錄楚辭十七卷，陳氏云：

> 漢護都水使者光祿大夫劉向集，後漢校書郎南郡王逸叔師注，知饒州曲阿洪興祖慶善補注。逸之注雖未能盡善，而自淮南王安以下為訓傳者今不復存，其目僅見於隋唐志，獨逸注幸而尚傳，興祖從而補之，於是訓詁名物詳矣。

《文獻通考·經籍考》著錄楚辭十七卷。

〈宋志〉云：「楚辭十六卷。注云：楚屈原等撰。」又「楚辭十七卷。注云：後漢王逸章句。」

《四庫全書總目》著錄《楚辭章句》十七卷，漢王逸撰。

按《楚辭》〈漢志〉著錄二十五篇，〈隋志〉著錄王逸注十二卷，又郭璞注三卷，注云梁有《楚辭》十一卷，言宋何偃刪王逸注，後者已佚。〈舊、新唐志〉著錄王逸注十六卷，郭璞注十卷，後者今已佚。《崇文總目》、《郡齋書志》、《直齋書錄解題》、〈宋志〉、《四庫全書總目》俱著錄楚辭王逸注十七卷。

《漢書·地理志》云：「始楚賢臣屈原被讒放流，作〈離騷〉諸賦以自傷悼。後有宋玉、唐勒之屬慕而述之，皆以顯名。」又云：「吳有嚴助、朱買臣，貴顯漢

朝，文辭並發。故世傳《楚辭》。」《楚辭》之名，始於劉向。劉向集屈、宋等人之作爲一書，名曰《楚辭》。其後王逸即據以作《楚辭章句》。章句既行，劉向原本遂不傳。劉向以前，《史記・屈原賈生列傳》云：「屈原既死之後，楚有宋玉唐勒景差之徒者，皆好辭而以賦見稱。」僅稱辭或賦，未有楚辭之名。及至東漢，《漢書・朱買臣傳》云：「會邑子嚴助貴幸，薦買臣。召見，說春秋，言楚詞。帝甚說之。」又〈王褒傳〉云：「宣帝時修武帝故事，講論六藝群書，博盡奇異之好。徵能爲楚辭九江被公，召見誦讀。」知班固已以楚辭爲文體名。陳振孫《直齋書錄解題》卷十五，引宋黃伯思〈翼騷序〉云：「屈宋諸騷，皆書楚語，作楚聲，紀楚地，名楚物。故漢人所稱楚辭。」然後摹擬屈宋文體之作，未必盡紀楚地，名楚物，書楚語，作楚聲。故漢人所稱《楚辭》，本爲對此一文體之通稱。故王逸《楚辭章句》所收，除屈原、宋玉、景差三家爲戰國楚人外，餘皆漢人。及宋朱熹撰《楚辭集註》，兼收宋人擬作，內容益形龐雜。

　　〈離騷〉爲屈原主要之作，《史記》本傳稱〈離騷〉作於因上官大夫之讒被疏後。司馬遷〈報任安書〉則云：「屈原放逐，乃賦離騷。」二說不同。據〈離騷〉末篇所云，當以〈報任安書〉之說較可信。〈離騷〉長約二千五百言。篇首自敘身世，繼則上稱帝嚳，下道齊桓，中述湯武，以刺世事。然後漫遊天界，終於自明死志。屈原忠貞志節，於此表露無遺。〈九歌〉，依次爲〈東皇太一〉、〈雲中君〉、〈湘君〉、〈湘夫人〉、〈大司命〉、〈少司命〉、〈東君〉、〈河伯〉、〈山鬼〉、〈國殤〉、〈禮魂〉，凡十一篇。〈九歌〉何以爲十一篇，歷來眾說紛紜。可大別爲二說：其一以爲〈九歌〉本非必九篇，王逸《楚辭章句・九歌序》、《文選》（卷三二）〈九歌〉張銑注、宋姚寬《西溪叢語》（卷上）主之；其二則合併若干篇或除去其中二篇，以符九之數，清林雲銘《楚辭燈・九歌總論》，合〈山鬼〉、〈國殤〉、〈禮魂〉爲一篇，蔣驥《山帶閣註楚辭》（卷上），則以〈大司命〉、〈少司命〉合一篇，〈湘君〉、〈湘夫人〉合一篇，宋晁公武《郡齋讀書志》（卷十七）以〈國殤〉、〈禮魂〉二篇不在〈九歌〉內，近人姜亮夫《屈原賦校注・九歌解題》，則以〈東皇太一〉爲迎神曲，〈禮魂〉爲送神曲。〈九歌〉之作，王逸《楚辭章句・九歌序》云：「昔楚國南郢之邑，沅湘之間，其俗信鬼而好祠。其祠必作歌樂鼓舞以樂諸神。屈原放逐，竄伏其域，懷憂苦毒，愁思怫鬱。出見俗人祭祀之禮，歌舞之樂，其詞鄙陋，因爲作〈九歌〉之曲。」朱熹《楚辭集註》云：「昔楚南郢之邑，沅湘之間，其俗信鬼而好祀，其祀必使巫覡作樂歌舞以娛神。蠻荊陋俗，詞既鄙俚，而其陰陽人鬼之間，又或不能無褻慢淫荒之雜。原既放逐，見而感之，故頗爲更定其詞，去其泰甚。」二說互有同異。其所同者，皆以屈原作〈九歌〉前，楚地本有祭祀

之歌；其所異者，王逸主屈原捨原有祭歌而爲之別撰，朱熹則以屈原據原歌改寫，雖去其泰甚，仍有部分保留。至於〈天問〉，全篇什九以四言句組成，不以兮字，通篇皆爲疑問。王夫之《楚辭通釋》（卷三）云：「按肩內事雖雜舉，而自天地山川，次及人事，追述往古，終之以楚先；未嘗無次序焉。因原自所合綴以成章者。逸謂書壁而問，非其實矣。」其說甚是。〈九章〉，依次爲〈惜誦〉、〈涉江〉、〈哀郢〉、〈抽思〉、〈懷沙〉、〈思美人〉、〈惜往日〉、〈橘頌〉、〈悲回風〉，凡九篇。各篇本自獨立，何人輯錄並題爲〈九章〉，無從查考。〈遠遊〉一篇，佈局似離騷。然者悲觀入世，後者無爲出世。〈卜居〉、〈漁父〉二篇，皆以「屈原既放」爲始，〈卜居〉載屈原與太卜鄭詹尹問答之辭，寫卜問處世之道；〈漁父〉載屈原與漁父問答之辭，明非屈原自作口吻，故二篇應非屈所作。〈九辯〉爲楚宋玉所作，《楚辭章句》以爲乃悲悼屈原之作（一說係屈原所作），略同於〈招魂〉。〈惜誓〉舊題賈誼作，然疑不確。全篇代屈原抒感，以第一人稱寫成。〈招隱士〉一般以爲漢代淮南小山之作，《文選》題爲淮南劉安作。〈七諫〉爲漢東方朔作，爲弔屈原之辭，分〈初放〉、〈沈江〉、〈怨世〉、〈怨思〉、〈自悲〉、〈哀命〉、〈謬諫〉，凡七章。〈哀時命〉爲漢嚴忌（即莊忌）所作，爲哀悼屈原之作。〈九懷〉爲漢王褒所作，爲追思屈原之辭，分〈匡機〉、〈通路〉、〈危俊〉、〈昭世〉、〈尊嘉〉、〈蓄英〉、〈思忠〉、〈陶壅〉、〈株昭〉，凡九章。〈九歎〉爲漢劉向所作，亦追思屈原之辭，分〈逢紛〉、〈離世〉、〈怨思〉、〈遠逝〉、〈惜賢〉、〈憂苦〉、〈愍命〉、〈思古〉、〈遠遊〉，凡九章。劉向以後諸《楚辭》注本，所收篇章不一。東漢王逸《楚辭章句》除上述十六卷外，增自作〈九思〉；宋朱熹《楚辭集註》則刪〈七諫〉等四篇，增賈誼所作兩篇；明王夫之《楚辭通釋》刪〈招隱士〉以後之作，補〈山中楚辭〉四篇、江淹〈愛遠山〉、王夫之自撰〈九招〉。

　　自劉向輯成《楚辭》，主要注本有東漢王逸《楚辭章句》十七卷；宋洪興祖《楚辭補注》十七卷，附《考異》一卷；朱熹《楚辭集注》八卷，附《辨證》二卷；明汪瑗《楚辭集解》八卷，附《蒙引》二卷，《考異》一卷；王夫之《楚辭通釋》十四卷；清林雲銘《楚辭燈》四卷；蔣驥《山帶閣注楚辭》六卷，附《餘論》二卷，《說韻》一卷；屈復《楚辭新注》八卷；戴震《屈原賦注》七卷，附《通釋》二卷，《首義》三卷等。今人所著則有姜亮夫《屈原賦校注》、劉永濟《屈賦通箋》、譚介甫《屈賦新編》、游國恩主編《離騷纂義》、《天問纂義》等。

第二節　別集類

一、先　秦

⊙　荀　況

荀卿，名況。趙人。時相尊而號爲卿，方音改易，又稱孫卿。年五十游齊，齊襄王以爲列大夫，三爲祭酒。去適楚，春申君以爲蘭陵令，有《孫卿子》十二卷，集一卷。事蹟具《史記》（卷七四）本傳。

〈漢志・詩賦略〉云：「孫卿賦十篇。」

〈隋志〉云：「楚蘭陵令荀況集一卷。注云：殘缺，梁二卷。」

〈舊唐志〉云：「趙荀況集二卷。」

〈新唐志〉云：「荀況集二卷。」

按荀卿之作，〈漢志〉著錄一卷，注云殘缺，梁有二卷。〈舊、新唐志〉均作二卷，似爲南朝舊本復出，然已佚。嚴可均《全上古三代文》（卷九）輯其文，有〈禮賦〉、〈知賦〉、〈雲賦〉、〈蠶賦〉、〈箴賦〉、〈爲書謝春申君〉，凡六篇。其賦作以散文爲主，偶雜韻語之問答體，下啓兩漢數百年賦風。其文章樸實簡明，文采氣勢不及孟子，而結構謹嚴，論點確切則過之。

⊙　宋　玉

宋玉，生卒年不詳。《史記・屈賈列傳》云：「屈原既死之後，楚有宋玉唐勒景差之徒者，皆好辭而以賦見稱。」

〈漢志・詩賦略〉云：「宋玉賦十六篇。注云：楚人，與唐勒並時，在屈原後也。」

〈隋志〉云：「楚大夫《宋玉集》三卷。」

〈舊唐志〉云：「楚《宋玉集》二卷。」

〈新唐志〉云：「楚《宋玉集》二卷。」

《直齋書錄解題》著錄《宋玉集》一卷，陳氏云：

> 楚大夫宋玉撰。《史記・屈原傳》言：「楚人宋玉、唐勒、景差之徒，蓋皆原之弟子也，而玉之辭賦獨傳，至以屈、宋並稱於後世，餘人皆莫能及。」案：隋志集三卷、唐志二卷。今書乃《文選》及《古文苑》中錄出者，未必當時本也。

《通志・藝文略》著錄楚大夫《宋玉集》二卷。

《文獻通考・經籍考》著錄《宋玉集》一卷。

按〈漢志〉載宋玉賦十六篇，篇目已不可考。〈隋志〉著錄其集三卷，今已散

佚。據考，其作品有〈九辯〉、〈風賦〉、〈高唐賦〉、〈神女賦〉、〈登徒子好色賦〉等。而其可信者，僅〈九辯〉一篇。宋玉之作，見於《楚辭章句》者，有〈九辯〉、〈招魂〉二篇；見於《文選》者，有〈風賦〉、〈高唐賦〉、〈神女賦〉、〈登徒子好色賦〉、〈對楚王問〉，凡五篇；見於《古文苑》者，有〈笛賦〉、〈大言賦〉、〈小言賦〉、〈諷賦〉、〈釣賦〉、〈舞賦〉，凡六篇。〈招魂〉一篇，實為屈原之作。《楚辭章句·招魂序》云：「〈招魂〉者，宋玉之所作也。……宋玉憐哀屈原忠而斥棄，愁懣山澤，魂魄放佚，厥命將落，故作〈招魂〉。欲以復其精神，延其年壽。」此說至清初林雲銘《楚辭燈》始有異議。林氏云：「是篇自千數百年來皆以為宋玉所作。王逸茫無考據，遂序於其端。試問太史公作〈屈原傳贊〉云：『余讀〈招魂〉，悲其志。』謂悲原之志乎？抑悲玉之志乎？此本不待置辯者。」故林氏以為〈招魂〉一篇乃屈原自招其魂。其謂：「原被放之後，愁苦無可宣洩，借題寄意，亦不嫌其為自招也。……玩篇首自敘，篇末亂詞，皆不用君字，而用朕字吾字，斷非出於他人口吻。」此說甚有見地。然以屈原自招其魂為說，則理有未洽。近人劉大杰《中國文學發展史》以〈招魂〉當是屈原為招懷王之魂而作，其說較可採信。〈對楚王問〉一篇，全文見劉向《新序·雜事第一》。《新序》本不言為宋玉作，而《文選》錄出並題作者為宋玉，實當為劉向所作《新序》云「楚威王問於宋玉曰」，《文選》更為「楚襄王問於宋玉曰」。威王與襄王，中隔懷王三十年。宋玉實襄王時人，故《文選》改威為襄。《文選》所收另四篇，亦均以第三者口吻，記宋玉與楚王問答之辭，當非宋玉自撰。或由於各篇作者失載，而其內容多為宋玉答楚王之辭，故文選遂題為宋玉所作。而《古文苑》所收六篇，除〈笛賦〉外，亦均為宋玉與景差、唐勒問答之辭，其非宋玉自撰，亦明矣。〈笛賦〉雖以宋玉自稱，然「宋意將送荊卿於易水之上」之語，考荊軻刺秦王在楚王負芻元年（前227年），上距頃襄王元年（前298年）凡七十一年，距頃襄王末年（前262年）亦已三十五年之久。宋玉恐已歿；即或尚在，亦絕無將當時實事引入賦之可能。故嚴可均《全上古三代文》（卷十）〈笛賦〉末按云：「此賦用宋意送荊軻事，非宋玉作。」綜上而觀，宋玉之作可信者，僅〈九辯〉一篇。其所存賦無單行本，嚴可均《全上古三代文》（卷十）輯存宋玉文，有〈風賦〉、〈大言賦〉、〈小言賦〉、〈諷賦〉、〈高唐賦〉、〈神女賦〉、〈登徒子好色賦〉、〈釣賦〉、〈笛賦〉、〈九辯〉、〈招魂〉、〈對楚王問〉、〈高唐對〉、〈宋玉集序〉，凡十四篇。

二、西　漢

（一）史志著錄者

⊙　漢武帝

　　劉徹，景帝中子，母王美人。四歲爲膠西王，七歲爲皇太子。景帝後三年（前 141 年）即帝位。在位五十四年，後元二年卒。年七十一。事蹟具《史記》（卷十二）、《漢書》（卷六）本紀。

　　〈隋志〉云：「漢武帝集一卷。注云：梁二卷。」

　　〈舊唐志〉云：「漢武帝集二卷。」

　　〈新唐志〉云：「漢武帝集二卷。」

　　按漢武帝集〈隋志〉作一卷，〈舊唐志〉、〈新唐志〉則作二卷，已佚。今存較著者，有〈秋風辭〉、〈瓠子歌〉二首及〈悼李夫人賦〉。前二者皆屬騷體詩，〈秋風辭〉爲武帝元封六年（前 105 年）至河東祠后土時作，抒發歲月易逝，老之將至之慨，格調深沈，意緒蒼涼；〈瓠子歌〉爲武帝元封二年祠泰山還至瓠子河，與從臣負薪塞河堤所作，寫河堤決口泛濫成災之狀與塞河壯舉，文字古樸。〈悼李夫人賦〉，則纏綿悱惻，詞句雅麗，頗富深情。馮惟訥《詩紀》輯存〈瓠子歌〉、〈秋風辭〉、〈天馬歌〉、〈李夫人歌〉、〈落葉哀蟬曲〉、〈柏梁詩〉，凡六篇。嚴可均《全漢文》（卷三至卷四）輯其文，有〈李夫人賦〉、〈秋風辭〉，制詔、冊書、策書、來書、璽書、報書及雜文綜一百篇，編爲二卷。逯欽立《先秦漢魏晉南北朝詩》（卷一）輯其詩，有〈瓠子歌〉、〈秋風辭〉、〈天馬歌〉、〈西極天馬歌〉、〈李夫人歌〉、〈思奉車子侯歌〉、〈柏梁歌〉，凡七首。

⊙　淮南王

　　劉安，淮南王長之子，高帝之孫。孝文八年，封阜陵侯。十六年，封淮南王。好讀書，喜鼓琴，善文辭。孝武元朔五年，削地五縣。元狩元年，謀反自殺。事蹟具《史記》（卷一一八）、《漢書》（卷四四）本傳。

　　〈漢志‧詩賦略〉賦類云：「淮南王賦八十二篇。」

　　〈隋志〉云：「漢淮南王集一卷。注云：梁二卷。」

　　〈舊唐志〉云：「漢淮南王集二卷。」

　　〈新唐志〉云：「漢淮南王安集二卷。」

　　按〈漢志〉著錄其賦八十二篇，數量居〈漢志〉所載賦家之冠。然多已散佚不傳，僅存〈屛風賦〉一篇。此篇純四言體，爲一詠物賦，借木爲人取而雕琢成器，以喻士之遇與不遇。另劉向《別錄》著錄淮南王有〈熏籠賦〉，僅存其目。其集〈隋志〉、〈舊、新唐志〉俱著錄二卷，今佚。嚴可均《全漢文》（卷十二）輯其文，有〈屛風賦〉（據《藝文類聚》六十九、《初學記》二十五、《御覽》七百一）、

〈上書諫伐南越〉（《漢書‧嚴助傳》），凡二篇。

⊙ **賈 誼**

賈誼，雒陽人。年十八，以能誦詩書屬文稱譽郡中。河南守吳公聞其秀材，荐於文帝，召為博士，旋超遷為太中大夫。以為漢興二十餘載，宜改正朔，易服色制度，定官名，興禮樂，乃草具儀法奏上。文帝從之，更定諸法，遣列侯就國，欲任以公卿之位。周勃等毀其年少初學，擅權亂事，貶為長沙太傅。及渡湘水，自傷被讒放逐，弔屈原，作〈離騷賦〉。歲餘，文帝徵之，問鬼神之事。拜為梁懷王太傅。是時天下初定，制度疏闊，匈奴侵邊，諸侯王僭越。遂數上疏陳治安策。奏議析分王國，眾建諸侯而少其力；願為屬國之官以主匈奴，系單于之頸而從漢令；伸張君權，謹選輔臣；以秦為鑒，尚德後刑；重農桑，抑商賈，禁奢侈；移風易俗，廣興禮誼教化。後梁王墜馬死，自傷為傅無狀，常哭泣，歲餘而死，年三十三。著述五十八篇。事蹟具《史記》（卷八四）、《漢書》（卷四八）本傳。

〈漢志‧詩賦略〉賦類云：「賈誼賦七篇。」

〈隋志〉著錄漢淮南王集一卷，注云：「又有賈誼集四卷，錄一卷，亡。」

〈舊唐志〉云：「前漢賈誼集二卷。」

〈新唐志〉云：「賈誼集二卷。」

按賈誼曾謫為長沙王太傅，世稱賈長沙，故其集又名《賈長沙集》。〈漢志〉著錄賈誼著述五十八篇，又賦七篇。《漢書》本傳亦稱凡所著述五十八篇，此即〈漢志‧儒家類〉所載者。〈隋志〉著錄其集四卷，錄一卷，亡。〈舊、新唐志〉均著錄二卷，亦久佚。今存明張溥《漢魏六朝百三家集》本，輯《賈長沙集》一卷，分賦、騷、疏、論四類編次。有〈弔屈原賦〉、〈旱雲賦〉、〈虡賦〉、〈鵩賦〉、〈惜誓〉、〈論時政疏〉、〈論積貯疏〉、〈上都輸疏〉、〈諫鑄錢疏〉、〈請封建子弟疏〉、〈請立淮南諸子疏〉、〈過秦論上中下〉。凡十二篇，末附《漢書》本傳。清嚴可均《全漢文》（卷十五）輯其文，有〈旱雲賦〉、〈虡賦〉、〈鵩鳥賦〉、〈惜誓〉、〈上疏陳政事〉、〈上書請封建子弟〉、〈上疏諫王淮南諸子〉、〈說積貯〉、〈諫除盜鑄錢令使民放鑄〉、〈過秦論〉、〈弔屈原文并序〉，凡十一篇。其中〈虡賦〉為殘篇，〈過秦論〉。《文選》分上中下三篇，《史記‧始皇本紀》但為一篇，次第全異，文亦小異，為最古本。清吳汝綸曾評選賈誼之作，有《賈長沙集選》一卷。

賈誼現存賦作除《史記》本傳所載〈弔屈原賦〉（《文選》卷六十題〈弔屈原文〉），〈鵩鳥賦〉（《文選》卷一三所題篇名）外，《古文苑》（卷三）另收有〈旱雲賦〉，嚴可均《全漢文》另收有〈簴賦〉殘篇，乃據《藝文類聚》、《古文苑》、《初

學記》輯校者。前二篇均寓自傷之旨，〈鵩鳥賦〉乃賈誼「爲賦以自廣」之辭，題似詠物，實爲說理。文選〈弔屈原文〉李善注引應劭《風俗通》云：「賈誼與鄧通俱侍中同位，數廷譏之，因是文帝遷爲長沙太傅。及渡湘水，投弔書曰：『闒茸尊顯，佞諛得意。』以哀屈原離讒之咎，亦因自傷爲鄧通等所愬也。」《古文苑・旱雲賦》章樵註亦云：「賈誼負超世之才，文帝將大用之，乃爲大臣絳、灌等所阻，卒棄不用，而世不被其澤，故托旱雲以寓其意也。」而〈簴賦〉以其殘篇，故無以觀其旨。《楚辭章句》收有〈惜誓〉一篇，題賈誼撰。王逸序稱：「惜誓者，不知誰作也。或曰賈誼，疑不能明也。」按〈惜誓〉篇首云：「惜余年老而日衰兮，歲忽忽而不反。」賈誼以三十三歲英年早逝，不至自稱年老日衰。〈惜誓〉又曰：「黃鵠神龍猶如此兮，況賢者之逢亂世哉！」賈誼生值孝文盛世，亦不應作此語。故〈惜誓〉一篇，應非賈誼之作。至其政論文以〈過秦論〉、〈論積貯疏〉、〈陳政事疏〉爲著。

⊙　枚　乘

　　枚乘，字叔。淮陰人。初與鄒陽、嚴忌游於吳，爲吳王劉濞郎中，以文辭著稱。後因吳王欲謀反，諫而不從，遂去吳至梁，從梁孝王劉武游。景帝前三年（前154年），吳楚反叛，漢斬晁錯以謝。復說吳王還兵急歸。吳王不聽，卒被擒滅。由是知名。景帝召拜爲弘農都尉，不樂職事，以病去官，復游於梁。武帝即位後安車蒲輪徵之，卒於道。著賦九篇。事蹟具《史記》（卷八三）、《漢書》（卷五一）本傳。

　　〈漢志・詩賦略〉賦類云：「枚乘賦九篇。」
　　〈隋志〉著錄漢淮南王集一卷，注云：「漢弘農都尉枚乘集二卷，錄一卷，亡。」
　　〈舊唐志〉云：「枚乘集二卷。」
　　〈新唐志〉云：「枚乘集一卷。」
　　《直齋書錄解題》著錄《枚叔集》一卷，陳氏云：
　　　今本乃於《漢書》及《文選》諸書鈔出者。
　　《文獻通考・經籍考》著錄《枚叔集》一卷。
　　〈宋志〉云：「枚乘集一卷。」

　　按枚乘賦〈漢志〉著錄九篇，〈隋志〉稱梁時尚有二卷，錄一卷，亡佚。《文獻通考》有《枚叔集》一卷，《直齋書錄解題》、〈宋志〉同。明張幼白嘗將枚乘詩賦及〈七發〉、〈上吳王書〉等合刻爲一卷。凡此諸本，今皆不傳。清人丁晏輯有《枚叔集》一卷，收入《楚州叢書》第一集，有民國冒氏淮安刻本，書首有丁晏

道光七年序。書中收古詩九首及〈菟園賦〉、〈忘憂館柳賦〉、〈七發〉、〈上書諫吳王〉、〈上書重諫吳王〉、〈月賦〉等僅有輯句；〈臨灞池遠訣賦〉、〈笙賦〉，則有題無文。所收詩賦，有古詩九首，〈西北有高樓〉、〈東城高且長〉、〈行行重行行〉、〈涉江采芙蓉〉、〈青青河畔草〉、〈蘭若生春陽〉、〈迢迢牽牛星〉、〈庭前有奇樹〉、〈明月何皎皎〉，其中除〈蘭若生春陽〉外，均見於〈古詩十九首〉中。〈古詩十九首〉作者，《文選》李善注云：「蓋不知作者，或云枚乘，疑不能明也。」後世多否定為枚乘所作。〈蘭若生春陽〉，《文選李善注》屢作枚乘樂府而予以引用，蓋視此詩為枚乘所作由來已久，然亦無確據，一般以為東漢之作，姑存疑以俟考。賦今僅存〈七發〉（見《文選》卷三四）、〈柳賦〉（見《西京雜記》卷四及《古文苑》卷三）、〈梁王菟園賦〉（見《藝文類聚》卷六五及《古文苑》卷三），後二篇疑偽作，可信者僅〈七發〉一篇。〈柳賦〉純屬六朝駢賦格調，似非出枚乘之手。〈梁王菟園賦〉文字脫誤過甚，《古文苑》章樵注疑出枚皋之手。其云：「乘有二書諫吳王濞，通亮正直，非詞人比。是時梁王宮闕踰制，出入警蹕。使乘果為此賦，必有以規警之。詳觀其辭，始言苑囿之廣，中言林木禽鳥之富，繼以仕女游觀之樂，而終之以郊上採桑之婦人，略無一語及王。氣象蕭索。蓋王薨乘死後，其子皋所為，隨所睹而筆之。史言皋詼笑類俳倡，為賦疾而不工。後人傳寫誤以為乘耳。」至於《初學記》卷九所引〈月賦〉，疑為公孫乘所作，乃傳寫誤題也。何以〈七發〉名篇？《文心雕龍・雜文篇》云：「蓋七竅所發，發乎嗜欲，始邪末正，所以戒膏梁之子也。」《文選李善注》則云：「說七事以起發太子也。」兩說均是。另有〈臨灞池遠訣賦〉，僅存其目。枚乘文今存〈諫吳王書〉、〈重諫吳王書〉二篇。此二篇引類譬喻，指陳利害，以情辭懇切見長。又《漢魏六朝名家集・初刻》亦收之，亦一卷。嚴可均《全漢文》（卷二十）輯其文，自〈本傳〉、《說苑》、《西京雜記》、《初學記》、《藝文類聚》、《文選》、《古文苑》諸書，收錄〈梁王菟園賦〉、〈柳賦〉、〈上書諫吳王〉、〈上書重諫吳王〉、〈七發〉凡五篇。

⊙　東方朔

　　東方朔，字曼倩。平原厭次人。武帝初上書自荐，待詔金馬門。後為常侍郎。因上書奏事稱旨，拜為太中大夫給事中。嘗醉溺殿上，劾不敬，免為庶人。復為中郎。性詼諧，有急智，武帝以俳優待之。善觀時察顏，直言切諫。曾以辭賦諫武帝抑奢侈。又上書陳農戰強國之計，其言專用商鞅、韓非之語。因終不見用，遂作〈答客難〉、〈非有先生〉之論自解嘲。又著辭賦多篇。世流傳其事甚廣，皆非實。事蹟具《史記》（卷一二六）、《漢書》（卷六五）本傳。

〈隋志〉云：「漢大中大夫東方朔集二卷。」

〈舊唐志〉云：「東方朔集二卷。」

〈新唐志〉云：「東方朔集二卷。」

按東方朔於武帝時，曾任大中大夫給事中，人稱東方大中，故其集亦稱《東方大中集》。《漢書》本傳稱朔上書陳農戰彊國之計，因自訟不得大官，欲求試用，辭數萬言，終不見用，因著論設客難以自慰諭，又設非有先生之論。朔之文辭，此二篇最善。〈漢志〉著錄其作二十篇，多已佚。其集〈隋志〉、〈舊、新唐志〉皆稱二卷，亦已亡佚。今存明人輯本，有呂兆禧輯本一卷，凡二十六篇；張溥《漢魏六朝百三家集》輯《東方大中集》一卷，分騷、疏、書、序、論、設難、頌、銘、詩九類編次，有〈七諫〉、〈諫起上林苑疏〉、〈應詔上書〉、〈與公孫弘書〉、〈從公孫弘借車馬書〉、〈與友人書〉、〈十洲記序〉、〈非有先生論〉、〈答客難〉、〈答驃騎難〉、〈旱頌〉、〈寶甕銘〉、〈據地歌〉、〈誡子詩〉、〈嗟伯夷〉。凡收文十三篇，詩二首，末附《漢書》本傳。康丕顯所刊《東方先生文集》三卷，內容與張溥輯本大致相同。東方朔善辭賦，性滑稽詼諧，其文亦多詼諧風趣。嚴可均《全漢文》（卷二五）輯其文，凡十八篇；逯欽立《先秦漢魏晉南北朝詩》（卷一）輯其詩，有〈歌〉（見《史記・滑稽列傳》、《北堂書鈔》一百六）、〈嗟伯夷〉（見《書鈔》百五十八、《唐類函》十四）、〈七言〉（見《文選》二十二〈芙蓉池作注〉）、〈六言〉（《文選》四〈蜀都賦注〉、二十一〈詠史詩注〉），凡四首，較張溥所收為備，然僅殘句。

⊙　司馬相如

司馬相如，字長卿。蜀郡成都人。少名犬子，因慕藺相如為人，更名相如。好讀書，善辭賦。景帝時為武騎常侍。不喜其職，稱病免，游於梁，著〈子虛賦〉。後歸故里，因家貧赴臨邛投友人。卓文君慕其風雅，夜奔之。武帝讀〈子虛賦〉，甚喜，召為郎。奉命出使巴蜀，作檄文安民。歸報，請通西南夷。拜為中郎將，持節出使。略定西南夷，邛、莋、冉、駹、斯榆之君皆稱臣。後因為使時受金免官。居歲餘，復為郎，拜為孝文園令。著〈大人賦〉。遺札言封禪事，已卒，其妻奏上，武帝異之。時人以為其辭賦雖多虛辭濫說，務盡靡麗，然其要旨歸之於節儉，與詩之諷諫無異。事蹟具《史記》（卷一一七）、《漢書》（卷五七）本傳。

〈漢志・詩賦略〉云：「司馬相如賦二十九篇。」

〈隋志〉云：「漢孝文園令《司馬相如集》一卷。」

〈舊唐志〉云：「《司馬相如集》二卷。」

〈新唐志〉云：「《司馬相如集》二卷。」

　　按司馬相如曾任孝文園令，故其集又名《司馬文園集》。〈漢志〉所稱司馬相如賦二十九篇，多數散佚。〈隋志〉著錄其集一卷，〈舊、新唐志〉均作二卷，亦已佚。今存明人輯本，有汪士賢《二十名家集輯本》一卷，凡賦六篇、琴歌二首、書二篇、檄一篇、難一篇，附〈白頭吟〉；張溥《漢魏六朝百三家集》本，輯《司馬相如集》一卷，分賦、書、檄、難、符命、歌六類編次。有〈子虛賦〉、〈上林賦〉、〈大人賦〉、〈長門賦〉、〈美人賦〉、〈哀二世賦〉、〈諫獵書〉、〈報卓文君書〉、〈諭巴蜀檄〉、〈難蜀父老文〉、〈封禪文〉、〈歌〉、〈琴歌〉二首，凡十三篇，末附《漢書》本傳。此集《漢魏六朝名家集‧初刻》本分作二卷，清吳汝綸曾選評司馬相如之作，有《司馬文園集選》一卷。嚴可均《全漢文》（卷二一）輯其文，有〈子虛賦〉、〈哀秦二世賦〉、〈大人賦〉、〈美人賦〉、〈長門賦并序〉、〈梨賦〉、〈魚葅賦〉（闕）、〈上書諫獵〉、〈喻巴蜀檄〉、〈報卓文君書〉、〈答盛覽問作賦〉、〈難蜀父老〉、〈封禪文〉、〈題市門〉、〈凡將篇〉，凡十五篇。逯欽立《先秦漢魏晉南北朝詩‧漢詩》（卷一）輯其詩三首，一為〈美人賦所系歌〉、一為〈琴歌〉二首。

　　現存賦作僅〈上林賦〉、〈難蜀父老〉、〈哀二世賦〉、〈大人賦〉（見《史記》、《漢書》本傳），〈長門賦〉（見於《文選》卷十六）。前二篇為問答體散文賦，後三篇則為楚辭體賦。〈上林賦〉首由子虛稱說楚王游獵雲夢之事，次由烏有先生誇言齊國山川之廣與物產之饒，末由無是公大談天子上林之事。《文選》析為二篇，題為子虛與烏有先生二段為〈子虛賦〉，載卷七；題無是公一段為〈上林賦〉，載卷八。實則〈子虛賦〉《史記》但著其目，未採其文，遂告不傳。《文選》強分為二，遂產生名為二而實為一之現象。〈難蜀父老〉雖未冠以賦名，《文選》將之列入卷四四檄類，實為問答體散文賦。〈哀秦二世賦〉為弔古之作，乃相如路過胡亥死葬之地宜春宮，深有所感，故作賦哀之。〈大人賦〉結構遣辭，均似屈原〈遠游〉。然相如旨在諷諫，故強調神仙之寂寞無伴，與〈遠游〉語雖似而意不同。〈長門賦〉，昔人有疑為非相如之作。《南齊書‧陸厥傳》載〈陸厥與沈約書〉云：「〈長門〉、〈上林〉，殆非一家之賦。」然未明何因。顧炎武亦主此說，《日知錄》卷十九〈假設之辭〉條云：「〈長門賦〉所云陳皇后復得幸者，亦本無其事。俳諧之文，不當與之莊論矣。」原注：「〈長門賦〉乃後人託名之作。相如以元狩五年卒，安得言孝武皇帝哉？」因《文選‧長門賦》前有序云：「孝武皇帝陳皇后時得幸，頗妒，別在長門宮，愁悶悲思，聞蜀郡成都司馬相如天下工為文，奉黃金百斤，為相如文君取酒。因于解悲愁之辭。而相如為文以悟主上，陳皇后復得親幸。」顧炎武稱「〈長門賦〉所云」，實為「〈長門賦序〉所云」。然《文選》所收作品之序，本有二類。一為原序，如班固〈兩都賦序〉、左思〈三都賦序〉。另一為非原序，或採

史辭爲序，如賈誼〈鵬鳥賦序〉、〈揚雄甘泉賦序〉。或出《文選》編者之手，〈長門賦序〉即其例。故顧氏之說仍難成立。〈美人賦〉，或出於後人假託，或此賦原失撰人姓名，以其爲相如答梁王問之辭，諸書遂題撰人爲相如。由其佈局遣辭，與舊題宋玉所作〈登徒子好色賦〉、〈諷賦〉雷同，故應非相如所作。至於散文之作，則有〈上書賦〉、〈喻巴蜀檄〉、〈封禪文〉。其散文與賦同具宏麗特色。

⊙ 王 褒

王褒，字子淵。蜀人。有俊材，善辭賦。益州刺史王襄荐之，宣帝征至長安，待詔金馬門。作賦頌聖主得賢臣，擢爲諫大夫。後方士言益州有金馬碧雞之寶，可祭祀致之。遂奉使往祀，於道病死。作賦十六篇。事蹟具《漢書》（卷六四）本傳。

〈漢志‧詩賦略〉賦類云：「王褒賦十六篇。」

姚振宗〈漢志拾補‧詩賦略〉云：「漢諫議大夫王褒集五卷。」

〈隋志〉云：「漢諫議大夫王褒集五卷。」

〈舊唐志〉云：「王褒集五卷。」

〈新唐志〉云：「王褒集五卷。」

〈宋志〉云：「王褒集五卷。」

按王褒曾爲諫議大夫，世稱王諫議，故其集又稱《王諫議集》。其賦〈漢志〉著錄十六篇，《漢書》本傳又稱其曾作〈中和〉、〈樂職〉、〈宣布詩〉、〈聖主得賢臣頌〉、〈甘泉〉及〈洞簫賦〉等，後多散佚。今存完整賦作，僅〈洞簫賦〉（見《文選》卷十七）、〈九懷〉（見《楚辭章句》卷十五），俱屬楚辭體；又〈四子講德論〉（見《文選》卷五一）、〈僮約〉（見《初學記》卷十九、《藝文類聚》卷三五），二篇雖不以賦名，然實問答體散文賦。此外尚有〈聖主得賢臣頌〉一篇（見《漢書》卷六四本傳、《文選》卷四七），爲歌功頌德之作。又〈甘泉宮頌〉、〈碧雞頌〉（《全漢文》卷四二）均殘缺。另有〈責髯奴辭〉（《古文苑》以爲黃香作）等。明張溥《漢魏六朝百三家集》輯《王諫議集》一卷，分賦、騷、論、頌、移、約、文七類編次，有〈洞簫賦〉、〈九懷〉、〈四子讓德論〉、〈聖主得賢臣頌〉、〈甘泉宮頌〉、〈移金馬碧雞文〉、〈僮約〉、〈責髯奴文〉，凡八篇，末附《漢書》本傳。嚴可均《全漢文》（卷四二）輯其文，有〈洞簫賦〉、〈九懷〉、〈四子講德論并序〉、〈聖主得賢臣頌〉、〈甘泉宮頌〉、〈碧雞頌〉、〈僮約〉、〈責髯奴辭〉，凡八篇。

⊙ 劉 向

劉向，本名更生，字子政。劉德子。少治《春秋穀梁傳》，能屬文辭。年十二，以父任爲輦郎，後擢爲諫大夫，因鑄僞黃金當誅，宣帝奇其才，得逾冬減死論。

講論五經異同於石渠閣，復拜爲郎中，給事黃門，遷散騎諫大夫給事中。元帝初即位，擢爲散騎宗正給事中。時外戚許、史放縱，宦官弘恭、石顯弄權。遂與太傅蕭望之等謀罷退之，事泄，下獄。旋因災異赦，爲中郎。復上書推春秋災異，針砭時政，愈爲許、史、恭、顯所怨，遂廢十餘年。成帝即位，得復進用。更名向。拜爲郎中，遷光祿大夫，後爲中壘校尉。奉詔領校秘書，撰爲《別錄》。另著《洪範五行傳論》、《列女傳》、《新序》、《說苑》等。屢上書言政，辭多痛切，譏刺外戚王氏。成帝欲用爲九卿，爲王氏所阻，終不得遷。年七十二歲卒。有集六卷。事蹟具《漢書》（卷三六）〈楚元王附傳〉。

〈漢志・詩賦略〉賦類云：「劉向賦三十三篇。」

〈隋志〉云：「漢諫議大夫劉向集六卷。」

〈舊唐志〉云：「劉向集五卷。」

〈新唐志〉云：「劉向集五卷。」

《直齋書錄解題》著錄《劉中壘集》五卷。

按劉向官至中壘校尉，故其集又名《劉中壘集》。《漢書・楚元王附傳》稱，宣帝循武帝故事招選名儒俊材置左右，更生以通達，能屬文辭，與王褒、張子僑等並進，對獻賦頌凡數十篇。此當即《漢志》所著錄劉向賦三十三篇，今存〈九歎〉九篇（見《楚辭》）、〈請雨華山賦〉一篇（見《古文苑》）、〈高祖頌〉一篇（見《漢書》本傳），凡十一篇。又有〈雅琴賦〉、〈圍棋賦〉，並殘。《七略》《別錄》云稱向有〈芳松枕賦〉、有〈合賦〉、有〈麒麟角杖賦〉、有〈行過江上弋雁賦〉、〈弋雌得雄賦〉，今並亡。〈隋志〉載其集六卷，〈舊、新唐志〉則作五卷，已佚。明張溥《漢魏六朝百三家集》輯《劉中壘集》一卷，分賦、疏、上書、封事、議、對、頌、銘、序、騷，凡二十二篇，附〈洪範五行傳〉。清嚴可均《全漢文》（卷三五至卷三九）亦輯其文五卷，第一卷收〈請雨華山賦〉、〈雅琴賦〉、〈圍棋賦〉、〈九歎〉，凡四篇；第二卷收〈使外親上變事〉、〈條災異封事〉、〈極諫用外戚封事〉、〈理甘延壽陳湯疏〉、〈諫營昌陵疏〉、〈復上奏災異〉、〈奏劾甘忠可〉、〈對成帝甘泉〉、〈泰時問〉、〈日食對〉、〈說成帝定禮樂〉、〈誡子歆書〉，凡十一篇；第三卷收〈戰國策書錄〉、〈管子書錄〉、〈孫卿書錄〉、〈韓非子書錄〉、〈列子書錄〉、〈鄧析書錄〉、〈關尹子書錄〉、〈子華子書錄〉、〈說苑敘錄〉、〈高祖頌〉、〈杖銘〉、〈熏鑪銘〉、〈五紀說〉，凡十五篇；第四卷〈別錄佚文〉；第五卷〈新序佚文〉、〈說苑佚文〉。劉向之敘錄，於兩漢文中別具一格。文章用意深切，辭淺理暢，語氣從容，平易近人，引證詳備。又有《劉子政集》輯本，《增定漢魏六朝別解・集部》收之。

⊙　揚　雄

　　揚雄，又作楊雄，字子雲。蜀郡成都人。世以農桑為業，家產不過十金。少好學，博覽群書，不為章句，訓詁通而已。口吃不能疾言，好深湛之思。清靜無為，不徼名於世。初好辭賦，常仿司馬相如作賦。悲屈原投江而死，作〈反騷〉投諸江流以弔之。成帝時待詔承明殿，除為郎，給事黃門。作〈甘泉〉、〈河東〉、〈校獵〉、〈長楊四賦〉。哀帝時，仿《易》草《太玄》，又作〈解嘲〉、〈解難〉，答人之嘲難。因悔辭賦無益於諷諫，輟而不作。見諸子馳其智，以巧辯異辭破大道，乃仿《論語》作《法言》，續〈蒼頡篇〉而為〈訓纂〉。又作《方言》、《州箴》等。新莽時，轉為大夫，校書天祿閣。及呂寬獄起，恐受牽連下獄，遂從閣上自投下，幾死。年七十一卒。事蹟具《漢書》（卷八七）本傳。

　　〈漢志‧詩賦略〉賦類云：「揚雄賦十二篇。」

　　〈隋志〉云：「漢太中大夫揚雄集五卷。」

　　〈舊唐志〉云：「揚雄集五卷。」

　　〈新唐志〉云：「揚雄集五卷。」

　　《直齋書錄解題》著錄《揚子雲集》五卷，陳氏云：

> 大抵皆錄《漢書》及《古文苑》所載。案宋玉而下五家，皆見唐以前藝文志，而三朝志俱不著錄，《崇文總目》僅有董集一卷而已，蓋古本多已不存，好事者於史傳、類書中鈔錄，以備一家之作，充藏書之數而已。

又著錄《二十四箴》一卷，云：

> 今廣德軍所刊本，校集中無〈司空〉、〈尚書〉、〈博士〉、〈太常〉四箴。集中所有，皆據《古文苑》。而此四箴，或云崔駰，或云崔子玉，疑不能明也。

　　《文獻通考‧經籍考》著錄《揚子雲集》五卷，又《二十四箴》一卷。

　　〈宋志〉著錄《揚雄集》六卷，又《二十四箴》一卷。

　　《四庫全書總目》著錄《揚子雲集》六卷，漢揚雄撰、明鄭樸編。

　　按《揚子雲集》，〈隋志〉、〈舊、新唐志〉皆著錄五卷，其本已久佚。宋時譚愈，始取《漢書》、《古文苑》所載，凡四十餘篇，輯為五卷，然已非舊本。明萬曆中，遂州人鄭樸，復取揚雄所撰《太玄》、《法言》、《方言》三書，及諸類書所引〈蜀王本紀〉、〈琴清英〉諸條，與其文、賦合編，定為六卷，而以逸篇之目附卷末，為今傳之本。清《四庫全書》即以此本收錄，書首有萬曆二十三年九月鄭樸序。卷一為《法言》；卷二為《太玄經》；卷三為《方言》；卷四為上書，收有〈諫不受單于朝書〉、〈答劉歆書〉、〈答茂陵郭威〉、〈答桓譚〉、〈劇秦美新〉，又收〈解

難〉、〈解嘲〉；卷五爲賦頌，賦收〈甘泉〉、〈羽獵〉、〈長楊〉、〈蜀都〉、〈河東〉、〈逐貧〉、〈太玄〉、〈檄靈〉、〈反騷〉，頌收〈趙充國頌〉等；卷六爲箴、誄、連珠、紀、記等，箴收十二州牧箴、十九官箴，誄有〈元后誄〉一篇，連珠亦僅一篇，紀、記則有〈蜀王本紀〉、〈蜀記〉及〈琴清英〉等。闕文篇目則附書後，如〈訓纂〉、〈家牒〉、〈繡補靈節龍骨銘詩三章〉，〈綿竹頌〉、〈廣騷〉、〈畔牢愁〉等。明張溥《漢魏六朝百三家集》輯爲《揚侍郎集》一卷，收其文五十八篇，含殘篇斷句及闕文，而不收《法言》、《太玄》、《方言》。清嚴可均《全漢文》（卷五一至卷五四）亦輯其文，凡四卷。揚雄所撰諸箴，《古文苑》及《中興書目》皆作二十四篇；然晁公武《讀書志》則稱二十八篇，所增益者爲〈司空〉、〈尚書〉、〈博士〉、〈太常〉四篇。而鄭樸所輯之本，以此二十八篇，益以〈太官令〉、〈太史令〉，而爲三十篇。考《後漢書・班固傳》注引雄〈尚書箴〉，《太平御覽》引雄〈太官令〉、〈太史令〉二箴，知鄭氏所增，即據此也。今其集有一卷本、三卷本、四卷本、六卷本及不分卷五種。張溥《漢魏六朝百三家集》輯《揚侍郎集》一卷，《漢魏諸名家集》輯《揚子雲集》三卷，《漢魏六朝名家集・初刻》輯《揚子雲集》四卷，《四庫全書》則收《揚子雲集》六卷，又清吳汝綸評選《揚侍郎集》選一卷，《漢魏六朝百三家集》選收之，《增定漢魏六朝別解・集部》亦輯錄《揚侍郎集》，不分卷。

⊙　劉　歆

劉歆，字子駿。後改名秀，字穎叔。劉向少子。少通詩、書，能屬文。成帝時召爲黃門郎。河平時，奉詔與父領校秘書，博通六藝傳記、諸子、詩賦、數術、方技。父卒，爲中壘校尉。哀帝時，爲侍中太中大夫，遷騎郎尉、奉車光祿大夫。復領校群經，卒父前業，集六藝群書，種別爲《七略》。酷好古文經學，欲建《左氏春秋》、《毛詩》、《周禮》、《古文尚書》於學官，爲今文經學博士所拒。遂移書太常博士責讓，其言甚切，爲諸儒群臣怨恨。恐誅，出爲河內太守。數年後，以病免官。平帝時，王莽執政，爲右曹太中大夫，遷中壘校尉、羲和、京兆尹，封爲紅休侯。使治明堂、辟雍，典儒林史卜之官，考定律曆，著〈三統曆譜〉。與甄豐、王舜等頌王莽德，議立安漢、宰衡名號。王莽代漢後，拜爲國師，封爲嘉新公。地皇二年（21 年），因謀殺王莽事泄，自殺。事蹟具《漢書》（卷三六）〈劉向附傳〉。

〈隋志〉云：「漢太中大夫劉歆集五卷。」

〈舊唐志〉云：「劉歆集五卷。」

〈新唐志〉云：「劉歆集五卷。」

　　按其集〈隋志〉著錄五卷，〈舊、新唐志〉同。其集今佚，明張溥《漢魏六朝百三家集》輯《劉子駿集》，分賦、書、議、奏、說、論、傳七類編次，有〈遂初賦〉、〈甘泉宮賦〉、〈燈賦〉、〈移太常博士書〉、〈答文學〉、〈與楊雄求方言書〉、〈武帝廟不宜毀議〉、〈太上惠景寢園議〉、〈王莽服母緦繐議〉、〈上鄧析子〉、〈三統歷說〉、〈新序論〉，附〈洪範五行傳〉佚文，凡十三篇，末附《漢書》本傳。嚴可均《全漢文》（卷四十至四一）輯有劉歆文二卷，第一卷收〈遂初賦〉、〈甘泉宮賦〉、〈燈賦〉、〈上山海經表〉、〈孝武廟不毀議〉、〈惠景及太上皇寢園議〉、〈功顯君喪服議〉、〈移書讓太常博士并序〉、〈答文學〉、〈與揚雄書從取方言〉、〈新序論〉、〈斛銘〉，凡十二篇；第二卷收〈三統曆〉、〈七略佚文〉、〈鍾律書佚文〉，凡三篇；《漢魏六朝百三名家集》輯漢《劉子駿集》一卷；又《增定漢魏六朝別解・集部》亦收《劉子駿集》，不分卷；清吳汝綸評選《劉子駿集》選一卷，《漢魏六朝百三家集》選收之。

⊙　班婕妤

　　班婕妤，樓煩人，成帝妃，班固之祖姑。成帝初，入宮爲少使，尋進位婕妤。生一男，數月卒。進止有禮，辭與成帝同輦游戲，太后贊曰：「古有樊姬，今有班婕妤。」後失寵，希進見。鴻嘉三年（前18年），爲趙飛燕潛告挾媚道祝詛後宮，遂自求供養太后長信宮。婕妤退處東宮，作賦自傷悼。成帝卒，充奉園陵。事蹟具《漢書》（卷九七）外戚傳。

　　〈隋志〉云：「漢成帝班婕妤集一卷。」

　　按其集〈隋志〉著錄一卷，〈舊、新唐志〉皆未著錄，蓋已佚。今存僅嚴可均《全漢文》（卷十一）輯其文，有〈自悼賦〉、〈擣素賦〉、〈報諸姪書〉，凡三篇；逯欽立《先秦漢魏晉南北朝詩》（卷二）輯其詩一首，即〈怨詩〉，亦即〈怨歌行〉。《宮閨氏籍藝文考略》載神釋堂脞語云：「班姬二賦，自悼則小雅之苗裔，擣素乃鮑謝之濫觴。」鍾嶸《詩品》曰：「逮漢李陵，始著五言之目。自王楊枚馬之徒，辭賦競爽，而吟詠靡聞。從李都尉迄班婕妤，百年間，有婦人焉，一人而已。詩人之風，頓已缺喪。」又曰：「漢班婕妤班姬詩，其源出於李陵。團扇短章，辭旨清捷，怨深文綺，深匹婦之致。侏儒一節，可以知其工矣。」

（二）史志未著錄者

⊙　李延年

　　李延年，中山人，故倡也。坐法腐刑，給事狗監中。善歌爲變新聲，所造詩

謂之新聲曲。女弟李夫人得幸於武帝，延年由是貴。爲協律都尉，征和三年卒。

按《漢書·外戚傳》云：「孝武李夫人，本以倡進。初，夫人兄延年性知音，善歌舞，武帝愛之。每爲新聲變曲，聞者莫不感動。延年侍上起舞，歌曰：『北方有佳人，絕世而獨立，……』。上歎息曰：『善！世豈有此人乎？』平陽主因言延年有女弟，上乃召見之，實妙麗善舞，由是得幸。」其後，上以延年爲協律都尉。郭茂倩《樂府詩集》（卷八四）雜歌謠辭載有此篇。梁啓超〈古歌謠及樂府〉一文云：「此篇在漢歌中傳誦最廣，固是佳作。武帝時樂府，蓋由延年主持，於漢代音最有關係。」此歌且舞且唱，用之侍宴，故爲宴會雜舞歌曲。《宋書·樂志》云：「前世樂飲，酒酣必起自舞，詩云『屢舞僊僊』是也。」郭茂倩《樂府詩集》亦曰：「有雅舞、有雜舞，雅舞用之郊廟、朝饗，雜舞用之宴會。」又曰：「雜舞者，始皆出自方俗，後浸陳於殿庭。」又李延年善爲新聲變曲，殆取音調於民間；雜舞歌曲亦出自方俗，則此歌所用樂器，當爲民間相和雜曲所用絲竹一類。此作見諸《漢書》著錄，屬宴會雜舞歌辭，逯欽立《先秦漢魏晉南北朝詩》（卷一）有輯存，僅此一首。

⊙ 韋 孟

韋孟，楚彭城人。秦時政治苛暴，孟躬耕不仕。秦亡後六年（前 201 年），高祖廢楚王韓信爲淮陰侯，封同父弟交於楚，爲楚元王，以孟爲其傅。後又傅元王子夷王及孫王戊。戊荒淫無道，孟作詩諷諫，不從，遂去位，徙家于鄒，然仍懷其舊恩，不勝依戀，作詩述懷。後戊以反被誅。其子孫世爲鄒人。事蹟附見《漢書》（卷七三）〈韋賢傳〉。

按韋孟詩文，史志未見其集著錄。其作今僅存二首，一作於楚，一作於鄒。前者用以諫王，後者用以述志，可視爲其自敘詩。詩體爲四言，中正和平，不失詩人溫柔敦厚之旨。劉勰《文心雕龍·明詩篇》云：「漢初四言，韋孟首倡；匡諫之義，繼軌周人。」由此見其承先啓後之功。清沈德潛《古詩源》（卷二）謂其〈諷諫詩〉「去變雅未遠」，並謂「後張華、二陸、潘岳四言，懨懨欲息矣。」逯欽立輯校《先秦漢魏晉南北朝詩·漢詩》（卷二）輯有《韋孟詩》，有〈諷諫詩〉、〈在鄒詩〉，凡二首。

⊙ 鄒 陽

鄒陽，齊人。初與嚴忌、枚乘仕於吳，皆以文辯著名。吳王劉濞因太子事稱疾不朝，陰有反謀。乃以亡秦爲喻，道胡、越、齊、趙、淮南之難，奏書諫之。吳王不從，去吳至梁，從梁孝王劉武游。爲人有智略，慷慨不苟合。爲羊勝、公

孫詭所陷，下獄將殺之。遂從獄中上孝王書自辯，得釋。後勝、詭刺殺袁盎事發，孝王恐誅，賚以千金，求其至長安爲之疏解。孝王果得不治。著《鄒陽》七篇。事蹟具《史記》（卷八三）、《漢書》（卷五一）。

按鄒陽詩文，史志未見其集著錄。〈漢志〉著錄《鄒陽》七篇，列於縱橫家類，然原書久佚。其作〈獄中上梁王書〉，具縱橫家遺風，爲歷代傳誦名篇。清馬國翰輯有《鄒陽書》一卷，《玉函山房輯佚書》收之；嚴可均《全漢文》（卷十九）輯鄒陽文，有〈酒賦〉、〈几賦〉、〈上書吳王〉、〈獄中上書自明〉，凡四篇。

⊙ 羊　勝

羊勝，齊人。梁孝王劉武客。景帝前七年（前150年），武謀嗣太子爲爰盎等所阻，乃與其密謀殺之。景帝遣使逐捕，武遂令其自殺。事蹟具《史記》（卷五八）、《漢書》（卷四七）。

按羊勝之作，史志未見其集著錄。嚴可均《全漢文》（卷十九）輯其文一篇，即〈屏風賦〉也，乃據《西京雜記》上、《初學記》二十五所輯錄。《初學記》所引題芊勝，恐誤也。

⊙ 公孫乘

公孫乘，始末未詳。

按嚴可均《全漢文》（卷十九）輯其〈月賦〉一篇，乃據《西京雜記》上、《文選·雪賦注》、曹植〈責躬詩注〉、鮑照〈翫月城西門解中詩注〉引。《初學記》一題枚乘作，嚴可均《全漢文》則題公孫乘作，未知何者爲是，姑存疑以待考。

三、後　漢

（一）史志著錄者

⊙ 班　昭

班昭，一名姬，字惠班。扶風人。班彪之女，固之妹。曹世叔妻，早寡。固爲《漢書》，其〈八表〉及〈天文志〉未竟，和帝詔就東觀續成之。數召入宮，令皇后貴人師事。號曰曹大家。有〈女誡〉七篇。事蹟具《後漢書》（卷八四）《列女傳》。

〈隋志〉著錄《漢成帝班婕妤集》一卷，注云：「梁有班昭集三卷，亡。」

〈舊唐志〉云：「《曹大家集》二卷。」

〈新唐志〉云：「《曹大家集》二卷。」

　　按《後漢書》本傳稱其所著賦頌銘誄問注哀辭書論上疏遺令，凡十六篇。子婦丁氏編爲一集。〈隋志〉著錄其集三卷，原集散佚。〈舊、新唐志〉均著錄二卷，久佚。張鵬一輯其佚文，編爲《曹大家集》，刊入《關隴叢書・扶風班氏遺書》。凡收賦四篇，有〈東征賦〉、〈針線賦〉、〈蟬賦〉、〈大雀賦〉，其中〈蟬賦〉輯於《文選注》引，僅數句；頌一篇，即〈欹器頌〉，輯於《文選注》引，僅一句；疏有〈上鄧太后疏〉、〈請召兄超還歸老疏〉，凡二篇；雜文僅〈難問神〉（闕）一篇；注有〈通幽賦注〉、〈列女傳注〉，凡二篇；〈女誡〉七篇，末附〈班婕妤傳〉。又嚴可均《全後漢文》（卷九六）輯其文，有〈東征賦〉、〈鍼縷賦〉、〈大雀賦〉、〈蟬賦〉、〈爲兄超求代疏〉、〈上鄧太后疏〉、〈欹器頌〉、〈女誡〉，凡八篇。

⊙　崔　篆

　　崔篆，涿郡安平人。崔駰祖父。王莽時爲郡文學，以明經徵詣公車。太保甄豐舉爲步兵校尉，辭不就。後拜建新大尹，不得已而就。在職平理冤獄，釋二千餘人。建武初，舉賢良，辭歸不仕。客居榮陽，閉門沈思，著《周易林》六十四篇，自作悼詞慰志，卒於家。事蹟具《後漢書》（卷五二）〈崔駰附傳〉。

　　〈隋志〉著錄《漢成帝班婕妤集》一卷，注云：「王莽建新大尹崔篆集一卷。」

　　〈舊唐志〉云：「崔篆集一卷。」

　　〈新唐志〉云：「崔篆集一卷。」

　　按其集〈隋志〉著錄一卷，〈舊、新唐志〉同，已佚。今僅存嚴可均《全後漢文》（卷六一）收〈慰志賦〉一篇，乃據《後漢書・崔駰傳》所輯。

⊙　桓　譚

　　桓譚，字君山。沛國相人。博學多通，遍習五經，尤好古學，精通音律。哀帝、平帝間，以父任爲郎。新莽時，爲掌樂大夫。更始立，拜太中大夫。建武初，拜議郎給事中。上書陳時政，力言國之廢興，在乎政事、選官，爲政應賞罰分明，重農抑商。見光武以圖讖決嫌疑，又指斥讖記之虛誕，不可妄信。光武大怒，欲以非聖無法斬之。後出任六安郡丞，道中憂鬱而卒。著《新論》二十九篇等。事蹟具《後漢書》（卷二八）本傳。

　　〈隋志〉著錄《漢成帝班婕妤集》一卷，注云：「〈桓譚集〉五卷，亡。」

　　〈舊唐志〉云：「後漢〈桓譚集〉二卷。」

　　〈新唐志〉云：「〈桓譚集〉二卷。」

　　按《後漢書》本傳稱其所著賦、誄、書、奏，凡二十六篇。其集〈隋志〉著錄五卷，亡。〈舊、新唐志〉復出〈桓譚集〉二卷，蓋後人所輯也。其集今已佚，

嚴可均《全後漢文》（卷一二至十五）輯桓譚文，有〈仙賦并序〉（《北堂書鈔》、《藝文類聚》）、〈陳時政疏及抑讖重賞疏〉（本傳）、〈上便宜〉、〈陳便宜〉、〈啓事〉、〈答揚雄書〉（以上四篇見《文選注》）、〈桓子新論〉上中下，凡十篇。

⊙　馮　衍

　　馮衍，字敬通。京兆杜陵人。少有奇才，博通群書。新莽末年，曾爲更始將軍廉丹掾。勸丹棄莽從漢，丹不從，敗亡於赤眉。後亡命河北。更始二年（24 年），獻計於尚書僕射鮑永，拜立漢將軍、領狼孟長。更始敗，隨永降劉秀，任曲陽令，擊降郭勝軍五千餘人。與外戚陰興、陰就交善，遷司隸從事。後陰氏失勢，貶歸故郡。數上書陳政見，皆未納。因不得志，乃作賦自娛。明帝時，以文過其實，廢於家。著作凡五十篇。事蹟具《後漢書》（卷二八）本傳。

　　〈隋志〉云：「後漢司隸從事馮衍集五卷。」

　　〈舊唐志〉云：「馮衍集五卷。」

　　〈新唐志〉云：「馮衍集五卷。」

　　按馮衍曾任曲陽令，故其集又名《馮曲陽集》。《後漢書》本傳謂其著賦、誄、銘、說、問交、德誥、愼情、書記說、自序、官錄說、策等五十篇。唐李賢注云：「衍集見有二十八篇。」知其集至唐時，已亡佚近半。今僅見〈顯志賦〉、〈與弟任武達書〉及〈諸銘〉。其集〈隋志〉、〈舊、新唐志〉俱作五卷，今已佚。明張溥《漢魏六朝百三家集》輯有《馮曲陽集》一卷，分賦、疏、奏記、牋、書、論、銘七類編次，有〈顯志賦〉、〈自陳疏〉、〈奏記鄧禹〉、〈與鄧禹牋〉、〈與田邑書〉、〈說鄧禹書〉、〈與鄧禹書〉、〈與陰就書〉、〈出獄後與陰就書〉、〈與婦弟任武達書〉、〈與宣孟書〉、〈自論〉、〈刀陽銘〉、〈刀陰銘〉、〈杖銘〉、〈杯銘〉、〈車銘〉，凡十七篇。張鵬一於此基礎增輯〈楊節賦〉及佚文四條，刊入《關隴叢書》。又嚴可均《全後漢文》（卷二十）輯馮衍文一卷，凡二十九篇。

⊙　班　彪

　　班彪，字叔皮。扶風安陵人。性沈重好古。新莽末年，依附隗囂。因囂不從諫言，遂避地河西，爲河西大將軍竇融從事。勸融歸附光武，以西河拒囂。建武初，舉司隸茂才，拜徐令，以病免。後專心著史，因司馬遷《史記》止於漢武太初年間，立志續作。采前代遺事，傍貫異聞，作後傳數十篇。復辟司徒府，建言選明儒有威通政事者爲太子太傅，教授諸王。帝納之，拜望都長。著有〈王命論〉、〈覽海賦〉、〈北征賦〉等。事蹟具《後漢書》（卷四十）本傳。

　　〈隋志〉云：「後漢徐令班彪集二卷。注云：梁五卷。」

〈舊唐志〉云：「班彪集二卷。」

〈新唐志〉云：「班彪集三卷。」

按《後漢書》本傳謂其所著賦、論、書、記、奏事，凡九篇。其集〈隋志〉、〈舊唐志〉俱作二卷，〈新唐志〉作三卷，今已佚。嚴可均《全後漢文》（卷二三）輯班彪文，收有〈覽海賦〉、〈北征賦〉、〈冀州賦〉、〈悼離騷〉、〈復護羌校尉疏〉、〈上言宜復置烏桓校尉〉、〈上言選置東宮及諸王國官屬〉、〈奏事〉、〈上事〉、〈奏議答北匈奴〉、〈與京兆丞郭季通書〉、〈與金昭卿書〉、〈王命論〉、〈史記論〉，凡十四篇。又張鵬一輯有《叔皮集》一卷，收入《關隴叢書‧扶風班氏佚書》。

⊙ **傅 毅**

傅毅，字武仲。扶風茂陵人。少博學。章帝建初中，為蘭臺令史，拜郎中，與班固等共典校書。後為車騎將軍馬防軍司馬，及馬氏敗，免官歸。和帝永元元年（89年），車騎將軍竇憲請為主記室，旋為司馬。著詩、賦、祝文等凡二十八篇，冠於當世。卒於官。有集五卷。事蹟具《後漢書》（卷八十）〈文苑傳〉。

〈隋志〉云：「後漢車騎司馬傅毅集二卷。注云：梁五卷。」

〈舊唐志〉云：「傅毅集五卷。」

〈新唐志〉云：「傅毅集五卷。」

按傅毅曾為車騎司馬，故其集又名《傅司馬集》。《後漢書》本傳謂毅早卒，著詩、賦、誄、頌、祝文、七激、連珠，凡二十八篇。其集〈隋志〉作二卷，注云梁有五卷，則其集至隋，已非完帙。〈舊、新唐志〉皆作五卷，蓋以官書佚脫，而民間傳本未亡，故復見行世。其集今已散佚，現存詩文，馮惟訥《詩紀》輯存〈迪志詩〉一篇；嚴可均《全後漢文》（卷四三）輯傅毅文，有〈洛都賦〉、〈反都賦〉、〈舞賦并序〉、〈雅琴賦〉、〈扇賦〉、〈與荊文姜書〉（殘）、〈七激〉、〈顯宗頌并上表〉、〈竇將軍北征頌〉、〈西征頌〉、〈扇銘〉、〈明帝誄〉、〈北海王誄〉，凡十三篇；逯欽立《先秦漢魏晉南北朝詩‧漢詩》（卷五）輯傅毅詩，有〈迪志詩〉、〈歌〉（〈七激〉所系詩），凡二首。張鵬一輯其詩文，題《傅司馬集》，刊入《關隴叢書》，所收詩文十六篇，附漢法本內傳二條。傅毅為後漢著名賦家，集中存賦有〈舞賦〉、〈洛都賦〉、〈琴賦〉、〈扇賦〉（僅六句）及〈七激〉等。其詩存〈迪志詩〉，又輯入〈冉冉孤生竹〉，《後漢書》本傳謂：「永平中，于平陵習章句，因作〈迪志詩〉。」〈冉冉孤生竹〉原係〈古詩十九首〉之一，《文心雕龍‧明詩篇》以為「傅毅之辭」。後世學者多不從其說，故未輯入集中。傅毅建中初任蘭臺令史，故其集又名《傅蘭臺集》，清人傅以禮所輯，收入《傅氏家書》。

⊙　班　固

　　班固，字孟堅。扶風安陵人。班彪子。善屬文誦詩賦，博覽群書及九流百家之言。所學無常師，不為章句，舉大意而已。父卒，歸鄉里。以父所續前史未詳，潛研精思，欲就其業。被人告發私改國史，系獄，家書沒收。弟超上書為之申辯，得免。明帝召詣校書部，除蘭臺令史。旋遷為郎，典校秘書。自永平中受詔，潛心二十餘年，撰成《漢書》，合紀、表、志、列傳共百篇。章帝時，常讀書禁中，賞賜甚豐，遷玄武司馬。建初四年（79 年），諸儒於白虎觀講論五經異同，奉詔作《白虎通德論》。後以母喪去官。永元初，以中護軍隨大將軍竇憲征匈奴。竇氏誅后，坐免官，死獄中。著有詩、賦等凡四十一篇，以〈兩都賦〉最為有名。事蹟具《後漢書》（卷四十）本傳。

　　〈隋志〉云：「後漢大將軍護軍司馬班固集十七卷。」
　　〈舊唐志〉云：「班固集十卷。」
　　〈新唐志〉云：「班固集十卷。」
　　按班固曾任蘭臺令史，世稱班蘭臺，故其集又名《班蘭臺集》。《漢書·班彪傳》稱所著典引、賓戲、應譏、詩、賦、銘、誄、頌、書、文、記、論、議、六言，在者凡四十一篇。〈隋志〉著錄其集十七卷；〈舊、新唐志〉則俱作十卷，已佚，今本為後人所輯。明張溥《漢魏六朝百三家集》輯《班蘭臺集》一卷，分賦、表、奏記、牋、書、議、符命、設難、頌、銘、論、哀辭、連珠、文、詩十五類編次，凡佚文二十八篇，賦有〈兩都賦〉、〈幽通賦〉、〈終南山賦〉、〈覽海賦〉、〈游居賦〉、〈竹扇賦〉；表有〈為第五倫荐謝夷吾表〉；詩有〈詠史詩〉等。張鵬一於此基礎予以增輯，且將〈覽海〉、〈游居〉二賦歸入班彪《叔皮集》，凡得詩文三十一篇，題為《班蘭臺集》，收入《關隴叢書·扶風班氏佚書》。其集以辭賦為主，尤以〈兩都賦〉為著，此賦結構擬〈上林〉，取材仿〈蜀都〉，文句頗多對稱。昭明太子蕭統《文選》即以此賦冠於卷首，此賦盛稱洛邑制度之美，以折西賓淫侈之論。《漢書·敘傳》又載有〈幽通賦〉、〈答賓戲〉，敘傳上曰：「有子曰固，弱冠而孤。作幽通之賦，以致命遂志。」〈答賓戲〉則亦東方朔〈答客難〉、揚雄〈解嘲〉之仿作。此外《古文苑》（卷五）所收〈竹扇賦〉，全篇七言，為漢賦中僅見。其詩如〈詠史〉、〈竹扇詩〉，則質木無華，反映五言詩初起之純樸風貌。馮惟訥《詩紀》輯存詩歌七篇；嚴可均《全後漢文》（卷二四至卷二六）輯其文，凡三卷；逯欽立《先秦漢魏晉南北朝詩·漢詩》（卷五）輯其詩，有〈明堂詩〉、〈辟雍詩〉、〈靈臺詩〉、〈寶鼎詩〉、〈白雉詩〉（以上為〈東都賦〉所系詩）、〈論功歌詩〉、〈詠史詩〉等。又有《班蘭臺集》，《增定漢魏六朝別解》收之；《班孟堅集》三卷，收入《漢魏六朝名家集·初刻》。

⊙ 黃　香

黃香，字文彊。江夏安陸人。少博學經典，善文章，京師號曰「天下無雙，江夏黃童」。初爲郎中。章帝時拜尚書郎，數陳言得失。和帝永元四年（92年），拜左丞。六年，累遷尚書令。郡國每有疑案，務求輕科，以憂恤百姓。殤帝延平元年（106年），遷魏郡太守。以舊有內外園田賦民耕種，令富家出義穀賑濟貧民。後坐事免，卒於家。著賦、奏等凡五篇。事蹟具《後漢書》（卷八十）〈文苑傳〉。

〈隋志〉著錄《後漢大將軍護軍司馬班固集》十七卷，注云：「梁有魏郡太守黃香集二卷，亡。」

〈舊唐志〉云：「黃香集二卷。」

〈新唐志〉云：「黃香集二卷。」

按《後漢書》本傳謂其著賦、箋、書、令，凡五篇。〈隋志〉著錄其集二卷，亡。〈舊、新唐志〉則復錄其集二卷，然原集久佚。今存其作有〈九宮賦〉、〈讓東郡太守疏〉、〈天子冠頌〉等。清嚴可均《後漢文》（卷四二）輯黃香文，收有〈九宮賦〉、〈讓東郡太守疏〉、〈留爲尚書令上疏〉、〈樂承王萇罪議〉、〈天子冠頌〉、〈屏風銘〉等，凡六篇。

⊙ 崔　駰

崔駰，字亭伯。涿郡安平人。年十三，能通詩、易、春秋，博學有才，通古今訓詁百家之言，善文章。少游太學，與班固、傅毅齊名。以治典籍爲業，不求仕進。元和中，上四巡頌以稱漢德，章帝稱之，爲竇憲引爲上客。屢諫竇氏誡驕擅。及憲爲車騎將軍，辟爲掾屬。憲出擊匈奴，爲主簿。前後數十次奏劾憲不法事，爲憲所不容，出爲長岑長。旋辭歸，卒於家。著詩文二十一篇，傳於世。事蹟具《後漢書》（卷五二）本傳。

〈隋志〉云：「後漢長岑長崔駰集十卷。」

〈舊唐志〉云：「崔駰集十卷。」

〈新唐志〉云：「崔駰集十卷。」

按本傳稱所著詩、賦、銘、頌、書、記、表、七依、婚禮結言、達旨、酒警，合二十一篇。其集〈隋志〉著錄十卷，〈舊、新唐志〉同，已散佚。今本爲後人所輯錄，明張溥《漢魏六朝百三家集》輯有《崔亭伯集》一卷，分賦、著述、書、牋、箋、銘、頌、議、論、七、雜文、詩十二類編次，末附本傳。收賦三篇，雜文三十五篇，詩二首，凡四十篇。其賦三篇，皆小賦。著述〈達旨〉則篇幅較長，頗似揚雄〈解嘲〉。《後漢書》本傳謂其：「常以典籍爲業，未遑仕進之事，時人或譏其太玄

靜，將以後名失實。駟擬揚雄〈解嘲〉，作〈達旨〉以答焉。」〈博徒論〉則生動描繪當時農民生活及形象。《後漢書》本傳稱其善屬文，與班固、傅毅齊名；又載其〈獻漢章帝四巡頌〉，辭典甚美，深得章帝喜愛。《文心雕龍·銘箴篇》云：「崔駰品物贊多戒少。」又〈雜文篇〉云：「崔駰〈達旨〉，吐典言之裁。」又云：「〈七依〉入博雅之巧。」又嚴可均《全後漢文》（卷四四）輯其文一卷，凡三十六篇，於明人所輯基礎予以增輯，然所增僅斷簡殘句數則；逯欽立《先秦漢魏晉南北朝詩·漢詩》（卷五）輯其詩，有〈歌〉（〈北巡頌〉所系詩）、〈安封侯詩〉（《藝文類聚》五十九、《廣文選》十、《詩紀》三、《御覽》三百三十九）、〈七言詩〉（《御覽》九百十六）、又〈七言詩〉（《文選》二十五〈答傅咸注〉）、〈二言詩〉（《書鈔》九十七），凡五首。又有《崔亭伯集》，收入《增定漢魏六朝別解》。

⊙ 李 尤

李尤，字伯仁。廣漢雒人。少以文章顯名。和帝時，侍中賈逵譽之有相如、揚雄之風，召詣東觀，受詔作賦，拜蘭臺令史。安帝時，遷諫議大夫，與謁者僕射劉珍等共撰《漢記》。順帝時，再遷樂安相。年八十三卒。著詩、賦、頌等凡二十八篇。事蹟具《後漢書》（卷八十）〈文苑傳〉。

〈隋志〉著錄《後漢校書郎劉騊駼集》一卷，注云：「又有樂安相李尤集五卷，亡。」

〈宋志〉云：「李尤集二卷。」

按李尤於漢和帝時曾拜蘭臺令史，世稱李蘭臺，其集因稱之，又其字伯仁，故其又稱《李伯仁集》。《後漢書》本傳稱所著詩、賦、銘、誄、頌、七歎、哀典，凡二十八篇。又《華陽國志》稱廣漢人士贊明帝召，作〈東觀〉、〈辟雍〉、〈德陽諸館賦〉、〈銘〉、〈懷戎頌百二十銘〉、〈著政事論〉七篇，帝善之。其集〈隋志〉著錄五卷，後散佚。〈宋志〉著錄二卷，蓋為後人輯本。明張溥《漢魏六朝百三家集》輯《李蘭臺集》一卷，分賦、七、銘、序、詩五類編次，凡收賦七篇，銘序等文八十餘篇，末附《後漢書》本傳。其所作賦皆小賦，頗工致，然乏〈上林〉、〈長楊〉之雄風。喜作銘文，故集中所存銘文八十餘篇，張溥題辭謂其「多體要之作」。其詩馮惟訥《詩紀》輯存〈九曲歌〉，僅殘存七言二句，餘諸頌、誄、哀典之作，俱亡佚。嚴可均《全後漢文》（卷五十）於此基礎增輯，凡八十四銘，餘三十七銘亡。逯欽立《先秦漢魏晉南北朝詩·漢詩》（卷五）除輯〈九曲歌〉外，尚自《文選》、《北堂書鈔》等輯出〈武功歌〉，然非完篇。

⊙ 崔 瑗

崔瑗，字子玉，崔駰子。銳志好學，盡傳父業。至京師，師從賈逵，通天官、曆數、京房易傳，爲諸儒所宗。與馬融、張衡相友善。因爲兄報仇殺人，會赦歸家。年四十餘，始爲郡吏，辟度遼將軍鄧遵府，後辟車騎將軍閻顯府。顯被誅，斥歸。順帝時舉茂才，遷汲令。開稻田數百頃，百姓歌之。漢安初，拜齊北相。爲官清廉，荐舉賢才，政有名跡。著述凡五十七篇，以〈南陽文學官志〉稱於後世。事蹟具《後漢書》（卷五二）〈崔駰附傳〉。

〈隋志〉云：「後漢濟北相崔瑗集六卷。注云：梁五卷。」

〈舊唐志〉云：「崔瑗集五卷。」

〈新唐志〉云：「崔瑗集五卷。」

按《後漢書》本傳稱瑗高於文辭，尤善爲書、記、箋、銘，所著賦、碑、銘、箴頌、〈七蘇〉、〈南陽文學官志〉、〈歎辭〉、〈移社文〉、〈悔祈〉、〈草書勢〉、〈七言〉，凡五十七篇。其集〈隋志〉著錄六卷，並云梁有五卷；〈舊、新唐志〉則俱作五卷，似舊本復出，今已散佚。清嚴可均《全後漢文》（卷四四）輯其文，凡二十一篇。

⊙ 張　衡

張衡，字平子。南陽西鄂人。世爲著姓。少入京師，觀太學，通五經，貫六藝。才高於世，不好交接俗人。和帝永元中，舉孝廉不行，連辟公府不就。與馬融、崔瑗等交善。善機巧，尤精天文、陰陽、曆算。安帝時，拜郎中，遷太史令。制成渾天儀，以測星象。順帝陽嘉元年（132 年），造候風地動儀，以測地震，準確無比。又造指南車、記里鼓車等，眾皆服其妙。時外戚宦官勢盛，權移於下，乃上書奏言斥退佞幸，荐用賢才，戒奢侈，行禮教。自中興以來，儒者爭學圖緯，兼附妖言，以爲圖緯虛妄，非聖人之法，上書諫廢。遷侍中，侍帝左右，常詢以政事。後爲宦官所譖，出爲河間相。時諸王驕奢，不遵典憲；又多豪右，共爲不軌。乃治威嚴，整法度，收係奸黨，上下肅然，吏民稱之。視事三年，徵拜尙書，卒於官。著述凡三十二篇，尤以〈二京賦〉、〈思玄賦〉、〈周官訓詁〉、〈靈憲〉等最著名。事蹟具《後漢書》（卷五九）本傳。

〈隋志〉云：「《後漢河間張衡集》十一卷。注云：梁十二卷。又一本，十四卷。」

〈舊唐志〉云：「張衡集十卷。」

〈新唐志〉云：「張衡集十卷。」

〈宋志〉云：「張衡集六卷。」

按張衡嘗於永和初，出任河間相，故世稱張河間。本傳稱所著詩、賦、銘、

七言、〈靈憲〉、〈應間〉、〈七辯〉、巡誥、懸圖，凡三十二篇。〈隋志〉著錄《張衡集》十一卷，並注云梁有十二卷，又有另一本，十四卷，已佚。〈兩唐志〉則作十卷，〈宋志〉僅六卷，今已不傳。今本爲明人所輯，張溥《漢魏六朝百三家集》輯《張河間集》二卷，分卷一賦，收有〈西京賦·薛綜註〉一篇；卷二賦，收有〈南都賦〉、〈週天大象賦〉、〈溫泉賦〉、〈羽獵賦〉、〈思玄賦〉、〈歸田賦〉、〈定情田賦〉、〈扇賦〉、〈觀舞賦〉、〈冢賦〉、〈髑髏賦〉十一篇；誥收有〈東巡誥〉一篇；疏收有〈大疫上疏〉、〈陳事疏〉、〈駁圖讖疏〉、〈論貢舉疏〉、〈論舉孝廉疏〉五篇；策收有〈水災對策〉一篇；表收有〈求合正三史表〉、〈日蝕上表〉、〈請專事東觀收檢遺文表〉三篇；書收有〈與崔瑗書〉二篇、〈與特進書〉三篇；七收有〈七辯〉一篇；設難收有〈應間〉、〈應間序〉二篇；議收有〈歷議〉一篇；說收有〈渾儀〉、〈靈憲〉、〈靈應〉三篇；銘收有〈綬笥銘〉（有引）一篇；贊收有〈南陽文學儒林書贊〉一篇；誄收有〈大司農鮑德誄〉、〈司徒呂公誄〉、〈司空陳公誄〉、〈又司空陳公誄〉四篇；樂府收有〈怨篇〉、〈同聲歌〉二篇；詩則收有〈四愁詩〉一篇，末附《後漢書》本傳。其中〈周天大象賦〉，據清嚴可均考定，此賦爲隋李播撰，而張溥誤收於集中。張衡現存完整賦作，《後漢書》本傳載有〈思玄賦〉、〈應間〉；《文選》卷二載〈西京賦〉、卷三載〈東京賦〉，合稱〈二京賦〉，又卷四載〈南都賦〉；卷十五載〈歸田賦〉。其代表作爲〈兩京賦〉，《後漢書》本傳稱「時天下承平日久，自王侯以下，莫不逾侈。衡乃擬班固〈兩都〉作〈兩京賦〉，因以諷諫，精思傅會，十年乃成。」知其作此賦宗旨與精撰之艱。其抒情小賦如〈歸田〉、〈定情田〉、〈髑髏〉等，寫志言情，清新洒脫，呈現賦體之轉變。衡又爲科學家，故集中多有科學論著，如〈靈憲〉、〈歷議〉、〈渾儀〉等，駁圖讖疏乃專評東漢流行之圖讖說而作，指陳圖讖之說，起於哀、平之世，其本質乃虛僞之徒以要世取資，以欺世罔俗者。清嚴可均《全後漢文》（卷五二至卷五十五）於張溥輯本基礎，重加輯錄，分爲四卷，與張本相較互有增損。又有《漢魏六朝別解》本。逯欽立《先秦漢魏晉南北朝詩·漢詩》（卷六）輯其詩，有〈歌〉三首（輯自〈思玄賦〉、〈東巡誥〉、〈舞賦〉所系詩）、〈歎〉一首（自〈定情賦〉所系輯出）、〈同聲歌〉、〈歌〉一首（自《御覽》二十、《書鈔》百五十四引輯出）、〈怨詩〉、〈詩〉（自《文選》二十四〈賦秀才入軍詩注〉輯出）、〈四愁詩并序〉，所輯較前爲備，然所增多殘篇斷句。

⊙　蘇　順

蘇順，字孝山。京兆霸陵人。東漢和帝、安帝時，以才學爲人所稱，後拜郎

中。好養生之術，隱居求道。事蹟具《後漢書》（卷八十）〈文苑傳〉。

〈隋志〉著錄《河間張衡集》十一卷，注云：「又有郎中籍順集二卷，錄二卷，亡。」

〈舊唐志〉云：「蘇順集二卷。」

〈新唐志〉云：「蘇順集二卷。」

按《後漢書》本傳稱其著賦、論、誄、哀辭、雜文，凡十六篇。〈隋志〉著錄其集二卷，題籍順，籍當為蘇也。〈舊、新唐志〉卷同，已佚。今存其作，嚴可均輯入《全後漢文》（卷四九），有〈歎懷賦〉等殘篇與〈和帝誄〉（據《藝文類聚》）、〈陳公誄〉（據《文選注》）、〈賈逵誄〉（據《初學記》），凡四篇。

⊙ 胡 廣

胡廣，字伯始。南郡華容人。初為郡散吏。安帝時，舉孝廉。試章奏天下第一，拜尚書郎，累遷至尚書僕射。順帝時，建言立梁貴人為皇后。掌典機事十年，出為濟陰太守，旋轉汝南太守，入拜大司農。漢安元年（142 年），遷司徒。質帝時，為太尉，錄尚書事。以定策立桓帝，封育陽安樂鄉侯。在公臺凡三十餘年，歷事六帝，計一履司空，再作司徒，三登太尉，又為太傅。性溫恭謹慎，練達事理，雖無謇直之風，然屢得升遷，故時人譏曰：「萬事不理問伯始，天下中庸有胡公。」又與宦官丁肅聯姻，益見毀於當時。著〈百官箴〉四十八篇，詩、賦等二十二篇。事蹟具《後漢書》（卷四四）本傳。

〈隋志〉著錄《後漢河間張衡集》十一卷，注云：「後漢太傅胡廣集二卷，亡。」

〈舊唐志〉云：「胡廣集二卷。」

〈新唐志〉云：「胡廣集二卷。」

按《後漢書》本傳稱胡廣著〈百官箴〉四十八篇，其餘所著詩、賦、銘、頌、箴、弔及諸解詁，凡二十二篇。然今多散佚，嚴可均《全後漢文》（卷五六）輯其文，有〈上書駁左雄察舉議〉、〈諫探策立后疏〉、〈書〉（僅一句）、〈王隆漢官篇解詁敘〉、〈百官箴敘〉、〈侍中箴〉、〈邊都尉箴〉、〈陵令箴〉、〈印衣銘〉、〈綏箶銘〉、〈徵士法高卿碑〉、〈弔夷齊文〉，凡十二篇。現存其作，以疏、敘、碑、銘為多，文風明暢而典重。故《文心雕龍·章表篇》云：「觀伯始謁陵之章，足見其典文之美也。」

⊙ 葛 龔

葛龔，字元甫。梁國寧陵人。永初中舉孝廉，為太官丞，拜蕩陰令。辟太尉府，病不就。州舉茂才，為臨汾令。入拜黃門郎。事蹟具《後漢書》（卷八十）〈文苑傳〉。

〈隋志〉云：「後漢黃門郎葛龔集六卷。注云：梁五卷，一本七卷。」

〈舊唐志〉云：「葛龔集五卷。」

〈新唐志〉云：「葛龔集五卷。」

按《後漢書‧文苑傳》稱其著文、賦、碑、誄、書、記，十二篇。其集〈隋志〉著錄六卷，注云梁有五卷，另有一本爲七卷。〈舊、新唐志〉均著錄五卷，似爲南朝舊本復出，然已佚。嚴可均《全後漢文》（卷五六）輯其佚文，有〈遂初賦〉、〈與梁相張府君牋〉、〈薦黃鳳文〉、〈薦郝彥文〉、〈薦戴昱〉、〈讓州辟文〉、〈與張略書〉、〈答寶章書〉、〈喪伯父還傳記〉，凡九篇。

⊙　李　固

李固，字子堅。漢中南鄭人。少好學，廣結英賢。上書爲順帝所納，拜議郎。出爲廣漢雒令，旋辭歸漢中，梁商請爲從事中郎。永和中，爲荆州刺史，招降夏密等起事軍。歷任泰山太守、將作大匠、大司農。與廷尉吳雄上疏，劾奏諸州守令以下侵害百姓者，免所居官，罪重者下獄。沖帝即位，爲太尉，與大將軍梁冀共參錄尚書事。沖帝卒，議立清河劉蒜，爲冀所忌。及質帝爲冀鴆殺，又請立劉蒜，被誣共爲妖言，下獄誅之。事蹟具《後漢書》（卷六三）本傳。

〈隋志〉云：「後漢司空李固集十二卷。注云：梁十卷。」

〈舊唐志〉云：「李固集二卷。」

〈新唐志〉云：「李固集十卷。」

按《後漢書》本傳謂固所著章、表、奏、議、教令、對策、記、銘凡十一篇。〈隋志〉著錄《李固集》十二卷，並注云梁有十卷，已佚。嚴可均《全後漢文》（卷四八）輯其佚文，凡十九篇，其中或有殘篇。其文多就政事而發之對策疏奏，內容切實，說理詳贍。語言上受辭賦影響，多以排偶行之，《後漢書》本傳所載之對策文，即其例也。

⊙　馬　融

馬融，字季長。扶風茂陵人。少有俊才，師從摯恂，博通經籍。安帝永初二年（108 年），辟大將軍鄧騭府。四年，拜校書郎中，詣東觀典校秘書。元初二年（115 年）因上〈廣成頌〉忤鄧太后旨，十年不得升調。又因自劾歸，被禁錮。安帝即位，召還郎署，出爲河間王廄長史，拜郎中、議郎。順帝陽嘉二年（133 年），大將軍梁商荐爲從事中郎，轉武都太守。桓帝時，爲南郡太守。以忤大將軍梁冀旨，被誣貪濁，免官徙朔方。會赦得還，復拜議郎，著述於東觀。後不敢忤權勢，爲冀草奏劾李固，又作〈西第頌〉贊冀功德，頗爲人所譏。旋以病去官。教授諸生，常以千數，

盧植、鄭玄皆其弟子。善鼓琴，好吹笛，不拘儒者之節。著《傳異同說》，注《孝經》、《論語》、《詩》、《易》、《三禮》、《尚書》、《列女傳》、《老子》、《淮南子》、《離騷》，另有賦、頌等二一十一篇。事蹟具《後漢書》（卷六十）本傳。

〈隋志〉云：「《後漢南郡太守馬融集》九卷。」

〈舊唐志〉云：「馬融集五卷。」

〈新唐志〉云：「馬融集五卷。」

按《後漢書》本傳稱其所著賦、頌、碑、誄、書、記、表、奏、〈七言〉、〈琴歌〉、對策、遺令凡二十一篇。後皆散佚。明張溥《漢魏六朝百三家集》輯《馬季集》一卷，分賦、疏、頌、書、序、著述六類編次，有〈長笛賦〉、〈圍棋賦〉、〈樗蒲賦〉、〈琴賦〉、〈上安帝請龐參等書〉、〈上論日蝕疏〉、〈上順帝乞自效疏〉、〈廣成頌〉、〈東巡頌〉、〈爲梁冀誣奏太尉李固書〉、〈與謝伯世書〉、〈與竇伯向書〉、〈忠經序〉、〈忠經〉，凡十四篇，末附《後漢書》本傳。本傳稱「鄧太后臨朝，興文廢武，息戰陣之法，季長以爲文武之道，聖賢不廢，於元初二年上〈廣成頌〉。」又云：「初融懲於鄧氏，不敢違忤勢家，遂爲梁冀草奏李固，大作大將軍〈西第頌〉，以此頗爲正直所羞。」馬融爲東漢大儒，所注經書頗多，如《周易》、《尚書》、《毛詩》、《周官》、《喪服經傳》、《孝經》等多種。然其文學成就，主要仍爲辭賦。其善鼓琴，好吹笛，喜圍棋，故其賦多取材於此。〈長笛賦〉想像豐富，辭采鮮明；〈圍棋賦〉以戰陣之法寫圍棋，頗具干戈之氣。清嚴可均《全後漢文》（卷十八）亦輯有其文，於張輯本基礎，復加增錄，所收篇目亦較多。嚴氏案云：「張溥本有〈忠經〉、〈序〉，案〈忠經〉及〈序〉，皆宋人依託不錄。」故所收凡二十篇。

⊙ 王　逸

王逸，字叔師，南郡宜城人。安帝元初中，舉上計吏，爲校書郎。順帝時，爲侍中。著《楚辭章句》、漢詩百二十三篇及賦、書、論等二十一篇。事蹟具《後漢書》（卷八十）〈文苑傳〉。

〈隋志・總集類〉云：「後漢校書郎王逸，集屈原已下，迄於劉向逸文，自爲一篇，并敘而注之，今行於世。」又別集類著錄《後漢南郡太守馬融集》九卷，下注云：「梁有外黃令《高彪集》二卷，錄一卷；《王逸集》二卷，錄一卷；司徒掾《桓麟集》二卷，錄一卷，亡。」

〈舊唐志〉云：「王逸集二卷。」

〈新唐志〉云：「王逸集二卷。」

按《王逸集》原有二卷，《後漢書》本傳又稱其著《楚辭章句》行於世，其賦、

誄、書、論及雜文，凡二十一篇，又作漢詩百二十三篇。原集已佚，馮惟訥《詩紀》輯存〈琴思楚歌〉一篇；明張溥《漢魏六朝百三家集》輯《王叔師集》一卷，分賦、楚辭序、論、騷、詩五類編次，收賦二篇，〈楚辭序〉十七篇，論一篇，騷一篇，詩一篇，凡二十二篇，末附《後漢書》本傳。王逸以鑽研《楚辭》著稱於世，故其集所收〈楚辭序〉多至十七篇。其文學作品不多，成就亦不顯，較佳之作爲〈荔支賦〉，全賦幾句句以比喻，形象生動，將荔支摹寫殆盡。此集又有《漢魏六朝名家集・初刻》本。清嚴可均《全後漢文》（卷五七）亦輯有其文一卷，凡二十一篇，較前爲備。

⊙　崔　琦

　　崔琦，字子瑋。涿郡安平人。少游學京師，以文章博通稱。初舉孝廉，爲郎。河南尹梁冀聞其才，請與交。乃數引古今成敗事以誡之，冀不能受，遂作〈外戚箴〉，稱「履道者固，杖勢者危」。後除臨濟長，不肯赴職，解印綬去。冀怒，遣客捕殺之。著頌、賦、銘等凡十五篇。事蹟具《後漢書》（卷八十）〈文苑傳〉。

　　〈隋志〉云：「後漢徵士崔琦集一卷。注云：梁二卷。」

　　〈舊唐志〉云：「崔琦集二卷。」

　　〈新唐志〉云：「崔琦集二卷。」

　　按《後漢書》本傳稱琦著賦、頌、銘、諫、箴、弔、論、九咨、七言，凡十五篇。其集〈隋志〉著錄一卷，注云梁有二卷，〈舊、新唐志〉均作二卷，然原集久佚不傳。今存其作，嚴可均《全後漢文》（卷四五）輯其佚文，有〈七蠲〉、〈四皓頌〉、〈外戚箴〉，凡三篇。另傳琦有〈白鵠賦〉，已亡。

⊙　皇甫規

　　皇甫規，字威明。安定朝那人。少博學，知兵略。初爲郡功曹，率甲士八百擊敗西羌。沖帝、質帝時，舉賢良方正，拜郎中。因忤大將軍梁冀，託疾辭歸。教授門徒三百餘人，凡十四年。冀被誅後，公車特徵，拜泰山太守，討平叔孫無忌起事軍。桓帝延熹四年（161 年），舉爲中郎將，持節監關西兵，擊降西羌諸部二十餘萬人。徵拜議郎，論功當封，因不阿附宦官，被誣下獄，論輸左校。諸公及太學生三百餘人爲其鳴冤，會赦得免。徵拜度遼將軍、使匈奴中郎將。永康元年（167 年），遷尚書。後遷弘農太守，轉護羌校尉。以病召還，未至而卒。著賦、銘、檄等二十七篇。事蹟具《後漢書》（卷六五）本傳。

　　〈隋志〉著錄《後漢京兆尹延篤集》一卷，注云：「又有《司農卿皇甫規集》五卷，亡。」

〈舊唐志〉云：「皇甫規集五卷。」

〈新唐志〉云：「皇甫規集五卷。」

按規曾爲司農卿，其集亦稱《皇甫司農集》。《後漢書》本傳稱其所著賦、銘、碑、贊、禱文、弔、章表、教令、書、檄、箋、記凡二十七篇。南朝梁阮孝緒《七錄》著錄《司農卿皇甫規集》五卷，〈隋志〉、〈舊、新唐志〉亦皆作五卷。舊本久佚，清張澍輯其佚文，刊入《二酉堂叢書》。收有〈上順帝求自效疏〉、〈舉賢良方正對策〉、〈上書自備討零吾疏〉、〈自訟疏〉、〈荐中郎張奐自代疏〉、〈請坐黨人奏〉、〈永康元年對策〉、〈謝趙壹書〉、〈與劉司空箋〉、〈與馬融書〉、〈女師箴〉、〈與張奐書〉等十二篇。〈與劉司空箋〉以下諸篇，皆僅殘篇斷句。書首列皇甫規事蹟及《後漢書》本傳，末附趙壹〈報皇規書與蔡邕荐皇甫規疏〉。嚴可均《全後漢文》（卷六一）亦輯有其文，凡十一篇。

⊙ 張 奐

張奐，字然明。敦煌酒泉人。少師從太尉朱寵，學歐陽尚書。初辟大將軍梁冀府，以對策第一，擢拜議郎。桓帝永壽元年（155 年），遷安定屬國都尉，擊敗南匈奴，招降東羌。正身潔己，不受私賄，與諸羌相約「使馬如羊，不以入廐；使金如粟，不以入懷」。尋遷使匈奴中郎將。延熹二年（159 年），以梁冀故吏，免官禁錮。後歷任武威太守、度遼將軍、大司農、護匈奴中郎將。恩威並施，匈奴、烏桓等降者二十餘萬口。靈帝初，受宦官曹節矯詔，攻殺大將軍竇武、太傅陳蕃。悔爲宦官所用，拒不受封，上書爲武、蕃訟冤。以此爲宦官所忌，誣爲黨人，禁錮歸鄉里。閉門謝客，教授生徒。著《尚書記難》。事蹟具《後漢書》（卷六五）本傳。

〈隋志〉著錄《後漢京兆尹延篤集》一卷，注云：「太常卿《張奐集》二卷，錄一卷，亡。」

〈舊唐志〉云：「張奐集二卷。」

〈新唐志〉云：「張奐集二卷。」

按《後漢書》本傳稱其所著銘、頌、書、教、誡、述、志、對策、章表二十四篇。〈隋志〉著錄《張奐集》二卷，錄一卷，亡。〈舊、新唐志〉則又作二卷，蓋舊本復出，今已佚。今傳本爲清張澍所輯，刊入《二酉堂叢書》。此集收張奐所著疏、書等文十八篇，如〈上靈帝言蔔應疏〉、〈奏記司隸校尉段熲〉、〈與延篤書〉、〈誡兄子書〉等，惜所載多爲斷簡殘篇，或僅存篇目。書首列張奐事蹟及《後漢書》本傳，書末附錄〈盧植與張然明書〉、〈延篤答張奐書〉、〈又與張奐書〉等，惜亦皆殘篇斷

句，或僅存一句。嚴可均《全後漢文》（卷六四）亦輯有其文，凡十五篇。

⊙　王延壽

王延壽，字文考，南郡宜城人。王逸子，有才學。少游魯國，作〈靈光殿賦〉。後蔡邕欲作此賦，及見其所寫，乃敬而輟焉。又作〈夢賦〉。後溺水卒，時年二十餘。事蹟具《後漢書》（卷八十）〈文苑傳〉。

〈隋志〉著錄《後漢京兆尹延篤集》一卷，注云：「王延壽集三卷，亡。」

按〈隋志〉著錄其集三卷，後已不傳。今存其作，嚴可均《全後漢文》（卷五八）輯錄之，有〈魯靈光殿賦〉、〈夢賦〉、〈王孫賦〉、〈桐柏淮源廟碑〉，凡四篇。

⊙　崔寔

崔寔，字子真。一名台，字元始。崔瑗子。少傳父業。三公並辟，皆不就。桓帝初，郡舉孝廉，除爲郎。論時政事數十條，名〈政論〉，指切時要，言辯而確，人共稱之。召拜議郎，遷大將軍梁冀司馬，與邊韶、延篤等著作東觀。出爲五原太守，教民紡織，得以免寒苦；整飭邊塞，匈奴不敢犯。復拜議郎，與諸儒博士雜定五經。梁氏被誅，以故吏免官，禁錮數年。後任遼東太守、尙書。靈帝建寧中卒。家徒四壁，無以殯葬。著述凡十五篇。事蹟具《後漢書》（卷五二）〈崔駰附傳〉。

〈隋志〉著錄《後漢京兆尹延篤集》一卷，注云：「五原太守《崔寔集》二卷，錄一卷，亡。」

《唐日本國見在書目》著錄《崔寔集》二卷。

按《後漢書》本傳稱其所著碑、論、箴、銘、答、七言、祠、文、表、記、書，凡十五篇。〈隋志〉著錄《崔寔集》二卷，錄一卷，已佚。嚴可均《全後漢文》（卷四五至卷四八）輯其佚文，有〈大赦賦〉、〈答譏〉、〈諫議大夫箴〉、〈太醫令箴〉，凡四篇；〈政論佚文〉、〈四民月令佚文〉，各一卷。其代表作爲〈政論〉，《後漢書》本傳稱此文「指切時要，言辯而確，當世稱之。」

⊙　趙壹

趙壹，字元叔。漢陽西縣人。少好學，而恃才倨傲，爲鄉黨所擯。後屢抵罪，幾至死，友人救得免。靈帝光和元年（178 年），舉郡上計到京師。司徒袁逢、河南尹羊陟皆舉荐之，名動京師。州郡爭致禮命，十辟公府，皆不就，卒於家。著賦、頌、書、論等十六篇。事蹟具《後漢書》（卷八十）〈文苑傳〉。

〈隋志〉著錄《後漢京兆尹延篤集》一卷，注云：「上計趙壹集二卷，錄一卷，亡。」

〈舊唐志〉云：「趙壹集二卷。」

〈新唐志〉云：「趙壹集二卷。」

按趙壹光和元年（178 年）舉郡上計，爲計吏之官，故其集又稱《趙計吏集》。《後漢書》本傳稱其著賦、頌、箴、誄、書、論及雜文十六篇。〈隋志〉著錄其集二卷，錄一卷，〈舊、新唐志〉則作二卷，後散佚。今存爲後人所輯，收賦三篇，有〈窮鳥賦〉、〈刺世疾邪賦〉、〈解擯賦〉；書二篇，有〈與皇甫規書〉、〈非草書〉。其作仍以賦著稱，《後漢書》本傳謂壹恃才倨傲，爲鄉黨所擯，乃作〈解擯〉，惜《後漢書》不載全文，僅據《太平御覽》輯得二句。又作〈窮鳥賦〉以自遣，作〈刺世疾邪賦〉以舒其憤。後者爲其代表作，揭露與抨擊當時社會，於漢賦中僅見。張鵬一輯入《關隴叢書》，又清嚴可均《全後漢文》（卷八二）亦輯有其文，凡九篇。逯欽立《先秦漢魏晉南北朝詩・漢詩》（卷六），輯其詩，有〈秦客詩〉、〈魯生歌詩〉二首。

⊙ 侯 瑾

侯瑾，字子瑜。敦煌人。少孤貧，性篤學，常燃柴讀書，佣耕爲食。州郡屢詔，公車有道徵，皆不就。後徙入山中，靜心著述。作〈矯世論〉以譏切當時，作〈應賓難〉以謝絕賓客，另著《皇德傳》三十篇等。河西人敬其才，稱爲侯君。事蹟具《後漢書》（卷八十）〈文苑傳〉。

〈隋志〉著錄《後漢諫議大夫劉陶集》三卷，注云：「侯瑾集二卷，亡。」

〈舊唐志〉云：「侯瑾集二卷。」

〈新唐志〉云：「侯瑾集二卷。」

按本傳稱其作〈矯世論〉以譏切當時，作〈應賓難〉以謝絕賓客，另著《皇德傳》三十篇。〈隋志〉著錄〈侯瑾集〉二卷，〈舊、新唐志〉亦均作二卷，然亡佚已久。今存其作，嚴可均輯《全後漢文》（卷六六）輯其佚文，僅〈箏賦〉、〈皇德頌敘〉殘篇；逯欽立《先秦漢魏晉南北朝詩・漢詩》（卷六）輯其詩，有〈歌詩〉、〈述志詩〉二首，亦殘句。

⊙ 蔡 邕

蔡邕，字伯喈。陳留圉人。少以孝稱，師從太傅胡廣，博通群籍。好辭章、術數、天文，尤善音律。靈帝時，辟司徒橋玄府，出補河平長。拜郎中，校書東觀，遷議郎。熹平四年（175 年），與楊賜、馬日磾、韓說等正定六經文字。自書丹於碑，使工鐫刻立於太學門外，世稱熹平石經。時內憂外患，役繁賦重，乃上書建言七事，被納。因忤宦官程璜等，被誣下獄，與家屬遠徙朔方。將作大匠楊

球數欲害之，幸得免。因與盧植等撰《後漢記》未就，上書自陳，得赦還本郡。復爲宦官所害，亡命吳、會十二年。及靈帝卒，董卓專權，強辟之。初平元年（190年），拜左中郎將，從獻帝遷都長安，封高陽鄉侯。及卓被誅，爲司徒王允收付廷尉治罪。乞黥首刖足，續成漢史。不許，遂死獄中。所撰漢史，多湮沒不存。著詩、賦、章表等凡百四篇，傳於世。事蹟具《後漢書》（卷六十）本傳。

〈隋志〉云：「後漢左中郎將《蔡邕集》十二卷。注云：梁有二十卷，錄一卷。」

〈舊唐志〉云：「《蔡邕集》二十卷。」

〈新唐志〉云：「《蔡邕集》二十卷。」

《唐日本國見在書目》著錄《蔡邕集》二十卷。又雜家類著錄《獨斷》一卷。注云：今案蔡邕撰。《崇文總目》云：「蔡邕文集五卷。」又史部〈儀注類〉云：「《獨斷》二卷，蔡邕撰。」

《通志·藝文略》云：「蔡邕外文一卷。」又〈儀注類〉云：「蔡邕獨斷二卷。」

《郡齋讀書志》著錄《蔡中郎集》十卷，晁氏云：

> 所著文章百四篇，今錄止存九十篇。而銘墓居其半，或曰碑銘，或曰神誥，或曰哀贊，其實一也。嘗自云爲郭有道碑，獨無愧辭，則其他可知已。

又〈經部·經解類〉著錄《獨斷》二卷，晁氏云：

> 雜記自古國家制度及漢朝故事，王莽無髮，蓋見于此。

《直齋書錄解題》著錄《蔡中郎集》十卷，陳氏云：

> 唐志二十卷，今本闕亡之外，纔六十四篇。其間有稱建安年號及爲魏宗廟頌述者，非邕文也。卷末有天聖癸亥歐陽靜所書《辨證》甚詳，以爲好事者雜編他人之文相混，非本書。

又〈史部·禮注類〉著錄《獨斷》二卷，陳氏云：

> 言漢世制度禮文、車服及諸帝世次，而兼及前代禮樂。

〈宋志〉云：「《蔡邕集》十卷。」又〈史部·故事類〉云：「蔡邕《獨斷》二卷。」

《四庫全書總目》著錄《蔡中郎集》六卷。又〈子部·雜家·雜考類〉著錄《獨斷》二卷。

按《後漢書》本傳稱其所著詩、賦、碑、誄、銘、贊、連珠、箴、弔、論議、〈獨斷〉、〈勸學〉、〈釋海〉、〈敘樂〉、〈女訓〉、〈篆勢〉、祝文、章表、書記，凡百四篇，傳於世。其集〈隋志〉著錄十二卷，並注云梁有二十卷，錄一卷；〈舊、新唐志〉仍作二十卷，〈宋志〉僅著錄十卷。原集久佚，今存皆後人輯本，分卷亦各

有異。明汪士賢《漢魏六朝名家集》本作八卷、張溥《漢魏六朝百三家集》本作二卷、明葉紹泰《增訂漢魏六朝別解》本則不分卷、清丁福保《漢魏六朝名家集初刻》本作十二卷。又較佳之輯有清聊城楊氏《海源閣叢書》本分作十卷、外紀一卷、外集四卷;《四部備要》本即據此本排印刊行;《十萬卷樓叢書》本則題作《蔡中郎文集》,分為十卷,外傳一卷,《四部叢刊》本即據此影印;清雍正中陳留刊本分為六卷,《四庫全書》本即據此本過錄;明嘉靖二十七年(1548年)楊賢刻本亦為六卷。諸本所收作品之量,互有出入。《四庫全書》本收詩文九十四篇,首有〈歐靜序〉,卷一為《獨斷》;卷二為上書、奏議、祝頌之文;卷三收〈釋誨〉、〈明堂月令論〉、〈月令問答〉及〈樽銘〉、〈警枕銘〉等;卷四為賦、詩,收〈述行〉、〈短人〉、〈漢津〉、〈協和婚〉、〈筆〉、〈彈琴〉(一作〈彈琴頌〉)、〈彈棋賦〉、〈胡栗〉、〈篆勢〉、〈隸勢〉、〈飲馬長城窟〉、〈答元式詩〉、〈翠鳥詩〉;卷五至卷六收碑銘誄贊等。蔡邕為漢末大儒,通音律,善鼓琴,工碑記,精篆隸,曉天文術數。凡此皆反映於其文集中。其文學成就,主要仍在賦。其賦多為短篇,僅述行賦近千言。蔡邕生當東漢末,其作品真實反映當時社會現實,其短賦多詠物之作,以體物精細為著。

⊙ 張　超

張超,字子並。河間鄚人。留侯張良之後。少有文才。靈帝時,從車騎將軍朱儁征黃巾軍,為別部司馬。著賦、頌、碑文、書等凡十九篇。又善草書,妙絕時人,世共傳之。事蹟具《後漢書》(卷八十)〈文苑傳〉。

〈隋志〉著錄《後漢太山太守應劭集》二卷,注云:「又有別部司馬《張超集》五卷,亡。」

按《後漢書》本傳稱其著賦、頌、碑文、荐、檄、箋、書、謁文、嘲,凡十九篇。其集〈隋志〉注云梁有五卷,亡。〈舊、新唐志〉則有《張劭集》(或作《張邵集》),然無《張超集》,《玉海・藝文》謂此即張超而誤為邵也。〈宋志〉則著錄《張超集》三卷,然以上諸集今均已佚。今存張超之作,據嚴可均《全後漢文》(卷八四)所輯,凡六篇,僅〈誚青衣賦〉、〈楊四公頌〉、〈靈帝河間舊廬碑〉等三篇較完整,餘多為殘句。

⊙ 孔　融

孔融,字文舉。魯國人。少好學,博覽群書。初辟司徒楊賜府,舉劾宦官,無所顧忌大將軍何進舉高第,為侍御史。後辟司空掾,拜中軍侯,遷虎賁中郎將。以忤董卓旨,轉議郎。舉為北海相,討黃巾軍。後劉備表領青州刺史,旋為袁譚所敗,

妻子被擄。及獻帝都許，徵爲將作大匠，遷少府。及曹操秉政，屢上疏言政事，多侮慢之辭，被免。歲餘，復拜太中大夫。終以與操積嫌，被誣下獄棄市。文章有名於世，所作之文，簡潔犀利，爲建安七子之一。事蹟具《後漢書》（卷七十）本傳。

〈隋志〉云：「後漢少府孔融集九卷。注云：梁十卷，錄一卷。」

〈舊唐志〉云：「孔融集十卷。」

〈新唐志〉云：「孔融集十卷。」

《四庫全總目》著錄《孔北海集》一卷，漢孔融撰。

按孔融曾爲北海相，故世稱孔北海，其集因稱《孔北海集》；因遷任少府，時人亦稱《孔少府》，集亦名《孔少府集》。《後漢書》本傳稱魏文帝深好融文辭，每歎曰：「揚、班儔也。」募天下有上融文章者，輒賞以金帛。所著詩、頌、碑文、論議、六言、策文、表、檄、教令、書記凡二十五篇。〈隋志〉著錄其集九卷，並注云梁有十卷，錄一卷。〈舊、新唐志〉均作十卷，較本傳所載，顯有增益，此殆與文帝深好融文辭及賞以金帛有關。其集至〈宋志〉始不著錄，蓋亡矣。今傳本爲明人所輯，張溥《漢魏六朝百三家集》輯《孔少府》一卷，分表疏、上書、對、教、書、論、議、碑、詩九類編次，凡四十一篇。其〈與韋甫休書〉及〈聖人優劣論〉皆一文兩存，張氏各析爲兩篇，馬賢〈奏事〉係馬融文而誤入，〈失題〉詩與《詩紀》同誤，實三十七篇。又〈奏宜准古王畿書〉、〈上三府所辟故吏事〉、〈奏馬賢事〉三篇，皆有目而無文。清丁福保《漢魏六朝名家集初刻》則題作《孔文舉集》；《四庫全書》本作《孔北海集》。版本不同，收錄詩文篇數亦互有出入，然約四十篇。捃摭史傳類書，多斷簡殘篇。《四庫全書》本於書後附《後漢書》本傳、《續漢書列傳》、范紀別傳及後世諸家（如蘇軾、楊愼、張溥等）於孔融之論贊及雜考等。嚴可均《全後漢文》（卷八三）亦輯有其文一卷，凡四十篇；逯欽立《先秦漢魏晉南北朝詩・漢詩》（卷七）輯有其詩，有〈離合作郡姓名字詩〉、〈臨終詩〉、〈六言〉詩三首、〈詩〉（僅二句）。

⊙ 禰　衡

禰衡，字正平，平原般人。少有辯才。建安初，自荊州北游許都，恃才傲逸，人皆憎之，唯孔融高貴其才，上書荐之，爲曹操所不容，送歸劉表，終因觸怒江夏太守黃祖，被殺。善文辭，有〈鸚鵡賦〉傳世。事蹟具《後漢書》（卷八十）〈文苑傳〉、《三國志・魏志》（卷十）裴注。

〈隋志〉著錄《後漢討虜長史張紘集》一卷，注云：「梁有後漢處士《禰衡集》二卷，錄一卷，亡。」

〈舊唐志〉云：「《禰衡集》二卷。」

〈新唐志〉云：「《禰衡集》二卷。」

按《禰衡集》，〈隋志〉著錄稱二卷，錄一卷，亡佚。〈舊、新唐志〉均著錄二卷，亦已佚。清嚴可均《全後漢文》（卷八七）輯其佚文，有〈鸚鵡賦〉、〈書〉、〈魯夫子碑〉、〈顏子碑〉、〈弔張衡文〉，凡五篇。其作以〈鸚鵡賦〉為代表，據《後漢書》本傳，此賦為其於江夏時所作，文中對鸚鵡之描寫，融入個人身世之痛，抒發才智之士，處於亂世中之悲哀與怨憤之境遇。此賦託物言情，構思巧妙，寓意深刻。本傳稱「辭采甚麗」。此外，〈弔張衡文〉，劉勰《文心雕龍·哀弔篇》稱「縟麗而輕清」。

⊙ 阮 瑀

阮瑀，字元瑜。陳留尉氏人。少師蔡邕。建安初辭疾避役，曹洪使掌書記，不就。曹操以為司空軍謀祭酒，管記室。軍國書檄多出其手，善解音，能鼓琴。為建安七子之一，有文集行世。事蹟具《魏志》（卷二一）〈王粲傳〉及裴注。

〈隋志〉云：「後漢丞相倉曹屬阮瑀集五卷。注云：梁有錄一卷，亡。」

〈舊唐志〉云：「阮瑀集五卷。」

〈新唐志〉云：「阮瑀集五卷。」

按〈隋志〉著錄其集五卷，注云梁有錄一卷，亡。〈舊、新唐志〉同。南宋尤袤《遂初堂書目》著錄《阮元瑜集》，不注卷數。今存明人輯本，有楊德周《匯刻建安七子集》本，輯有《阮瑀集》二卷；張溥《漢魏六朝百三家集》輯有《阮元瑜集》一卷，分賦、論、書、牋、文、詩六類編次，末附本傳。賦有〈鸚鵡賦〉、〈止欲賦〉、〈箏賦〉、〈紀征賦〉四篇；論有〈文質論〉一篇；書有〈為曹公作書與孫權〉、〈為武帝與劉備書〉二篇；牋有〈謝太祖牋〉一篇；文有〈弔伯夷文〉一篇；詩有〈駕出北郭門〉、〈琴歌〉、〈詠史詩〉二首、〈雜詩〉二首、〈七哀詩〉、〈隱士〉、〈苦雨〉、〈失題〉、〈公讌〉、〈怨詩〉十二首。清楊逢辰輯刻《建安七子集》，輯《阮元瑜集》一卷；丁福保《漢魏六朝名家集初刻》，以前人所輯，編為《阮元瑜集》一卷。清嚴可均《全後漢文》（卷九三）輯其文，逯欽立《先秦漢魏晉南北詩·魏詩》（卷三）輯其詩，收錄阮瑀詩文，較前為備。鍾嶸《詩品》列其詩於下品，稱其詩平典不失古體。

⊙ 徐 幹

徐幹，字偉長。北海人。聰識洽聞，操翰成章，然輕官忽祿，不耽世榮。建安中為司空軍謀祭酒掾屬，五官將文學。為建安七子之一，著有《中論》。事蹟具

《魏志》(卷二一)〈王粲傳〉及裴注。

〈隋志〉云：「魏太子文學《徐幹集》五卷。注云：梁有錄一卷，亡。」

〈舊唐志〉云：「《徐幹集》五卷。」

〈新唐志〉云：「《徐幹集》五卷。」

按《徐幹集》〈隋志〉著錄五卷，並注云梁有錄一卷，亡。〈舊、新唐志〉均作五卷，南宋尤袤《遂初堂書目》著錄《徐偉長集》，不注卷數。今存明、清人輯本，有明楊德周《匯刻建安七子集》，輯《徐偉長集》六卷，內含《中論》；清楊逢辰《建安七子集》本，輯《徐偉長集》一卷；丁福保《漢魏六朝名家集》，以前人所輯，編為《徐偉長集》一卷。嚴可均《全後漢文》(卷九三)輯其文，有〈齊都賦〉、〈西征賦〉、〈序征賦〉、〈哀別賦〉、〈嘉夢賦序〉、〈冠賦〉、〈團扇賦〉、〈車渠碗賦〉、〈七喻〉及〈失題文〉一則，凡十篇，其〈冠賦〉實係〈齊都賦〉之佚文而誤立，實九篇；逯欽立《先秦漢魏晉南北朝詩·魏詩》(卷三)輯其詩，有〈贈五官中郎將〉(僅一句)、〈答劉楨〉、〈情詩〉、〈室思詩〉六章、〈於清河見挽船士新婚與妻別詩〉五首，收錄徐幹詩文，較前為備。

⊙ 應　瑒

應瑒，字德璉。汝南人，應劭從子。曹操辟為丞相掾屬，轉平原侯庶子，後為五官中郎將文學，為建安七子之一，著文賦數十篇。事蹟具《魏志》(卷二一)〈王粲傳〉及裴注。

〈隋志〉云：「魏太子文學《應瑒集》一卷。注云：梁有五卷，錄一卷，亡。」

〈舊唐志〉云：「《應瑒集》二卷。」

〈新唐志〉云：「《應瑒集》二卷。」

按《三國志·魏志·王粲傳》稱其著文賦數十篇。《應瑒集》〈隋志〉作一卷，注云梁有五卷，錄一卷，亡。〈舊、新唐志〉則作二卷。南宋尤袤《遂初堂書目》著錄《應德璉集》，不注卷數。今存明人輯本，有楊德周《匯刻建安七子集》本，輯《應德璉集》二卷；張溥《漢魏六朝百三家集》輯《應德璉休璉合集》一卷，分賦、書、論、雜文、詩五類編次，有〈愍驥賦〉、〈迷迭賦〉、〈靈河賦〉、〈正情賦〉、〈征賦〉、〈馳射賦〉、〈鸚鵡賦〉、〈愁霖賦〉、〈西狩賦〉、〈東渠碗賦〉、〈楊柳賦〉、〈報龐惠恭書〉、〈文質論〉、〈弈勢〉、〈檄文〉、〈報趙淑麗〉、〈公讌〉、〈侍五官中郎將建章臺集詩〉、〈別詩〉二首、〈鬥雞〉，凡二十篇。丁福保輯《漢魏六朝名家集》，以前人所輯，編為《應德璉集》一卷。嚴可均《全後漢文》(卷四二)輯其文一卷，有〈愁霖賦〉、〈靈河賦〉、〈正情賦〉、〈撰征賦〉、〈西征賦〉、〈西狩賦〉、〈馳射賦〉、〈校獵賦〉、〈神

女賦〉、〈車渠碗賦〉、〈竦迷迭賦〉、〈楊柳賦〉、〈愍驥賦〉、〈表〉、〈報龐恭書〉、〈釋賓〉、〈文質論〉、〈弈勢〉，凡十八篇；逯欽立《先秦漢魏晉南北朝詩・魏詩》（卷三）輯其詩，有〈報趙淑麗詩〉、〈公讌詩〉、〈侍五官中郎將建章臺集詩〉、〈別詩〉二首、〈鬥雞詩〉六首，收錄應瑒詩文，較前爲備。

⊙ 陳　琳

陳琳，字孔璋。廣陵人。初爲何進主簿，後歸袁紹。嘗爲紹移書曹操，數其罪狀。紹敗歸魏，操愛其才而不咎。爲司空軍謀祭酒，管記室，軍國書檄多出其手。爲建安七子之一，有文集行世。事蹟具《魏志》（卷二一）〈王粲傳〉及裴注。

〈隋志〉云：「後漢丞相軍謀掾陳琳集三卷。注云：梁十卷，錄一卷。」

〈舊唐志〉云：「陳琳集十卷。」

〈新唐志〉云：「陳琳集十卷。」

《崇文總目》云：「陳琳集九卷。」

《直齋書錄解題》著錄《陳孔彰集》十卷，陳氏云：

> 文帝《典論》則又以孔融居其首，并粲、琳等謂之七子，植不與焉。今諸家詩文散見於《文選》諸類書。其以集傳者，仲宣、子建、孔璋三人而已。

按琳曾任司空軍謀祭酒，管記室，世稱陳記室。〈隋志〉著錄其集三卷，注云梁有十卷，一卷。〈兩唐志〉又爲十卷，殆梁十卷本復出也。至宋有二本，一爲《崇文總目》著錄《陳琳文集》九卷；一爲陳振孫《直齋書錄解題》著錄《陳孔璋集》十卷。宋末元初，此二本皆亡佚。今存明、清人輯本，明張溥《漢魏六朝百三家集》輯陳記室集一卷，分賦、上書、書、牋、檄、版文、設難、樂府、詩九類編次，有〈武軍賦〉、〈神武賦〉、〈止欲賦〉、〈神女賦〉、〈大暑賦〉、〈瑪瑙勒賦〉、〈述迷賦〉、〈柳賦〉、〈鸚鵡賦〉、〈爲袁紹上漢帝書〉、〈爲袁紹與公孫瓚與子書〉、〈爲曹洪與世子書〉、〈答張紘書〉、〈答東阿王牋〉、〈爲袁紹檄豫州文〉、〈檄吳將校部曲文〉、〈爲袁紹拜烏丸三王爲單于版文〉、〈應機〉、〈飲馬長城窟行〉、〈遊覽〉二首、〈宴會〉，凡二十二篇。明楊德周《匯刻建安七子集》，輯《陳孔璋集》二卷；清楊逢辰《建安七子集》，輯《陳孔璋集》一卷。丁福保輯《漢魏六朝名家集》，以前人所輯編爲《陳孔璋集》一卷。清嚴可均《全後漢文》（卷九二）輯其文，凡十九篇；近人逯欽立《先秦漢魏晉南北詩・魏詩》（卷三）輯其詩，凡五首，收錄陳琳詩文，較前爲備。

⊙ 劉　楨

劉楨，字公幹。東平寧陽人。建安中，曹操辟爲丞相掾屬，以不敬被刑，刑竟署吏。爲建安七子之一，著文賦數十篇。事蹟具《魏志》（卷二一）〈王粲傳〉。

〈隋志〉云：「魏太子文學劉楨集四卷。注云：錄一卷。」

〈舊唐志〉云：「劉楨集二卷。」

〈新唐志〉云：「劉楨集二卷。」

按《三國‧魏志，王粲傳》謂楨著文賦數十篇。〈隋志〉著錄其集四卷，錄一卷；〈兩唐志〉則作二卷。南宋尤袤《遂初堂書目》著錄《劉公幹集》，不注卷數。今存明人輯本，有楊德周《匯刻建安七子集》，輯《劉公幹集》二卷；張溥《漢魏六朝百三家集》輯《劉公幹集》一卷，分賦、書、碑、詩四類編次，末附本傳。其賦有〈魯都賦〉、〈大暑賦〉、〈遂志賦〉、〈黎陽山賦〉、〈瓜賦〉（有序）、〈清慮賦〉六篇；書有〈諫平原侯植書〉及〈答太子書〉各二篇；碑有〈處士國文甫碑〉一篇；詩有〈公讌詩〉、〈贈五官中郎將〉四首、〈贈徐幹〉、〈贈從弟〉四首、〈雜詩〉、〈鬥雞〉、〈射鳶〉、〈失題〉二首，凡十五首。丁福保《漢魏六朝名家集》，以前人所輯，編爲《劉公幹集》一卷。又嚴可均《全後漢文》（卷六五）輯其文，凡十七篇；逯欽立《先秦漢魏晉南北朝詩‧魏詩》（卷三）輯其詩，凡二十三首，多殘篇斷句，收錄劉楨詩文，較前爲備。

⊙　繁　欽

繁欽，字休伯。潁川人。以文才機辯，少有名於汝、潁。長於書記，又善爲詩賦，嘗爲曹操主簿。事蹟具《三國志‧魏志》（卷二一）〈王粲傳〉及裴注。

〈隋志〉云：「後漢丞相主簿繁欽集十卷。注云：梁錄一卷，亡。」

〈舊唐志〉云：「繁欽集十卷。」

〈新唐志〉云：「繁欽集十卷。」

按〈隋志〉著錄其集十卷，已佚。今存詩文，馮惟訥《詩紀》輯存其四五言詩，凡六篇；嚴可均《全後漢文》（卷九三）輯有其文，有〈暑賦〉、〈抑檢賦〉、〈明口賦〉、〈愁思賦〉、〈弭愁賦〉、〈述征賦〉、〈述行賦〉、〈避地賦〉、〈征天山賦〉、〈建章鳳闕賦〉、〈三胡賦〉、〈桑賦〉、〈柳賦〉、〈與魏太子書〉、〈川里先生訓〉、〈硯頌〉、〈硯讚〉、〈尙書箴〉、〈威儀篇〉、〈嘲應德璉文〉、〈丘雋碑〉，凡二十二篇，然多有殘篇；逯欽立《先秦漢魏晉南北朝詩‧魏詩》（卷三）輯有其詩，有〈贈梅公明詩〉、〈遠戌勸戒詩〉、〈詠蕙詩〉、〈生茨詩〉、〈定情田詩〉、〈槐樹詩〉、〈雜詩〉、〈七言詩〉，凡八首，末三篇僅殘數句。

⊙　王　粲

　　王粲，字仲宣，山陽高平人，名門之後。博物多識，問無不知，蔡邕奇其才略，聞粲在門，倒屣迎之。避亂赴荊州依劉表，說表子琮歸魏。後仕魏，官至侍中。時舊儀廢馳，遂參與興造制度，多有建樹。善強記默識，好算術，能屬文，爲建安七子之一，有文集行世。事蹟具《三國志·魏志》（卷二一）本傳。

　　〈隋志〉云：「後漢侍中王粲集十一卷。」

　　〈舊唐志〉云：「王粲集十卷。」

　　〈新唐志〉云：「王粲集十卷。」

　　《郡齋讀書志》著錄王粲集八卷，晁氏云：

　　　　右後漢王粲字仲宣也，高平人，爲魏侍中。粲博學多識，強記善算，
　　　　屬文舉筆便成，無所改定，時人以爲宿製，正復精意覃思，亦不能加。
　　　　著詩、賦、論、議垂六十篇。今集有八十一首。按唐志粲集十卷，今亡
　　　　兩卷，其詩文反多於史所記二十餘篇，與《曹植集》同。

　　〈宋志〉云：「王粲集八卷。」

　　按《三國志·魏志》本傳稱其著詩、賦、論、議，凡六十篇。其集〈隋志〉著錄十一卷，至唐則爲十卷，至宋僅存八卷，大抵於宋末散佚。《顏氏家訓·勉學篇》云：「吾初入鄴，與博陵崔文彥交遊，嘗說《王粲集》中難鄭玄《尚書》事。崔轉爲諸儒道之，始將發口，懸見排蹙，云：『文集只有詩賦銘誄，豈當論經書事乎？且先儒之中，未聞有王粲也。』崔笑而退，竟不以粲集示之。」王應麟《困學紀聞》二云：「《顏氏家訓》云《王粲集》中難鄭玄《尚書》事，今僅見於唐元行沖《釋疑》。《釋疑》稱凡有二卷，列於其集。」是知北魏本及唐本皆載有《尚書問》二卷，至宋代始從本集中析出，粲集由唐之十卷本而成八卷本，故晁氏有「今亡兩卷」云。又其餘八卷，疑亦非隋、唐之舊。《古文苑》世傳得之經龕中唐人所藏，而其所錄王粲之〈大暑〉、〈浮淮〉、〈羽獵〉諸賦，實據《藝文類聚》、《初學記》湊集而成，皆非完篇。又王粲原有〈贈楊德祖詩〉，見《古文苑》章樵注引摯虞《文章流別》，《顏氏家訓·文章篇》亦引此詩佚文二句，而章氏則云「贈楊修詩今亡」。要之王粲詩文在唐、宋間已多散佚，宋本八卷當是捃摭殘賸，輯而爲集，而此本蓋至宋末亦亡佚不存。今存爲明人輯本，有張溥《漢魏六朝百三家集》輯《王侍中集》一卷，分賦、書、檄、七、記、論、連珠、贊、銘、祭文、樂府、詩十二類編次，凡五十六篇，其〈務本論〉、〈儒吏論〉、〈爵論〉皆因殘文二存，遂各析爲兩篇，實五十三篇。所收較完備。丁福保《漢魏六朝名家集》，輯《王仲宣集》三卷，所收詩悉據張溥輯本，文則悉采清嚴可均《全後漢文》（卷九十至卷九一）。丁本收錄雖多，然未作校勘，故使〈太廟頌〉一篇，既見於文，復見於詩，

其他各篇文字訛誤亦不少。今人俞紹初校輯本以詩爲一卷，文爲二卷，各篇詩文均注明出處，並附錄王粲〈英雄記佚文〉及校輯者自撰〈王粲年譜〉，爲較善之本。

⊙ 丁　儀

　　丁儀，字正禮。沛郡人。父丁沖，夙與曹操親善，時隨乘輿。曹操爲司隸校尉，丁沖爲掾屬。曹操挾天子以令諸侯，即采丁沖之議。後丁沖醉酒而死，操感其德，乃欲以愛女嫁與丁沖之子儀。曹丕以「女人觀貌，正禮目不便」爲由勸阻。尋辟爲西曹掾。位置尙書。洽辨明敏，深爲操所愛。與弟廙均爲曹植羽翼。後操擬立曹植爲太子，丁氏兄并贊其美，稱植聰敏智達，博學淵識，文章絕倫，爲天下賢才君子。丕深以爲患，黃初元年（220 年）即位，立誅丁儀、丁廙兄弟。事蹟具《三國志‧魏志》（卷二一）〈王粲傳〉。

　　〈隋志〉云：「後漢尙書丁儀集　卷。注云：梁二卷，錄一卷。」

　　按其集〈隋志〉著錄一卷，注云梁有二卷，錄一卷，今已久佚。嚴可均《全後漢文》（卷九四）輯其文，凡三篇。（卷九六）所載〈寡婦賦〉，爲應曹丕教賦詠阮瑀寡妻之作，嚴氏題爲丁廙〈寡婦賦〉，或疑〈寡婦賦〉爲丁儀妻所作，已不可確考。

（二）史志未著錄者

⊙ 後漢章帝

　　劉炟，明帝第五子。永平三年（60 年），立爲皇太子。十八年（75 年）明帝卒，即帝位。性寬容，好儒術。素知人厭明帝苛切，事從簡樸。詔理冤獄，招撫流民，減免田租。著胎養令，獎勵生殖。建初四年（79 年），令群臣及諸儒會於白虎觀，講議五經同異。又詔曹褒制漢禮，成一百五十篇。事蹟具《後漢書》（卷三）本紀。

　　按章帝之作，多詔敕之文，史志皆未有集著錄。嚴可均《全後漢文》（卷四至卷五）輯其佚文，凡二卷。

⊙ 唐　菆

　　唐菆，始末未詳。

　　按《後漢書》曰，明帝時，益州刺史朱輔宣示漢德，咸懷遠夷。自汶山以西，前世所不至，正朔所未加。白狼、槃木、唐菆等百餘國，皆舉種稱臣奉貢。白狼王唐菆作詩三章，歌頌漢德，輔使譯而獻之。今存於逯欽立《先秦漢魏晉南北朝詩‧漢詩》（卷五）輯其詩三首，有〈遠夷樂德歌〉、〈遠夷慕德歌〉、〈遠夷懷德歌〉。

⊙ 宋子侯

　　宋子侯，始末未詳，東漢人。

　　按此詩始見於《玉臺新詠》（卷一），其次於「漢時童謠歌」前，題爲「宋子侯董嬌嬈詩一首」，不言爲樂府歌辭。郭茂倩《樂府詩集》（卷七三）雜曲歌辭亦載此篇，「嬌嬈」之「嬈」作「饒」。宋子侯其人爵里無考，由此詩首句，知爲東漢人作。此詩語言上保留民歌本色，然以花擬人，借物傳神，感情含蓄蘊藉，婉轉動人，異於樂府民歌之質直風格。清沈德潛《古詩源》（卷三）稱此詩「婀娜其姿，無窮搖曳」。此作史志未見著錄，逯欽立《先秦漢魏晉南北朝詩・漢詩》（卷七）有輯存，僅〈董嬌饒詩〉（《初學記》作董嬌嬈）一首。

⊙　朱　浮

　　朱浮，字叔元。沛國蕭人。初從光武爲大司馬主簿，遷偏將軍，從破邯鄲王昌，拜大將軍。建武二年（26 年），封舞陽侯。招納王莽故吏，皆引置幕府。與漁陽太守彭寵積怨，爲寵所敗，僅以身免。罪當伏誅，光武不忍，任執金吾，更封父城侯。建言廣置博士，以備選二千石吏，光武納之。七年，轉太僕。二十年，拜大司空。二十二年，坐賣弄國恩免。二十五年，徙封新息侯。永元中，以常欺蔑同僚，爲人告發，賜死。事蹟具《後漢書》（卷三三）。

　　按其集史志皆未著錄。嚴可均《全後漢文》（卷二一）輯朱浮文，有〈上疏乞援師〉、〈上疏言州牧劾奏宜下三府覆案〉、〈上書請廣選博士〉（以上三篇皆據《後漢書・朱浮傳》所錄）、〈上言織綬成〉（據《御覽》六百八十引《博物志》）、〈奏更乘輿綬〉（據《初學記》二十六引《漢名臣奏》）、〈與彭寵書〉（據《後漢書・朱浮傳》、《文選》、《藝文類聚》二十五），凡六篇。

⊙　袁　安

　　袁安，字邵公。汝南汝陽人。爲縣功曹。永平中舉孝廉，除陰平長任城令。拜楚郡太守，徵爲河南尹。建初中遷太僕。代第五倫爲司空。章和初代桓虞爲司徒。永元四年卒。事蹟具《後漢書》（卷四五）本傳。

　　按袁安之作，史志均未見著錄，已佚。清嚴可均《全後漢文》（卷三十）輯其文，有〈夜酣賦〉、〈上書諫伐匈奴〉、〈奏劾執金吾竇景〉、〈奏劾司隸鄭據河南尹蔡嵩〉、〈奏議立左鹿蠡王阿佟爲北單于〉、〈又上封事諫立北單于〉、〈還北匈奴生口議〉、〈勞中牟令魯恭檄〉、〈臨終遺令〉，凡九篇。

⊙　鄧　耽

　　鄧耽，始末未詳。

　　按鄧耽之作，未見史志著錄，久佚。今僅存清嚴可均《全後漢文》（卷四九）輯其〈郊祀賦〉佚文一篇，乃據《初學記》十三所錄。

⊙ 郎 顗

郎顗，字雅光。北海安丘人。善占卜星算，兼明經典，教授學徒數百人。隱居海畔，勤心銳思，朝夕不倦。州郡辟召，舉有道、方正，均不就。順帝陽嘉二年（133 年），公車徵至京師。上書建言十一事，歷陳應勤政愛民，輕徭薄賦，慎選官吏，賞罰分明等。力荐黃瓊、李固，數言消災之術。特詔拜郎中，辭病不就。後為鄉里無賴孫禮所殺。事蹟具《後漢書》（卷三十）本傳。

按郎顗之作，史志均未見著錄，蓋已久佚。清嚴可均《全後漢文》（卷六十）輯其文，有〈詣闕拜章〉、〈對狀尚書條便宜七事〉、〈臺詰對〉、〈上書薦黃瓊李固復條便宜四事〉，凡四篇。

⊙ 滕 輔

滕撫，一作輔字，字叔輔。北海劇人。順帝時仕州郡，遷涿令。質帝初，三公舉文武才，拜九江都尉，進中郎將，拜左馮翊。胡廣承宦官指奏黜之。卒于家。有《慎子注》十卷。見嚴可均《全後漢文》（卷六一）。

按滕輔之作，未見史志著錄，今皆亡佚。所存僅清嚴可均《全後漢文》（卷六一）所輯〈祭牙文〉一篇，乃據《藝文類聚》六十、《初學記》二十一、《御覽》三百三十九所輯。

⊙ 張 昶

張昶，字文舒。奐次子，亦善草書。建安初，為給事黃門郎。見嚴可均《全後漢文》（卷六四）。

按其作今皆亡佚，史志均未見著錄。清嚴可均《全後漢文》（卷六四）輯其〈西嶽華山堂闕碑銘〉一篇，乃據《藝文類聚》七、《初學記》五、《古文苑》所輯。《初學記》卷五引題作〈張旭華嶽碑〉，蓋旭、昶二字，形近而訛。

⊙ 秦 嘉

秦嘉，字士會。隴西人。桓帝時，仕郡，舉上計掾入洛，除黃門郎，病卒於津鄉亭。事蹟具嚴可均《全後漢文》（卷六六）。

按其作今存詩六首及部份殘句。近人逯欽立《先秦漢魏晉南北朝詩·漢詩》（卷六）輯有秦嘉四言〈述婚詩〉二首、〈贈婦詩〉一首、五言〈贈婦詩〉三首。清嚴可均《全後漢文》（卷六六）輯有其文，有〈與妻徐淑書〉、〈重報妻書〉二篇。其詩文皆寄贈妻子之作，表達真摯深厚之情。

⊙ 邊 讓

邊讓，字文禮。陳留浚儀人。少以博學善辯稱。初辟大將軍何進府，署爲令史。後以高才屢遷，出爲九江太守。獻帝初平中，王室大亂，乃去官還家。恃才氣，不屈曹操，終爲操所殺。有〈章華賦〉傳世，人稱有司馬相如之風。事蹟具《後漢書》（卷八十）本傳。按邊讓所著文章大多散佚，無集。今僅存〈章華賦〉一篇，爲後人由《後漢書》本傳輯出者，清嚴可均《全後漢文》（卷八四）亦有輯存。

⊙　傅　幹

傅幹，字彥林，小字別成。燮子。官扶風太守，終丞相倉曹屬。見嚴可均《全後漢文》（卷八一）。

按傅幹之作，未見史志著錄，已佚。清嚴可均《全後漢文》（卷八一）輯其佚文，有〈肉刑議〉、〈與張叔威書〉、〈諫曹公南征〉、〈王命敘〉、〈皇后箴〉，凡五篇。

⊙　仲長統

仲長統，字公理。山陽高平人。少好學，博覽群書，善於文辭。年二十餘，游學青、徐、并、冀等州，與文遊者多異之。州郡屢命召，皆稱疾不就。尚書令荀彧聞之，舉爲尚書郎。後參丞相曹操軍事。事蹟具《後漢書》（卷四九）本傳。

按《後漢書》本傳稱其每論說古今及時俗行事，恆發憤歎息。因著論名《昌言》，凡三十四篇，十餘萬言。《昌言》至宋，已散佚。清嚴可均《全後漢文》（卷八七至八九）自《後漢書》、《群書治要》、《意林》等諸書輯其佚文數十條，并其他雜文，編爲二卷餘，有〈答鄧義社主難〉、〈尹文子序〉、〈昌言上、下〉，凡四篇。逯欽立《先秦漢魏晉南北朝詩・漢詩》（卷七）輯其詩，有〈見志詩〉二首、〈詩〉（僅四句，《初學記》卷一引），凡三首。

四、魏

（一）史志著錄者

⊙　魏武帝

曹操，字孟德。沛國譙人。靈帝時舉孝廉，爲郎，歷位丞相，封魏王。建安二十五年卒，年五十六。子丕受禪，追尊爲武皇帝。有集十卷。事蹟具《三國志・魏志》（卷一）本紀。〈隋志〉云：「《魏武帝集》二十六卷。注云：梁三十卷，錄一卷。梁又有《武皇帝逸集》十卷，亡。」又「《魏武帝集》新撰十卷。」

〈舊唐志〉云：「《魏武帝集》三十卷。」

〈新唐志〉云：「《魏武帝集》三十卷。」

按〈隋志〉著錄《魏武帝集》二十六卷,《魏武帝集》新撰十卷,並注云梁有三十卷,錄一卷;梁又有《武皇帝逸集》十卷,亡。〈兩唐志〉著錄《魏武帝集》三十卷。南宋尤袤《遂初堂書目》著錄《魏武帝集》,不注卷數。今存明人輯本,有張燮《七十二家集》本,輯《魏武帝集》五卷;張溥《漢魏六朝百三家集》本,輯《魏武帝集》一卷,分令、教、表、奏事、策、書、尺牘、序、祭文、樂府十類編次,末附本傳,凡收令教表等雜文一百四十八篇,樂府十四篇二十四首;丁福保輯《漢魏六朝名家集》,以前人所輯,編爲《魏武帝集》四卷。北京中華書局一九五九年以丁本爲底本予以重新編輯,更名《曹操集》。凡分詩集、文集二部,文集又分三卷。此外增入孫子注,附錄《三國志・魏志・武帝紀》、江耦編〈曹操年表〉、姚振宗〈曹操著作考〉。近人黃節《魏武帝魏文帝詩注》,收錄曹操詩二十四首,爲較善之注本。又嚴可均《全三國文》(卷一至卷三)輯其文,凡三卷;逯欽立《先秦漢魏晉南北朝詩・魏詩》(卷一)輯其詩,凡一卷。

⊙　魏文帝

曹丕,字子桓。曹操長子。建安十六年爲五官中郎將。二十二年立爲魏太子,二十五年正月嗣魏王位,改建安爲延康。十一月受漢禪,即帝位,改元黃初。七年卒,時年四十。謚曰文皇帝。有《典論》五卷、集二十三卷。事蹟具《三國志・魏志》(卷二)本紀。

〈隋志〉云:「《魏文帝集》十卷。注云:梁二十三卷。」

〈舊唐志〉云:「《魏文帝集》十卷。」

〈新唐志〉云:「《魏文帝集》十卷。」

〈宋志〉云:「《魏文帝集》一卷。」

按《三國志・魏志・文帝紀》稱丕好文學,以著述爲務,自所勒成垂百篇。〈隋志〉著錄其集十卷,注云梁有二十三卷。〈舊、新唐志〉亦均作十卷。南宋《中興館閣書目》著錄六卷,賦二卷、詩二卷、表詔一卷、雜文一卷。又尤袤《遂初堂書目》著錄《魏文帝集》,不注卷數。今存明人輯本,有張燮《七十二家集》本,輯《魏文帝集》十卷;張溥《漢魏六朝百三家集》本,輯二卷,凡一百九十餘篇。丁福保輯《漢魏六朝名家集》,以前人所輯,編爲《魏文帝集》六卷。卷一至卷五爲文,卷六爲詩。嚴可均《全三國文》(卷四至卷八)輯其文五卷,凡一百六十九篇,繫以《典論》佚文;逯欽立《先秦漢魏晉南北朝詩・魏詩》(卷一)輯其詩,凡一卷。收錄曹丕詩文,較前爲備。近人黃節魏武帝、魏文帝詩注,收曹丕詩二十八首,爲較善之注本。

⊙ 魏明帝

曹叡，字元仲。魏文帝太子。黃初七年五月即位，在位十三年。景初三年卒，年三十六。謚曰明皇帝。有集七卷。事蹟具《三國志・魏志》（卷三）本紀。

〈隋志〉云：「魏明帝集七卷。注云：梁五卷，或九卷，錄一卷。」

〈舊唐志〉云：「魏明帝集十卷。」

〈新唐志〉云：「魏明帝集十卷。」

按《魏明帝集》，〈隋志〉著錄七卷，注云梁有五卷，或九卷，錄一卷。〈舊、新唐志〉均著錄十卷，似為南朝九卷本，并錄一卷之十卷本。其集今已佚，所存詩文，嚴可均《全三國文》（卷九至卷十）輯其文一卷，凡九十篇；逯欽立《先秦漢魏晉南北朝詩・魏詩》（卷五）輯其詩，凡十八首，皆為樂府詩。風格與曹丕相近，鍾嶸《詩品》將其與操同列於下品。然以詩而論，曹叡不惟去操甚遠，即比之曹丕，亦難望其項背。

⊙ 高貴鄉公

曹髦，字彥士。魏文帝曹丕孫，東海定王曹霖子。正始五年（244年）封高貴鄉公，好學夙成。嘉平六年（254年）九月，受迎立為帝繼明帝嗣。朝政相繼決於司馬師、昭。甘露二年（256年），始與太學諸儒講論《易》、《尚書》、《禮記》。二年夏，以諸葛誕據壽春叛投吳，為司馬昭挾持臨戎東南。在位七年，後廢為庶人。事蹟具《三國志・魏志》（卷四）本紀。

〈隋志〉著錄魏明帝集七卷，注云：「梁又有高貴鄉公集四卷，亡。」

〈舊唐志〉云：「魏高貴鄉公集二卷。」

〈新唐志〉云：「魏高貴鄉公集二卷。」

按其集〈隋志〉著錄稱梁有四卷，亡。〈舊、新唐志〉著錄二卷，已佚。今存詩文，逯欽立《先秦漢魏晉南北朝詩・魏詩》（卷八）輯其詩，有四言詩（僅四句）、〈詩〉（僅二句），凡二首；嚴可均《全三國文》（卷十一）輯其文，凡二十四篇。

⊙ 曹植

曹植，字子建。沛國譙人。操第三子。少好學，善屬文。性簡易，不治威儀。初封平原侯，後徙封臨淄侯。操甚愛之，數欲立為太子，以擅開司馬門違禁，失寵。文帝即位，迫令就國。黃初二年（221年）以醉酒悖慢，貶爵。次年立為鄄城王。後徙封雍丘、浚儀、東阿等地。明帝太和六年（232年）改封陳王，屢上疏，陳時政，求自試，又欲與帝別見獨談，然終不能得。曹丕、曹叡父子以前嫌，待之甚為峻苛。後悵然絕望，遂發疾死。謚號為思。有詩文百餘篇遺世。事蹟具《魏

志》（卷十九）本傳。

〈隋志〉云：「魏陳思王《曹植集》三十卷。」

〈舊唐志〉云：「魏陳思王集二十卷。」又「魏陳思王集三十卷。」

〈新唐志〉云：「魏陳思王集二十卷。」又「魏陳思王集三十卷。」

《唐日本國見在書目》著錄《魏曹植集》三十卷。

《郡齋讀書志》著錄《曹植集》十卷，晁氏云：

> 案魏志景初中撰錄植所著賦頌詩銘雜論，凡百餘篇。隋志三十卷，唐志二十卷。今集十卷，比隋唐本有亡逸者，而詩文二百篇返溢于本傳所載，不曉其故。

《直齋書錄解題》著錄《陳思王集》二十卷，陳氏云：

> 卷數與前志合。其間亦有采取御覽、書鈔、類聚諸書中所有者，意皆後人附益，然則亦非當時全書矣。其間或引摯虞流別集。此書國初已亡，猶是唐人舊傳也。

〈宋志〉云：「曹植集十卷。」

《四庫全書總目》著錄《曹子建集》十卷。

按據《藝文類聚》（卷五五）所引曹植〈文章志〉及《三國志・魏志・曹植本傳》，植生前嘗自編文集，取名前錄，收早年所作賦七十八篇。魏明帝於景初年間，亦嘗詔令撰錄曹植詩賦雜論共百餘篇。〈隋志〉著錄其集三十卷，〈舊、新唐志〉則有三十卷、二十卷二種。宋有二十卷本、十卷本，均采自《北堂書鈔》、《藝文類聚》、《太平御覽》者，顯已非隋唐舊貌。《郡齋讀書志》著錄十卷，收詩文二百篇。此本自南宋以來流傳不廢。今有宋寧宗嘉定六年（1213 年）刻《曹子建集》十卷、明嘉靖間郭萬程仿宋刊本、江安傅氏雙鑒樓藏明活字本，皆自宋本出。四部叢刊影印江安傅氏藏明活字本《曹子建集》，凡十卷。卷一至卷四，收賦四十三篇；卷五至卷六，收詩七十三篇；卷七至卷十，收雜文九十三篇。總二百九篇，為目前較佳之通行本。又明張燮輯《七十二家集》、張溥輯《漢魏六朝百三家集》，輯《陳思王集》二卷，大抵皆據十卷本，稍加釐定而成。清丁晏《曹集詮評》、朱緒曾《曹集考異》，以及近人黃節《曹子建詩注》，為《曹植集》較善之注本。又嚴可均《全三國文》（卷十三至卷十九）輯其文，凡七卷；逯欽立《先秦漢魏晉南北朝詩・魏詩》（卷六至卷七）輯其詩，與楚王曹彪詩（僅一首），合編為二卷。

⊙ 王　朗

王朗，字景興。東海郯人。以通經拜郎中，除菑丘長，師太尉楊賜。後歸徐

州陶謙，拜會稽太守。孫策渡江略地，大敗，遂流移窮困。曹操表徵之，輾轉江海積年乃至，拜諫議大夫，參司空軍事。魏初，以軍祭酒領魏郡太守，遷少府、奉常、大理。文帝即王位，遷御史大夫。文帝受禪，拜爲司空。明帝即位，轉爲司徒，封蘭陵侯。事蹟具《三國志·魏志》（卷十三）本傳。

〈隋志〉云：「魏司徒王朗集三十四卷。注云：梁三十卷。」

〈舊唐志〉云：「王朗集三十卷。」

〈新唐志〉云：「王朗集三十卷。」

按《魏志》本傳稱其著《易》、《春秋》、《孝經》、《周官傳》、奏、議、論、記，咸傳于世。其集〈隋志〉著錄三十四卷，注云梁有三十卷。〈舊、新唐志〉均著錄三十卷，似爲南朝舊本復出。至宋，已佚。嚴可均《全三國文》（卷二二）輯其佚文，凡三十二篇。

⊙ 吳 質

吳質，字季重。濟陰人。才學通博。初爲元城令。文帝善之，乃怙威肆行。官至振威將軍、都督河北諸軍事。諡威侯。太和四年，入爲侍中，卒。事蹟具《魏志》（卷二一）〈王粲傳〉及裴注。

〈隋志〉著錄《魏給中邯鄲淳集》二卷，注云：「侍中吳質集五卷，亡。」

〈舊唐志〉云：「吳質集五卷。」

〈新唐志〉云：「吳質集五卷。」

按〈隋志〉著錄《吳質集》五卷，已佚。今傳文七篇，詩一首。《三國志》本傳注云：「魏文帝崩殂，吳質因思慕而作，故曰〈思慕詩〉。」詩雖不免感恩戴德之辭，然以有感而發，故多真情，末仍爲慷慨激昂之辭，呈現建安詩風餘緒。嚴可均《全三國文》（卷三十）輯其文，有〈魏都賦〉、〈答魏太子牋〉、〈在元城與魏太子牋〉、〈答文帝牋〉、〈與文帝書〉、〈答東阿王書〉、〈將論〉，凡七篇；逯欽《先秦漢魏晉南北朝詩·魏詩》（卷五）輯其〈思慕詩〉一首。

⊙ 繆 襲

繆襲，字熙伯。東海人。辟御史大夫府，歷事魏四主。至散騎常侍，轉尙書光祿勳。有《列女傳》一卷、集五卷。見嚴可均《全三國文》（卷三八）。

〈隋志〉云：「《魏散騎常侍繆襲集》五卷。注云：梁有錄一卷。」

〈舊唐志〉云：「繆襲集五卷。」

〈新唐志〉云：「繆襲集五卷。」

按繆襲其文多奏議之作，生平與仲長統善，仲氏撰《昌言》，未竟而亡。繆襲

爲撰次，并表上《昌言》，故其所撰〈仲長統昌言表〉一篇，敘寫仲長統生平，簡明生動，描繪仲長統敢於直言，卓犖不群之個性。其詩今存〈魏鼓吹曲〉十二首及〈挽歌詩〉一首。前者多作於曹丕稱帝時，爲改易〈漢鼓吹鐃歌〉舊辭而作。十二首內容前後承接，首尾呼應，自曹操起兵至曹叡即位，抒寫曹魏之興盛。文辭雖多歌功頌德，然於尺幅之間，隱括曹魏歷史，曲折多姿。其集〈隋志〉著錄五卷，已佚。清嚴可均《全三國文》（卷三八）輯其文，有〈喜霽賦〉、〈籍田賦〉、〈許昌宮賦序〉、〈嘉夢賦〉、〈青龍賦〉、〈撰上仲長統昌言表〉、〈奏對詔問外祖母服漢舊云何〉、〈奏改安世哥爲享神哥〉、〈奏文昭皇后廟樂〉、〈樂舞議〉、〈處士君號諡議〉、〈皇后銘旌議〉、〈神芝贊〉、〈祭儀〉，凡十四篇。逯欽立《先秦漢魏晉北朝詩·魏詩》（卷十一）輯有〈繆襲魏鼓吹曲辭〉十二曲。

⊙　**韋　誕**

韋誕，字仲將。京兆人。有文才，善屬辭章，又以善草書名。建安中爲郡上計吏，正始中，遷侍中、中書監，官終光祿大夫。嘉平五年卒，年七十五。有集三卷，行於世。事蹟具《魏志》（卷二一）〈劉劭附傳〉及裴注。

〈隋志〉著錄《魏散騎常侍繆襲集》五卷，注云：「光祿大夫《韋誕集》三卷，錄一卷，亡。」

〈舊唐志〉云：「韋誕集三卷。」

〈新唐志〉云：「韋誕集三卷。」

按《三國志·魏志》稱其著文賦傳於世。《世說·巧藝篇》注引《文章敘錄》云：「誕有文學，善屬辭。」〈隋志〉著錄《韋誕集》三卷，已佚。嚴可均《全三國文》（卷三二）輯其文，有〈敘志賦〉、〈景福殿賦〉、〈奏題署〉、〈駁議胡昭〉、〈皇后親蠶頌〉、〈太僕杜侯誄〉、〈墨方〉、〈筆方〉，凡八篇。

⊙　**卞　蘭**

卞蘭，琅邪開陽人。卞秉子，嗣父爵。少有才學，爲奉東都尉，游擊將軍，加散騎常侍，數切諫明帝。事蹟具《三國志·魏志》（卷五）〈武宣卞皇后傳〉及裴注。

〈隋志〉著錄《魏散騎常侍繆襲集》五卷，注云：「游擊將軍卞蘭集二卷，錄一卷亡。」

〈舊唐志〉云：「卞蘭集二卷。」

〈新唐志〉云：「卞蘭集二卷。」

按《三國志·魏志》謂曹丕爲太子時，卞蘭獻賦，述贊太子美德。賦前表文

云：「竊見所作《典論》及諸賦頌，逸句爛然，沈思泉湧，華藻雲浮。聽之忘味，奉讀無倦。」由此得丕親近。其所著文集二卷，已佚。嚴可均《全三國文》（卷三十）輯有卞蘭佚文，有〈贊述太子賦〉、〈許昌宮賦〉、〈七牧〉、〈座銘〉，凡四篇。

⊙ 孫 該

孫該，字公達。任城人。爲郎中、遷博士、司徒右長史，後還入著作郎。出爲陳郡太守。事蹟具《三國志·魏志》（卷二一）〈劉劭附傳注〉引《文章敘錄》。

〈隋志〉著錄《魏散騎常侍繆襲集》五卷，注云：「陳郡太守孫集二卷，錄一卷，亡。」

按《三國志·魏志·劉劭傳》稱該與劭等人同著〈文賦〉，頗傳於世。〈隋志〉著錄其集二卷，錄一卷，已佚。嚴可均《全三國文》（卷四十）輯其文，有〈三公山下神祠賦〉、〈琵琶賦〉二篇。

⊙ 傅 巽

傅巽，字公悌。辟公府，拜尚書郎，後客荊州，爲劉表東曹掾。說劉琮降曹操，賜爵爲關內侯，文帝時爲侍中，太和中卒。事蹟具《魏志》（卷六）〈劉表傳〉及裴注。

〈隋志〉著錄《魏散騎常侍繆襲集》五卷，注云：「尚書傅巽集二卷，錄一卷，亡。」

〈舊唐志〉云：「傅巽集二卷。」

〈新唐志〉云：「傅巽集二卷。」

按《傅巽集》，〈隋志〉著錄二卷，錄一卷，亡。〈舊、新唐志〉作二卷，已佚。嚴可均《全三國文》（卷三五）輯其文，有〈槐樹賦〉、〈蚊賦〉、〈七誨〉、〈奢儉論〉、〈筆銘〉，凡五篇。

⊙ 王 肅

王肅，字子雍，王朗之子。太和三年（229 年）爲散騎常侍，領秘監，兼崇文館祭酒。曹爽專權，爲河南尹。嘉平六年（254 年）迎高貴鄉公，官至中領軍，封蘭陵侯。善賈、馬之學，不重鄭玄，嘗遍注群經，作《聖證論》以短玄。諡景侯。事蹟具《三國志·魏志》（卷十三）本傳。

〈隋志〉云：「魏衛將軍王肅集五卷。注云：梁有錄一卷。」

〈舊唐志〉云：「王肅集五卷。」

〈新唐志〉云：「王肅集五卷。」

按《三國志·魏志》本傳稱其所論駁朝廷典制、郊祀、宗廟、喪紀、輕重等

文疏，凡百餘篇。又《宋書‧樂志》稱散騎常侍王肅私造宗廟詩頌十二篇，不被歌。其集〈隋志〉著錄五卷，注云梁有錄一卷。〈舊、新唐志〉均作五卷，已佚。嚴可均《全三國文》（卷二三）輯其文一卷，凡三十五篇。

⊙　何　晏

何晏，字平叔，南陽人。何進孫，母為曹操夫人，尚公主。正始初，附曹爽，為散騎侍郎、侍中尚書，盡提攜舊人為官。分割洛陽、野王典農部桑田，壞湯沐地以為私產。及爽敗，同誅。以才秀知名，好老莊之言，著述頗豐，有〈道德論〉存世。事蹟具《三國志‧魏志》（卷九）曹爽附傳及裴注。

〈隋志〉云：「魏尚書何晏集十一卷。注云：梁十卷，錄一卷。」

〈舊唐志〉云：「何晏集十卷。」

〈新唐志〉云：「何晏集十卷。」

按《魏志‧曹爽附傳》稱晏以才秀知名，好老莊言，作〈道德論〉及諸文賦，著述凡數十篇。其文多哲學論著，如〈無名論〉、〈無為論〉等。賦今僅存〈景福殿賦〉一篇，為頌揚魏明帝曹叡於許昌修建景福殿而作。雖不若漢賦氣魄宏大，然亦極力描繪宮殿之壯偉，堪與漢王延壽〈魯靈光殿賦〉並列，同為描寫宮殿之辭賦名作。嚴可均《全三國文》（卷三九）輯其文，有〈景福殿賦〉、〈奏請大臣侍從游幸〉、〈祀五郊六宗及厲殃議〉、〈明帝諡議〉、〈與夏侯太初難蔣濟叔嫂無服論〉、〈韓白論〉、〈白起論〉、〈冀州論〉、〈九州論〉、〈無為論〉、〈無名論〉、〈論語集解敍〉、〈瑞頌〉、〈斫猛獸刀銘〉，凡十四篇。詩今僅存〈言志詩〉二首，逯欽立《先秦漢魏晉南北朝詩‧魏詩》（卷八）收之。

⊙　應　璩

應璩，字休璉。汝南人。應瑒弟。博學好屬文，善為書記，文、明帝世，歷官散騎常侍。齊王時，為大將軍曹爽長史，曹爽專權，璩作〈百一詩〉以諷。官至侍中，追贈衛尉。事蹟具《魏志》（卷二一）〈王粲傳〉及裴注。

〈隋志〉云：「魏衛尉卿應璩集十卷。注云：梁有錄一卷。」

〈舊唐志〉云：「應瑗集十卷。」

〈新唐志〉云：「應瑗集十卷。」

按《三國志‧魏志》稱應璩於曹芳即位，遷侍中，大將軍長史。時大將軍曹爽執政，獨自專橫，多違法度，應璩作〈百一詩〉以諷之。所謂百一，眾說紛紜。或以為詩有百一篇，或以詩以百言為一篇，故稱百一。《文選‧李善注》則以原詩序載「時謂曹爽曰：公今聞周公巍巍之稱，安知百慮有一失乎？」一事，以為百

一之名，蓋興於此也。舊說皆以李善之說爲是。胡適《白話文學史》第五章推測「應璩作〈百一詩〉，大概取揚雄勸百而諷一的話的意思。」其所據雖與李善注有異，結論一致，且頗切原詩辭旨。〈百一詩〉今已不全，逯欽立《先秦漢魏晉南北朝詩‧魏詩》（卷八）收輯十餘首，多非完帙；尙收雜詩及斷句若干，亦當屬百一詩之類。劉勰《文心雕龍‧明詩篇》云：「應璩百一，獨立不懼，辭譎義貞，亦魏之遺直也。」其詩語言通俗質樸，鍾嶸《詩品》云：「祖襲魏文，善爲古語。」應璩之文，以書牘爲著，如〈與從弟君苗君冑書〉、〈與侍郎曹長思書〉等，均富文采。其集〈隋志〉著錄十卷，注云梁有錄一卷。〈舊、新唐志〉均作十卷，題應瑗，蓋即應璩集也，已佚。明張溥《漢魏六朝百三家集》輯《應德璉休璉集》一卷，收錄應瑒、應璩兄弟詩文，合爲一卷。分牋、書、詩三類編次，凡牋五篇，書三十三篇，詩十三首，末附本傳。又嚴可均《全三國文》（卷三十）輯其文，凡牋四篇，書二十九篇；又輯應瑗文，云未詳。據《文選‧七命注》引瑗與〈桓元則（範）書〉，可知乃應璩，非應瑗也。

⊙ 杜摯

杜摯，字德魯，河東人。初上〈笳賦〉，署司徒軍謀吏。後舉孝廉，轉補校書。〈文賦〉頗傳於世。卒於秘書。事蹟具《魏志》（卷二一）〈劉劭傳〉及裴注。

〈隋志〉云：「魏校書郎杜摯集二卷。」

〈舊唐志〉云：「杜摯集一卷。」

〈新唐志〉云：「杜摯集二卷。」

按《三國志‧魏志‧劉劭傳》稱其所著文、賦，頗傳於世，知其當頗具文名。〈隋志〉著錄杜摯集二卷，已佚。今僅存〈笳賦〉一篇，見嚴可均《全三國文》（卷四一）；詩二首，一爲〈贈毋丘儉詩〉，一爲〈贈毋丘荊州詩〉，二詩皆其希冀毋丘儉引拔重用，二詩今存逯欽立《先秦漢魏晉南北朝詩‧魏詩》（卷五）。

⊙ 夏侯玄

夏侯玄，字太初。沛國譙郡人，夏侯尙子。曹爽輔政，爲散騎常侍、中護軍、征西將軍，都督雍、涼州諸軍事，與爽共興駱谷之役，爲時人譏。及爽敗，徙爲太常，內不得意，與李豐等謀除司馬師，事敗，被殺。事蹟具《魏志》（卷九）〈夏侯尙傳〉及裴注。

〈隋志〉云：「魏太常夏侯玄集三卷。」

〈舊唐志〉云：「夏侯玄集二卷。」

〈新唐志〉云：「夏侯玄集二卷。」

按其集〈隋志〉著錄三卷，〈舊、新唐志〉則作二卷，已佚。《魏氏春秋》稱玄嘗著〈樂毅〉、〈張良〉及〈肉刑論〉，辭旨通遠，有一時之譽，咸傳于世。嚴可均《全三國文》（卷二一）輯其文，有〈皇胤賦〉、〈時事議〉、〈答司馬宣王書〉、〈肉刑論〉、〈答李勝難肉刑論〉、〈樂毅論〉、〈辨樂論〉，凡七篇；又從《太平御覽》輯存夏侯子佚文，凡三條。

⊙ 阮　籍

阮籍，字嗣宗。陳留尉氏人。魏丞相掾阮瑀子。好莊老、善彈琴，任性放達，喜怒不形於色。初辟太尉濟掾屬，後爲宣帝太傅從事中郎、景帝大司馬從事中郎。高貴鄉公即位，封關內侯，徙散騎常侍。不拘禮教，厭禮法之士。又能爲青白眼，見禮俗之士，以白眼相對，見同輩中人則青眼相加。由是禮去之士疾之如仇，文帝每保護之。著有〈大人先生傳〉、〈達莊論〉及〈詠懷詩〉八十餘篇。事蹟具《魏志》（卷二一）〈王粲附傳〉、《晉書》（卷四九）本傳。

〈隋志〉云：「魏步兵校尉阮籍集十卷。注云：梁十三卷，錄一卷。」

〈舊唐志〉云：「阮籍集五卷。」

〈新唐志〉云：「阮籍集五卷。」

《唐日本國見在書目》著錄《阮嗣宗集》五卷、又《阮步兵集》十卷。

《崇文總目》云：「阮步兵集十卷。」

《郡齋讀書志》著錄《阮籍集》十卷，晁氏云：

籍志氣宏放博覽群籍，尤好莊老，屬文不留思，嗜酒能嘯，善彈琴，
當其得意，忽忘形體，雖不拘禮數，而發言玄遠。

《直齋書錄解題》著錄《阮步兵集》十卷、又詩集類著錄《阮步兵集》四卷，陳氏云：

其題皆曰詠懷，首卷四言十三篇，餘皆五言八十篇，通爲九十三篇。

《文選》所收，十七篇而已。

〈宋志〉云：「《阮籍集》十卷。」

按《晉書》本傳稱籍能屬文，初不留意。作〈詠懷詩〉八十餘篇，爲世所重。著〈達莊論〉，敘無爲之貴。文多不錄。其集原十三卷，至隋僅存十卷，至唐僅存五卷，宋又有十卷本，不知是否爲隋世所見之本。明陳第《世善堂書目》著錄《阮籍集》十卷，後亡佚。現存明刻諸本，以嘉靖間陳德文、范欽所刻《阮嗣宗集》二卷最早，上卷文、下卷詩。詩錄自明正德間所編《漢魏詩集》，文則據舊本殘帙，兼採摭總集編綴而成。明萬曆、天啓間汪士賢輯刻《漢魏諸家集》，有《阮嗣宗集》

二卷，即據此本。明天啓、崇禎間，張燮輯《七十二家集》，有《阮步兵集》六卷，自稱嘗見舊寫本《阮籍集》二卷，今又增入原本未收之文數篇。此本文字頗多臆改，反不若前二卷本佳。其詩大抵錄自馮惟訥《古詩紀》。明張溥《漢魏六朝百三家集》輯《阮步兵集》一卷，分賦、牋、奏記、書、論、傳、贊、誄、文、帖、詩十一類編次，有〈東平賦〉、〈元父賦〉、〈首陽山賦〉、〈清思賦〉、〈獼猴賦〉、〈鳩賦〉、〈爲鄭沖勸晉王牋〉、〈辭蔣太尉辟命奏記二篇〉、〈與晉王薦盧播書〉、〈答伏義書〉、〈樂論〉、〈通易論〉、〈達莊論〉、〈通老論〉、〈大人先生傳〉、〈孔子贊〉、〈孔子誄〉、〈弔某公文〉、〈搏赤猿帖〉、〈詠懷詩〉三首、〈詠懷詩〉八十二首、〈采薪者歌〉、〈大人先生歌〉，末附本傳。張溥輯本即自張燮本出。嚴可均《全三國文》（卷四四至卷四六）亦輯有其文；逯欽立《先秦漢魏晉南北朝詩・魏詩》（卷十）輯有其詩。其詩注本較善者，有黃節《阮步兵詠懷詩注》，乃以蔣師爚注爲本，結合史實闡明詩意，並綜合各家注釋及評論予以折衷，頗具參考價值。

⊙ 嵇 康

嵇康，字叔夜。譙國銍人。早孤，有奇才，長好老莊。與魏宗室婚，拜中散大夫。常修養性服食之事，彈琴詠詩，自足於懷。與阮籍、山濤、向秀等爲竹林之游。及山濤將去選官，舉康自代。乃與濤作絕交書。景元中，被譖，爲文帝所殺。將刑東市，太學生三千人請以爲師，弗許。撰〈上古以來高士傳贊〉，又作〈太師箴〉、〈聲無哀樂論〉。事蹟具《魏志》（卷二一）〈王粲附傳〉、《晉書》（卷四九）本傳。

〈隋志〉云：「魏中散大夫嵇康集十三卷。注云：梁十五卷，錄一卷。」

〈舊唐志〉云：「嵇康集十五卷。」

〈新唐志〉云：「嵇康集十五卷。」

《崇文總目》云：「嵇康集十卷。」

《郡齋讀書志》著錄《嵇康集》十卷，晁氏云：

康美詞氣有丰儀，土木形骸，不自藻飾，學不師受，博覽該通，長好莊老，屬文玄遠。景元初鍾會譖於晉文帝，遇害。

《直齋書錄解題》著錄《嵇中散集》十卷，陳氏云：

所著文論六七萬言，今存于世者，僅如此。唐志猶有十五卷。

〈宋志〉云：「嵇康集十卷。」

《四庫全書總目》著錄《嵇中散集》十卷。

按嵇康曾任中散大夫，世稱嵇中散。南朝梁前，有《嵇康文集》十五卷，錄

一卷，目錄下有注，說明本篇涉及之人物字號、籍貫、仕履。至隋亡佚二卷及其目錄，〈隋志〉著錄十三卷。唐將此本重編爲十五卷本，以合舊本卷數，故〈兩唐志〉均作十五卷。宋時有《嵇中散集》十卷，《直齋書錄解題》云：「所著文論六、七萬言，今存於世者僅如此。唐志猶有十五卷本。」

可知宋十卷本與唐前十五卷本已有差異。元明以來傳本，大抵出於宋十卷本，於抄刻中又有二：其一爲明嘉靖四年（1525 年）黃省曾翻宋本，此本缺失較多，如卷一僅有詩五十三首；其二爲明吳寬叢書堂抄本，此本訛誤較少，收詩亦多，卷一存詩六十首。明汪士賢輯《漢魏諸家集》本、張燮輯《七十二家集》本、張溥輯《漢魏六朝百三家集》本，皆承襲黃省曾本；清陸心源《皕宋樓抄本》則出自吳寬之本。一九二四年，魯迅以吳寬本爲底本，校以黃省曾、程榮、汪士賢、張溥等諸家明刻本，參校史傳、《文選》、《世說新語》劉孝標注及諸類書，輯校成《嵇康集》。此本卷一爲詩六十首；卷二至卷十爲賦一卷、文十五篇；卷末附逸文考、著錄考，爲善本。今有《魯迅全集》本。又清嚴可均《全三國文》（卷四七至卷五二）輯其文六卷，逯欽《先秦漢魏晉南北朝詩·魏詩》（卷九）輯有其詩一卷。

⊙ 呂 安

呂安，字仲悌。東平人。徵士，性至烈，有濟世志力。與嵇康、山濤、向秀等人思想相近，感情相通，皆反司馬氏政權。嵇康善之，曾與向秀灌園於山陽，向秀〈思舊賦〉嘗稱其有不羈之才，心曠而放。呂安妻徐氏美資質，其兄巽姦污之，反誣呂安不孝，爲司馬昭收獄。嵇康爲不平，爲之辯護，亦爲收治。景元四年（263 年），二人同被害。事蹟具《三國志·魏志》（卷二一）〈王粲附傳〉及裴注。

〈隋志〉著錄《魏中散大夫嵇康集》十三卷，注云：「又有魏徵士《呂安集》二卷，錄一卷，亡。」

〈舊唐志〉云：「呂安集二卷。」

〈新唐志〉云：「呂安集二卷。」

按〈隋志〉著錄《呂安集》二卷，錄一卷，亡。〈舊、新唐志〉作二卷，已久佚。今存其作，嚴可均《全三國文》（卷五一）輯其〈髑髏賦〉一篇，僅二條。

⊙ 鍾 會

鍾會，字士季。潁川長社人。鍾繇幼子，鍾毓弟。敏惠好學，精練名理。正始中初仕爲秘書郎。從司馬氏徵毌丘儉、諸葛誕，運籌帷幄，數有功，遷司隸校尉。司馬氏依之爲腹心，綜典內外，權傾一時。景元三年（262 年）爲鎭西將軍，

假節都督關中諸軍事，次年與鄧艾分軍攻蜀，迫降劉禪。以功封司徒，進爵縣侯。有異志，遂誣鄧艾反，檻車送之。欲杖殺魏軍諸將及蜀之故官，矯太后遺詔，起兵反司馬氏。事泄，爲亂軍所殺。有《道論》二十篇。事蹟具《魏志》（卷二八）本傳。

〈隋志〉云：「魏司徒鍾會集九卷。注云：梁十卷，錄一卷。」

〈舊唐志〉云：「鍾會集十卷。」

〈新唐志〉云：「鍾會集十卷。」

按〈隋志〉著錄其集十卷，已佚。明人張溥《漢魏六朝百三家集》輯《鍾司徒集》一卷，分賦、檄、奏、書、記、傳、論七類編次，有〈孔雀賦〉、〈菊花賦〉二篇、〈蒲萄賦〉、〈移蜀檄〉、〈平蜀奏〉、〈與姜維書〉、〈與蔣斌書〉、〈與吳主書〉、〈高貴鄉公少康高祖優劣論記〉、〈母張夫人傳〉、〈成侯命婦傳〉、〈芻蕘論〉（僅一條），凡十三篇，末附本傳。張溥於其集首題辭云：「彬彬儒雅，則又魏文七子餘澤矣。」嚴可均《全三國文》（卷二五）亦輯有其文，凡十三篇，繫以〈芻蕘論〉七條。

⊙ 程　曉

程曉，字季明。東郡東阿人。衛尉程昱之孫。魏黃初中，封列侯。嘉平中爲黃門侍郎，後爲汝南太守。時校事橫行，遂上疏陳明利弊，使罷校事官。年四十餘而卒。事蹟具《魏志》（卷十四）〈程昱傳〉。

〈隋志〉云：「魏汝南太守程曉集二卷。注云：梁錄一卷。」

〈舊唐志〉云：「程曉集二卷。」

〈新唐志〉云：「程曉集二卷。」

按《三國志・魏志・程昱傳》注引〈程曉別傳〉稱其大著文章，多亡佚，今之存者不能十分之一。〈隋志〉著錄其集二卷，亦亡佚。今存詩文，嚴可均《全三國文》（卷三九）輯其文，有〈請罷校事官疏〉、〈與傅玄書〉、〈女典篇〉，凡三篇；逯欽立《先秦漢魏晉南北朝詩・晉詩》（卷一）輯其詩，有〈贈傅休奕詩〉、〈嘲熱客詩〉二首。

（二）史志未著錄者

⊙ 曹　彪

曹彪，字朱虎。武帝子，初封白馬王，後徙封楚。事蹟具《三國志・魏志》（卷二十）本傳。

　　按其作均已佚，史志未見著錄。逯欽立《先秦漢魏晉南北朝詩・魏詩》（卷七）輯其詩，據《初學記》卷十八所引，僅〈答東阿王詩〉一首。

⊙　應　瑒

　　應瑒，始末未詳。

　　按其作均已佚，史志未見著錄。清嚴可均《全三國文》（卷三十）輯其佚文，僅有與桓元則書一篇，且僅一句，乃輯自《文選，七命注》。《初學記》卷十八引應瑒〈雜詩〉，據逯欽立《先秦漢魏晉南北朝詩・魏詩》（卷八），正作應璩〈百一詩〉。逯氏案云：「應璩〈百一詩〉，《文選》僅保一完篇，其餘皆已亡佚。《詩紀》蒐輯逸詩亦僅有三篇，然考各書多引應氏〈新詩〉，此〈新詩〉即〈百一詩〉也。而他書所引〈雜詩〉亦往往又名〈新詩〉，則《詩紀》所載〈雜詩〉實亦原出百一。依此今將各書所引逸篇悉編在此題下。」

⊙　劉　劭

　　劉劭，字孔才。廣平邯鄲人。為計吏，力排以日蝕廢朝之議。黃初中，受詔集五經群書，作《皇覽》。明帝時為陳留太守，敦崇教化，百姓稱之。時外興軍旅，內營宮室，劭作〈許都〉、〈洛都賦〉以諷諫。正始中執經講學，賜爵關內侯。撰述《法論》、《人物志》等百餘篇。事蹟具《三國志・魏志》（卷二一）本傳。

　　按《三國志・魏志》本傳稱撰述《法論》、《人物志》等百餘篇。至其集，史志未見著錄。嚴可均《全三國文》（卷三二）輯其文，凡十六篇。

⊙　賈岱宗

　　賈岱宗，始末未詳。

　　按賈岱宗，嚴可均《全三國文》（卷五三）案云：「《藝文類聚》在傅玄後，蓋元魏人。《初學記》在傅玄前，則以為曹魏人。今姑列此俟考。」其作史志未見著錄，《初學記》卷二十九引〈大狗賦〉，清嚴可均《全三國文》（卷五三）據《初學記》、《藝文類聚》輯存，僅此一篇。

五、吳

（一）史志著錄者

⊙　薛　綜

　　薛綜，字敬文。市郡竹邑人。少依族人避地交州，從劉熙學。士炎既附孫權，召為五官中郎將，除合浦、交阯太守。時交土始拓，刺史呂岱率師討伐，與俱行。

事畢還都後召呂岱從交州出，綜懼繼者非其人，上疏稱宜重其選。黃龍三年（231年），為鎮東大將軍長史，外掌眾事，內授書籍。公孫淵降而復叛，權盛怒，欲親征。上疏力諫，遂不行，赤烏五年（242年），為太子少傅。凡所著詩賦難論數萬言，名曰〈私載〉，又定〈五宗圖述〉、〈二京解〉，皆傳於世。事蹟具《三國志·吳志》（卷五三）本傳。

〈隋志〉著錄《吳偏將軍駱統集》十卷，注云：「又有太子少傅《薛綜集》三卷，錄一卷，亡。」

〈舊唐志〉云：「《薛綜集》二卷。」

〈新唐志〉云：「《薛綜集》三卷。」

按《晉書》本傳稱其所著詩賦難論數萬言，名曰〈私載〉，又定〈五宗圖述〉、〈二京解〉，皆傳於世。其集〈隋志〉著錄三卷，錄一卷，亡。〈舊、新唐志〉則著錄《薛綜集》二卷，已佚。今存詩文，逯欽立《先秦漢魏晉南北朝詩·魏詩》（卷十二）輯其詩，僅〈嘲蜀使張奉〉一首，且有殘缺；嚴可均《全三國文》（卷六六）輯其文，凡十二篇。

⊙ 謝　承

謝承，字偉平。會稽山陰人。孫權謝夫人之弟。為吳郡督郵，後拜郎中。遷長沙東部都尉、武陵太守。有《後漢書》一百三十卷、集四卷。事蹟具《三國志·吳志》（卷二一）〈謝夫人傳〉。

〈隋志〉著錄《吳選曹尚書暨豔集》二卷，注云：「《謝丞集》四卷，今亡。」丞當作承也。

〈舊唐志〉云：「謝承集四卷。」

〈新唐志〉云：「謝承集四卷。」

按謝承集，〈隋志〉著錄題《謝丞集》四卷，蓋字誤也。〈舊、新唐志〉均作四卷，然已久佚。清嚴可均《全三國文》（卷六六）輯其佚文，采自《初學記》、《藝文類聚》、《太平御覽》諸書，有〈賀靈龜表〉、〈上丹砂表〉、〈與步子山書〉、〈三夫人箴〉，凡四篇，均為殘篇斷句。

⊙ 胡　綜

胡綜，字偉則。汝南固始人。少孤，避難江東。孫權為討虜將軍，授金曹從事，從討黃祖，拜鄂長。晉宗叛歸魏，與賀齊共襲之，虜宗，加建武中郎將。權稱尊號，因瑞改元。作黃龍大牙，常在中軍，諸軍進退，視其所向。為之作賦。權下都建業，拜侍中，進封鄉侯，兼左右領軍。遷偏將軍，兼左執法，領辭訟。

初以內外多事，特立科，長吏遭喪，皆不得去，而數有犯者。權患之，使朝臣下議。以為宜定科文，示以大辟，行之一人，其後必絕。由是奔喪乃斷。有文才，凡自權統事，諸文誥策命，鄰國書符，略皆為所造。事蹟具《三國志‧吳志》（卷六二）本傳。

〈隋志〉云：「《吳侍中胡綜集》二卷。注云：梁有錄一卷。」

〈舊唐志〉云：「胡綜集二卷。」

〈新唐志〉云：「胡綜集二卷。」

按其集〈隋志〉著錄二卷，注云梁有錄一卷。〈舊、新唐志〉均著錄二卷，已佚。清嚴可均《全三國文》（卷六七）輯其佚文，有〈黃龍大牙賦〉、〈中分天下盟文〉、〈請立諸王表〉、〈議奔喪〉、〈偽為吳質作降文〉三條、〈太子賓友目〉，凡六篇。

⊙　華覈

華覈，字永先。吳郡武進人。始為上虞尉、典農都尉，以文學入為祕府郎，遷中書丞。孫亮在位，與韋曜共撰吳書。孫皓即位，封徐陵亭侯。寶鼎二年（267年），皓更營新宮，所費甚多，農守並廢，覈上疏力諫。皓不納。後遷東觀令，領右國史。時倉廩無儲，世俗滋侈，覈復上疏陳己見。前後舉荐良能，解釋罪過，書百餘上，皆有補益，文多不悉載。天冊元年（275年），以微遣免，數歲卒。事蹟具《三國志‧吳志》（卷六五）本傳。

〈隋志〉著錄《吳侍中胡綜集》二卷，注云：「又有東觀令華覆集五卷，錄一卷，亡。」

〈舊唐志〉云：「華覈集三卷。」

〈新唐志〉云：「華覈集五卷。」

按《三國志‧吳志》本傳稱其遷東觀令，領右國史。故知〈隋志〉所錄華覆，當為華覈也。其集〈隋志〉著錄五卷，錄一卷，亡。〈舊唐志〉作三卷，〈新唐志〉則作五卷，久已亡佚。今存詩文，逯欽立《先秦漢魏晉南北朝詩‧魏詩》（卷十二）輯其與薛瑩詩一首，僅二句；嚴可均《全三國文》（卷七四）輯其佚文，凡十一篇。

（二）史志未著錄者

⊙　闞　澤

闞澤，字德潤。會稽山陰人。家世農夫，好學，居貧傭書以供紙筆，遂以究覽群籍，兼通曆數顯名。察孝廉，除錢塘長，遷郴令。孫權為驃騎將軍，辟補西曹掾；及稱尊號，以為尚書。赤烏五年（242年），拜太子太傅，領中書令。刊約禮文及諸

注說以授二宮，爲制行出入及見賓儀，又著乾象曆注以正時日。以儒學勤勞，封都鄉侯。性謙恭篤愼，和而有正。事蹟具《三國志‧吳志》（卷五三）本傳。

按闞澤之作，史志均未著錄。今僅存嚴可均《全三國文》（卷六六）輯其佚文九章一則，乃采自《初學記》卷二十六所引。

六、西　晉

（一）史志著錄者

⊙　王　沈

王沈，字處道，太原晉陽人。魏東郡太守王機子。少孤。初辟大將軍曹爽掾，累遷中書門下侍郎。正元中，遷散騎常侍、侍中，典著作。與荀顗、阮籍共撰魏書。多爲時諱。高貴鄉公將攻文帝，以告發功封安平侯。尋遷尚書，出監豫州諸軍事、奮武將軍、豫州刺史。嘗下求諫言、敦學之教。征征虜將軍、持節、都督江北諸軍事。五等建，封博陵侯。武帝受禪，以佐命之勛，轉驃騎將軍、錄尚書事，加散騎常侍，統城外諸軍事。轉博陵郡公。卒后諡曰元。事蹟具《晉書》（卷三九）本傳。

〈隋志〉云：「晉王沈集五卷。」

〈舊唐志〉云：「晉王沈集五卷。」

〈新唐志〉云：「王沈集五卷。」

按〈隋志〉著錄《王沈集》五卷，〈舊、新唐志〉同，已佚。嚴可均《全晉文》（卷二八）輯其文、賦十四篇，有〈正會賦〉、〈宴嘉賓賦〉、〈餞行賦〉、〈馬腦勒賦〉、〈車渠觶賦〉、〈賀正表〉、〈賀肅愼貢獻表〉、〈到豫州下教〉、〈又下教〉、〈又下教〉、〈與傅玄書〉、〈辟雍頌〉、〈祭先考東郡君文〉、〈失題〉。又按晉有二王沈，一字彥伯，不知隋、唐諸志所錄爲何者所作。

⊙　應　貞

應貞，字吉甫。汝南南頓人。魏侍中應璩子。世以文章顯，爲郡盛族。善談論，以才學稱。舉高第，頻歷顯位，爲武帝撫軍大將軍參軍。泰始元年（265年），遷給事中。後爲太子中庶子，散騎常侍。嘗與荀顗撰定《新禮》。有文集行於世。事蹟具《晉書》（卷九二）〈文苑傳〉。

〈隋志〉云：「晉散騎常侍應貞集一卷。注云：梁五卷。」

〈舊唐志〉云：「應貞集五卷。」

〈新唐志〉云：「應貞集五卷。」

按〈隋志〉著錄《應貞集》一卷，注云梁有五卷，已佚。又嘗注其父璩〈百一詩〉八卷，亦已亡佚。今存詩文，嚴可均《全晉文》（卷三五）輯其文，有〈臨丹賦〉、〈安石榴賦〉、〈蒲桃賦〉、〈釋左雜論〉、〈七華〉、〈杖箴〉、〈朱杖銘〉、〈華覽〉、〈革林〉，凡九篇；逯欽立《先秦漢魏晉南北朝詩·晉詩》（卷二）輯其詩，有〈晉武帝華林園集詩〉九章、〈華覽崇文大夫唱〉（殘），凡二篇。

⊙ 傅 玄

傅玄，北地泥陽人。魏扶風太守傅幹子。少孤貧，博學善屬文。州舉秀才，除郎中。後選入著作，撰集魏書。遷弘農太守，領典農校尉。五等建，封鶉觚男，武帝受禪，進爵為子，加駙馬都尉。散騎常侍，掌諫議，多所匡正。泰始四年（268年），為御史中丞，時頗有水旱之災，疏陳便宜五事。五年，遷太僕。轉司徒校尉。咸寧四年，以不敬免官。尋卒於家。諡曰剛。有傅子內、外、中三篇，數十萬言，並文集百餘卷行於世。事蹟具《晉書》（卷四）本傳。

〈隋志〉云：「晉司隸校尉傅玄集十五卷。注云：梁五十卷，錄一卷，亡。」

〈舊唐志〉云：「傅玄集五十卷。」

〈新唐志〉云：「傅玄集五十卷。」

〈宋志〉云：「傅玄集一卷。」

按《晉書》本傳稱玄文集百餘卷，行於世。〈隋志〉著錄《傅玄集》十五卷，注云梁有五十卷，錄一卷，亡。〈舊、新唐志〉則作五十卷，似南朝舊本復出。南宋尤袤《遂初堂書目》著錄《傅玄集》，不注卷數。〈宋志〉則作一卷。今存明人輯本，有張燮《七十二家集》，輯《傅鶉觚集》六卷；張溥《漢魏六朝百三家集》，輯《傅鶉觚集》一卷，分賦、墓誌銘、疏、表、奏、議、序、論、贊、箴、銘、誡、頌、設難、誄、祝文、服、樂府、詩十八類編次。張溥本自張燮本出，凡收錄賦五十三篇，表疏等雜文五十八篇，樂府詩三十八題九十七篇，詩二十四題三十三首。又嚴可均輯《全上古三代秦漢三國六朝文》，收其文六卷（《全晉文》卷四五至卷五十），有賦五十三篇、文四十篇，凡九十三篇；逯欽立輯《先秦漢魏晉南北朝詩·晉詩》（卷一）輯其詩，凡六十六題七十一首，收錄傅玄詩文，較前代為備。

⊙ 成公綏

成公綏，字子安。東郡白馬人。少有俊才，詞賦甚麗。為張華所重。後徵為博士，歷秘書郎，轉丞，遷中書郎，嘗與賈充等參定法律。所著詩賦雜筆十餘卷行於世。事蹟具《晉書》（卷九二）〈文苑傳〉。

〈隋志〉云：「晉著作郎成公綏集九卷。殘缺，梁十卷。」

〈舊唐志〉云：「成公綏集十卷。」

〈新唐志〉云：「成公綏集十卷。」

按《晉書》本傳稱其著詩、賦、雜筆十餘卷，行於世。〈隋志〉著錄《成綏集》九卷，注云梁有十卷。〈舊、新唐志〉俱作十卷，似為南朝舊本復出。至宋，亡佚。今存明張溥《漢魏六朝百三家集》，輯《成公子安集》一卷，分賦、頌、銘、箴、誄、七、雜文、樂歌、詩九類編次，收錄賦二十篇，雜文十篇，樂歌二篇，詩四首。又嚴可均《全晉文》（卷五九）輯其文，有賦二十四篇、雜文十二篇，凡三十六篇；逯欽立《先秦漢魏晉南北朝詩‧晉詩》（卷二）輯其詩，凡四首，收錄成公綏詩文，較前代為備。

⊙ 裴　秀

裴秀，字季彥。河東聞喜人。魏時大將軍曹爽辟為掾，遷黃門侍郎，尋為廷尉正，歷文帝安東司馬，遷散騎常侍，轉尚書。延熙初，遷尚書僕射，封濟川侯。武帝受禪，加左光祿大夫，封鉅鹿郡公，尋為司空。泰始七年卒，年四十八。有集三卷。事蹟具《晉書》（卷三五）本傳。

〈隋志〉著錄晉著作郎成公綏集九卷，注云：「又有裴秀集三卷，錄一卷，亡。」

〈舊唐志〉云：「裴秀集三卷。」

〈新唐志〉云：「裴秀集三卷。」

按〈隋志〉著錄其集三卷，錄一卷，已亡。〈舊、新唐志〉著錄三卷，似為南朝舊本復出，然原集久佚。今存詩文，嚴可均《全晉文》（卷三三）輯其佚文，有〈平吳表草〉、〈奏事〉、〈與山濤書〉、〈禹貢九州地域圖序〉，凡四篇；逯欽立《先秦漢魏晉南北朝詩‧晉詩》（卷二）輯其詩，有〈大蜡詩〉、〈新詩〉二首（均殘缺），凡三首。

⊙ 羊　祜

羊祜，字叔子。泰山南城人。世吏二千石，上黨太守羊子，景獻皇后弟。幼孤，及長，公車征拜中書侍郎，尋遷給事中，黃門郎。及五等建，封巨平子。後拜相國從事中郎，與荀勖共掌機密。泰始元年（265 年），武帝受禪，進號中軍將軍，封巨平侯。遷都督荊州諸軍事、假節，散騎常侍、衛將軍。咸寧初，除征南大將軍、開府儀同三司。祜繕甲訓卒，廣為戎備。嘗上疏陳滅吳之計，武帝深納之，欲仗以東南之任。咸寧四年（278 年），疾篤，舉杜預自代，尋卒。追贈侍中、太傅。諡曰成。所著文章及為莊子傳，並行於世。事蹟具《晉書》（卷三四）本傳。

〈隋志〉云：「晉大傅羊祜集一卷。注云：殘缺，梁二卷，錄一卷。」

〈舊唐志〉云：「羊祜集二卷。」

〈新唐志〉云：「羊祜集二卷。」

按羊祜博學善屬文，《晉書》本傳稱其所著文章及爲老子傳，並行於世。其集〈隋志〉著錄一卷，注云殘缺，梁有二卷，錄一卷。〈舊、新唐志〉作二卷，似南朝舊本復出，今已佚。清嚴可均《全晉文》（卷四十）輯其文，有〈雁賦〉、〈讓開府表〉、〈讓封南城侯表〉、〈請伐吳疏〉、〈與從弟琇書〉、〈與吳都督陸抗〉、〈誡子書〉，凡七篇。祜所作請伐吳疏，議論穩健，措辭簡捷有力。〈讓開府表〉作於泰始八年（272 年），言辭懇切，平實清通，體現其不以貴戚自居之品格。故劉勰《文心雕龍・章表篇》云：「羊公之辭開府，有譽於清談。」

⊙ 荀勖

荀勖，字公曾。潁川潁陰人。漢司空荀爽曾孫。少孤，博學多聞。魏時辟大將軍曹爽掾，遷中書通事郎。後遷廷尉正，參文帝大將軍軍事，賜爵關內侯。五等建，封安陽子。武帝受禪，改封濟北郡公，固讓爲侯，拜中書監，加侍中，領著作，與賈充共定律令。又掌樂事，修律呂。及得汲郡冢中古文白書，撰次之，以爲中經，列在秘書。久居中書，專管機事。未嘗犯頻忤爭，又阿附賈充，時人視爲傾國害時之類。事蹟具《晉書》（卷三九）本傳。

〈隋志〉著錄《晉太傅羊祜集》一卷，注云：「荀勖集三卷，錄一卷，亡。」

〈舊唐志〉云：「荀勖集二十卷。」

〈新唐志〉云：「荀勖集二十卷。」

按〈隋志〉著錄其集三卷，錄一卷，已亡。知其集入隋前已散佚。〈舊唐志〉著錄二十卷，〈新唐志〉同。清姚振宗《隋志考證》以爲〈舊、新唐志〉所著，「十字衍」，當作二卷。宋代書目未見著錄，殆亡矣。今存明張溥《漢魏六朝百三家集》，輯《荀公曾集》一卷，分賦、奏、表、對、議、書、序、樂歌、詩九類編次，收賦一篇，奏表等雜文十二篇，樂歌十大首，詩一題二首。又清嚴可均《全晉文》（卷三一）輯其賦、雜文，凡十六篇，較張本爲多。逯欽立《先秦漢魏晉南北朝詩・晉詩》（卷二）輯其詩，有〈從武帝華林園宴詩二章〉、〈三月三日從華林園詩〉，凡二題三首。

⊙ 杜預

杜預，字元凱。京兆杜陵人。幽州刺史杜恕子。尚文帝妹高陸公主，起家拜尚書郎，襲爵豐樂亭侯。鍾會伐蜀，爲鎮西長史。嘗與賈充等定律令，並爲之注

疏。泰始中，守河南尹後坐事免官。咸寧四年（278 年）代羊祜爲鎭南大將軍、都督荊州諸軍事，屢陳平吳之策。太康元年（280 年）率軍定孫皓，以功進爵當陽縣侯。後征爲司隸校尉，加位特進，未至而卒。追贈征南大將軍，開府儀同三司，諡曰成。博學多聞，尤精《左傳》。嘗奏《二元乾度歷》，並有《春秋左氏經傳集解》、《釋例》、《盟會圖》、《春秋長歷》行於世。事蹟具《晉書》（卷三四）本傳。

〈隋志〉云：「晉征南將軍杜預集十八卷。」

〈舊唐志〉云：「杜預集二十卷。」

〈新唐志〉云：「杜預集二十卷。」

按《杜預集》，〈隋志〉著錄十八卷，〈舊、新唐志〉則作二十卷。至宋，其集亡佚。今存明張溥《漢魏六朝百三家集》，輯《杜征南集》一卷，分奏、疏、表、議、書、序、論、說、譜、令、雜文十一類編次，凡三十一篇。又嚴可均《全晉文》（卷四二）亦輯錄其文，較張溥輯本爲多。

⊙ 皇甫謐

皇甫謐，字士安，幼名靜，自號玄晏先生。安定朝那人。漢太尉皇甫嵩曾孫。年二十，始向學，居貧，躬自稼穡，帶經而農，後患痿痺，仍好學不輟。終博綜百家之言。沈靜寡欲，唯以著述爲務，嘗撰玄守論以明志不仕。因耽玩典籍，廢寢忘食，時人謂之「書淫」。武帝頻下詔敦辟，固辭。著篤終篇，力主裸葬。太康三年卒。所著詩賦誄頌論難甚多，有《帝王世紀》、《年曆》、《高士》、《逸士》、《列女》等傳及《玄晏春秋》，並重於世。門人摯虞、張軌、牛綜、席純，皆爲晉名臣。事蹟具《晉書》（卷五一）本傳。

〈隋志〉云：「晉徵仕皇甫謐集二卷。注云：錄一卷。」

〈舊唐志〉云：「皇甫謐集二卷。」

〈新唐志〉云：「皇甫謐集二卷。」

按皇甫謐一生著述頗富，《晉書》本傳稱其所著詩、賦、誄、頌、論、難甚多，又撰《帝王世紀》、《年曆》、《高士》、《逸士》、《列女》等傳，《玄晏春秋》，並重於世。今多已殘佚。〈隋志〉著錄其集二卷，注云有錄一卷。〈舊、新唐志〉作二卷，已佚。今存詩文，逯欽立《先秦漢魏晉南北朝詩‧晉詩》（卷二）輯其詩，據《北堂書鈔》八十四、《初學記》十四、《詩紀》二十三所引，僅〈女怨詩〉及詩殘句，凡二首；嚴可均《全晉文》（卷七一）輯其佚文，凡十三篇。

⊙ 楊 泉

楊泉，字德淵，梁國人。徵士，嘗采秦漢諸子之說爲《物理論》。又有《太玄

經》及文集，俱不傳。事蹟略見嚴可均《全三國文》（卷七五）。

〈隋志〉云：「晉處士楊泉集二卷。注云：錄一卷。」

〈舊唐志〉云：「楊泉集二卷。」

〈新唐志〉云：「楊泉集二卷。」

按其集〈隋志〉著錄二卷，錄一卷，今已佚。嚴可均《全三國文》（卷七五）輯其佚文，據《北堂書鈔》、《藝文類聚》、《太平御覽》、《文選注》所引，輯有〈五湖賦〉、〈贊善賦〉、〈養性賦〉、〈蠶賦〉、〈織機賦〉、〈草書賦〉、〈請辭〉，凡七篇。

⊙ 閔 鴻

閔鴻，廣陵人。仕吳爲尙書。入晉，徵不就。時與丹楊薛兼、紀瞻、吳郡顧榮、會稽賀循齊名，號稱五俊。陸雲幼時，閔鴻見而奇之，曰「此兒若非龍駒，當是鳳雛。」事蹟略見嚴可均《全三國文》（卷七四）。

〈隋志〉云：「晉徵士閔鴻集三卷。」

〈舊唐志〉云：「閔鴻集二卷。」

〈新唐志〉云：「閔鴻集二卷。」

按其集〈隋志〉著錄三卷，〈舊、新唐志〉則作二卷，已佚。清嚴可均《全三國文》（卷七四），輯其佚文，據《初學記》、《太平御覽》、《北堂書鈔》、《文選注》，輯有〈親蠶賦〉、〈琴賦〉、〈羽扇賦〉、〈芙蓉賦〉、〈與劉子雅書〉，凡五篇。

⊙ 張 華

張華，字茂先。范陽方城人。魏漁陽郡守張平子。少孤貧，自牧羊。好學，博通經籍。初爲太常博士，除佐著作郎。晉受禪，拜黃門侍郎，封關內侯。後拜中書令，右散騎常侍。力主伐吳，多有建樹。吳平，進封廣武縣侯。惠帝即位，爲太子少傅，名重一世，眾所推服。以德望爲楊駿所忌，不與朝政。駿誅爲賈后所用，拜右光祿大夫、開府儀同三司、侍中、中書監，進封壯武郡公。及趙王倫、孫秀廢賈后，與裴頠同被殺。嘗著〈女史箴〉以勸諫賈后。有《博物志》十篇及文章行於世。事蹟具《晉書》（卷三六）本傳。

〈隋志〉云：「晉司空張華集十卷。注云：錄一卷。」

〈舊唐志〉云：「張華集十卷。」

〈新唐志〉云：「張華集十卷。」

《唐日本國見在書目》著錄《張華集》十卷。

《郡齋讀書志》著錄《張華集》三卷，晁氏云：

集有詩一百二十，哀詞冊文二十一，賦三。

《直齋書錄解題》著錄《張司空集》三卷，陳氏云：

前二卷為四言、五言詩，後一卷為祭、祝、哀、誄等文。

〈宋志〉云：「張華集二卷。又詩一卷。」

按〈隋志〉著錄《張華集》十卷，錄一卷，〈舊、新唐志〉同。《郡齋讀書志》、《直齋書錄解題》則著錄三卷，宋本面貌大致如晁、陳二氏所言。今宋本已佚。今存明張溥《漢魏六朝百三家集》，所輯《張茂先集》一卷，分賦、表、議、哀策、誄、箋、銘、書、問、序、贊、樂歌、詩十三類編次。凡賦八篇，表議等雜文二十二篇，樂歌三十一首，詩四首。其題辭云：「今予所輯綴，賦數過之，文不及全，詩歌八十餘。中間拂舞、白紵舞、杯盤舞諸篇，晉代無名氏之作，藏書家本亦有系之張司空者。然觀其壯健頓挫，類非司空溫麗之素。」又嚴可均《全晉文》（卷五八）輯其佚文，凡三十篇；逯欽立《先秦漢魏晉南北朝詩·晉詩》（卷三）輯其詩，凡四十三首，收錄張華詩文，較前為備。

⊙ 王　濟

王濟，字武子。太原晉陽人。司徒王渾子。尚晉武帝女常山公主。起家中書郎，後為驍騎將軍，累遷侍中。以父故，每排王濬，為時所譏。以屢諫齊王攸之藩忤旨，貶為國子祭酒，散騎常侍，竟坐左事免官。尋以白衣領太僕，年四十六卒。精通老、莊、易，善清談。性豪侈，嘗與王愷鬥富，一擲千萬。喜養馬，有馬癖之稱。事蹟具《晉書》（卷四二）本傳。

〈隋志〉著錄《晉散騎常侍王佑集》三卷，注云：「梁有晉驃騎將軍王濟集二卷，亡。」

〈舊唐志〉云：「王濟集二卷。」

〈新唐志〉云：「王濟集二卷。」

按其集〈隋志〉著錄二卷，已亡。〈舊、新唐志〉著錄二卷，似為南朝舊本復出，然亦已佚。今存詩文，逯欽立《先秦漢魏晉南北朝詩·晉詩》（卷二）輯其詩，有〈平吳後三月三日華林園詩〉、〈從事華林詩〉（僅四句）、〈詩〉（僅四句）、〈答何劭詩〉（僅二句），凡四首；嚴可均《全三國文》（卷二八）輯其佚文，據《初學記》、《通典》、《文選注》、《孫楚傳》所引，輯有〈槐樹賦〉、〈太常郭奕諡景議〉、〈鍾夫人序德頌〉、〈銓孫楚品狀〉，凡四篇。

⊙ 華　嶠

華嶠，字叔駿。平原高唐人。華表子。才學深博，少有令聞。初辟大將軍掾屬。泰始初，賜爵關內侯。遷太子中庶子，拜散騎常侍，典中書著作，領國子博

士，遷侍中。元康初，封宣昌亭侯，誅楊駿，改封樂鄉侯，遷尙書，轉秘書監，加散騎常侍。以《漢紀》煩穢，撰《後漢書》九十七卷。所著論議難駁詩賦之屬數十萬言。元康三年卒，諡曰簡。事蹟具《晉書》（卷四四）本傳。

〈隋志〉云：「華嶠集八卷。注云：梁二卷。」

〈舊唐志〉云：「華嶠集一卷。」

〈新唐志〉云：「華嶠集二卷。」

按《晉書》本傳稱所著論議駁難詩賦等文章數十萬言，編爲《華嶠集》八卷。〈隋志〉著錄，注云梁二卷，〈舊唐志〉作一卷，〈新唐志〉作二卷，然今已佚。嚴可均《全晉文》（卷六六）輯其文，據《魏志・華歆傳注》、《世說・德行篇注》、《太平御覽》等諸書所引，輯有〈賀武帝疾瘳表〉、〈散騎常侍謝表〉、〈祕書監謝表〉、〈奏皇后宜修蠶禮〉、〈譜序〉、〈後漢書江革毛義論〉、〈丁鴻論〉、〈郎顗論〉、〈王允論〉，凡九篇。

⊙　**司馬彪**

司馬彪，字紹統。河內溫縣人。晉宗室，高陽王睦子。少篤學不倦，嘗因好色薄行，爲父所責，遂專精學習，博覽群書。初拜騎都尉，泰始中，爲秘書郎，轉丞。後拜散騎侍郎。集眾家《後漢書》，撰成《續漢書》八十篇，又《注莊子》，作《九州春秋》，又爲譙周《古史考》勘誤百二十二事。事蹟具《晉書》（卷八二）本傳。

〈隋志〉云：「晉祕書丞司馬彪集四卷。注云：梁三卷，錄一卷。」

〈舊唐志〉云：「司馬彪集三卷。」

〈新唐志〉云：「司馬彪集三卷。」

按〈隋志〉著錄其集四卷，注云梁有三卷，錄一卷，〈舊、新唐志〉亦作三卷，然已佚。清嚴可均《全晉文》（卷十六）輯其文，據本傳及《續漢書・祭祀志注》、《太平御覽》所引，輯有〈駁祀六宗表〉、〈與山巨源書〉、〈續漢書敘〉、〈續漢書光武紀論〉、〈和帝紀論〉，凡五篇。

⊙　**庾 儵**

庾儵，字玄默。峻從弟。仕魏未詳。入晉爲尙書。見嚴可均《全晉文》（卷三六）。〈隋志〉著錄《晉祕書丞司馬彪集》四卷，注云：「又有尙書庾儵集二卷，錄一卷，亡。」

〈舊唐志〉云：「庾儵集三卷。」

〈新唐志〉云：「庾儵集三卷。」

按〈隋志〉著錄其集二卷，錄一卷，亡。〈舊、新唐志〉著錄三卷，似爲南朝舊本復出，然亦久佚。清嚴可均《全晉文》（卷三六）輯其佚文，據《藝文類聚》、《初學記》、《太平御覽》所引，輯有〈冰井賦〉、〈大槐賦〉、〈安石榴賦〉，凡三篇。

⊙ 傅　咸

傅咸，字長虞。北地泥陽人。傅玄子。泰始九年（273 年），拜太子洗馬。後襲父爵，累遷尙書右丞。司徒左長史。上書併官省事、惟農是務，在位多所執正。轉車騎司馬，上書陳奢侈之費，甚於天災。後遷尙書左丞。楊駿誅，轉爲太子中庶子，遷御史中丞。時汝南王亮輔政專權，多有勸諫。爲司隸校尉，奏免廷尉高光，京都肅然，貴戚懾服。元康四年卒官。諡曰貞。事蹟具《晉書》（卷四七）〈傅玄附傳〉。

〈隋志〉云：「晉司隸校尉傅咸集十七卷。注云：梁三十卷，錄一卷。」

〈舊唐志〉云：「傅咸集三十卷。」

〈新唐志〉云：「傅咸集三十卷。」

按傅咸官至御史中丞，其集又名傅中丞集。〈隋志〉著錄《傅咸集》十七卷，注云梁有三十卷，錄一卷。〈舊、新唐志〉著錄三十卷，似南朝舊本復出。至宋則湮沒不聞。今存明人輯本，有張燮《七十二家集》本，輯《傅中丞集》四卷；張溥《漢魏六朝百三家集》本，輯《傅中丞集》一卷，分賦、疏、表、奏、上書、牋、教、草、書、尺牘、頌、箴、銘、碑銘、誄、詩十六類編次，凡收賦三十九篇，疏表奏等雜文三十九篇，詩十五題十九首。又清嚴可均《全晉文》（卷五一）輯其文，收賦三十六篇，表書等雜文四十篇，凡七十六篇；逯欽立《先秦漢魏晉南北朝詩·晉詩》（卷三）輯其詩，凡十九首，收錄傅咸詩文，較前爲備。

⊙ 棗　據

棗據，字道彥。潁川長社人。善文辭。初辟大將軍府，出爲山陽令。嘗從賈充伐吳，爲從事中郎，仕至黃門侍郎、冀州刺史、太子中庶子。所著詩賦論四十五首，遇亂多亡佚。事蹟具《晉書》（卷九二）本傳。

〈隋志〉著錄《晉司隸校尉傅咸集》十七卷，注云：「又有太子中庶子棗據集二卷，錄一卷，亡。」

〈舊唐志〉云：「棗據集二卷。」

〈新唐志〉云：「棗據集二卷。」

按《晉書·文苑傳》稱其所著詩賦論四十五首，遇亂多亡失。〈隋志〉著錄其集二卷，錄一卷，已佚。〈舊、新唐志〉著錄二卷，後亦不傳。鍾嶸《詩品》列其詩爲下品，稱其詩「平典不失古體」。今存詩文，逯欽立《先秦漢魏晉南北朝詩·

晉詩》（卷二）輯有自諸類書輯得之殘句，凡九首；嚴可均《全晉文》（卷六七）輯其文，有〈表志賦〉、〈逸民賦〉、〈登樓賦〉、〈船賦〉、〈追遠詩序〉，凡五篇。

⊙ 孫 楚

孫楚，字子荊。太原中都人。南陽太守孫宏子。才藻卓絕，多所陵傲，缺鄉曲之譽。年四十餘，始參鎮東軍事。文帝時，嘗令作書遺孫皓。後遷佐著作郎、參石苞驃騎軍事、征西將軍參軍、衛將軍司馬。惠帝初，為馮翊太守。事蹟具《晉書》（卷五六）本傳。

〈隋志〉云：「晉馮翊太守孫楚集六卷。注云：梁十二卷，錄一卷。」

〈舊唐志〉云：「孫楚集十卷。」

〈新唐志〉云：「孫楚集十卷。」

按孫楚，字子荊，嘗為馮翊太守，故其集又名《孫子荊集》、《孫馮翊集》。〈隋志〉著錄其集六卷，注云梁有十二卷，錄一卷。〈舊、新唐志〉則作十卷，至宋，則亡佚。明張溥《漢魏六朝百三家集》，輯《孫子荊集》一卷，分賦、論、頌、贊、銘、碑、疏、牋書、哀文、詩十類編次，末附〈孫楚本傳〉，凡收賦十七篇，論頌等雜文二十五篇，詩六首。所作文賦，雖多散佚，然僅言片語，仍不乏警策之句。以文辭華美、氣勢充沛見稱，風格近陳琳等人。又嚴可均《全晉文》（卷六十）輯其文賦等，凡四十五篇；逯欽立《先秦漢魏晉南北朝詩·晉詩》（卷二）輯其詩，凡八首。

⊙ 夏侯湛

夏侯湛，字孝若。譙國譙人。淮南太守夏侯莊子。有盛才，文章宏富。初為太尉掾。泰始中，舉賢良，對策中第，拜郎中。惠帝即位，以為散騎常侍。以姓族為盛門，頗豪侈，臨卒，遺命小棺薄斂，不修封樹，論者以為深達存亡之理。著論三十餘篇，別為一家之言。事蹟具《晉書》（卷五五）本傳。

〈隋志〉云：「晉散騎常侍夏侯湛集十卷。注云：梁有錄一卷。」

〈舊唐志〉云：「夏侯湛集十卷。」

〈新唐志〉云：「夏侯湛集十卷。」

按夏侯湛，官至散騎常侍，故其集又名《夏侯常侍集》。《晉書》本傳稱其作周詩，為潘岳所賞，又著論三十餘篇，別為一家之言。〈隋志〉著錄其集十卷，〈舊、新唐志〉同。原本入宋已佚。今存明人輯本，有張燮《七十二家集》本，輯《夏侯常侍集》二卷；張溥《漢魏六朝百三家集》本，輯《夏侯常侍集》一卷，分賦、設難、序、誥、贊、傳、詩七類編次，末附〈夏侯湛本傳〉，凡收賦二十三篇，設

難、序、誥、贊、傳等十五篇，詩七首。又嚴可均《全晉文》（卷六八至卷六九）輯其佚文，有賦三十五篇，謠歌辭對等雜文二十九篇，凡五十四篇。

⊙ 王 讚

王讚，字正長。義陽人。太康中爲太子舍人，惠帝時拜侍中，永嘉中爲陳留內史，加散騎侍郎。有集五卷。見逯欽立《先秦漢魏晉南北朝詩‧晉詩》（卷八）。

〈隋志〉著錄《晉散騎常侍夏侯湛集》十卷，注云：「散騎侍郎王讚集五卷，亡。」

〈舊唐志〉云：「王讚集三卷。」

〈新唐志〉云：「王讚集二卷。」

按王讚，字正長，讚或作瓚、贊。〈隋志〉著錄其集五卷，已佚。〈舊唐志〉作三卷，〈新唐志〉則作二卷。至宋後，已佚。今存詩文，逯欽立《先秦漢魏晉南北朝詩》（卷八）輯其詩，有〈三月三日詩〉、〈侍皇太子宴始平王〉、〈侍皇太子祖道楚淮南二王詩〉、〈皇太子會詩〉、〈雜詩〉，凡五首；嚴可均《全晉文》（卷八六）輯其佚文，有〈梨樹頌〉、〈司徒李胤誄〉（闕），凡二篇。所作以五言雜詩爲著，《文選》收錄之。沈約《宋書‧謝靈運傳論》云：「子荊零雨之章，正長朔風之句，並直舉胸情，非傍詩史。」劉勰《文心雕龍‧隱秀篇》云：「氣寒而事傷，此羈旅之怨曲也。」鍾嶸《詩品》將其與何晏、潘尼並列爲中品，稱「子荊零雨之外，正長朔風之後。雖有累札，良亦無聞。」

⊙ 石 崇

石崇，字季倫，小名齊奴。渤海南皮人。石苞子。有文才，初爲修武令，後爲散騎郎，遷城陽太守，伐吳有功，封安陽鄉侯。累遷散騎常侍、侍中。出爲南中郎將、荊州刺史。在任，劫掠商客，因以致富。賈后專制，諂媚賈謐，爲二十四友之一。財阜物積，室宇宏麗，以奢靡相尚，嘗與貴戚王愷、羊琇鬥富。後以謐黨免官。時孫秀專權，慕其家妓綠珠，求之不與，遂見殺。事蹟具《晉書》（卷三三）〈石苞附傳〉。

〈隋志〉云：「晉衛尉卿石崇集六卷。注云：梁五卷。」

〈舊唐志〉云：「石崇集五卷。」

〈新唐志〉云：「石崇集五卷。」

《唐日本國見在書目》著錄《石季倫集》五卷。

按〈隋志〉著錄其集六卷，注云梁有五卷。〈舊、新唐志〉皆作五卷，似南朝舊本復出，今已佚。石崇長於詩，今存詩八首，以樂府〈王明君辭〉尤爲著名。

詩以第一人稱口吻敘述王昭君之遭遇及對故土之思念，眞切感人。此詩《文選》收錄。另有〈文思歸引序〉、〈金谷詩序〉等，爲其嘯傲山水，寄情林壑之作，文筆自然流暢，具濃厚抒情意味。逯欽立《先秦漢魏晉南北朝詩・晉詩》（卷四）輯其詩，有〈大雅吟〉、〈楚妃歎并序〉、〈王明君辭并序〉、〈思歸引并序〉、〈思歸歎〉、〈答曹嘉詩〉、〈贈棗腆詩〉、〈答棗腆詩〉、〈贈歐陽建詩〉、〈還京詩〉，或有自諸類書所輯存之殘句。又清嚴可均《全晉文》（卷三三）輯其文，有〈思歸歎〉、〈自理表〉、〈請徵揚州刺史何攀表〉、〈議奏封賞當依準舊事〉、〈楚妃歎序〉、〈琵琶引序〉、〈金谷詩序〉、〈許巢論〉、〈奴券〉，凡九篇。

⊙ 張　敏

張敏，太原中都人。咸寧中爲尚書郎，領祕書監。太康初出爲益州刺史。有集二卷。見嚴可均《全晉文》（卷八十）。

〈隋志〉云：「晉尚書郎張敏集二卷。注云：梁五卷。」

〈舊唐志〉云：「張敏集二卷。」

〈新唐志〉云：「張敏集二卷。」

按〈隋志〉著錄其集二卷，〈舊、新唐志〉同，已佚。宋洪邁《容齋五筆》云：「故簏中得舊書一帙，題爲《晉代名臣文集》，凡十四家。有張敏者，太原人，仕歷平南參軍太子舍人，濟北長史。其一篇曰〈頭責子羽〉，文極爲尖新。古來文士，皆無此作。其文九百餘言，頗有東方朔〈客難〉、劉孝標〈絕交論〉之體。《太平廣記》所載〈神女成公智瓊傳〉，蓋敏之作。嚴可均《全晉文》（卷八十）輯其佚文，有〈奇士劉披賦〉（僅《初學記》卷五所引數句）、〈神女賦〉（《藝文類聚》）、〈神女傳〉（《北堂書鈔》）、〈頭責子羽文〉（《世說・排調篇注》），凡四篇。

⊙ 潘　岳

潘岳，字安仁。滎陽中牟人。琅邪內史潘芘子。少以才穎見稱，鄉邑號爲奇童。初辟司空太尉府，舉秀才。出爲河陽令，負其才而鬱鬱不得志。轉懷令，勤於政績。調補尚書度支郎，遷廷尉評，以公事免。楊駿輔政，引爲太傅主簿。駿誅，除名。後爲著作郎，轉散騎侍郎，遷給事黃門侍郎。性輕躁，趨世利，與石崇等諂事賈謐。號爲二十四友之首。及趙王倫起兵，與石崇等同被殺，夷三族。事蹟具《晉書》（卷五五）本傳。

〈隋志〉云：「晉黃門郎潘岳集十卷。」

〈舊唐志〉云：「潘岳集十卷。」

〈新唐志〉云：「潘岳集十卷。」

〈宋志〉云：「潘岳集七卷。」

按潘岳，官至給事黃門侍郎。故其集又名《潘安仁集》、《潘黃門集》。〈隋志〉著錄其集十卷，〈舊、新唐志〉同。南宋尤袤《遂初堂書目》著錄《潘岳集》，不注卷數。〈宋志〉則作七卷，已佚。今存明人輯本，有張燮《七十二家集》本，輯《潘黃門集》二卷；張溥《漢魏六朝百三家集》本，輯《潘黃門集》一卷，分賦、表、議、頌、贊、箴、訓、碑、哀文、祭文、誄、詩十二類編次，末附〈潘岳本傳〉，凡收賦二十篇，表議頌等雜文三十二篇，詩十五題四十五首。近人丁福保輯《漢魏六朝名家集》，以前人所輯，編爲《潘安仁集》五卷。又嚴可均《全晉文》（卷九十至卷九二）輯其文三卷，凡六十一篇；逯欽立《先秦漢魏晉南北朝詩·晉詩》（卷四）輯其詩，凡十八題二十三首，收錄潘岳詩文，較前爲備。

⊙ 潘 尼

潘尼，字正叔。滎陽中牟人。平原內史潘滿子。少有清才，以文章見知。性靜退不競，唯以勤學著述爲事。初應州辟。太康中，舉秀才，爲太常博士，歷高陸令、淮南王允鎮東參軍。元康元年（291 年），拜太子舍人。後補尚書郎，轉著作郎。及齊王冏起兵討趙王倫，爲冏參軍，與謀時務，兼管書記。事平，封安昌公。歷黃門侍郎、散騎常侍、侍中、秘書監。後爲中書令。永嘉中，遷太常卿。五年，洛陽將沒，攜家屬東出欲還鄉里，病卒，年六十餘。事蹟具《晉書》（卷五五）〈潘岳附傳〉。

〈隋志〉云：「晉太常卿潘尼集十卷。」

〈舊唐志〉云：「潘尼集十卷。」

〈新唐志〉云：「潘尼集十卷。」

按潘尼官至太常卿，故其集又名《潘太常集》。其集〈隋志〉著錄十卷，〈舊、新唐志〉同。宋代書目未見著錄，已佚。今存明人輯本，有張燮《七十二家集》本，輯《潘太常集》二卷；張溥《漢魏六朝百三家集》本，輯一卷，分賦、頌、箴、論、序、銘、碑、詩八類編次，末附本傳。凡收十六篇；頌、箴等雜文七篇；詩二十首。其詩鍾嶸列於中品，多爲酬應奉和之作。又嚴可均《全晉文》（卷九四）輯其文，凡二十六篇；逯欽立《先秦漢魏晉南北朝詩·晉詩》（卷八）輯其詩，凡三十首，輯錄潘尼詩文，較前爲備。

⊙ 李 重

李重，字茂曾。江夏鍾武人。秦州刺史李秉子。少孤。弱冠爲本國中正，遜讓不行。後爲始平王文學。上疏陳九品之弊。遷太子舍人，轉尚書郎。上奏駁使王公

以下制奴婢限數，及禁百姓賣田宅。太熙初，遷廷尉平。後遷尚書吏部郎，以清尚見稱，務抑華競，不通私謁，海內歸心。出爲行討虜將軍、平陽太守。永康初，越王倫用爲相國左司馬，憂疾而卒。諡曰成。事蹟具《晉書》（卷四六）本傳。

〈隋志〉著錄《晉頓丘太守歐陽建集》二卷，注云：「散騎常侍李重集二卷，亡。」

〈舊唐志〉云：「李重集二卷。」

〈新唐志〉云：「李黃集二卷。」（合鈔：新書作黃，誤。按宋本黃作重。）

按李重集，〈隋志〉著錄二卷，已亡。〈舊、新唐志〉著錄二卷，似爲南朝舊本復出，亦已久佚。清嚴可均《全晉文》（卷五三）輯其佚文，有〈請除九品疏〉、〈請優禮朱沖疏〉、〈奏駁恬和所表二事〉、〈奏霍原應舉寒素〉、〈奏駁介登貶秩居官事〉、〈雜奏議〉、〈薦曹嘉啓〉、〈吏部尚書箴序〉，凡八篇。

⊙　應　亨

應亨，貞從孫。南中郎長史。有集二卷。見嚴可均《全晉文》（卷三五）。

〈隋志〉著錄《晉尚書盧播集》一卷，注云：「南中郎長史《應亨集》二卷，亡。」

〈舊唐志〉云：「應亨集二卷。」

〈新唐志〉云：「應亨集二卷。」

按〈隋志〉著錄《應亨集》二卷，亡。〈舊、新唐志〉著錄二卷，似爲南朝舊本復出，然亦已久佚不傳。今存詩文，逯欽立《先秦漢魏晉南北朝詩·晉詩》（卷二）輯其詩，僅〈贈四王冠詩并序〉一首；嚴可均《全晉文》（卷三五）輯其文，有〈讓著作表〉、〈與州將牋〉、〈又與州將牋〉、〈應翊像讚序〉、〈贈四王冠詩序〉，凡五篇。

⊙　杜　育

杜育，字方叔。襄城鄧陵人。永興中，拜汝南太守。永嘉中，進右將軍，後爲國子祭酒。永嘉五年，洛陽將沒，死於難。有集二卷。見嚴可均《全晉文》（卷八九）。

〈隋志〉云：「晉國子祭酒杜育集二卷。」

〈舊唐志〉云：「杜育集二卷。」

〈新唐志〉云：「杜育集二卷。」

按杜育集，〈隋志〉著錄二卷，〈舊、新唐志〉同。至宋，亡佚。今存詩文，逯欽立《先秦漢魏晉南北朝詩·晉詩》（卷八）輯其詩，有〈贈摯仲洽詩〉、〈金谷

詩〉（僅二句）、〈詩〉（僅一句），凡三首；嚴可均《全晉文》（卷八九）輯其佚文，有〈莽賦〉、〈菽賦〉，凡二篇。

⊙ 摯 虞

摯虞，字仲洽。京兆長安人。魏太僕卿摯模子。師事皇甫謐，才學通博，著述不倦。郡檄主簿，舉賢良，策爲下第，拜中郎。擢爲太子舍人，除聞喜令。時武帝留心政道，又吳寇新平，天下乂安，上太康頌以頌揚之。後召補尚書郎。元康中，遷吳王友。歷秘書監、衛尉卿、太常卿。及洛京荒亂，人饑相食，遂餓死。撰《族姓昭穆》十卷、《文章志》四卷，注解《三輔決錄》，又撰《流別集》三十卷，爲世所重。事蹟具《晉書》（卷五一）本傳。

〈隋志〉云：「晉太常卿摯虞集九卷。注云：梁十卷，錄一卷。」

〈舊唐志〉云：「摯虞集二卷。」

〈新唐志〉云：「摯虞集十卷。」

按摯虞嘗官太常卿，故其集又稱《摯太常集》。〈隋志〉著錄《摯虞集》九卷，注云梁有十卷，錄一卷。〈舊唐志〉作二卷，〈新唐志〉作十卷，不知二本收錄有無差異。至宋，二本皆亡佚。今存明張溥《漢魏六朝百三家集》，輯《摯太常集》一卷，分賦、策、表、奏、議、駁、書、牋、頌、箴、贊、銘、誥、論、對、詩、騷十八類編次，末附〈摯虞本傳〉。凡收賦五篇，策表奏等雜文五十篇，詩二首，騷一篇。又嚴可均《全晉文》（卷七六）輯其文，凡六十篇；逯欽立《先秦漢魏晉南北朝詩·晉詩》（卷八）輯其詩，有〈答伏武仲詩四章〉、〈贈褚武良以尚書出爲安東詩四章〉、〈贈李叔龍以尚書郎遷建平太守詩四章〉、〈答杜預詩〉、〈雍州詩〉、〈逸驥詩〉，凡六首，收錄摯虞詩文尤備。

⊙ 左 思

左思，字太沖。齊國臨淄人。家世儒學。出身寒微，不好交游。官秘書郎。齊王冏命爲記室督，不就。嘗構思十載，作〈三都賦〉，豪貴之家，競相傳寫，洛陽爲之紙貴。事蹟具《晉書》（卷九二）〈文苑傳〉。

〈隋志〉云：「晉齊王府記室左思集二卷。注云：梁有五卷，錄一卷。」

〈舊唐志〉云：「左思集五卷。」又總集類云：「齊都賦一卷，左太沖撰。齊都賦音一卷，李軌撰。又三都賦三卷，左太沖撰。」

〈新唐志〉云：「左思集五卷。」又總集類云：「左太沖齊都賦一卷。李軌齊都賦音一卷。左太沖三都賦三卷。」

按左思，字太沖，故其集又名《左太沖集》。〈隋志〉著錄其集二卷，注云梁

有五卷，錄一卷。〈舊、新唐志〉俱作五卷，似爲南朝舊本復出。宋以後亡佚，明人亦未輯集。近人丁福保輯《漢魏六朝名家集》，據《文選》、《玉臺新詠》及諸類書所引，編成《左太沖集》一卷，收錄賦三篇、詩十四首，惜載於《文館詞林》中之〈悼離妹詩〉二首，未能輯入。其詩鍾嶸《詩品》云：「晉記室左思詩，其源出於公幹，文典以怨，頗爲精切，得諷諭之致。雖野于陸機而深于潘岳，謝康樂常言左沖潘安仁詩，古今難比。」又嚴可均《全晉文》（卷七四）輯其文，有〈齊都賦〉（僅五條）、〈三都賦序〉、〈蜀都賦〉、〈吳都賦〉、〈魏都賦〉、〈白髮賦〉、〈七略〉、〈七諷〉（闕），凡八篇；逯欽立《先秦漢魏晉南北朝詩・晉詩》（卷七）輯其詩，有〈悼離贈妹詩〉二首、〈詠史詩〉八首、〈詠史詩〉、〈招隱詩〉二首、〈雜詩〉、〈嬌女詩〉，凡十五首。收錄左思詩文，較前完備。

⊙ 張 翰

　　張翰，字季鷹。吳郡吳人。有清才，善屬文，而縱任不拘，時人號爲「江東步兵」。辟齊王冏大司馬東曹掾，以擅去，除吏名。年五十七卒，其文筆數十篇行於世。事蹟具《晉書》（卷九二）〈文苑傳〉。

　　〈隋志〉著錄晉齊王府記室左思集二卷，注云：「大司馬東曹掾張翰集二卷，錄一卷，亡。」

　　〈舊唐志〉云：「張翰集二卷。」

　　〈新唐志〉云：「張翰集二卷。」

　　按《晉書・文苑傳》稱其文筆數十篇，行於世。〈隋志〉著錄其集二卷，錄一卷，〈舊、新唐志〉同，已佚。其詩以文選所錄〈雜詩〉較著。此詩所寫爲歸隱之感歎，鍾嶸列其詩爲中品，稱其「黃華如散金」一句，「文采高麗」，爲「虬龍片甲，鳳凰一毛」。劉勰《文心雕龍・才略篇》云：「季鷹辯切於短韻。」稱其所作小詩，明辯而切實。明宋濂稱「張季鷹則法公幹」，以其詩取法建安詩人劉楨。今存詩文不多，逯欽立《先秦漢魏晉南北朝詩・晉詩》（卷七）輯其詩，有〈贈張弋陽詩〉七章、〈周小史詩〉、〈雜詩〉三首、〈思吳江歌〉；嚴可均《全晉文》（卷一○七）輯其文，有〈首丘賦〉（闕）、〈杖賦〉、〈豆羹賦〉、〈詩序〉，凡四篇。

⊙ 陸 機

　　陸機，字士衡。吳郡人。吳大司馬陸抗子。少有異才，文章冠世，服膺儒術。抗卒，領父兵爲牙門將。及吳亡，退居舊里，閉門勤學，作辯亡論二篇。太康末入洛，累遷太子洗馬、著作郎。趙王倫輔政，引爲相國參軍，豫誅賈謐功，賜爵關中侯。後成都王穎以爲參大將軍軍事，復表爲平原內史。太安初（302 年），穎

與河間王顯起兵討長沙王，爲後將軍、河北大都督。戰敗被潛，爲穎所殺。以文才爲人所推服，所著文章凡三百餘篇，並行於世。然好游權門，爲時所譏。事蹟具《晉書》（卷五四）本傳。

〈隋志〉云：「晉平原內史陸機集十四卷。注云：梁四十七卷，錄一卷，亡。」

〈舊唐志〉云：「陸機集十五卷。」

〈新唐志〉云：「陸機集十五卷。」

《郡齋讀書志》著錄《陸機集》十卷，晁氏云：

> 所著文章凡三百餘篇，今存詩賦、論議、箋表、碑誄一百七十餘首。

以《晉書》、《文選》校正外，餘多舛誤。

《直齋書錄解題》著錄《陸士衡集》十卷，晉平原內史吳郡陸機士衡撰。

《文獻通考·經籍考》著錄《陸機集》十卷。

〈宋志〉云：「《陸機集》十卷。」

按陸雲與兄平原書稱其集兄文學二十卷，知陸機之作，於其生前即由陸雲編輯成集。〈隋志〉著錄其集十四卷，注云梁有四十七卷，錄一卷，亡。〈舊、新唐志〉則作十五卷，可知南北朝時，《陸機集》卷帙浩繁，至隋唐時散佚已多。宋代公私書目著錄其集僅存十卷，據晁氏所云，可證宋刊十卷本，乃宋人據唐前類書、總集重新纂輯，故其中殘篇斷簡較多。南宋慶元間，徐民瞻匯刻陸機、陸雲集爲《晉二俊文集》。明正德間，陸元大據徐本翻刻，其中《陸士衡集》十卷，爲現存最早之刻本。明人王士賢輯《漢魏諸名家集》，即據陸元大本。明張溥《漢魏六朝百三家集》，輯《陸平原集》二卷，卷一分賦、表、牋、書、七、連珠、論、議、頌、贊、箴、策文、傳、碑、誄、弔文、哀辭十七類編次，收賦三十篇，表牋書等雜文三十篇，卷二分樂府、詩二類編次，末附〈陸機本傳〉，收樂府三十八題四十九首，詩四十八題八十首。鍾嶸《詩品》云：「陸機爲太康之英，安仁景陽爲輔。五言之冠冕，文辭之名世也。」又云：「晉平原相陸機詩，其源出於陳思。才高辭贍，舉體華美。氣少於公幹，文劣於仲宣。尙規矩，不貴綺錯，有傷直致之奇，然其咀嚼華英，厭飫膏澤，文章之淵泉也。」又清嚴可均《全晉文》（卷九六至卷九九）輯其文四卷，凡七十四篇；逯欽立《先秦漢魏晉南北朝詩·晉詩》（卷五）輯其詩，收樂府詩四十題五十二首，詩五十三題六十一首。

⊙ 陸　雲

陸雲，字士龍。吳郡人。陸機弟。少與兄機齊名，號曰二陸。舉爲賢良。及吳平，入洛。刺史周浚召爲從事。後拜吳王晏郎中令，入爲尙書郎、侍御史、太

子中舍人、中書侍郎。成都王穎表爲清河內史。轉大將軍右司馬。穎晚節政衰，屢以正言。及兄機之敗，被譖，同遇害。所著文章三百四十九篇，又撰新書十篇，並行於世。事蹟具《晉書》（卷五四）本傳。

〈隋志〉云：「晉清河太守陸雲集十二卷。注云：梁十卷，錄一卷。」

〈舊唐志〉云：「陸雲集十卷。」

〈新唐志〉云：「陸雲集十卷。」

《崇文總目》著錄陸雲集八卷。

《郡齋讀書志》著錄《陸雲集》十卷，晁氏云：

> 雲六歲能屬文，性清正，有才理。與機齊名，雖文章不及，而持論
> 過之。所著文章三百四十九篇，新書十篇。

《直齋書錄解題》著錄《陸士龍集》十卷。

《文獻通考・經籍考》著錄《陸雲集》十卷。

〈宋志〉云：「陸雲集十卷。」

《四庫全書總目》著錄《陸士龍集》十卷。

按《晉書》本傳稱其著有文章三百四十九篇，撰〈新書〉十篇，並行於世。其集〈隋志〉著錄十二卷，注云梁有十卷，錄一卷，〈舊、新唐志〉則俱作十卷，已散佚。宋人輯刻陸士龍文集十卷，凡賦一卷，詩三卷，文六卷，今存南宋慶元元年（1200年）華亭縣學刊本。又南宋徐民瞻合陸機、陸雲集爲《晉二俊文集》二十卷，明正德十四年（1519 年）陸元大據以翻刻。明汪士賢輯《漢魏諸名家集》，即採陸元大本。另有張燮《七十二家集》本，輯《陸清河集》二卷，張溥《漢魏六朝百三家集》本，輯《陸清河集》二卷，卷一分賦、啓疏、書、頌、贊、咸、碑、誄、文、騷十類編次，末附〈陸雲本傳〉，凡收賦八篇，啓疏、書等雜文九十六篇，騷九篇；卷二則爲詩，收詩二十四題三十一首。張溥本即自燮本出。又嚴可均《全晉文》（卷一〇〇至卷一〇四）輯其文五卷，凡五十四篇；逯欽立《先秦漢魏晉南北朝詩・晉詩》（卷六）輯其詩，凡二十一題三十首。

⊙ 張　載

張載，字孟陽。安平人。蜀郡太守張收子。性閑雅，博學有文章。起家佐著作郎，出補肥鄉令。復爲著作郎，轉太子中舍人，遷樂安相、弘農太守。長沙王乂請爲記室督。拜中書侍郎，復領著作。見世方亂，無復進仕意，遂稱疾篤告歸，卒於家。著有〈榷論〉、〈濛汜賦〉等。事蹟具《晉書》（卷五五）本傳。

〈隋志〉云：「晉中書郎張載集七卷。注云：梁一本二卷，錄一卷。」

〈舊唐志〉云：「張載集三卷。」

〈新唐志〉云：「張載集二卷。」

　　按〈隋志〉著錄其集七卷，注云梁有一本二卷，錄一卷，已佚。〈舊唐志〉作三卷，〈新唐志〉作二卷，疑〈舊唐志〉所載有誤。宋代書目不見著錄。今存明張溥《漢魏六朝百三家集》，輯《張孟陽集》一卷，分賦、論、頌、銘、詩五類編次，末附〈張載本傳〉，凡收賦五篇，論頌銘五篇，詩七題十三首。其賦以〈濛汜賦〉為代表，傅玄見而奇之。以車相迎，言談竟日，並為之延譽。其文以劍閣銘為著，太康初，張載入蜀省父，（時其父為蜀郡太守）道經劍閣，因著〈劍閣銘〉。銘文首寫劍閣形勢險要，次引古史闡述「國之存亡在德不在險」之理。益州刺史張敏上其文，晉武帝使之鐫之於劍閣山。張溥〈題張孟陽集辭〉稱此銘「文章典則」。其詩今存十餘首，以〈七哀詩〉二首較可誦，《文選》收之。清嚴可均《全晉文》（卷八五）輯其文，凡十三篇；逯欽立《先秦漢魏晉南北朝詩・晉詩》（卷七）輯其詩，凡四篇六首，收錄張載詩文，較前為備。

⊙ 張　協

　　張協，字景陽。安平人。張載弟。少有俊才，與載齊名。辟公府掾，轉秘書郎。後遷中書侍郎，轉河間內史，在郡清簡寡欲。時天下已亂，所在寇盜，遂棄絕人事，歸家以屬詠自娛。嘗擬諸文士作七命，世以為工。永嘉初，復徵為黃門侍郎，託疾不就。終於家。事蹟具《晉書》（卷五五）〈張載附傳〉。

〈隋志〉云：「晉黃門郎張協集三卷。注云：梁四卷，錄一卷。」

〈舊唐志〉云：「張協集二卷。」

〈新唐志〉云：「張協集二卷。」

　　按〈隋志〉著錄《張協集》三卷，注云梁有四卷，錄一卷。〈舊、新唐志〉則作二卷。至宋，亡佚。今存明張溥《漢魏六朝百三家集》本，輯《張景陽集》一卷，分賦、銘、七、詩四類編次，末附〈張協本傳〉，收賦五篇，銘等雜文八篇，詩四題十三首。又嚴可均《全晉文》（卷八五）輯其文，凡十五篇；逯欽立《先秦漢魏晉南北朝詩・晉詩》（卷七）輯其詩，凡十五首，所收張協詩文，較前為備。

⊙ 束　晳

　　束晳，字廣微。陽平元城人。馮翊太守束龕子。博學多聞，與兄璆俱知名。察孝廉，舉秀才，皆不就。後為下邳王晃所辟，張華為司空，為賊曹屬。轉佐著作郎，遷博士，著作郎。太康二年（281 年），汲郡人不准盜魏王墓，得竹書數十車。時在著作，得以爬梳整理，遷尚書郎。及趙王倫為相國，請為記室。後辭疾罷歸，教授

門徒。年四十卒。所著《三魏人士傳》、《七代通記》、《晉書紀》、《志》，遇亂亡失。其《五經通論》、《發蒙記》、《補亡詩》，文集數十篇，行於世。事蹟具《晉書》（卷五一）本傳。

〈隋志〉云：「晉著作郎束晳集七卷。注云：梁五卷，錄一卷。」

〈舊唐志〉云：「束晳集五卷。」

〈新唐志〉云：「束晳集五卷。」

〈宋志〉云：「束晳集一卷。」

按《晉書》本傳稱束晳才學博通，所著《三魏人士傳》、《七代通記》、《晉書紀志》，遇亂亡失。其《五經通論》、《發蒙記》、《補亡詩》，文集數十篇，行於世。〈隋志〉著錄其集七卷，注云梁有五卷，錄一卷。〈舊、新唐志〉則作五卷，疑或為梁本復出，抑或隋本重編。〈宋志〉著錄僅一卷。今存明張溥《漢魏六朝百三家集》本，輯《束廣微集》一卷，分賦、論、議、對、奏、書、牋、文、雜文、詩十一類編次，末附〈束晳本傳〉。凡收賦五篇，論議等雜文十四篇，〈補亡詩〉六首。又嚴可均《全晉文》（卷八七）輯其文一卷，凡二十篇；逯欽立《先秦漢魏晉南北朝詩·晉詩》（卷四）輯其詩，有〈補亡詩〉六首，所收錄束晳詩文，較前為備。

⊙　江　統

江統，字應元。陳留圉人。南安太守江祚子。與蔡克俱知名。襲父爵，除山陽令。時關隴屢為氐羌所擾，以為四夷亂華，宜杜其萌。作徙戎論，武帝不能用。後遷中郎，轉太子洗馬，在東宮累年，甚被愍懷太子親禮。後為博士、尚書郎，參大司馬齊王冏軍事。遷廷尉正，司徒左長史。及東海王越為兗州牧，為別駕，委以州事。嘗舉郗鑒、阮脩、程收，時以為知人。尋遷黃門侍郎、散騎常侍，領國子博士。永嘉四年（310 年），避難奔於成皋，病卒。所造賦頌表奏皆傳於世。事蹟具《晉書》（卷五六）本傳。

〈隋志〉著錄《晉著作郎束晳集》七卷，注云：「散騎常侍江統集十卷，錄一卷。」

〈舊唐志〉云：「江統集十卷。」

〈新唐志〉云：「江統集十卷。」

〈宋志〉云：「江統集一卷。」

按《晉書》本傳稱凡所作賦、頌、表、奏，頗受時人所重。〈隋志〉著錄其集十卷，錄一卷。〈舊、新唐志〉亦作十卷，已佚。至宋僅著錄一卷，後亦散佚。嚴

可均《全晉文》（卷一○六）輯其佚文，有〈徂淮賦〉、〈函谷關賦〉、〈酒誥〉、〈上疏言授官與本名同宜改選〉、〈理陸雲上成都王穎疏〉、〈謁拜議〉、〈太子母喪之樂議〉、〈奔赴山陵議〉、〈大喪未終正會廢樂議〉、〈拜時有周喪議〉、〈諫愍懷太子書〉、〈徙戎論〉、〈正刑論〉（闕）、〈弧矢銘〉、〈珍珠銘〉，凡十五篇。

⊙ 胡　濟

胡濟，元康中爲尙書郎，領著作。有集五卷。見嚴可均《全晉文》（卷一○九）。

〈隋志〉著錄《晉著作郎束晳集》七卷，注云：「著作郎胡濟集五卷，錄一卷，亡。」

〈舊唐志〉云：「胡濟集五卷。」

〈新唐志〉云：「胡濟集五卷。」

按其集〈隋志〉著錄五卷，錄一卷。〈舊、新唐志〉作五卷，今已佚。無輯本。清嚴可均《全晉文》（卷一○九）輯其文，有〈瀍谷賦〉、〈黃甘賦〉、〈奏薦伍朝〉、〈改葬前母服議〉，凡四篇。

⊙ 閭丘沖

閭丘沖，字賓卿。高平人。爲太傅長史，懷帝初爲光祿勳。有集二卷。見嚴可均《全晉文》（卷一二四）。

〈隋志〉著錄《晉中書令卞粹集》一卷，注云：「又有光祿勳閭丘沖集二卷，錄一卷，亡。」

〈舊唐志〉云：「閭丘沖集二卷。」

〈新唐志〉云：「閭丘沖集二卷。」

按其集〈隋志〉著錄二卷，錄一卷，〈舊、新唐志〉作二卷，已佚。清嚴可均《全晉文》（卷一二四）輯其文，僅〈武悼楊皇后服議〉一篇，逯欽立《先秦漢魏晉南北朝詩・晉詩》（卷八）輯其詩，有〈三月三日應詔詩〉二首、〈招隱詩〉，凡三首。

⊙ 阮　瞻

阮瞻，字千里。陳留尉氏人。阮咸子。性清虛寡欲，舉灼然，司徒王戎嘗問以聖人貴名教，老莊明自然，其旨同異。答曰，將無同。戎即命辟之，時人謂之「三語掾」。後東海王越以爲記室參軍。永嘉中，爲太子舍人。素執無鬼論，物莫能難。後病卒。事蹟具《晉書》（卷四九）〈阮籍附傳〉。

〈隋志〉著錄《晉太傅從事郎庾敳集》一卷，注云：「又有太子中舍人阮瞻集二卷，錄一卷。」

〈舊唐志〉云：「阮瞻集三卷。」

〈新唐志〉云：「阮瞻集二卷。」

按〈隋志〉著錄《阮瞻集》二卷，錄一卷。〈舊唐志〉著錄三卷，蓋并錄計之也。〈新唐志〉作二卷，已久佚不傳。今僅存嚴可均《全晉文》（卷七二）據《初學記》、《北堂書鈔》、《太平御覽》所輯，有〈上巳會賦〉一篇。

⊙ 阮 脩

阮脩，字宣子。陳留尉氏人。阮籍從子。好易老，善清言，主神論。性簡任，不修人事，與兄弟同志，常自得於林皐之間。為鴻臚卿，轉太傅行參軍、太子洗馬。避亂南行，為賊所害。時年四十二。事蹟具《晉書》（卷四九）〈阮籍附傳〉。

〈隋志〉著錄《晉太傅從事郎庾敳集》一卷，注云：「太子洗馬阮脩集二卷，錄一卷，亡。」

〈舊唐志〉云：「阮循集二卷。」

〈新唐志〉云：「阮脩集二卷。」

按其集〈隋志〉著錄二卷，錄一卷，〈新唐志〉作二卷，〈舊唐志〉作《阮循集》二卷，疑名誤。今存以大鵬贊為著，其散佚詩文，見逯欽立《先秦漢魏晉南北朝詩・晉詩》（卷七）輯有〈上巳會詩〉一首，嚴可均《全晉文》（卷七二）輯其文，有〈患雨賦〉、〈大鵬贊〉二篇。

⊙ 嵇 含

嵇含，字君道，家鞏縣亳丘，自號亳丘子。譙國銍人。嵇蕃子。初辟楚王瑋掾，舉秀才，除郎中，齊王冏征西參軍，襲爵武昌鄉侯。歷長沙王乂驃騎記室督、尚書郎，懷帝撫軍從事中郎，太弟中庶子，振威將軍、襄城太守。兵敗依於鎮南將軍劉弘，弘甚器之，弘卒，為郭勵所殺。懷帝即位，諡曰憲。事蹟具《晉書》（卷八九）〈嵇紹附傳〉。

〈隋志〉著錄《晉太傅郭象集》二卷，注云：「又有廣州刺史嵇含集十卷，錄一卷，亡。」

〈舊唐志〉云：「嵇含集十卷。」

〈新唐志〉云：「嵇含集十卷。」

按〈隋志〉著錄其集十卷，錄一卷，〈舊、新唐志〉作十卷，已佚。今其詩文，逯欽立《先秦漢魏晉南北朝詩・晉詩》（卷七）輯其詩，有〈悅晴詩〉、〈伉儷詩〉、〈登高詩〉（殘）、〈臺中宴會詩〉（殘）四首，嚴可均《全晉文》（卷六五）輯其文，有〈困熱賦序〉、〈祖賦序〉、〈娛蠟賦〉、〈白首賦序〉、〈酒賦〉、〈寒食散賦〉、〈羽扇賦序〉、〈八磨賦〉、〈宜男花賦序〉、〈孤黍賦序〉、〈瓜賦〉、〈朝生暮落樹賦序〉、

〈長生樹賦〉、〈槐香賦〉、〈雞賦序〉、〈遇薑賦序〉、〈誥風伯〉、〈上言長沙王乂宜增置掾屬〉、〈詩序〉、〈南方草木狀序〉、〈木弓銘〉、〈菊花銘〉、〈司馬誄〉、〈弔莊周圖文〉、〈失題〉，凡二十五篇。

⊙ 孫 惠

孫惠，字德施。吳郡富春人。孫賁曾孫。好學有才智，晉永寧元年（301 年），趙齊王冏義，以功封晉興侯，辟大司馬賊曹屬。後成都王穎召為大將軍參軍。永興元年（304 年），為東海王越記室參軍。累遷顯職，後為廣武將軍、安豐內史。年四十七卒。事蹟具《晉書》（卷五一）本傳。

〈隋志〉云：「晉安豐太守孫惠集八卷。注云：梁三卷，錄一卷。」

〈舊唐志〉云：「孫惠集十卷。」

〈新唐志〉云：「孫惠集十卷。」

按〈隋志〉著錄其集八卷，注云梁有三卷，錄一卷，已佚。〈舊、新唐志〉則著錄十卷，亦已散佚，無輯本。今存遺文，見嚴可均《全晉文》（卷一十五），有〈百枝燈賦〉、〈楠榴枕賦〉、〈繀車賦〉、〈龜賦〉、〈諫齊王冏〉、〈詭稱南嶽逸士秦祕之以書干東海王越〉、〈為東海王討成都王檄文〉、〈與淮南內史朱誕書〉、〈三馬哀辭序〉、〈祭金鼓文〉，凡十篇。

⊙ 牽 秀

牽秀，字成叔。武邑觀津人。魏雁門太守牽招孫。博辯有文才，太康中，調補新安令，累遷司空從事中郎。以譏抵外戚王愷，坐免官。後司空張華請為長史，及成都王穎伐長沙王乂，為冠軍將軍，與陸機等共為河橋之役。機戰敗，證成其罪，又諂事黃門孟玖，故見親於穎。惠帝西幸長安，為尚書，河間王顒甚親任之。及東海王越起兵奉迎大駕，為平北將軍，鎮馮翊。後被顒長史楊騰所殺。事蹟具《晉書》（卷六十）本傳。

〈隋志〉云：「晉平北將軍牽秀集四卷。注云：梁三卷，錄一卷。」

〈舊唐志〉云：「牽秀集五卷。」

〈新唐志〉云：「牽秀集五卷。」

按其集〈隋志〉著錄四卷，注云梁有三卷，錄一卷。〈舊、新唐志〉則作五卷，今已佚。所存詩文，見逯欽立《先秦漢魏晉南北朝詩‧晉詩》（卷七），收其詩四首，多殘篇；嚴可均《全晉文》（卷八四）輯其文，有〈相風賦〉、〈黃帝頌〉、〈老子頌〉、〈彭祖頌〉、〈王喬赤松頌〉、〈皇甫陶碑〉，凡六篇。

⊙ 棗 腆

棗腆，字玄方。潁川長社人。以文章顯。永嘉中為襄城太守。有集二卷。事
蹟具《晉書》（卷九二）〈文苑傳・棗據附傳〉。

〈隋志〉著錄晉散騎常侍棗嵩集一卷，注云：「又有襄陽太守棗腆集二卷，錄
一卷，亡。」

〈舊唐志〉云：「棗腆集二卷。」

〈新唐志〉云：「棗腆集二卷。」

按棗腆集〈隋志〉著錄二卷，錄一卷，亡。〈舊、新唐志〉著錄二卷，已佚。
所存詩見逯欽立《先秦漢魏晉南北朝詩・晉詩》（卷八），收其詩三首，有〈答石
崇詩〉、〈贈石季倫詩〉、〈贈石崇〉。

⊙ 劉　琨

劉琨，字越石。中山魏昌人。劉蕃子。少有大志，與祖逖為友。初為司隸從
事，豫賈謐「二十四友」之列。後遷著作郎、太學博士、尚書郎。趙王倫執政，
為記室督，轉從事中郎。及三王討倫，率兵拒成都王穎。齊王冏輔政，宥之，拜
為尚書左丞，轉司徒左長史。後以統諸軍奉迎大駕於長安，封廣武侯。永嘉元年
（307 年），為并州刺史，加振威將軍，領匈奴中郎將。愍帝即位，拜大將軍、都
督并州諸軍事，加散騎常侍、假節。後西都不守，上表琅邪王睿勸進。建武元年
（317 年），元帝轉為侍中、太尉。琨忠於晉室，久居并州，招撫流亡，與劉聰、
石勒相抗。後為勒所迫，投奔段匹磾，旋被殺。太興三年（320 年），追諡曰愍。
事蹟具《晉書》（卷六二）本傳。

〈隋志〉云：「晉太尉劉琨集九卷。注云：梁十卷。」又「劉琨別集十二卷。」

〈舊唐志〉云：「劉琨集十卷。」

〈新唐志〉云：「劉琨集十卷。」

《崇文總目》云：「劉琨集十卷。」又「劉琨詩集十卷。」

《直齋書錄解題》著錄《劉司空集》十卷，陳氏云：

> 前五卷差全可觀，後五卷闕誤，或一卷數行，或斷續不屬，殆類鈔
> 節者。末卷劉府君誄尤多訛，未有別本可以是正。

《文獻通考・經籍考》著錄《劉司空集》十卷。

〈宋志〉云：「劉琨集十卷。」

按〈隋志〉著錄《劉琨集》九卷，注云梁有十卷，又《劉琨別集》十二卷。〈舊、
新唐志〉則僅著錄《劉琨集》十卷，不及別集。《崇文總目》著錄《劉琨集》十卷，
《直齋書錄解題》則作《劉司空集》，亦十卷，今宋本已亡佚，僅存明張溥《漢魏

六朝百三家集》本，輯《劉越石集》一卷，分表、牋、書、盟文、誄、詩六類編次，末附〈劉琨本傳〉，收表牋書等雜文三十篇，詩四題十一首。又嚴可均《全晉文》（卷一〇八）輯其文，凡二十一篇；逯欽立《先秦漢魏晉南北朝詩‧晉詩》（卷十一）輯其詩，有〈扶風歌〉、〈扶風歌〉（豔歌行）、〈答盧諶詩〉、〈重贈盧湛詩〉，凡四首，所收劉琨詩文，較前爲備。鍾嶸《詩品》列其詩於中品，稱「琨既體良才，又罹厄運，故善敍喪亂，多感恨之詞。」

⊙ 盧 諶

　　盧諶，字子諒。范陽涿人。盧志子。武帝女婿，初拜駙馬都尉。後州舉秀才，辟太尉掾。永嘉五年（311 年），洛陽陷沒，北依劉琨。琨爲司空，以爲主簿，轉從事中郎。建興末（316 年），隨琨投段匹磾。命爲別駕。琨死，投遼西段末波。元帝累徵爲散騎中書侍郎，而爲末波所留。及石虎破遼西，爲中書侍郎、國子祭酒、侍中、中書監。永和六年（350 年），冉閔誅石氏，隨閔軍，於襄國遇害。所撰《祭法》、《注莊子》，及文集皆行於世。事蹟具《晉書》（卷四四）盧欽附傳。

　　〈隋志〉云：「晉司空從事中郎盧諶集十卷。注云：梁有錄一卷。」

　　〈舊唐志〉云：「盧諶集十卷。」

　　〈新唐志〉云：「盧諶集十卷。」

　　按其集〈隋志〉著錄十卷，注云梁有錄一卷，〈舊、新唐志〉作十卷，今已亡佚。所存詩文，逯欽立《先秦漢魏晉南北朝詩‧晉詩》（卷十二）輯其詩，凡十首；嚴可均《全晉文》（卷三四）輯其文，收賦十篇，表書等雜文四篇，《祭法》六條。其詩文均有可觀，〈重贈劉琨〉一詩，情理並發，自成一格，故劉勰稱其詩「情發而理昭」。又〈覽古詩〉，通篇直敍藺生之事，而結以張弛二字，筆力凝重。鍾嶸《詩品》將其與劉琨並列爲中品，稱「其源出於王粲。善爲悽戾之詞，自有清拔之氣。」然其不逮劉琨也。

（二）史志未著錄者

⊙ 裴 頠

　　裴頠，字逸民。秀次子。咸寧中，襲爵鉅鹿公。太康初，徵爲太子中庶子。遷散騎常侍。惠帝即位，轉國子祭酒。兼右軍將軍。累遷侍中，拜尚書、加光祿大夫，又遷尚書左僕射。永康元年，爲趙王倫所誅。惠帝反正，追諡曰成。事蹟具《晉書》（卷三五）本傳。

　　按裴頠之作，史志未見著錄。今僅存嚴可均《全晉文》（卷三三）輯其佚文，

凡十五篇。

⊙　**裴景聲**

裴邈，字景聲。顗從父弟。太傅東海王越以爲從事中郎，假節監中外營諸軍事。見《三國志・魏志》（卷八三）〈裴潛傳注〉。

按裴景聲之作，史志未見著錄。今僅嚴可均《全晉文》（卷三三）輯其佚文，有〈文身劍銘〉（據《藝文類聚》六十、《初學記》二十二、《御覽》三百四十四所引）、〈文身刀銘〉（據《藝文類聚》六十、《御覽》三百四十六所引），凡二篇。

⊙　**劉　伶**

劉伶，字伯倫。沛國人。放情肆志，常以細宇宙齊萬物爲心。與阮籍、嵇康相善，爲竹林之交。嗜酒，未嘗屬意文翰，惟著〈酒德頌〉一篇。嘗爲建威參軍。泰始初對策，盛言無爲之化，以無用罷。後以壽終。事蹟具《晉書》（卷四九）本傳。

按劉伶雖未措意文翰，惟作〈酒德頌〉一篇，竟以此聞名。此文見蕭統《文選》，清嚴可均《全晉文》（卷六六）亦輯錄之。另有詩〈北芒客舍〉、〈咒辭〉二首，逯欽立《先秦漢魏晉南北朝詩・晉詩》（卷一）輯錄之。

⊙　**賈　彬**

賈彬，嘗爲車騎長史，有集三卷。見嚴可均《全晉文》（卷八九）。

按賈彬之作，史志未見著錄。今存嚴可均《全晉文》（卷八九）據《藝文類聚》四十四、《初學記》十六所引輯其佚文，僅〈箏賦〉一篇。

⊙　**成　粲**

成粲，字伯陽。泰康中爲侍中，轉太常。見嚴可均《全晉文》（卷八六）。

按成粲之作，史志未見著錄。今僅存嚴可均《全晉文》（卷八六）輯其佚文，有〈平樂市賦〉（據《初學記》二十四引）、〈太常郭奕諡景議〉（據《通典》一百四引）、〈嫂叔服論〉（據《通典》九十二引），凡三篇。

⊙　**木　華**

木華，字玄虛。廣川人。爲楊駿府主簿。見嚴可均《全晉文》（卷一〇五）。

按木華擅辭賦，今僅存〈海賦〉一篇，《文選》收錄之。此賦描寫海之物產豐富，氣勢浩大，並以此喻人之容量與品德，想像豐富，文筆壯麗多姿。於西晉賦作中極負盛名，傳誦一時。《文選・李善注》引傅亮《文章志》稱「廣川木玄虛爲海賦，文甚雋麗，足繼前良。」嚴可均《全晉文》（一〇五）亦輯錄之。

七、東 晉

（一）史志著錄者

⊙ 王 廙

王廙，字世將，琅邪臨沂人。王正子。少能屬文，多所通涉，工書畫、善音樂、射御、博弈、雜伎。辟太傅掾，轉參軍，以功封武陵縣侯。及琅邪王睿鎮江左，爲司馬，頻守廬江、鄱陽二郡。後爲寧遠將軍、荊州刺史，在州誅陶侃時將佐，大失荊土之望。拜征虜將軍，進左衛將軍。及王敦起兵，奉兵喻敦，爲敦所留。及敦專權，爲平南將軍、領護南蠻校尉、荊州刺史。尋病卒。諡曰康。事蹟具《晉書》（卷七六）本傳。

〈隋志〉云：「晉驃騎將軍王廙集十卷。注云：梁三十四卷，錄一卷。」

〈舊唐志〉云：「王廙集十卷。」

〈新唐志〉云：「王廙集十卷。」

〈隋志〉著錄其集十卷，云梁有三十四卷，錄一卷。〈舊、新唐志〉俱作十卷，今已佚。嚴可均《全晉文》（卷二十）輯其佚文，有〈洛都賦〉、〈思逸民賦〉、〈笙賦〉、〈白兔賦〉、〈春可樂〉、〈奏中興賦上疏〉、〈書〉、〈宰我讚〉、〈保傅箴〉、〈婦德箴〉，凡十篇。

⊙ 熊 遠

熊遠，字孝文。豫章南昌人也。有志尚，州舉秀才，除監軍華軼司馬領武昌太守、寧遠護軍。元帝作相，引爲主簿。累遷御史中丞、侍中，補會稽內史。王敦作逆，諷朝廷徵遠，還拜太常。敦深憚其正而有謀，引爲長史。數月病卒。事蹟具《晉書》（卷七一）本傳。

〈隋志〉云：「晉御史中丞熊遠集十二卷。注云：梁五卷、錄一卷。」

〈舊唐志〉云：「熊遠集五卷。」

〈新唐志〉云：「熊遠集五卷。」

按其集〈隋志〉著錄十二卷，注云梁有五卷，錄一卷。〈舊、新唐志〉俱作五卷，似爲南朝舊本復出，然今已佚。嚴可均《全晉文》（卷一二六）輯其文，有〈廣昌鄉君喪宜廢多至小會表〉、〈聞北陵被發上疏〉、〈上疏諫親征杜弢〉、〈因災異上疏〉、〈奏請議獄皆準律令〉、〈建議勸農桑〉、〈懷帝梓宮未返正會不宜不樂議〉、〈諫以尚書令荀組領豫州牧啓〉（《初學記》十一引）、〈論親死賊中啓〉，凡九篇。

⊙ 郭 璞

　　郭璞，字景純。河東聞喜人。尙書都令史郭瑗子。好經術，博學有高才，辭賦爲中興之冠。又妙於陰陽算曆。避亂渡江，宣城太守殷祐引爲參軍、後參王導軍事。元帝以爲著作佐郎，尋遷尙書郎，後王敦以爲記室參軍，及敦舉兵，疑璞與溫嶠、庾亮通謀，遂害之。璞好卜筮，撰前後筮驗六十餘事，名爲《洞林》。又抄京、費諸家要最，更撰《新林》十篇、《卜韻》一篇。注釋《爾雅》，別爲音義、圖譜，又注《三蒼》、《穆天子傳》、《山海經》及《楚辭》、〈子虛〉等數十萬言，皆傳於世。所作詩賦誄頌亦數萬言。事蹟具《晉書》（卷七二）本傳。

　　〈隋志〉云：「晉弘農太守郭璞集十七卷。注云：梁十卷，錄一卷。」

　　〈舊唐志〉云：「郭璞集十卷。」

　　〈新唐志〉云：「郭璞集十卷。」

　　〈宋志〉云：「郭璞集六卷。」

　　按《晉書》本傳稱璞注釋《爾雅》，別爲音義、圖譜，又注《三蒼》、《方言》、《穆天子傳》、《山海經》及《楚辭》、〈子虛〉、〈上林賦〉數十萬言，皆傳於世。所作詩賦誄頌亦數萬言。〈隋志〉著錄其集十七卷，注云梁有十卷，錄一卷。〈舊、新唐志〉則著錄十卷，似爲南朝舊本復出。南宋尤袤《遂初堂書目》著錄《郭景純集》，不注卷數。〈宋志〉則著錄《郭璞集》六卷。今存明人輯本，有張燮《七十二家集》本，輯《郭弘農集》二卷；張溥《漢魏六朝百三家集》本，亦輯有二卷，卷一分賦、疏、表、序、設難、哀策文六類編次，收賦十篇，疏表等雜文十二篇；卷二分讚、記、詩三類編次，收讚三百三篇，記一篇，詩七題二十首。又清嚴可均《全晉文》（卷一二○至一二三），輯其文四卷，逯欽立《先秦漢魏晉南北朝詩·晉詩》（卷十一）輯其詩，所收郭璞詩文，較前爲備。

⊙　梅　陶

　　梅陶，晉元帝初爲王敦諮議參軍，後除豫章郡太守。晉成帝初爲尙書，拜光祿大夫。有《新論》一卷，集二十卷。見嚴可均《全晉文》（卷一二八）。

　　〈隋志〉云：「晉光祿大夫梅陶集九卷。注云：梁二十卷，錄一卷。」

　　〈舊唐志〉云：「梅陶集十卷。」

　　〈新唐志〉云：「梅陶集十卷。」

　　按自敘稱其位居中丞時，不顧眾親友勸阻，依法鞭笞皇太子傅。皇太子反而特見親重，賜以親宴之禮，敬之如師。曾爲〈鵬鳥賦〉，今已亡佚。〈隋志〉著錄其集九卷，注云梁有二十卷，錄一卷。〈舊、新唐志〉作十卷，久佚不傳。今存詩文，逯欽立《先秦漢魏晉南北朝詩·晉詩》（卷十二）輯其詩，〈贈溫嶠詩五章〉、〈怨詩行〉，

凡二首；嚴可均《全晉文》（卷一二八）輯其文，有〈鵬鳥賦序〉、〈與曹識書論陶侃〉、〈自敘〉，凡三篇。

⊙ 溫　嶠

溫嶠，字太眞。太原祁人。司徒溫羨弟子。司隸命爲都官從事，後舉秀才、灼然。司徒辟爲東閣祭酒，補上黨潞令。歷劉琨參軍、大將軍從事中郎、上黨太守、司空右司馬，爲琨謀主，深爲琨所憑恃。及琅邪王睿鎭江左，琨遣至江南，奉表勸進，遂留。除散騎常侍，歷驃騎王導長史，遷太子中庶子，獻侍臣箴。明帝即位，拜侍中，參豫機密，轉中書令。豫討王敦之亂，以功封建寧縣開國公，進號前將軍。上書陳軍國要務，多所進益。明帝病篤，與王導、郗鑒、庾亮等同受顧命輔成帝。蘇峻、祖約起兵，處分規略，討平之。拜驃騎將軍、開府儀同三司，加散騎常侍，封始安郡公。卒後諡曰忠武。事蹟具《晉書》（卷六七）本傳。

〈隋志〉云：「晉大將軍溫嶠集十卷。注云：梁錄一卷。」

〈舊唐志〉云：「溫嶠集十卷。」

〈新唐志〉云：「溫嶠集十卷。」

按〈隋志〉著錄其集十卷，注云梁有錄一卷。〈舊、新唐志〉作十卷，已佚。今存詩文，逯欽立《先秦漢魏晉南北朝詩・晉詩》（卷十二）輯其〈迴文虛言詩〉二句、嚴可均《全晉文》（卷八十）輯其佚文，有〈蟬賦〉、〈理劉司空集表〉、〈請召劉群等表〉、〈舉荀崧爲秘書監表〉、〈上太子疏諫起西池樓觀〉、〈上疏辭中書令〉、〈請原王敦佐吏疏〉、〈陳便宜疏〉、〈上言桓彝可宣內史〉、〈奏軍國要務七事〉、〈兄弟相繼藏主室議〉、〈毀廟議〉、〈禁給濕米教〉、〈諫太子馬射〉、〈與陶侃箋〉、〈爲王導答華太常書〉、〈答王導書〉、〈與陶侃書〉、〈重與陶侃書〉、〈移告四方征鎭〉、〈釋奠頌〉、〈侍臣箴〉，凡二十二篇。

⊙ 虞　預

虞預，字叔寧，本名茂。會稽餘姚人。少孤，好學，有文章。初爲郡功曹，太守庾琛命爲主簿，後轉功曹史，丞相行參軍兼記室。除佐著作郎，轉琅邪國常侍，遷秘書丞、著作郎。從平王含，賜爵西鄉侯。豫平蘇峻之亂，進爵平康縣侯。後遷散騎常侍，仍領著作。雅好經史，憎疾玄虛。著《晉書》四十餘卷、《會稽典錄》二十篇、《諸虞傳》十二篇，詩賦碑誄論難數十篇，皆行於世。事蹟具《晉書》（卷八二）本傳。

〈隋志〉著錄《晉太尉庾亮集》二十一卷，注云：「又有虞預集十卷、錄一卷，亡。」

　　〈舊唐志〉云：「虞預集十卷。」

　　〈新唐志〉云：「虞預集十卷。」

　　按《晉書》本傳稱其所著詩、賦、碑、誄、論、難數十篇。〈隋志〉著錄其集十卷，錄一卷，已佚。〈舊、新唐志〉均作十卷，似南朝舊本復出，而亡其錄一卷，後亦佚。清嚴可均《全晉文》（卷八二）輯其文，有〈請祕府布紙表〉、〈上疏請簡良將〉、〈上書請舉賢才〉、〈父母乖離議〉、〈致雨議〉、〈奏記會稽太守庾琛〉、〈與丞相王導牋〉、〈與從叔父書〉、〈晉書宣帝述書〉，凡九篇。

⊙　庾　冰

　　庾冰，字季堅。潁川鄢陵人。庾亮弟。司徒辟，不就，徵秘書郎。以討華軼功，封都鄉侯。預平蘇峻之亂，進封新吳縣侯。後為中書監、揚州刺史、都督揚豫兗三州軍事、征虜將軍、假節。輔政。多有進益，時號賢相。康帝即位，進車騎將軍。及弟庾翼北伐，以本號除都督江荊寧益梁交廣七州豫州之四郡軍事、領江州刺史、假節，鎮武昌，以為翼聲援，尋卒，諡曰忠成。事蹟具《晉書》（卷七三）〈庾亮附傳〉。

　　〈隋志〉云：「晉司空庾冰集七卷。注云：梁二十卷，錄一卷。」

　　〈舊唐志〉云：「庾冰集二十卷。」

　　〈新唐志〉云：「庾冰集二十卷。」

　　按其集〈隋志〉著錄七卷，注云梁有二十卷，錄一卷。〈舊、新唐志〉均作二十卷，似為南朝舊本復出，然已久佚。嚴可均《全晉文》（卷三七）輯其佚文，有〈為成帝出令沙門致敬詔〉、〈用樂謨詔草〉、〈為兄亮上疏辭封〉、〈上疏辭封賞〉、〈出鎮武昌臨發上疏〉、〈與王羲之書〉，凡六篇。

⊙　庾　闡

　　庾闡，字仲初。潁川鄢陵人。少好學，善屬文。初為太宰、西陽王羕掾，累遷尚書郎。豫平蘇峻之亂，賜爵吉陽縣男，拜彭城內史。後為零陵太守，徵拜給事中，領著作。年五十四卒，諡曰貞。所著詩賦銘頌十卷行於世。事蹟具《晉書》（卷九二）〈文苑傳〉。

　　〈隋志〉云：「晉給事中庾闡集九卷。注云：梁十卷，錄一卷。」

　　〈舊唐志〉云：「庾闡集十卷。」

　　〈新唐志〉云：「庾闡集十卷。」

　　按《晉書》本傳稱所著詩賦銘頌十卷，行於世。〈隋志〉著錄其集九卷，注云梁有十卷，錄一卷，〈舊、新唐志〉作十卷，似南朝舊本復出，已佚。今存詩文，

見逯欽立《先秦漢魏晉南北朝詩・晉詩》（卷十二）輯其詩，凡二十首；嚴可均《全晉文》（卷三四）輯其文，凡二十二篇，又〈揚都賦〉存八條、〈揚都賦注〉四條，未詳他人之注抑闡自注也。所作〈弔賈誼文〉，文甚哀傷，抒發感慨。〈揚都賦〉，《晉書》本傳稱「爲世所重」。其詩有〈游仙詩〉十首，今已殘佚，風格與郭璞相近。另有描寫山水之作，如〈三月三日臨曲水〉、〈觀石鼓〉諸詩，繪景生動傳神，清新明麗。宋初山水詩之興，實源於此。故范文瀾《文心雕龍・明詩篇注》云：「寫山水詩，起自東晉初庾闡諸人。」

⊙ 王 隱

王隱，字處叔。陳郡陳人。世寒素，歷陽令王銓子。以儒業自守，不交勢援，博學多聞，受父遺業，有著述之志。避亂南渡，太興初（318 年），召爲著作郎，令撰晉史。豫平王敦功，賜爵平陵鄉侯。以貧，依征西將軍庾亮於武昌，亮供其紙筆，書乃得成。雖好著述，然文辭鄙拙，其書次第可觀者，皆爲其父所撰。年七十餘，卒於家。事蹟具《晉書》（卷八二）本傳。

〈隋志〉云：「晉著作郎王隱集十卷。注云：梁二十卷，錄一卷。」

〈舊唐志〉云：「王隱集十卷。」

〈新唐志〉云：「王隱集十卷。」

按〈隋志〉著錄《王隱集》十卷，注云梁有二十卷，錄一卷。〈舊、新唐志〉均作十卷，久佚不傳。清嚴可均《全晉文》（卷八六）輯其佚文，有〈議向雄事〉、〈白征西大將軍論〉、〈復肉刑〉、〈筆銘〉，凡四篇。

⊙ 干 寶

干寶，字令申，新蔡人。丹楊丞干瑩子。少勤學，博覽書記，以才器召爲著作郎。平杜弢有功，賜爵關內侯。後領國史。以家貧，求補山陰令，遷始安太守，王導請爲司徒右長史，遷散騎常侍。著晉紀二十卷，又集古今神祇靈異人物變化，撰成《搜神記》三十卷，又有《春秋左氏義外傳》，並注《周易》、《周官》凡數十篇，及雜文集皆行於世。事蹟具《晉書》（卷八二）本傳。

〈隋志〉云：「晉散騎常侍干寶集四卷。注云：梁五卷。」

〈舊唐志〉云：「于（干）寶集四卷。」

〈新唐志〉云：「于寶集四卷。」

按《晉書》本傳稱其少勤學，博覽書記，爲《春秋左氏義外傳》、注《周易》、《周官》，凡數十篇及雜文集，皆傳於世。〈隋志〉著錄其集四卷，注云梁有五卷，〈舊、新唐志〉俱作四卷，已佚。今存詩文，逯欽立《先秦漢魏晉南北朝詩・晉

詩》（卷十一）輯其詩，僅〈百志詩〉一首；嚴可均《全晉文》（卷一二七）輯有
其佚文，有〈表〉、〈駁招魂葬議〉、〈王昌前母服論〉、〈晉紀總論〉、〈晉紀論晉武
帝革命〉、〈晉紀論姜維〉、〈山亡論〉、〈搜神記序〉、〈司徒議〉，凡九篇。

⊙ 庾 翼

　　庾翼，字稚恭。穎川鄢陵人。庾亮弟。初辟太尉陶侃府，轉參軍、累遷從事
中郎。後遷南蠻校尉，領南郡太守，加輔國將軍、假節。以全石城之功，賜爵都
亭侯。咸康六年（340 年），授都督江荊司雍梁益六州諸軍事、安西將軍、荊州刺
史、假節，鎮武昌。康帝即位，上疏北伐石虎，移鎮襄陽。以朝野不同，未果。
及兄庾冰卒，還鎮夏口，詔使還督江州，領豫州刺史。復謀北伐。永和元年（345
年），病卒。諡曰肅。事蹟具《晉書》（卷七三）本傳。

　　〈隋志〉云：「晉車騎將軍庾翼集二十二卷。注云：梁二十卷，錄一卷。」
　　〈舊唐志〉云：「庾翼集二十卷。」
　　〈新唐志〉云：「庾翼集二十卷。」

　　按〈隋志〉著錄其集二十二卷，注云梁有二十卷，錄一卷。〈舊、新唐志〉著
錄二十卷，然已久佚不傳。嚴可均《全晉文》（卷三七）輯其文，凡十三篇。

⊙ 何 充

　　何充，字次道。廬江灊人。何叡子。初辟大將軍王敦掾，轉主簿，累遷中書
侍郎。成帝即位，遷給事黃門侍郎，豫平蘇峻之亂，封都鄉侯，拜散騎常侍。除
建威將軍、會稽內史，在郡甚有德政。除建威將軍、丹楊尹。王導、庾亮並稱之
於成帝，及導卒，轉護軍將軍，與中書監庾冰參錄尚書事。尋遷尚書令，加左將
軍。徙中書令，加散騎常侍。建元初（343 年），出爲驃騎將軍、都督徐州揚州之
晉陵諸軍事、假節。領徐州刺史。穆帝即位，加中書監、錄尚書事。及庾冰、庾
翼卒，專輔幼主，總攬朝綱。居宰相，以社稷爲己任，不以私恩樹親戚，爲時所
重。然失之任人不當。篤信佛事，嘗修廟寺，供給沙門，糜費以巨億計。卒後諡
曰文穆。事蹟具《晉書》（卷七七）本傳。

　　〈隋志〉云：「晉司空何充集四卷。注云：梁五卷。」
　　〈舊唐志〉云：「何充集五卷。」
　　〈新唐志〉云：「何充集五卷。」

　　按其集〈隋志〉著錄四卷，注云梁有五卷。〈舊、新唐志〉均作五卷，似爲南
朝舊本復出。原集久佚，清嚴可均《全晉文》（卷三二）輯其佚文，有〈賀正表〉、
〈請徵虞喜疏〉、〈奏言沙門不應敬王者〉、〈又奏〉、〈又奏〉、〈褚太后敬父議〉、〈與

庾翼書〉，凡七篇。

⊙ 郝 默

郝默，始末未詳。

〈隋志〉著錄晉司空何充集四卷，注云：「又有御史中丞郝默集五卷，亡。」

〈舊唐志〉云：「郝默集五卷。」

〈新唐志〉云：「郝默集五卷。」

按郝默集，〈隋志〉著錄五卷，亡。〈舊、新唐志〉亦均著錄五卷，然亦久佚不傳。《初學記》卷十五引〈舞賦〉云：「哀則哭踊有節，樂則蹶歌有章。男則踊躍逸豫，凌屬矜莊；女則委迆詰屈，窈窕幽房。俯仰應規度，進退合宮商。」此則未見輯存。

⊙ 劉 恢

劉恢，字眞長。沛國相人。劉耽子。明帝婿。累遷丹楊尹。爲政清整，有知人之鑒。性好老莊，爲當時名流所敬重。卒後孫綽爲之誄云：「居官無官官之事，處事無事事之心」。事蹟具《晉書》（卷七五）本傳。

〈隋志〉著錄晉散騎常侍王愆期集七卷，注云：「丹陽尹劉恢集二卷，錄一卷，亡。」疑恢爲惔之訛。

〈舊唐志〉云：「劉惔集二卷。」又「劉恢集五卷。」

〈新唐志〉云：「劉倓集二卷。」又「劉恢集五卷。」

按此集似《劉惔集》之誤也。〈隋志〉於晉散常侍王愆期集注下，著錄《劉恢集》二卷，錄一卷，〈舊、新唐志〉著錄《劉惔集》二卷，又《劉恢集》五卷，二者卷數相合。《世說·賞譽篇》數稱王劉，即此王濛、劉惔。當時言風流者，舉濛惔爲宗也。觀《七錄》敘次，則此爲惔非恢審矣。又《世說·賞譽篇》注引宋明帝《文章志》曰：「劉恢，字道生。沛國人，識局明濟，有文武才。王濛每稱其思理淹通，蕃屏之高選，爲車騎司馬，年三十六卒。贈前將軍。」嚴可均《全晉文》（卷一三一）將二人分列，輯劉恢文，有〈圍棋賦序〉、〈與范汪論婚事〉，凡二篇；輯劉惔文，有〈答范汪問〉、〈酒箴〉，凡二篇。疑〈隋志〉固既有《劉惔集》，亦有《劉恢集》，因誤惔爲恢，遂脫去一條。〈舊、新唐志〉則於《劉惔集》二卷之外，別有《劉恢集》五卷，爲其證也。然實不敢必，姑存疑以待考。

⊙ 李 充

李充，字弘度。江夏人。江州刺史李矩子。少孤。善楷書。初辟丞相王導掾，轉記室參軍，後官至大著作、中書侍郎。整理典籍，以類相從，分作四部，秘閣

以爲永制。注《尚書》及《周易旨》、《釋莊論》、《詩賦表頌》等雜文二百四十首，行於世。事蹟具《晉書》（卷九二）〈文苑傳〉。

　　〈隋志〉云：「晉李充集二十二卷。注云：梁十五卷，錄一卷。」

　　〈舊唐志〉云：「李充集十四卷。」

　　〈新唐志〉云：「李充集十四卷。」

　　按《晉書》本傳稱其所作《詩賦表頌》等雜文二百四十首，行於世。〈隋志〉著錄其集二十二卷，注云梁有十五卷，錄一卷。〈舊、新唐志〉著錄十四卷，今已佚。殘存詩文，見逯欽立《先秦漢魏晉南北朝詩・晉詩》（卷一），輯其詩三首，有〈嘲友人詩〉、〈七月七日詩〉、〈送許從詩〉（殘）；嚴可均《全晉文》（卷五三）輯其文，有〈風賦〉、〈春遊賦〉、〈懷愁賦〉、〈玄宗賦〉、〈穆天子賦〉、〈九賢頌〉、〈起居誡〉、〈學箴〉、〈登安仁峰銘〉、〈良弓銘〉、〈壺籌銘〉、〈博銘〉、〈舟楫銘〉、〈弔嵇中散〉、〈翰林論〉，凡十五篇。

⊙　庾　純

　　庾統，爲尋陽太守。有集八卷。見嚴可均《全晉文》（卷一三二）。

　　〈隋志〉云：「庾純集八卷。」

　　〈舊唐志〉云：「庾統集二卷。」

　　〈新唐志〉云：「庾統集二卷。」

　　按其集〈隋志〉著錄《庾純集》二卷，據姚振宗《隋志考證》謂「純」當爲「統」之誤。〈舊、新唐志〉均作二卷，久佚。今僅存嚴可均《全晉文》（卷一三二）據《初學記》十七所引輯其佚文，有〈三人讚〉、〈朱明張臣尉讚〉，凡二篇。

⊙　謝　尚

　　謝尚，字仁祖。陳國陽夏人。謝鯤子。初辟司徒王導掾，襲爵咸亭侯。轉西曹屬，遷會稽王友，入補給事黃門侍郎，出爲建武將軍、歷陽太守，轉督江夏義陽隨三郡軍事，江夏相。建元二年（344年），爲南中郎將，督豫州四郡，領江州刺史。尋轉西中郎將、揚州之六郡諸軍事、豫州刺史、假節。從桓溫北伐，進號安西將軍。以敗，降號爲建武將軍。永和中，拜尚書僕射，出爲前將軍、豫州刺史，旋進號鎮西將軍。嘗采拾樂人，並制石磬，自此江左鐘石之樂始備。升平初（357年），進都督豫、冀、幽、并四州。徵拜衛將軍，加散騎常侍，未至而卒。諡曰簡。事蹟具《晉書》（卷七九）本傳。

　　〈隋志〉著錄晉尋陽太守《庾純集》八卷，注云：「衛將軍謝尚集十卷、錄一卷，亡。」

〈舊唐志〉云：「謝尙集五卷。」

〈新唐志〉云：「謝尙集五卷。」

按《謝尙集》，〈隋志〉著錄十卷，錄一卷，已佚。〈舊、新唐志〉作五卷，亦已佚。今存詩文，見逯欽立《先秦漢魏晉南北朝詩・晉詩》（卷十二），輯其詩大道曲、贈王彪之詩（僅二句）；清嚴可均《全晉文》（卷八三）輯其文，有〈談賦〉（僅一條）、〈遭亂父母乖離議〉、〈與張涼州書〉、〈與楊征南書〉，凡四篇。

⊙ **王胡之**

王胡之，字脩齡，廙次子。歷吳興太守。徵侍中、丹楊尹、秘書監。太和六年，拜持節、都督司州諸軍事、西中郎將、司州刺史。未行而卒。有集十卷。事蹟具《晉書》（卷七六）王廙附傳。

〈隋志〉云：「晉西中郎將王胡之集十卷。注云：梁五卷，錄一卷。」

〈舊唐志〉云：「王胡之集五卷。」

〈新唐志〉云：「王胡之集五卷。」

按其集〈隋志〉著錄十卷，注云梁五卷，錄一卷。〈舊、新唐志〉著錄五卷，似南朝舊本復出，已佚。今存詩文，逯欽立《先秦漢魏晉南北朝詩・晉詩》（卷十二）輯其詩，有〈贈庾翼詩八章〉、〈答謝安詩八章〉；清嚴可均《全晉文》（卷二十）輯其文，有〈釋奠表〉、〈上疏薦沈勁〉、〈與庾安西箋〉、〈遺從弟洽書〉，凡四篇。

⊙ **王羲之**

王羲之，字逸少，別號王右軍。琅邪臨沂人。王導從子。初爲秘書郎，又爲征西將軍庾亮參軍，累遷長史，寧遠將軍、江州刺史。後爲右軍將軍、會稽內史。永和十一年（355），與王述不和，遂辭官，誓不仕，定居會稽山陽。以工書法，稱著於世。初從衛夫人（鑠），後改習眾家，草書學張芝，正書學鍾繇，博采眾長，精研體勢，推陳出新。其書法妍美流便，一變漢、魏以來質樸之風。論者稱其筆勢爲「飄若浮雲，矯若驚龍」。有蘭亭集序等書作傳世。事蹟具《晉書》（卷八十）本傳。

〈隋志〉云：「晉金紫光祿大夫王羲之集九卷。注云：梁十卷，錄一卷。」

〈舊唐志〉云：「王羲之集五卷。」

〈新唐志〉云：「王羲之集五卷。」

《崇文總目》總集類著錄王右軍蘭亭詩集一卷，王羲之編。

〈宋志〉云：「蘭亭詩一卷。」

按王羲之官至右軍將軍、會稽內史，世稱王右軍，故其集又稱《王右軍集》。

〈隋志〉著錄其集九卷，注云梁有十卷，錄一卷。〈舊唐志〉則作五卷，〈新唐志〉同。《崇文總目》著錄《王羲之編蘭亭詩集》一卷，〈宋志〉著錄《蘭亭詩》一卷。今存明張溥《漢魏六朝百三家集》本，輯《王右軍集》二卷，所收大抵書帖之作，唯卷二有〈蘭亭集序〉一篇，〈蘭亭集詩〉二首。又嚴可均《全晉文》（卷二二至二六）輯其文五卷，逯欽立《先秦漢魏晉南北朝詩·晉詩》（卷十三）輯其詩，收錄王羲之詩文，較前為備。

⊙　謝　萬

　　謝萬，字萬石。陳國陽夏人。謝安弟。早有時譽，工言論，善屬文，嘗作八賢論。初辟司徒掾，遷右西屬，不就。及簡文帝作相，召為撫軍從事中郎。後遷豫州刺史、領淮南太守、監司豫冀并四州軍事、假節。矜豪傲物，以嘯詠自高，不能撫綏士眾。升平三年（359年），統兵攻燕，畏敵勢大，倉惶潰退，致使許昌、潁川諸城相繼淪陷。狼狽單歸，廢為庶人。後復為散騎常侍，會卒，年四十二。事蹟具《晉書》（卷七九）〈謝安附傳〉。

　　〈隋志〉云：「晉散騎常侍謝萬集十六卷。注云：梁十卷。」

　　〈舊唐志〉云：「謝方集十卷。」

　　〈新唐志〉云：「謝方集十卷。」（宋本方作万。考〈隋志〉：晉散騎常侍謝萬集十六卷，梁十卷。案〈舊唐志〉、〈新唐志〉均作方，蓋因萬簡作万而誤。）

　　按謝萬工言論，善屬文。嘗著〈八賢論〉，遍論屈原、賈誼、孫登、嵇康等八人，分為四隱者，四顯者，並以示孫綽。孫綽著文難之，立意與之相反。其論今已不存，〈隋志〉著錄其集十六卷，注云梁有十卷。〈舊、新唐志〉皆作十卷，題謝方，疑其字誤也。今其集已佚，逯欽立《先秦漢魏晉南北朝詩·晉詩》（卷十三），收其〈蘭亭詩〉二首；嚴可均《全晉文》（卷八三）輯其文，有〈春遊賦〉、〈與子朗等疏〉、〈八賢頌〉、〈七賢嵇中散讚〉、〈八賢論〉（闕）、〈駙馬都劉眞長誄〉，凡六篇。

⊙　楊　方

　　楊方，字公回。會稽人。少好學。初為郡鈴下威儀，後辟司徒王導掾，轉東安太守，遷司徒參軍事。後補高梁太守。在郡積年，著五經鉤沈，更撰吳越春秋，並雜文筆，皆行於世。以年老，棄郡歸，終於家。事蹟具《晉書》（卷六八）本傳。

　　〈隋志〉著錄晉司徒長史張憑集五卷，注：「梁有高涼太守楊方集二卷，亡。」

　　〈舊唐志〉云：「楊方集二卷。」

　　〈新唐志〉云：「楊方集二卷。」

按《晉書》本傳稱其少學，有異才，著《五經鉤沈》、撰《吳越春秋》，并雜文筆，皆行於世。〈隋志〉著錄其集二卷，已佚。〈舊、新唐志〉均作二卷，似為南朝舊本復出，亦久佚。今存詩文，逯欽立《先秦漢魏晉南北朝詩・晉詩》（卷十一）輯其詩，有〈合歡詩〉五首；嚴可均《全晉文》（卷一二八）輯其佚文，有〈箜篌賦序〉（殘，據《初學記》十六引所輯）、〈為虞領軍薦張道順文〉（據《御覽》六百三十二引所輯），凡二篇。

⊙　許　詢

許詢，字玄度。高陽新城人。咸安中徵士。有集八卷。見嚴可均《全晉文》（一三五）、《世說・言語篇注》引《續晉陽秋》。

〈隋志〉云：「晉徵士許詢集三卷。注云：梁八卷，錄一卷。」

〈舊唐志〉云：「許詢集三卷。」

〈新唐志〉云：「許詢集三卷。」

按其集〈隋志〉著錄三卷，注云梁有八卷，錄一卷，〈舊、新唐志〉均作三卷，已佚。今存殘佚詩文，今人逯欽立《先秦漢魏晉南北朝詩・晉詩》（卷十二）輯其詩，有〈竹扇詩〉、〈農里詩〉、〈詩〉，皆自諸類書輯出者，多殘篇；清嚴可均《全晉文》（卷一三五）輯其文，據《北堂書鈔》、《太平御覽》所引，有〈墨塵尾銘〉、〈白塵尾銘〉，凡二篇。按《世說新語・文學篇注》引《續晉陽秋》稱郭璞「始會合道家之言而韻之。詢及太原孫綽，轉相祖尚，又加以三世之辭，而詩騷之體盡矣。」

知其為當時玄言詩代表之一。《世說新語・文學篇》云：「玄度五言詩，可謂妙絕時人。」正道出其不容忽視之地位。鍾嶸《詩品》將其與孫綽並列於下品，謂二人「彌善怡淡之詞」。然其亦有描繪自然景物之佳句，清新悅目，饒有情致，頗堪一誦。

⊙　張　望

張望，曾為桓溫征西參軍。有集十二卷。見嚴可均《全晉文》（卷一三五）。

〈隋志〉云：「晉征西將軍張望集十卷。注云：梁十二卷，錄一卷。」

〈舊唐志〉云：「張望集三卷。」

〈新唐志〉云：「張望集三卷。」

按《張望集》，〈隋志〉著錄十卷，注云梁有十二卷，錄一卷。知其集原有十二卷，錄一卷，至唐時尚存十卷。〈舊、新唐志〉僅存三卷，後亦散佚。今存詩文，逯欽立《先秦漢魏晉南北朝詩・晉詩》（卷十二）輯其詩，有〈蜡除詩〉、〈貧士詩〉、

〈正月七日登高作詩〉（僅四句），凡三首；嚴可均《全晉文》（卷一三五）輯其佚文，有〈枕賦〉（據《北堂書鈔》）、〈鷿鵜賦〉（據《藝文類聚》）、〈蜘蛛賦〉（據《太平御覽》），凡三篇，均為詠物之作。

⊙ 孫　綽

　　孫綽，字興公。太原中都人。孫楚孫。博學善屬文。居於會稽，游牧山水，十有餘年，作〈遂初賦〉以致其意。後征西將軍庾亮請為參軍。徵拜太學博士，遷尚書郎，轉永嘉太守，遷散騎常侍，領著作郎。時桓溫將移都洛陽，上疏極諫。尋轉廷尉卿，領著作。有江左文士之冠之譽。年五十八，卒。事蹟具《晉書》（卷五六）孫楚附傳。

　　〈隋志〉云：「晉衛尉卿孫綽集十五卷。注云：梁二十五卷。」

　　〈舊唐志〉云：「孫綽集十五卷。」

　　〈新唐志〉云：「孫綽集十五卷。」

　　按東晉清談之風盛行，玄言詩風靡一時，孫綽亦玄言詩代表人物之一。其所作〈答許詢〉，以詩闡釋玄學奧理，為玄言詩代表作。鍾嶸《詩品》將其與許詢並列為下品，且對玄言詩持否定態度。然孫綽間或有佳作，如〈秋日詩〉，繪景生動細緻，雅有可誦之句。《玉臺新詠》所錄〈情人碧玉歌〉二首，頗具民歌特色。此外，所作〈游天臺山賦〉，辭致甚工，為晉辭賦名篇。其集〈隋志〉著錄十五卷，注云梁有二十五卷。〈舊、新唐志〉亦作十五卷。宋代書目未見著錄。今存明人輯本，有張燮《七十二家集》本，輯《孫廷尉集》二卷；張溥《漢魏六朝百三家集》本，輯《孫廷尉集》一卷，分賦、疏、論、序、碑、銘、頌、贊、誄、詩十類編次，末附本傳，凡收賦四篇，疏論序等雜文二十五篇，詩五題七首。嚴可均《全晉文》（卷六一至卷六二）輯其文二卷；凡四十四篇，附孫子佚文二十三條；逯欽立《先秦漢魏晉南北朝詩・晉詩》（卷十三）輯其詩，凡十四首，收錄孫綽詩文，較前為備。

⊙ 江　逌

　　江逌，字道載。陳留圉人。江濟子。少孤。避蘇峻之亂，屏居臨海。初為征北將軍蔡謨參軍，復為驃騎何充功曹。以家貧，為太末令，後州檄為治中，轉別駕，遷吳令。殷浩欲謀北伐，請為諮議參軍、遷長史。及桓溫奏廢浩佐史，遂免。旋除中書郎，升平末（361 年）遷太常。在職多所匡諫。著〈阮籍序贊〉、〈逸民箴〉及〈詩賦奏議〉數十篇行於世。病卒，時年五十八。事蹟具《晉書》（卷八三）本傳。

　　〈隋志〉云：「晉太常江逌集九卷。」

　　〈舊唐志〉云：「江逌集五卷。」

〈新唐志〉云：「江逌集五卷。」

按《晉書》本傳稱其所著〈阮籍序贊〉、〈逸士箴〉及〈詩賦奏議〉數十篇，行於當世。所作詩賦多為寫景詠物之作，反映東晉文風趨向。〈隋志〉著錄其集九卷，已佚。〈舊、新唐志〉皆作五卷，亦亡。今存詩文，見逯欽立《先秦漢魏晉南北朝詩‧晉詩》（卷十一），有〈詠秋詩〉、〈詠貧詩〉、〈詩〉（殘）；嚴可均《全晉文》（卷一○七），輯有〈風賦〉、〈述歸賦〉、〈井賦〉、〈羽扇賦〉、〈竹扇〉、〈諫鑿北池表〉、〈上疏諫修洪祀〉、〈又上疏〉、〈奏諫山陵用寶器〉、〈逸民箴〉，凡十篇。

⊙ 李 顒

李顒，字長林。充子。舉孝廉，為本郡太守。有《尚書》注十卷、集十卷。見嚴可均《全晉文》（卷五三）。

〈隋志〉云：「晉李顒集十卷。注云：錄一卷。」

〈舊唐志〉云：「李顒集十卷。」

〈新唐志〉云：「李顒集十卷。」

按《晉書》本傳稱其亦有文義，多所述作。其集〈隋志〉著錄十卷，錄一卷。〈舊、新唐志〉僅集十卷，已佚。所作詩賦多寫景詠物之作，以〈涉湖詩〉較著，繪景清新自然，雅有可誦之句。今存詩文，逯欽立《先秦漢魏晉南北朝詩‧晉詩》（卷十一）輯其詩，有〈經渦路作詩〉、〈涉湖詩〉、〈夏日詩〉、〈羨夏篇〉（殘）、〈感多篇〉（殘）、〈離思篇〉（殘）、〈詩〉（殘）；嚴可均《全晉文》（卷五三），輯有〈雪賦〉、〈雷賦〉、〈悲四時賦〉、〈感興賦〉、〈凌仙賦〉、〈龜賦〉、〈鏡論〉、〈阮彥倫誄〉，凡八篇。

⊙ 曹毗

曹毗，字輔佐。譙國人。魏曹休曾孫。少好文籍，善辭賦。郡察孝廉，除郎中。後遷句章令，徵拜太學博士，累遷尚書郎、鎮軍大將軍從事中郎、下邳太守、光祿勳。所著文筆十五卷，行於世。事蹟具《晉書》（卷九二）〈文苑傳〉。

〈隋志〉云：「晉光祿勳曹毗集十卷。注云：梁十五卷，錄一卷。」

〈舊唐志〉云：「曹毗集十五卷。」

〈新唐志〉云：「曹毗集十五卷。」

按《晉書》本傳稱桂陽張碩為神女杜蘭香所降，曹毗因作二詩嘲之，並續〈杜蘭香詩〉十篇。本傳又稱其甚有文采。然時人孫綽評其「非無文采，酷無裁制」（《世說新語‧文學篇》）。因存詩不多，難斷二家之言，何者為允。其文以對儒一篇較著，內容約與夏侯湛抵疑相類。其詩多詠物之作，寫景狀物，時有可誦之句。《晉

書》本傳稱其所著文筆十五卷，〈隋志〉著錄其集十卷，注云梁有十五卷，錄一卷。〈舊、新唐志〉著錄十五卷，似南朝舊本復出，已佚。今存詩文，見逯欽立《先秦漢魏晉南北朝詩‧晉詩》（卷十二），輯有〈詠多詩〉、〈夜聽擣衣詩〉、〈正朝詩〉、〈霖雨詩〉（殘）、〈郗公墓詩〉（殘）、〈箜篌詩〉（殘）、〈詩〉（殘）、〈軍中詩〉（殘）；清嚴可均《全晉文》（卷一○七），輯有〈秋興賦〉、〈涉江賦〉、〈觀濤賦〉、〈水賦〉、〈湘中賦〉、〈魏都賦〉、〈楊都賦〉、〈臨園賦〉、〈詠冶賦〉、〈冶成賦〉、〈箜篌賦〉、〈鸚武賦〉、〈馬射賦〉、〈對儒〉、〈雙鴻詩序〉、〈屏風詩序〉、〈王鼎頌〉（闕）、〈黃帝讚〉、〈神女杜蘭香傳〉、〈請雨文〉，凡二十篇。

⊙ 王 度

王度，太原人。仕石虎，為中書著作郎。見嚴可均《全晉文》（卷一四八）。

〈隋志〉著錄《晉尚書僕射王述集》八卷，注云：「梁又有王度集五卷、錄一卷，亡。」

〈舊唐志〉云：「王度集五卷。」

〈新唐志〉云：「王度集五卷。」

按〈隋志〉著錄《王度集》五卷，錄一卷，亡佚。〈舊、新唐志〉著錄五卷，似南朝舊本復出，然亦久佚不傳。清嚴可均《全晉文》（卷一四八）輯其佚文，有〈奏禁奉佛〉、〈扇上銘〉（殘），凡二篇。前者乃據《高僧傳》九、《晉書‧佛圖澄傳》、《御覽》六百五十三引《晉書》、《廣宏明集》六、《十六國春秋》十五所輯，後者據《初學記》卷三，僅四句。

⊙ 王彪之

王彪之，字叔虎，別號王白鬚。琅邪臨沂人。王彬子。初除佐著作郎、東海王文學。累遷尚書左丞、司徒左長史、御史中江、侍中、廷尉。轉吏部尚書。多所建議，以謀略為簡文帝所賞。為鎮軍將軍、會稽內史，加散騎常侍。居郡八年，甚有政績。以未修敬桓溫，左降為尚書，尋復為僕射。嘗與立孝武帝及拒溫加九錫事，遷尚書令，與謝安共掌朝政。轉拜護軍將軍，加散騎常侍。復加光祿大夫、儀同三司，未拜而卒。諡曰簡。事蹟具《晉書》（卷七四）〈王廙附傳〉。

〈隋志〉云：「晉左光祿王彪之集二十卷。注云：梁有錄一卷。」

〈舊唐志〉云：「王彪之集二十卷。」

〈新唐志〉云：「王彪之集二十卷。」

按其集〈隋志〉著錄二十卷，注云梁有錄一卷，〈舊、新唐志〉著錄二十卷，已佚。清嚴可均《全晉文》（卷二一）輯其佚文，據《晉書‧禮志》、《通典》、《初

學記》、《太平御覽》諸書所引，凡四十篇。

⊙ 伏　滔

伏滔，字玄度。平昌安丘人。有才學，少知名。大司馬桓溫引爲參軍，從溫討袁眞，以功封聞喜縣侯，除永世令。太元中，拜著作郎，專掌國史，領本州大中正，遷游擊將軍，仍領著作。嘗作正淮論二篇。事蹟具《晉書》（卷九二）〈文苑傳〉。

〈隋志〉云：「晉伏滔集十一卷。注云：并目錄。梁五卷，錄一卷。」

〈舊唐志〉云：「伏悋集十一卷。」

〈新唐志〉云：「伏滔集十一卷。」疑〈舊唐志〉悋爲滔之訛。

按《晉書》本傳稱所著〈正淮論〉上下篇，作於隨桓溫征討壽陽時，頗知名於當世。〈隋志〉著錄其集十一卷，注云并目錄，梁有五卷，錄一卷。〈舊、新唐志〉作十一卷，今其集已佚。清嚴可均《全晉文》（卷一三三）輯其佚文，有〈望濤賦〉、〈長笛賦〉、〈登故臺詩序〉、〈正淮論上〉、〈正淮論下〉、〈論青楚人物〉、〈帝堯功德銘〉，凡七篇。

⊙ 習鑿齒

習鑿齒，字彥威。襄陽人。宗族富盛，世爲鄉豪。少有志氣，博學洽聞，以文筆著稱。荊州刺史桓溫辟爲從事，轉西曹主簿。累遷別駕。後忤溫旨，左遷戶曹參軍，出爲滎陽太守。時溫覬覦非望，乃著漢晉春秋以裁正之。以疾歸家，苻堅陷襄陽，甚器之。後襄鄧光復，朝廷欲使典國史，會卒。事蹟具《晉書》（卷八二）本傳。

〈隋志〉云：「晉滎陽太守習鑿齒集五卷。」

〈舊唐志〉云：「習鑿齒集五卷。」

〈新唐志〉云：「習鑿齒集五卷。」

按《習鑿齒集》，〈隋志〉著錄五卷，〈舊、新唐志〉同，已佚。今存詩文，見逯欽立《先秦漢魏晉南北朝詩・晉詩》（卷十四），輯有〈詩〉（殘，據《藝文類聚》八十）、〈嘲道安詩〉（殘，據《御覽》九百二十七）；嚴可均《全晉文》（卷一三四）輯其文，有〈臨終上疏〉、〈與謝安書〉、〈又與謝安書稱釋道安〉、〈與謝侍中書〉、〈與燕王書〉、〈與桓祕書〉、〈與釋道安傳〉、〈晉承漢統論〉、〈漢晉春秋論〉、〈諸葛武侯宅銘〉，凡十篇。

⊙ 袁　宏

袁宏，字彥伯。陳郡陽夏人。侍中袁猷孫。少孤貧。有逸才，文章絕美。初

為謝尚安西參軍，累遷大司馬桓溫府記室。後為吏部郎、出為東陽太守。卒於東陽。撰後漢記三十卷、竹林名士傳三卷及三國名臣頌等傳於世。事蹟具《晉書》（卷九二）〈文苑傳〉。

〈隋志〉云：「晉東陽太守袁宏集十五卷。注云：梁二十卷，錄一卷。」

〈舊唐志〉云：「袁宏集二十卷。」

〈新唐志〉云：「袁宏集二十卷。」

按《晉書》本傳稱宏所著詩賦誄哀等雜文凡三百首，傳於世。〈隋志〉著錄其集十五卷，注云梁有二十卷，錄一卷。〈舊、新唐志〉均作二十卷，似南朝舊本復出，今已佚。其賦作〈東征賦〉，頗負盛名，賦末列舉過江諸賢，為時人所重。後從桓溫北伐，作〈北征賦〉，亦為時人所重。二賦融合敘事、抒情，辭意婉曲，文筆清麗。另《晉書》本傳所載〈三國名序贊〉，選取三國名臣二十人，一一加以詠贊，亦為名作。劉勰《文心雕龍·才略篇》云：「袁宏發軫以高驤，故卓出而多偏。」其詩以〈詠史詩〉見稱，為其風情所寄。《晉書》本傳稱謝尚嘗於秋夜乘月，聽其誦〈詠史詩〉，歎其「聲既清會，辭又藻拔」。鍾嶸《詩品》評其詩「鮮明緊健，去俗凡遠矣。」清嚴可均《全晉文》（卷五七）輯其文，收有〈東征賦〉、〈北征賦〉、〈酬宴賦〉、〈夜酬賦〉、〈表〉、〈與謝僕射書〉、〈與范曾書〉、〈後漢紀序〉、〈七賢序〉、〈三國名臣序贊〉、〈單道開讚〉、〈去伐論〉、〈明謙祖逖碑〉、〈丞相桓溫碑銘〉、〈孟處士銘〉、〈祭牙文〉、〈羅山疏〉，凡十八篇。

⊙ 王 珉

王珉，字季琰。琅邪臨沂人。王洽子。少有才藝，善行書，名出兄珣之上。辟州主簿，舉秀才，不行。後歷著作、散騎郎、國子博士、黃門侍郎、侍中，代王獻之為長兼中書令。事蹟具《晉書》（卷六五）〈王導附傳〉。

〈隋志〉云：「晉太常卿王岷集十卷。注云：梁錄一卷。」

按《王珉集》，〈隋志〉題王岷，疑即此人。其集久佚，今存詩文，逯欽立《先秦漢魏晉南北朝詩·晉詩》（卷十二）輯其詩，僅〈直中書省詩〉（二句）一首；嚴可均《全晉文》（卷二十）輯其佚文，有〈告廟議〉、〈答徐邈書〉、〈雜帖〉、〈論序高座師帛尸梨蜜多羅〉，凡四篇。

⊙ 孫 放

孫放，字齊莊。盛次子。國子博士。出為長沙太守。見嚴可均《全晉文》（卷六四）。

〈隋志〉云：「晉國子博士孫放集一卷。注云：殘缺，梁十卷。」

〈舊唐志〉云：「孫放集十五卷。」

〈新唐志〉云：「孫放集十五卷。」

按孫放集，〈隋志〉著錄一卷，注云有殘缺，梁有十卷。〈舊、新唐志〉均作十五卷，已佚。今存詩文，嚴可均《全晉文》（卷六四）輯其佚文，有〈廬山賦〉（殘，據《水經·廬江水注》所輯）、西寺銘（據《初學記》二十一、《御覽》六百五所輯），凡二篇；逯欽立《先秦漢魏晉南北朝詩·晉詩》（卷十三）輯其詩，有〈詠莊子詩〉、〈數詩〉（僅二句，據《文選》六十竟陵文宣王行狀注所引），凡二首。

⊙ 庾肅之

庾肅之，潁州鄢陵人。闡子，亦以文藻著稱。歷給事中、相府記室、湘東太守。太元中卒。有集十卷。事蹟具《晉書》（卷九二）〈文苑庾闡附傳〉。

〈隋志〉云：「晉湘東太守庾肅之集十卷。注云：錄一卷。」

〈舊唐志〉云：「庾肅之集十卷。」

〈新唐志〉云：「庾肅之集十卷。」

按〈隋志〉著錄其集十卷，錄一卷，〈舊、新唐志〉則著錄集十卷，已佚。嚴可均《全晉文》（卷三八）據《初學記》、《藝文類聚》、《御覽》所引，輯有〈雪贊〉、〈山贊〉、〈水贊〉、〈玉贊〉、〈松贊〉五篇殘句。

⊙ 蘇　彥

蘇彥，孝武帝時為北中郎參軍。有蘇子七卷，集十卷。見逯欽立《先秦漢魏晉南北朝詩·晉詩》（卷十四）。

〈隋志〉著錄晉湘東太守庾肅之集十卷，注云：「梁有晉北中郎參軍蘇彥集十卷，亡。」

〈舊唐志〉云：「蘇彥集十卷。」

〈新唐志〉云：「蘇彥集十卷。」

按本傳稱著有《蘇子》七卷，文集十卷。〈隋志〉著錄其集十卷，〈舊、新唐志〉同，今已佚。所存詩文，見逯欽立《先秦漢魏晉南北朝詩·晉詩》（卷十四）輯其詩，有〈七月七日詠織女詩〉、〈西陵觀濤詩〉（殘）、〈秋夜長〉，凡三首；清嚴可均《全晉文》（卷一三八）輯其文，有〈芙渠賦〉、〈浮萍賦〉、〈秋夜長〉、〈鵝詩序〉、〈舜華詩序〉、〈女貞頌序〉、〈語箴〉、〈隱几銘〉、〈邛竹杖銘〉、〈楠榴枕銘〉、〈柏枕銘〉、〈蘇子〉，凡十二篇。

⊙ 戴　逵

戴逵，字安道。譙國人。少博學，善屬文，能鼓琴，工書畫。以琴書自娛，

隱居會稽剡縣，著論以放達爲非道。詔書屢徵，不就。事蹟具《晉書》（卷九四）隱逸傳。

〈隋志〉云：「晉徵士戴逵集九卷。注云：殘缺。梁十卷，錄一卷。」

〈舊唐志〉云：「戴逵集十卷。」

〈新唐志〉云：「戴逵集十卷。」

按〈隋志〉著錄其集九卷，注云有殘缺，梁十卷，錄一卷。〈舊、新唐志〉作十卷，似南朝舊本復出，今已佚。鍾嶸《詩品》列其詩爲下品，稱「安道詩雖嫩弱，有清上之句」。其詩今已不存。嚴可均《全晉文》（卷一三七）輯其佚文，凡二十篇；附〈竹林七賢論〉三十三條。

⊙ 范 甯

范甯，字武子。南陽順陽人。范汪子。少篤學，多所通覽，崇儒抑俗，著論以爲王弼、何晏二人之罪深於桀紂。爲餘杭令六年，廣羅生徒，崇學敦教。遷臨淮太守，封陽遂鄉侯。徵拜中書侍郎，指斥朝士，直言無諱，遂出爲豫章太守。復爲江州刺史王凝之所奏，免官。年六十三，卒於家。撰《春秋穀梁氏集解》，爲世所重。事蹟具《晉書》（卷七五）本傳。

〈隋志〉云：「晉豫章太守范甯集十六卷。」又總集類云：「范甯《啓事》三卷。注云：梁十卷。」

〈舊唐志〉云：「范甯集十五卷。」

〈新唐志〉云：「范甯集十五卷。」

按其集〈隋志〉著錄十六卷，〈舊、新唐志〉均作十五卷，已佚。又〈隋志・總集類〉著錄《啓事》三卷，亦已佚。嚴可均《全晉文》（卷一二七）輯其佚文，凡二十四篇。

⊙ 王 珣

王珣，字元琳，琅邪臨沂人。王洽子。太和四年（369 年），爲桓溫掾，轉主簿。時溫經略中夏，軍中機務并以委之。從討袁眞，封東亭侯，轉大司馬參軍、琅邪王友、中軍長史，給事黃門侍郎。以與太傅謝安有隙，出爲豫章太守，不拜。安卒後，遷侍中。轉輔國將軍、吳國內史，在郡爲士庶所悅。徵爲尙書右僕射，領吏部，轉左僕射，加征虜將軍，復領太子詹事。隆安二年（398 年），王恭舉兵，假節，進衛將軍、都督琅邪水陸軍事。事平，加散騎常侍。四年，以疾解職。謚曰獻穆。事蹟具《晉書》（卷六五）〈王導附傳〉。

〈隋志〉云：「晉司徒王珣集十一卷。注云：并目錄。梁十卷，錄一卷，亡。」

〈舊唐志〉云：「王珣集十卷。」

〈新唐志〉云：「王珣集十卷。」

按《王珣集》，〈隋志〉著錄十一卷，注云并目錄，梁有十卷，錄一卷，亡。〈舊、新唐志〉著錄十卷，似爲南朝舊本復出，已佚。今存詩文，見逯欽立《先秦漢魏晉南北朝詩・晉詩》（卷十四），輯有〈秋懷詩〉二句；清嚴可均《全晉文》（卷二十）輯其佚文，有〈奏追崇鄭太后〉、〈書〉、〈與范甯書論釋慧持〉、〈重與范甯書〉、〈林法師墓下詩序〉、〈琴贊〉、〈虎丘山銘〉、〈孝武帝哀策文〉、〈祭徐聘士文〉，凡十篇，多殘篇斷句。

⊙　何瑾之

何瑾，一作瑾之。始末未詳。嘗爲車騎參軍。見嚴可均《全晉文》（卷一四〇）。

〈隋志〉著錄晉臨海太守辛德遠集五卷，注云：「又有晉車騎參軍何瑾之集十一卷，亡。」

按〈隋志〉著錄其集十一卷，已佚。今存詩文，逯欽立《先秦漢魏晉南北朝詩・晉詩》（卷十五）輯其詩，〈僅悲秋夜〉一首；嚴可均《全晉文》（卷一四〇）輯其文，亦題〈悲秋夜〉，皆殘篇。

⊙　殷仲堪

殷仲堪，陳郡人。殷師子。能清言，善屬文。調補佐著作郎，冠軍謝玄請爲參軍、長史，領晉陵太守。後孝武帝召爲太子中庶子，復領黃門郎，甚寵任之。授都督荊益寧三州軍事、振威將軍、荊州刺史、假節，鎮江陵。隆安元年（397 年），與王恭起兵討王國寶。次年，再起兵，用楊佺期、桓玄統兵，進逼京師，劉牢之率北府兵救京師，朝廷以官爵買楊、桓，退兵。三年（399 年）朝廷加玄都督荊州四郡，使攻江陵，仲堪敗死。事蹟具《晉書》（卷八四）本傳。

〈隋志〉云：「晉荊州刺史殷仲堪集十二卷。注云：并目錄。梁十卷，錄一卷，亡。」

〈舊唐志〉云：「殷仲堪集十卷。」

〈新唐志〉云：「殷仲堪集十卷。」

按其集〈隋志〉著錄十二卷，注云梁有十卷，錄一卷，亡。〈舊、新唐志〉作十卷，已佚。嚴可均《全晉文》（卷一二九）輯其佚文，凡十七篇。

⊙　桓　玄

桓玄，字敬道。譙國龍亢人。桓溫第六子，襲爵南郡公。孝武末，拜太子洗馬，出補義興太守。安帝初，爲江州刺史，進後將軍、都督江荊襄雍秦梁益寧八

州及揚州八郡、江荊二州刺史。元興初，舉兵入京，自加總百揆侍中、丞相、錄尚書事、揚州牧，領徐州刺史，復讓丞相，自署太尉，封楚王。以元興二年受禪，改元永始。三年，劉裕等舉義旗，玄被誅，年三十六。有《周易繫辭注》二卷、集四十三卷、要集二十卷。見嚴可均《全晉文》（卷一一九）。

〈隋志〉云：「晉桓玄集二十卷。」

〈舊唐志〉云：「桓玄集二十集。」

〈新唐志〉云：「桓玄集二十集。」

按〈隋志〉著錄其集二十卷，〈舊、新唐志〉同，已佚。今存詩文，逯欽立《先秦漢魏晉南北詩・晉詩》（卷十四）輯其詩，有〈登荊山詩〉、〈南林彈詩〉、〈詩〉（僅一句），凡三首；嚴可均《全晉文》（卷一一九）輯其文，凡三十五篇。

⊙ 湛方生

湛方生，為衛軍諮議參軍。有集十卷。見嚴可均《全晉文》（卷一四〇）。

〈隋志〉云：「晉衛軍諮議湛方生集十卷。注云：錄一卷。」

〈舊唐志〉云：「湛方生集十卷。」

〈新唐志〉云：「湛方生集十卷。」

按方生曾任衛軍諮議參軍，以詩名世，詩多寫景之作，風格平淡。身處晉宋易代之際，詩風染有世跡，與殷仲文、謝混等人頗類。《宋書・沈靈運傳論》稱「始革孫許之風」，然《南齊書・文學傳論》謂「玄氣猶不盡除」。〈隋志〉著錄其集十卷，錄一卷，〈舊、新唐志〉著錄十卷，已佚。今存詩文，逯欽立《先秦漢魏晉南北朝詩・晉詩》（卷十五）輯其詩，有〈廬山神仙詩〉、〈後齋詩〉、〈帆入南湖詩〉、〈還都帆詩〉、〈天晴詩〉、〈諸人共講老人詩〉、〈詩〉（三首並殘）、〈懷歸謠〉、〈秋夜詩〉、〈遊園詠〉，凡十二首；清嚴可均《全晉文》（卷一四〇）輯其文，凡十八篇。其〈帆入南湖〉、〈還都帆諸詩〉，體物寫貌，富於情致，風格自然流暢，意味雋永。此外，部分雜言詩，頗具藝術特色，文體上承傅玄、夏侯湛，下啟謝莊。

⊙ 祖台之

祖台之，字元辰。范陽人。為尚書左丞，嘗為王國寶所侮，不敢言，坐免官。後為侍中、光祿大夫。撰志怪，書行於世。事蹟具《晉書》（卷七五）本傳。

〈隋志〉云：「晉光祿大夫祖台之集十六卷。注云：梁二十卷。」

〈舊唐志〉云：「祖台之集十五卷。」

〈新唐志〉云：「祖台之集十五卷。」

按其集〈隋志〉著錄十六卷，注云梁有二十卷。〈舊、新唐志〉著錄十五卷，

已佚。清嚴可均《全晉文》（卷一三八）輯其佚文，有〈苟子耳賦〉、〈議錢耿殺妻事〉、〈與王荊州忱書〉、〈道論〉、〈論命〉，凡五篇。

⊙ 顧愷之

顧愷之，字長康。晉陵無錫人。顧悅之之子。嘗爲桓溫及殷中堪參軍，義熙初任通直散騎常侍。多才藝，工詩賦、書法，尤精繪畫，有才絕、畫絕、痴絕之稱。繪畫，尤重點晴，自云「傳神寫照，正在阿堵中」。所著文集及《啓蒙記》行於世。事蹟具《晉書》（卷九二）〈文苑傳〉。

〈隋志〉云：「晉通直常侍顧愷之集七卷。注云：梁二十卷。」

按《晉書・文苑傳》稱其所著文集及《啓蒙記》，行於世。其集〈隋志〉著錄七卷，注云梁有二十卷，已佚。今存詩文，逯欽立《先秦漢魏晉南北朝詩・晉詩》（卷十四），輯有〈神情詩〉、〈拜宣武墓詩〉、〈詩〉，凡三首，俱殘；嚴可均《全晉文》（卷一三五）輯其文，有〈雷電賦〉、〈觀濤賦〉、〈冰賦〉、〈湘中賦〉、〈箏賦〉、〈鳳賦〉、〈拜員外散騎常侍表〉、〈與殷仲堪牋〉、〈虎丘山序〉、〈嵇康贊序〉、〈畫贊〉、〈水贊〉、〈父悅傳〉、〈祭牙文〉，凡十五篇。

⊙ 劉 瑾

劉瑾，元興末爲太常卿。有集九卷。見清可均《全晉文》（卷一四○）。

〈隋志〉云：「晉太常卿劉瑾集九卷。注云：梁五卷。」

〈舊唐志〉云：「劉瑾集八卷。」

〈新唐志〉云：「劉瑾集八卷。」

按《劉瑾集》，〈隋志〉著錄九卷，注云梁有五卷。〈舊、新唐志〉則均作八卷，已佚。清嚴可均《全晉文》（卷一四○）輯其佚文，有〈甘樹賦〉、〈殷祭議〉、〈又議〉，凡三篇。

⊙ 謝 混

謝混，字叔源。陳國陽夏人。謝琰子。孝武帝婿。少有美譽，襲父爵。歷中書令、中領軍、尙書左僕射、領選。以黨劉毅，誅。事蹟具《晉書》（卷七九）〈謝安附傳〉。

〈隋志〉云：「晉左僕射謝混集三卷。注云：梁五卷。」

按《謝混集》，〈隋志〉著錄三卷，注云梁有五卷。〈舊唐志〉、〈新唐志〉皆未著錄，〈新唐志〉有《謝琨集》二卷，疑即《謝混集》。其集已佚。今存詩文，逯欽立《先秦漢魏晉南北朝詩・晉詩》（卷十四）輯其佚詩，有〈遊西池詩〉、〈誡族子詩〉、〈送二王在領軍府集詩〉、〈詩〉、〈秋夜長〉，凡五首，多殘闕；嚴可均《全

晉文》（卷八三）輯其佚文〈殷祭議〉一篇。

⊙ 袁 豹

袁豹，字士蔚。準玄孫。初為著作佐郎。歷衛軍桓謙大將軍、武陵王遵記室參軍，後為孟昶建威司馬，轉司徒左西屬，遷撫軍劉毅諮議參軍，領記室，轉撫軍司馬，遷御史中丞，代孟昶為丹陽尹。坐事降為太尉諮議參軍，轉長史。義熙九年卒。追封南昌縣子。事蹟具《晉書》（卷八三）〈袁瓌附傳〉、《宋書》（卷五三）〈袁湛附傳〉。

〈隋志〉云：「晉丹陽太守袁豹集八卷。注云：梁十卷，錄一卷。」

〈舊唐志〉云：「袁豹集十卷。」

〈新唐志〉云：「袁豹集十卷。」

按《袁豹集》，〈隋志〉著錄八卷，注云梁有十卷，錄一卷。〈舊、新唐志〉著錄十卷，似為南朝舊本而佚錄一卷，已佚不傳。清嚴可均《全晉文》（卷五六）輯其佚文，據《宋書‧禮志》三所引，有〈四府君遷主議〉，據《宋書‧袁湛傳》所引，有〈大田議〉、〈為宋公檄蜀文〉，凡三篇。

⊙ 周 祗

周祗，字穎文。陳郡人。義熙初為國子博士。有集二十卷。見嚴可均《全晉文》（卷一四二）。

〈隋志〉云：「晉國博士周祗集十一卷。注云：梁一十卷，錄一卷。」

〈舊唐志〉云：「周祗集十卷。」

〈新唐志〉云：「周祗集十卷。」

按〈隋志〉著錄《周祗集》十一卷，注云梁有十卷，錄一卷。〈舊、新唐志〉作十卷，似南朝舊本復出，已佚。嚴可均《全晉文》（卷一四二）輯其文，有〈月賦〉、〈枇杷賦〉、〈與劉裕書諫伐蜀〉、〈執友箴〉、〈祭梁鴻文〉，凡五篇。

⊙ 釋惠（慧）遠

釋慧遠，雁門樓煩人。本姓賈氏，年二十一遇釋道安，以為師，後隨道安襄陽。孝武初，襄陽陷，移居廬山，江州刺史桓伊為起東林寺。義熙十二年卒，年八十三。有集十二卷。見逯欽立《先秦漢魏晉南北朝詩‧晉詩》（卷二十）。

〈隋志〉云：「晉沙門釋惠遠集十二卷。」

〈舊唐志〉云：「沙門惠遠集十五卷。」

〈新唐志〉云：「僧惠遠集十五卷。」

按慧遠擅為文章，辭氣清雅。慧皎《高僧傳》稱其善屬文章，所著論、序、

銘、贊、詩、書，集為十卷五十餘篇，見重於世。其集〈隋志〉著錄十二卷，〈舊、新唐志〉俱作十五卷，已佚。由今存詩文觀之，所作多釋家闡釋經義之文。逯欽立《先秦漢魏晉南北朝詩·晉詩》（卷二十）輯其〈廬山東林雜詩〉一首；嚴可均《全晉文》（卷一六一至一六二）輯其文，有書十三篇，論五篇，〈廬山〉、〈游山記〉各一篇，序五篇，頌贊各一篇，銘三篇，凡三十篇，編為二卷。

⊙ **鍾夫人**

鍾琰，穎川人。鍾繇曾孫，王渾妻。有集五卷。見逯欽立《先秦漢魏晉北朝詩·晉詩》（卷一）。

〈隋志〉著錄《晉江州刺史王凝之妻謝道韞集》二卷，注云：「梁有婦人晉司徒王渾妻鍾夫人集五卷，亡。」

〈舊唐志〉云：「鍾夫人集二卷。」

〈新唐志〉云：「鍾夫人集二卷。」

按《晉書·列女傳》稱王渾妻鍾氏，字琰，穎川人，魏太傅繇曾孫也。父徽黃門郎。琰數歲能屬文，及長，聰慧弘雅，博覽記籍，美容止，善嘯詠。禮儀法度為中表所則。既適渾，生濟。渾弟湛妻郝氏，亦有德行。琰雖貴門，與郝雅相親重。郝不以賤下琰，琰不以貴陵郝。時人稱鍾夫人之禮，郝夫人之法。又世說新語注引婦人集云：「夫人有文才，其詩賦頌誄行於世。」〈隋志〉著錄《鍾夫人集》五卷，亡。〈舊、新唐志〉均作二卷，今已佚。清嚴可均《全晉文》（卷一四四）輯其文，有〈遐思賦〉、〈鶯賦〉，凡二篇。今人逯欽立《先秦漢魏晉南北朝詩·晉詩》（卷一）據《初學記》卷三輯其詩二句。

⊙ **左九嬪**

左貴嬪，名芬，齊國臨淄人。兄思。芬少好學，善綴文，名亞於思。武帝聞而納之。泰始八年（272 年）拜修儀，受詔作愁思之文，因為離思賦。後為貴嬪，姿陋無寵，以才德禮。體羸多患，常居薄室。帝每遊華林，輒回輦過之，言及文義，辭對清華，左右侍聽，無不稱美。及元楊皇后崩，芬獻誄。咸寧二年（276 年）納悼后，芬於座受詔作頌。及帝女萬年公主薨，詔芬為誄，其文甚麗。帝重芬詞藻，每有方物異寶，必詔為賦頌，以是屢獲恩賜焉。事蹟具《晉書》（卷五）〈后妃傳〉。

〈隋志〉著錄《晉江州刺史王凝之妻謝道韞集》二卷，注云：「晉武帝左九嬪集四卷。」

〈舊唐志〉云：「九嬪集一卷。」

〈新唐志〉云：「左九嬪集一卷。」

按《晉書・后妃傳》稱其有〈答兄思詩書〉及雜賦頌數十篇，並行於世。〈隋志〉著錄其集四卷，〈舊、新唐志〉均作一卷，已佚。今存詩文，逯欽立《先秦漢魏晉南北朝詩・晉詩》（卷七）輯其詩，〈啄木詩〉為四言，〈感離詩〉為五言，凡二首；清嚴可均《全晉文》（卷十三）輯其文，凡二十八篇，末有目錄一篇。其目錄稱《左貴嬪集》有〈離思賦〉、〈相風賦〉、〈孔雀賦〉、〈松柏賦〉、〈涪漚賦〉、〈納皇后頌〉、〈楊皇后登祚頌〉、〈芍藥花頌〉、〈鬱金頌〉、〈菊花頌〉、〈神武頌〉、〈四言詩四首〉、〈武元皇后誄〉、〈萬年公主誄〉。

⊙ **陳 窈**

陳窈，武平都尉陶融妻。有集一卷。見嚴可均《全晉文》（卷一四四）。

〈隋志〉著錄《晉江州刺史王凝之妻謝道韞集》二卷，注云：「晉武平都尉陶融妻陳窈集一卷，亡。」

按〈隋志〉著錄其集一卷，已佚。《藝文類聚》、《初學記》引有〈箏賦〉一篇，並祇云陶融妻陳氏，不著其名。清嚴可均《全晉文》（卷一四四）輯其〈箏賦〉佚文一篇。

⊙ **陳 珍**

陳珍，聰辯能屬文。嘗正且獻椒花頌，又撰元日及冬至進見之儀，行於世。事蹟具《晉書》（卷九六）〈列女傳〉。

〈隋志〉著錄《晉江州刺史王凝之妻謝道韞集》二卷，注云：「晉海西令劉驎妻陳參集集七卷，亡。」

〈舊唐志〉云：「劉臻妻陳氏集五卷。」

〈新唐志〉云：「劉臻妻陳氏集五卷。」

按〈隋志〉著錄其集七卷，亡。〈舊、新唐志〉均作五卷，亦已佚。嚴可均《全晉文》（卷一四四）輯其文，〈與妹劉氏書〉、〈答舅母書〉、〈正旦獻椒花頌〉、〈獻春頌〉、〈五時畫扇頌〉、〈進見儀〉，凡五篇，乃《藝文類聚》、《太平御覽》、《初學記》所引輯錄。又〈隋志〉題劉驎妻陳參，誤也，當正為劉臻妻也。

⊙ **王邵之**

王邵之，劉柔妻。有集十卷。見嚴可均《全晉文》（卷一四四）。

〈隋志〉著錄《晉江州刺史王凝之妻謝道韞集》二卷，注云：「晉劉柔妻王邵之集十卷，亡。」

按諸書所引祇云劉柔妻王氏，不著名。其集〈隋志〉著錄十卷，著劉柔妻王邵之撰，已佚。清嚴可均《全晉文》（卷一四四）輯其佚文，有〈懷思賦〉、〈春花

賦〉、〈姜源頌〉、〈啓母塗山頌〉、〈靈壽杖銘〉、〈夫誄〉，凡六篇。

⊙ 孫　瓊

孫瓊，吳興人，適鈕氏。性好養鶴，其從弟孝徵以書戒之。子滔，舉孝廉爲松陽令。見嚴可均《全晉文》（卷一四四）。

〈隋志〉著錄《晉江州刺史王凝之妻謝道韞集》二卷，注云：「晉松陽令紐滔母孫瓊集二卷，亡。」

按《孫瓊集》，〈隋志〉著錄二卷，〈舊、新唐志〉俱未著錄，蓋亡佚矣。嚴可均《全晉文》（卷一四四）輯其佚文，據《藝文類聚》、《御覽》、《初學記》所引，有〈悼艱賦〉、〈箜賦賦〉、〈與虞定夫人書薦環夫人書〉、〈答虞吳國書〉、〈與從弟孝徵書〉、〈與從祖虞光祿書〉、〈公孫夫人序贊〉，凡七篇。

（二）史志未著錄者

⊙ 卞　裕

卞裕，始末未詳。

按卞裕之作，史志未見著錄。今僅存逯欽立《先秦漢魏晉南北朝詩·晉詩》（卷十五）輯其詩，有〈送桓竟陵詩〉（據《初學記》十八所引）、〈詩〉（據《詩紀》三十六所引），凡二篇。

⊙ 魯　褒

魯褒，字元道。南陽人。好學多聞，以貧素自立。元康之後，以賈、郭二族專橫，賄賂公行，因作《錢神論》以譏之。未仕，不知所終。事蹟具《晉書》（卷九四）本傳。

按《晉書》本傳稱元康以後，綱紀大壞，魯褒傷時嫉世，痛恨時俗之貪鄙，於是隱姓埋名，著《錢神論》以刺之。文沿襲辭賦問答之體，虛設主客，一問一答，極論錢之妙用如神。語言詼諧幽默，時帶揶揄之意。嬉笑怒罵，淋漓酣暢。今其文僅存此篇，嚴可均《全晉文》（卷一一三）收之，然所載已非原貌，係據《晉書》本傳、《藝文類聚》、《初學記》等諸書抄並而成。

⊙ 范　堅

范堅，字子常。南陽順陽人。博學善屬文。永嘉中避亂江東，拜著作佐郎，後爲撫軍參軍。討蘇峻，賜爵都亭侯。成帝時累遷尚書右丞護軍長史。後遷護軍長史，卒官。有文傳於世。事蹟具《晉書》（卷七五）。

按范堅詩文，史志未見其集著錄。清嚴可均《全晉文》（卷一二四）輯其佚文，

有〈蠟燈賦〉、〈安石榴賦〉、〈駁議減廣死罪〉，凡三篇。

⊙ 習毄

習毄，字彥文。襄陽人。永嘉中，山簡辟爲征南功曹，轉記室參軍。見《北堂書鈔》（卷六八）。

按習毄詩文，史志未見其集著錄。清嚴可均《全晉文》（卷一二四）輯其佚文，僅〈長鳴雞賦〉一篇，《藝文類聚》九十一、《初學記》三十引之。

⊙ 徐虔

徐虔，元興末爲博士。見嚴可均《全晉文》（卷一四〇）。

按徐虔詩文，史志未見其集著錄。清嚴可均《全晉文》（卷一四〇）輯其佚文，僅〈后服未終廢樂議〉一篇。

⊙ 劉謐之

劉謐之，始末未詳。《藝文類聚》以爲晉人。

按劉謐之詩文，史志未見其集著錄。清嚴可均《全晉文》（卷一四三）輯其佚文，有〈寵郎賦〉（寵一作龐）、〈迷賦〉、〈與天公牋〉，凡三篇。三者俱爲殘篇，〈寵郎賦〉，《初學記》十九作〈龐郎賦〉、《御覽》三百八十二作〈寵郎賦〉；〈迷賦〉乃《御覽》四百九十所引，據其字句片段，疑即爲〈龐郎賦〉之誤；〈與天公牋〉，乃據《御覽》七百七十、又八百二十四、六百九十三、《藝文類聚》六十七、《初學記》十九所引輯成。

⊙ 黃章

黃章，字伯仁。魯國人。師事鄭思遠。見《抱朴子‧內篇‧遐覽》，又引見《御覽》六百七十。嚴可均《全晉文》（卷一〇五）案云：「《書鈔》一百二引魯國先賢傳，黃伯仁，不知何許人，嘗爲龍馬頌，其文甚麗。今據抱朴子，知是魯國人。」

按黃章詩文，史志未見其集著錄。清嚴可均《全晉文》（卷一〇五）輯其佚文，僅〈龍馬賦〉一篇，爲殘篇，據《藝文類聚》九十三、《初學記》二十九、《文選‧赭白馬賦注》、《文選‧江賦注》、《七命注》、《書鈔》一百二十六所輯。

⊙ 許邁

許邁，字叔玄，一名映。後名玄，字遠游。丹楊句容人。家世士族，性恬靜，不慕仕進。初於懸霤立舍而居，放紀世務遍游名山。采藥桓山，以求遐壽。永和二年（346年），移入臨安西山，有終焉之志。嘗著詩論神仙之事，與王羲之相與爲世外之交。後莫知所終，好道者以爲羽化成仙。事蹟具《晉書》（卷八十）〈隱逸傳〉。

按許邁詩文，未見史志著錄。清嚴可均《全晉文》（卷一六七）輯其佚文，僅〈遺王羲之書〉一篇，爲殘篇，據《晉書‧許邁傳》、《初學記》八所輯。

⊙ 郭 愔

郭愔，石勒臣，餘不詳。見逯欽立《先秦漢魏晉南北朝詩‧晉詩》（卷八）。

按郭愔之作，史志未見著錄。逯欽立《先秦漢魏晉南北朝詩‧晉詩》（卷八）輯其詩，有〈從弟別詩〉、〈百鵠詩〉，凡二首。

⊙ 桃 葉（王獻之妾）

桃葉，王獻之妾。見逯欽立《先秦漢魏晉南北朝詩‧晉詩》（卷十三）。

按《初學記》卷二十五扇第七云王獻之〈桃葉團扇歌〉，逯欽立《先秦漢魏晉南北朝詩‧晉詩》（卷十三）則作王獻之妾桃葉所作，其詩今存〈答王團扇歌〉三首、〈團扇郎〉，凡四首。

⊙ 趙 整

趙整，字文業，一名正。雒陽清水人，或曰濟陰人。年十八爲僞秦著作郎，遷黃門侍郎、武威太守等。《高僧傳》（卷一）〈曇摩難提傳〉謂趙整學識豐富，情思敏捷而好直言，常以詩歌諷苻堅。然未被納。苻堅好酒，整又作酒德之歌諷之。整虔信佛教，愛好佛典，任秘書郎、武威太守時，命僧加跋澄及僧道安等譯佛典阿毗曇、阿含等一〇六卷。事蹟散見逯欽立《先秦漢魏晉南北朝詩‧晉詩》（卷十四）、《高僧傳》（卷一）等。

按趙整之作，史志未見著錄。今存詩文，逯欽立《先秦漢魏晉南北朝詩‧晉詩》（卷十四）輯其詩，有〈酒德歌〉二首、〈諷諫詩〉二首、〈諫歌〉、〈琴歌〉，凡六首。前秦錄云：「堅與群臣飲酒，以秘書監朱肜爲酒正，令人以極醉爲限。整乃作〈酒德歌〉曰云云，堅大悅，命整書之，以爲酒戒。自是每晏群臣，禮飲而已。」知其〈酒德歌〉所作之由。又《高僧傳》云：「正（即整也）性好幾諫，無所迴避。苻堅末年，寵惑鮮卑，惰於治政。正因歌諫曰云云。」知〈諷諫詩〉所作之由。嚴可均《全晉文》（卷一五九）輯其佚文，僅〈出家更名頌〉一篇。

八、宋

（一）史志著錄者

⊙ 宋孝武帝

宋孝武帝，劉駿，字休龍，小字道民。文帝第三子。少機穎，神明有才，雄

決愛武，長於騎射。初封武陵王。以母無寵，累出外藩。太子劭弑父自立，以江州入討，尋即皇帝位。孝建元年（454 年），鑄孝建四銖錢，平劉義宣之亂。二年，裁減王侯車服、器用、樂舞制度。大明元年（457 年），令雍州土斷。五年，詔減方鎮所假白板郡縣食祿，不給送故。制民戶調。六年，令沙門致敬人主。七年，詔非臨軍戰陣，不得擅殺。嘗以宗室強盛，出親信任諸王典籤以分其權，翦殺有才或不馴宗王。重用寒人近習參掌機要，強禁衛之軍，分方鎮之勢，又開山林之禁，頒依品占山之格。爲人淫亂好殺。諡曰孝武皇帝，廟號世祖。事蹟具《宋書》（卷六）、《南史》（卷二）本紀。

〈隋志〉云：「宋孝武帝集二十五卷。注云：梁三十一卷，錄一卷。」

〈舊唐志〉云：「宋武帝集二十卷。」

〈新唐志〉云：「宋武帝集二十卷。」

《直齋書錄解題·詩集類》著錄《宋武帝集》一卷，陳氏云：「孝武駿也。」

按《南齊書·王儉傳》稱其以好文章，天下悉以文彩相尚。其亦自稱有文藻，爲文人所莫及。其作以樂府詩見長，《玉臺新詠》收錄其丁都護等諸詩，仿南朝樂府民歌形式，眞率樸素，頗具情韻。另有〈傷宣貴妃〉、〈擬漢武帝李夫人賦〉、〈傷悼殷貴妃〉，眞情溢於言詞之間。故劉勰《文心雕龍·時序篇》稱「孝武多才，英采雲構」。鍾嶸《詩品》將其與劉鑠、劉宏並列於下品，謂其「雕文織才，過於精密。」〈隋志〉著錄其集二十五卷，注云梁有三十一卷，錄一卷。〈舊、新唐志〉俱作二十卷，今已佚。今存詩文，逯欽立《先秦漢魏晉南北朝詩·宋詩》（卷五）輯其詩，凡二十七首。嚴可均《全宋文》（卷七至卷九）輯其文二卷，凡一百四十篇。

⊙　劉義慶

劉義慶，本道憐子，出繼道規。幼爲高祖所知。初襲封臨川王，歷丹陽尹、尚書左僕射等。後出鎮荊州，荊州居上流重地，資實兵甲居朝廷之半，本用高祖諸子，因其爲宗室之賢，特有此授。性簡素，愛文義，喜招聚才學之士。有《世說》十卷，又撰《集林》二百卷，並行於世。後改授江州，遷南兗州，並帶都督。卒於京邑。事蹟具《宋書》（卷五一）、《南史》（卷十三）本傳。

〈隋志〉云：「宋臨川王義慶集八卷。」

〈舊唐志〉云：「宋臨川王集八卷。」

〈新唐志〉云：「宋臨川王義慶集八卷。」

按〈隋志〉著錄其集八卷，〈舊、新唐志〉同，已佚。今存詩文，逯欽立《先秦漢魏晉南北朝詩·宋詩》（卷四）輯其詩，有〈烏夜啼〉、〈遊鼉湖詩〉，凡二首，

俱殘；嚴可均《全宋文》（卷十一）輯其文，有〈箜篌賦〉、〈鶴賦〉、〈山雞賦〉、〈薦庾實等表〉、〈啓事〉、〈黃初妻趙罪議〉，凡六篇。

⊙　**劉義恭**

劉義恭，武帝第五子。幼明穎，美姿顏，涉獵文義，故武帝特所鍾愛，諸子莫及。初封江夏王，屢鎮重藩。後代義康爲宰。小心恭慎，雖爲總錄，奉行文書而已。世祖入討，南奔歸之。世祖欲削王侯，希旨請省錄尙書，又陳貶損之格九條。世祖性嚴，慮不見容，乃卑辭曲意，盡禮祇奉。名爲輔幼主，實權在近臣。前廢無道，嘗謀欲廢立，事泄遇害。事蹟具《宋書》（卷六一）、《南史》（卷十三）本傳。

〈隋志〉云：「宋江夏王義恭集十一卷。注云：梁十五卷，錄一卷。又有江夏王集別本十五卷，亡。」

〈舊唐志〉云：「宋江夏王集十三卷。」

〈新唐志〉云：「江夏王義恭集十五卷。」

按其集〈隋志〉著錄十一卷，注云梁有十五卷，錄一卷，又有別本十五卷，亡。〈舊唐志〉作十三卷，〈新唐志〉作十五卷，疑〈舊唐志〉有誤。今其集已佚。所作多爲樂府詩，宋郭茂倩《樂府詩集》載之。今存詩文，逯欽立《先秦漢魏晉南北朝詩・宋詩》（卷六）輯其詩，凡十三首；嚴可均《全宋文》（卷一一至一二）輯其文二卷，凡三十五篇。

⊙　**南平王鑠**

劉鑠，字休玄，小字烏羊。文帝第四子。初封南平王。少好學，有文才。歷南豫、豫州刺史。元凶弑立，以爲錄尙書事，義軍入宮，與濬同歸世祖。世祖以其素不推事，復爲元凶所任，遂以藥毒殺之。事蹟具《宋書》（卷七二）、《南史》（卷十四）本傳。

〈隋志〉云：「宋南平王鑠集五卷。」

〈舊唐志〉云：「宋南平王集五卷。」

〈新唐志〉云：「南平王鑠集五卷。」

按《南史》本傳稱其二十歲前作擬古詩三十餘首，時人以爲可與陸機擬古詩相媲美。蕭統《文選》、徐陵《玉臺新詠》皆酌收部分擬古詩。其集〈隋志〉著錄五卷，〈舊、新唐志〉同。其詩確能開闊意境，著意手法與煉意，頗具新貌。鍾嶸《詩品》將其與劉駿、劉宏同列下品。其集今已佚，遺存詩文，逯欽立《先秦漢魏晉南北朝詩・宋詩》（卷五）輯其詩，有〈三婦豔詩〉、〈白紵曲〉、〈擬古詩四首〉、〈代收淚就

長路詩〉、〈過歷山湛長史草堂詩〉、〈七夕詠牛女詩〉、〈歌詩〉，凡十首；嚴可均《全宋文》（卷十三）輯其文，僅〈答移魏若庫辰樹蘭〉一篇。

⊙ 謝瞻

謝瞻，字宣遠，一名檐，字通遠。陳郡陽夏人。晦第三兄。六歲能屬文。晉元興元年，爲安西將軍桓偉參軍，歷楚臺祕書郎、劉柳建成長史、武帝鎮軍參軍、琅邪王大司馬參軍，轉主簿、安城相、宋國中書、侍郎、相國從事中郎，出爲豫章太守，文章與從叔混、族弟靈運相抗。後於郡遇疾，不治還都而終。事蹟具《宋書》（卷五六）、《南史》（卷十九）〈謝晦傳〉。

〈隋志〉云：「宋豫章太守謝瞻集三卷。」

〈舊唐志〉云：「謝瞻集二卷。」

〈新唐志〉云：「謝瞻集二卷。」

按謝瞻以詩知名當世，文選收其詩數首。〈隋志〉著錄其集三卷，〈舊、新唐志〉俱作二卷，已佚。詩風清淺流麗，明胡應麟《詩藪》以爲「宣遠子房戲馬，格調詞藻，可坦步延之、靈運間」。鍾嶸《詩品》將其與謝混等五人同列中品，謂其「源出於張華，才力苦弱，故務其清淺，殊得風流媚趣。」今存詩文，見逯欽立《先秦漢魏晉南北朝詩‧宋詩》（卷一）輯其詩，有〈九日從宋公戲馬臺集送孔令詩〉、〈答康樂秋霽詩〉、〈於安城答靈運詩五章〉、〈王撫軍庾西陽集別時爲豫章太守庾被徵還東詩〉、〈經張子房廟詩〉、〈遊西池詩〉，凡六首；嚴可均《全宋文》（卷三三）輯其文，有〈安成郡庭枇杷樹賦〉、〈臨終遺弟晦書〉、〈紫石英讚〉（闕），凡二篇。

⊙ 王敘之

王敘之，即王叔之，字穆仲。琅邪臨沂人。父敬弘。仕至都官尙書。事蹟具《宋書》（卷六六）本傳。

〈隋志〉云：「宋王敘之集七卷。注云：梁十卷，錄一卷。」

〈舊唐志〉云：「王叔之集十卷。」

〈新唐志〉云：「王叔之集十卷。」

按《經典釋文‧敘錄》稱叔之，爲晉宋間處士，有《莊子義疏》三卷，集十卷。〈隋志〉著《王敘之集》七卷，注云梁有十卷。〈舊、新唐志〉俱著錄《王叔之集》十卷。諸書所引有作升之、叔之、叔元、淑之、敘之，凡五異，嚴可均《全宋文》（卷五七）以爲止一人。其集今已佚，逯欽立《先秦漢魏晉南北朝詩‧宋詩》（卷一）輯其詩，有〈遊羅浮山詩〉、〈擬古詩〉，凡二首；嚴可均《全宋文》（卷

五七）輯其文，有〈翟雉賦〉、〈遂隱論〉、〈懷舊序〉、〈傷孤鳥詩序〉、〈續劉伯倫酒德頌〉、〈舟贊〉、〈笏贊〉、〈甘橘贊〉、〈蘭菊銘〉，凡九篇。二者俱題王叔之。

⊙ 徐 廣

徐廣，字野民。東莞姑幕人。侍中徐邈弟。世好學，至廣尤爲精純，百家數術無不研覽。初爲謝玄兖州從事，後補鎮北參軍。孝武世，除秘書郎，典校秘書省。會稽世子元顯引爲中軍參軍，遷領軍長史。桓玄輔政，以爲大將軍文學祭酒。義熙初（405 年），奉詔撰《車服儀注》，除鎮軍諮議，領記室，封樂成侯，轉員外散騎常侍，領著作。復遷驍騎將軍，領徐州大中正，轉正員常侍、大司農，仍領著作。遷秘書監。十二年（416 年），撰成《晉紀》四十六卷。又撰《答禮問》，年七十四，卒於家。事蹟具《晉書》（卷八二）、《宋書》（卷五五）、《南史》（卷三三）本傳。

〈隋志〉云：「宋太中大夫徐廣集十五卷。注云：錄一卷。」

〈舊唐志〉云：「徐廣集十五卷。」

〈新唐志〉云：「徐廣集十五卷。」

按〈隋志〉著錄其集十五卷，錄一卷。〈舊、新唐志〉同，今已佚。逯欽立《先秦漢魏晉南北朝詩・晉詩》（卷十五）輯其〈三日臨水詩〉，僅四句。嚴可均《全晉文》（卷一三六）輯其文，凡十四篇。

⊙ 孔甯子

孔甯子，會稽山陰人。義熙初爲武帝太尉主簿，永初中爲文帝鎮西諮議參軍。文帝即位，以爲黃門侍郎，領步兵校尉，進侍中。元嘉二年卒。有集十五卷。事蹟具《宋書》（卷二三）〈王華傳〉。

〈隋志〉云：「宋侍中孔甯子集十一卷。注云：并目錄。梁十五卷，錄一卷。」

〈舊唐志〉云：「孔甯子集十五卷。」

〈新唐志〉云：「孔甯子集十五卷。」

按〈隋志〉著錄孔《甯子集》十一卷，注云并目錄，梁有十五卷，錄一卷。〈舊、新唐志〉均作十五卷，似南朝舊本復出，已佚。宋郭茂倩《樂府詩集》錄其樂府詩〈棹歌行〉、〈前緩聲歌〉，凡二首；逯欽立《先秦漢魏晉南北朝詩・宋詩》（卷一）亦收之。嚴可均《全宋文》（卷二八）輯其佚文，有〈犛牛賦〉、〈陳損益〉、〈井頌〉、〈水贊〉，凡四篇。

⊙ 傅 亮

傅亮，字季友。北地靈州人。高祖咸。博涉經史，尤善文詞。初爲建威參軍，

後爲劉裕記室。宋國建，揣武帝有受禪意，首倡有功，永初間，典詔命，專總國政。後爲顧命。少帝廢，奉迎文帝。旋賜死。事蹟具《宋書》（卷四三）、《南史》（卷十五）本傳。

〈隋志〉云：「宋尚書令傅亮集三十一卷。注云：梁二十卷，錄一卷。」

〈舊唐志〉云：「傅亮集十卷。」

〈新唐志〉云：「傅亮集十卷。」

按《宋書》本傳稱其博涉經史，尤善文詞。當時詔誥策命，多出其手。《文選》收錄四篇，即〈爲宋公至洛陽謁五陵表〉、〈爲宋公求加贈劉前軍表〉、〈爲宋公修張良廟教〉、〈爲未公修楚元王墓教〉。鍾嶸《詩品》稱其於傅亮之詩，常忽而不察，至沈約選詩數首，方仔細品鑒，以爲其詩「平美」，故列入下品。〈隋志〉著錄其集三十一卷，注云梁有二十卷，錄一卷。〈舊、新唐志〉均作十卷，宋代書目未見著錄，蓋已佚矣。今存明張溥《漢魏六朝百三家集》，輯《傅光祿集》一卷，分賦、宋國封建禪代詔策文、教、表、奏、碑銘、論、書、讚、詩十類編次，凡收賦六篇，詔策等雜文二十四篇，詩四首。又嚴可均《全宋文》（卷二六）輯其文一卷，凡二十五篇；逯欽立《先秦漢魏晉南北朝詩・宋詩》（卷一）輯其詩，有〈從武帝平閩中詩〉、〈從征詩〉、〈奉迎大駕道路賦詩〉、〈冬至〉，凡四首，收錄傅亮詩文，較前爲備。

⊙　鄭鮮之

鄭鮮之，字道子。滎陽開封人。喜讀書，絕交游。初爲桓偉主簿。累遷御史中丞。性剛直，甚得司直之體。盡心武帝，不屈意於甥劉毅。帝踐祚，遷太常，都官尚書爲人通率，隱厚篤實，贍恤親故。仕至尚書右僕射。事蹟具《宋書》（卷六四）、《南史》（卷三三）本傳。

〈隋志〉云：「宋太常卿鄭鮮之集十三卷。注云：梁二十卷，錄一卷。」

〈舊唐志〉云：「鄭鮮之集二十卷。」

〈新唐志〉云：「鄭鮮之集二十卷。」

按〈隋志〉著錄其集十三卷，注云梁有二十卷，錄一卷。〈舊、新唐志〉均作二十卷，似南朝舊本復出，已佚。今存詩文，逯欽立《先秦漢魏晉南北朝詩・宋詩》（卷一）輯其〈行經張子房廟詩〉一首；嚴可均《全宋文》（卷二五）輯其文，有〈諫北討表〉、〈請立學表〉、〈舉謝絢自代〉、〈媵羨仕宦議〉、〈啓事〉、〈與沙門論踞食書〉、〈神不滅論〉、〈祭牙文〉，凡九篇。

⊙　陶　潛

陶潛，一名淵明，字元亮。廬江潯陽人。陶侃曾孫。少懷高尚，博學善屬文，

穎脫不羈，嘗著五柳先生傳以自況。起家州祭酒，後爲鎮軍、建威參軍，彭澤令。嘗以不爲五斗米折腰，去職歸隱。作〈歸去來兮辭〉明志。後徵著作郎，不就。遂絕州郡觀謁，唯向田舍及廬山。性嗜酒，吟詠不絕。有文集數種，並行於世。事蹟具《晉書》（卷九四）本傳。

〈隋志〉云：「宋徵士陶潛集九卷。注云：梁五卷，錄一卷。」

〈舊唐志〉云：「陶淵明集五卷。」

〈新唐志〉云：「陶潛集二十卷。（合鈔：新書增。）」又「集五卷。」

《崇文總目》云：「陶潛集十卷。」

《郡齋讀書志》著錄《陶靖節集》十卷，晁氏云：

> 今集有數本，七卷，梁蕭統編，以序、傳、顏延之誄載卷首。十卷者，北齊陽休之編，以五孝傳、聖賢群輔錄、序傳誄分三卷，益之詩，篇次差異。按隋經籍志，潛集九卷，又云梁有五卷，錄一卷。唐藝文志，潛集五卷。今本皆不與二志同，獨吳氏西齋目有潛集十卷，疑即休之本也。休之本出宋庠家云。江左舊書，其次第最有倫貫，獨四八目後「八儒」、「三墨」二條，疑後人妄加。

《直齋書錄解題》著錄《陶靖節集》十卷。

《文獻通考・經籍考》著錄《陶靖節集》十卷。

〈宋志〉云：「陶淵明集十卷。」

《四庫全書總目》著錄《陶淵明集》八卷，總論一卷。

按南朝梁昭明太子蕭統〈陶淵明集序〉云：「余愛嗜其文，不能釋手，尚想其德，恨不同時。故更加搜求，粗爲區目。」知蕭統爲陶集最早編定者。〈隋志〉著錄其集九卷，據考即陽休之本而佚去序目一卷。〈舊唐志〉著錄五卷，〈新唐志〉著錄二十卷，後者「二」疑爲衍文，前者恐爲〈隋志〉注所云梁六卷本而缺失目錄一卷。北宋時，陶集有宋庠、思悅二種十卷刻本。宋庠本得自江左名家舊書，思悅本采永嘉周氏藏陽休之本。二者原本，皆已不存。南宋以來，陶集刻本繁多，有南宋紹熙三年（1192 年）曾集刻本，不分卷，詩文分編，無五孝傳、四八目，保存宋庠本之大致面貌，續古逸叢書有影印本；汲古閣藏十卷本，南宋刊，卷一至卷四，收詩一二七首，卷五收辭賦三篇，卷六收紀傳贊述十三篇，卷七收傳贊五篇（即〈五孝傳〉），卷八收疏、祭文四篇，卷九至卷十，收四八目，有清道光二十一年（1841 年）李廷珏翻刻本、咸豐十一年（1861 年）旌德李氏影刻本；明人焦竑藏八卷本，南宋刊，焦氏有影刻本，卷一至卷四收詩，卷五收賦辭，卷六收記傳畫贊述，卷七收五孝傳，卷八收疏文。此外，尚有宋末湯漢《陶靖節詩注》

四卷、元初李公煥箋注《陶淵明集》十卷。明清二代，陶集注本紛出，如明何孟春《陶淵明集注》十卷、黃文煥《陶詩析義》四卷、清丘嘉穗東山草堂《陶集箋注》五卷、張子烈評注《陶淵明詩集》六卷、蔣薰評閱《陶淵明集》六卷、吳瞻泰《陶詩匯注》四卷、陶澍《靖節先生集注》十卷，以陶澍注本為佳。逯欽立校注《陶淵明集》七卷，以李公煥本為底本，刪去偽作五孝傳、四八目等，校以曾集本、魯銓刻蘇寫大字本、莫友芝翻宋本、黃藝錫刻東坡和陶詩本，並參酌諸家舊說作注，為今最善之校注本。

⊙ 范 泰

范泰，字伯倫。順陽人。父寧。初為太學博士，累歷顯宦。好酒，不拘小節，雖公坐，笑言不異私室。武帝踐阼，領國子祭酒。後上書極諫少帝。文帝即位，所陳時事，多為憂容。博覽篇籍，好為文章，愛獎後生。暮年事佛。卒後追贈侍中、王師諸號。事蹟具《宋書》（卷六十）本傳。

〈隋志〉云：「宋太常卿范泰集十九卷。注云：梁二十卷，錄一卷。」

〈舊唐志〉云：「范泰集二十卷。」

〈新唐志〉云：「范泰集二十卷。」

按《晉書》本傳所載〈請建國學表〉、〈諫改錢法〉等，均為時論所重。嘗撰〈古今善言〉二十四篇，並文集二十卷，均已佚。今存詩文，逯欽立《先秦漢魏晉南北朝詩·宋詩》（卷一）輯其詩，有〈經漢高廟詩〉、〈鸞鳥詩〉、〈九月九日詩〉、〈詩〉、〈詠雪詩〉、〈贈袁湛謝混詩〉，凡六首；嚴可均《全宋文》（卷十五）輯其文，凡二十篇。

⊙ 卞伯玉

卞伯玉，濟陰人。仕晉，官爵未詳。入宋為東陽太守、黃門郎。有繫辭注二卷、集五卷。見逯欽立《先秦漢魏晉南北朝詩·宋詩》（卷一）。

〈隋志〉著錄《宋中書郎荀昶集》十四卷，注云：「又有卞伯玉集五卷，錄一卷，亡。」

〈舊唐志〉云：「卞伯玉集五卷。」

〈新唐志〉云：「卞伯玉集五卷。」

按〈隋志〉著錄《卞伯玉集》五卷，錄一卷，亡。〈舊、新唐志〉同，已佚。今存詩文，逯欽立《先秦漢魏晉南北朝詩·宋詩》（卷一）輯其〈赴中書郎詩〉一首；嚴可均《全宋文》（卷四十）輯其文，有〈大暑賦〉、〈菊賦〉、〈薺賦〉、〈祭孫叔敖文〉，凡四篇。

⊙ **謝惠連**

　　謝惠連，陳郡陽夏人。父方明。幼聰敏，爲族兄靈遠所賞。州辟主簿不就。以居父憂無禮，坐徙廢。後起爲司徒法曹參軍。著〈雪賦〉，以高麗見奇。輕薄多尤累，故官位不顯。事蹟具《宋書》（卷五三）本傳。

　　〈隋志〉云：「宋司徒府參軍謝惠連集六卷。注云：梁五卷，錄一卷。」

　　〈新唐志〉云：「謝惠連集五卷。」

　　《郡齋讀書志》著錄《謝惠連集》五卷。

　　《直齋書錄解題‧詩集類》著錄《謝惠連集》一卷，陳氏云：

　　　　本集五卷，今惟詩二十四首。

　　《文獻通考‧經籍考》著錄《謝惠連集》五卷。

　　〈宋志〉云：「謝惠連集五卷。」

　　按謝惠連，官至法曹參軍，故其集又名《謝法曹集》。〈隋志〉著錄其集六卷，注云梁有五卷，錄一卷。〈新唐志〉作五卷，〈舊唐志〉則未著錄。《郡齋讀書志》著錄五卷，《直齋書錄解題》作一卷，注云：「本集五卷，今唯詩二十四首。」可知南宋末五卷本已散佚。今存明人輯本，有薛應旂《六朝詩集》本，輯《謝惠連集》一卷；汪士賢《漢魏諸名家集》本，輯《謝惠連集》一卷；張燮《七十二家集》本，輯《謝法曹集》二卷；張溥《漢魏六朝百三家集》本，輯《張法曹集》一卷，分賦、贊、箴、連珠、文、樂府、詩七類編次，末附本傳，凡收賦五篇，贊箴等雜文十二篇，樂府十二篇，詩十二首。近人丁福輯《漢魏六朝名家集》，以前人所輯，編爲《謝法曹集》二卷，卷一收文十七篇，卷二收詩二十八題三十二首。又嚴可均《全宋文》（卷三四）輯其文，凡十七篇；逯欽立《先秦漢魏晉南北朝詩‧宋詩》（卷四）輯其詩，凡三十四首，輯錄謝惠連詩文，較前爲備。

⊙ **謝靈運**

　　謝靈運，小名客兒。陳郡陽夏人。祖玄。少好學，博覽群書，文章之美，江左莫逮。襲封康樂公，起家大司馬行參軍。嘗奉使慰勞武帝於彭城，作撰征賦。性褊激，多愆禮度，朝廷唯以文義處之，不與實權，故常憤惋。少帝即位，以其非毀執政，出爲永嘉太守，在任著意遊遨，不理政務。後移籍會稽，修營舊業。其處傍山帶江，盡幽居之美，乃縱放爲娛，有終焉之志。嘗作山居賦並自注，以言其事。文帝徵爲秘書監，後還東。爲臨川內史。因執錄臺使，徙廣州，尋有詔棄市。事蹟具《宋書》（卷六七）、《南史》（卷十九）本傳。

　　〈隋志〉云：「宋臨川內史謝靈運集十九卷。注云：梁二十卷，錄一卷。」

〈舊唐志〉云：「謝靈運集十五卷。」

〈新唐志〉云：「謝靈運集十五卷。」

〈宋志〉云：「謝靈運集九卷。」

按謝靈運襲封康樂公，世稱謝康樂，故其集又名《謝康樂集》。《宋書》本傳稱其死後，所著文章傳於世。〈隋志〉著錄其集十九卷，注云梁有二十卷，錄一卷。又總集類著錄詩集五十卷，注云梁有五十一卷，又《謝靈運詩集》一百卷，宋侍中張敷、袁淑補輯，詩集鈔十卷，注云梁有〈雜詩〉鈔一卷，錄一卷，亡，賦集九十二卷，迴文集十卷，七集十卷，連珠集五卷，詩英九卷，注云梁十卷。由此知隋以前謝靈運詩文集眾多。〈舊唐志〉、〈新唐志〉所載，唐五代時，尚有《謝靈運集》十五卷、詩集五十卷、迴文詩集一卷、七集十卷、詩集鈔十卷、詩英十卷、設論集五卷、連珠集五卷等。〈宋志〉著錄《謝靈運集》九卷，又有三謝詩，據傳為唐庚所編，有南宋嘉泰四年（1204）宣城刊本，其中收錄謝靈運詩僅十首。明人重輯謝集，始於李夢陽，繼而有黃省曾、沈啓原，後經焦竑校勘，編為《謝康樂集》四卷，刊行於萬曆十一年（1583年）。此本卷一至卷二收賦十四篇，卷三收詩九一首，卷四收雜文二十四篇。明人汪士賢輯《漢魏諸名家集》即據此本。明張溥《漢魏六朝百三家集》本，輯《謝康樂集》二卷，卷一文，卷二詩，篇目多寡與焦竑序刊本有異。嚴可均《全宋文》（卷三十至卷三三）輯其文四卷，凡四十二篇，於張溥本外，稍有補輯。近人丁福保輯《漢魏六朝名家集》，亦輯有《謝康樂集》五卷，所收詩文與焦竑序刊本、張溥本均不同，或增或遺，亦非足本。黃節謝康樂詩注，為謝詩全注本。此本為黃氏據萬曆焦竑本《謝康樂集》中之詩，予以重編注釋。全書四卷，注文體例據黃氏自序稱：「其間昭明所選者，錄李善注。善注未盡者，為之補注。用善注兩京、三都賦補薛綜、劉淵林注列也。補注中，亦間采五臣注。此外則創為之注。」故其注於謝詩闡發精微。

⊙ 宗景（炳）

宗炳，字少文。南陽涅陽人。妙善琴書圖畫，精於言理。每游山水，往輒忘歸。入盧山就釋慧遠，考尋文義。宋受禪及元嘉中，頻徵並不應。元嘉二十年，卒年六十九。事蹟具《宋書》（卷九三）、《南史》（卷六五）〈隱逸傳〉。

〈隋志〉云：「宋徵士宗景集十六卷。注云：梁十五卷。」

〈舊唐志〉云：「宗炳集十五卷。」

〈新唐志〉云：「宗炳集十五卷。」

按其集〈隋志〉著錄十六卷，注云梁有十五卷，題宗景集，即宗炳也，唐人

避諱改爲景。〈舊、新唐志〉均作十五卷，似爲南朝舊本復出，今久佚。嚴可均《全宋文》（卷二十）輯其佚文，有〈評何承天通裴難荀大功嫁女議〉、〈答何衡陽書〉、〈又答何衡陽書〉、〈寄雷次宗書〉、〈師子繫象圖序〉、〈畫山水序〉、〈甘頌〉、〈明佛論〉，凡八篇。

⊙ **伍緝之**

伍緝之，仕晉，官爵未詳。入宋爲奉朝請。有《從征記》若干卷、集十二卷。見嚴可均《全宋文》（卷四十）。

〈隋志〉云：「宋奉朝請伍緝之集十二卷。」

〈舊唐志〉云：「伍緝之集十一卷。」

〈新唐志〉云：「伍緝之集十一卷。」

按其集〈隋志〉著錄十二卷，〈舊、新唐志〉均作十一卷，已佚。郭茂倩《樂府詩集》收其樂府詩〈勞歌〉二首，詩寫人生短暫，不若朝露，感慨歲月短促，情調頗低沈。逯欽立《先秦漢魏晉南北朝詩・宋詩》（卷一）亦載之，另輯有《初學記》卷三所引〈春芳詩〉二句。嚴可均《全宋文》（卷四十）輯其文，據《藝文類聚》、《初學記》所引，有〈園桃賦〉、〈柳花賦殘文〉二篇。

⊙ **范 曄**

范曄，字蔚宗，小字磚。順陽人。父泰。少好學，博涉經史，善爲文章，能隸書，曉音律。初爲劉裕相國掾。經義康府。後坐彭城太妃葬夜醼飲事，左遷宣城太守。於郡不得志，乃刪眾家《後漢書》爲一家之作，并於屈伸榮辱之際，多所致意。後入劉浚府，委以揚州事務。因忌沈演之爲帝知待，頗怨憤。遂與謝綜、孔熙先等謀舉事。爲同黨徐湛之告發，遂被收斬。事蹟具《宋書》（卷六九）、《南史》（卷三三）本傳。

〈隋志〉著錄《宋奉朝請伍緝之集》十二卷，注云：「范曄集十五卷，錄一卷。」

按〈隋志〉著錄其集十五卷，錄一卷，久佚。今存詩文，蕭統選錄其〈樂游應詔詩〉一首；逯欽立《先秦漢魏晉南北朝詩・宋詩》（卷四）輯其詩，有〈樂遊應詔詩〉、〈臨終詩〉，凡二首；嚴可均《全宋文》（卷十五）輯其佚文，有〈探時旨上言〉、〈作彭城王義康與徐湛之書宣示同黨〉、〈獄中與諸甥姪書以自序〉、〈雙鶴詩序〉、〈和香方序〉，凡五篇。

⊙ **范廣淵**

范廣淵，泰少子。爲司徒祭酒，世祖撫軍諮議參軍。元嘉二十二年，坐曄事從誅。事蹟具《宋書》（卷六十）〈范泰附傳〉、《南史》（卷三三）〈范曄附傳〉。

〈隋志〉著錄《宋奉朝請伍緝之集》十二卷，注云：「撫軍諮議范廣集一卷。」

按其集〈隋志〉著錄一卷，題范廣。《南史·范曄傳》、〈隋志〉皆作范廣，蓋避唐諱淵字而改也。原集久佚，逯欽立《先秦漢魏晉南北朝詩·宋詩》（卷四）輯其詩，僅〈征虜亭餞王少傅〉一首。《初學記》十八所引，作范廣泉，蓋亦避唐諱改也。

⊙ 何承天

何承天，東海郯人。少從母學，儒史百家，莫不該覽。初拜南蠻校尉參軍，轉爲劉裕太尉行參軍。與傅亮共撰朝儀。後爲南蠻長史，謝晦抗命，留府不從。尋除著作佐郎，撰國史，遷御史中丞。魏軍南進，嘗上陳安邊論。博見古今，爲一時所重。文帝本欲用以爲吏部，因事漏，遂免官卒家。又修定元嘉曆及改漏刻用二十五箭。事蹟具《宋書》（卷六四）、《南史》（卷三三）本傳。

〈隋志〉云：「宋御史中丞何承天集二十卷。注云：梁三十二卷，亡。」

〈舊唐志〉云：「何承天集三十卷。」

〈新唐志〉云：「何承天集二十卷。」

按何承天曾任衡陽內史，世稱何衡陽，故其集又稱《何衡陽集》。《宋書》本傳稱其有文集傳於世。〈隋志〉著錄其集二十卷，注云梁有三十二卷，亡。〈舊唐志〉著錄三十卷，〈新唐志〉則作二十卷，疑〈舊唐志〉「三」爲「二」之誤。至宋，亡佚。今存明張溥《漢魏六朝百三家集》，輯《何衡陽集》一卷，分賦、表、議、奏、論、問、書、頌、贊、詩十類編，末附本傳，凡收賦一篇，表議奏等雜文三十篇，樂府詩十五篇。又嚴可均《全宋文》（卷二二至二四）輯其文三卷，凡三十九篇，逯欽立《先秦漢魏晉南北朝詩·宋詩》（卷四）輯其〈鼓吹鐃歌〉十五首。

⊙ 袁 淑

袁淑，字陽源。陳郡陽夏人。父豹。文采遒艷，縱橫有才辯。初爲司徒祭酒。仕至太子左衛率。元凶將舉事，諫而不見從，終爲元凶加害於奉化門外。事蹟具《宋書》（卷七十）、《南史》（卷二六）本傳。

〈隋志〉云：「宋太尉袁淑集十一卷。注云：并目錄。梁十卷，錄一卷。」

〈舊唐志〉云：「袁淑集十卷。」

〈新唐志〉云：「袁淑集十卷。」

按袁淑，字陽源，故其集名《袁陽源集》，又其死後追贈太尉，諡忠憲，故又名《袁忠憲集》。《宋書》本傳稱袁淑有文集傳於世。〈隋志〉著錄十一卷，注云并目錄，梁有十卷，錄一卷。知〈隋志〉所見即南朝舊本。〈舊、新唐志〉均作十卷，

或錄一卷已殘缺。至宋，全書亡佚。今存明張溥《漢魏六朝百三家集》，輯《袁忠憲集》一卷，分賦、議、章、書、傳、雜文、詩七類編次，凡收賦二篇，議章等雜文十二篇，詩六首。又嚴可均《全宋文》（卷四四）輯其文，凡十五篇；逯欽立《先秦漢魏晉南北朝詩‧宋詩》（卷五）輯其詩，有〈效曹子建白馬〉、〈效古詩〉、〈詠冬至詩〉、〈種蘭詩〉、〈登宣城郡詩〉、〈詠寒雪〉（殘）、〈啄木詩〉，凡七首。

⊙ 王　微

王微，字景玄，琅邪臨沂人。伯父弘，父孺，好學，無不通覽，善屬文，能書畫，通音律、醫方、陰陽術數。起家司徒祭酒。素無宦情，拜官多稱疾不就。居門屋一門，尋書玩古十餘年。弟僧謙遇疾，躬自處療，服藥失度卒。乃深自咎恨，發病不復自治，以疾卒。遺命薄葬。事蹟具《宋書》（卷六二）、《南史》（卷二一）本傳。

〈隋志〉云：「宋祕書監王微集十卷。注云：梁有錄一卷。」

〈舊唐志〉云：「王微集十卷。」

〈新唐志〉云：「王微集十卷。」

按王微原有《鴻寶》之作，鍾嶸〈詩品序〉稱其「密而無才」，其書已佚。然王微爲文較古拙質樸，頗有抑揚頓挫之姿。太尉袁淑見之，謂爲「訴屈」。王微因作〈與從弟僧綽書〉，謂「文詞不怨思抑揚，則流澹無味。文好古，貴能連類可悲，一往視之，如似多意。」由此可知其重發抒眞情實感之文學主張。其創作正與此相表裏。其文以質樸無華爲主要特色，如〈報何偃書〉，自陳胸襟，絕少雕飾，頗見其淡泊自處，不慕榮利之品格。又〈以書告弟僧謙書〉，後悼念從王僧謙之作。以其二人朝朝相處，志趣相投。王僧謙以服王微藥失度而亡，王微詩自咎恨，發病不復自治，哀痛不已，乃作書以告其靈。故哀婉痛絕，深摯感人。鍾嶸《詩品》將其與謝瞻、謝混等人，同列中品，以爲「其源出於張華，才力苦弱，故務其清淺，殊得風流媚趣。」其集〈隋志〉著錄十卷，注云梁有錄一卷，〈舊、新唐志〉均作十卷，已佚。今存詩文，嚴可均《全宋文》（卷十九）輯其文，有〈與江湛書〉、〈與從弟僧綽書〉、〈報何偃書〉、〈以書告弟僧謙靈〉、〈茯苓讚〉、〈禹餘糧讚〉、〈桃飴讚〉、〈黃連讚〉、〈遺令〉，凡九篇；逯欽立《先秦漢魏晉南北朝詩‧宋詩》（卷四）輯其詩，有〈雜詩〉二首、〈四氣詩〉、〈詠愁詩〉、〈七襄怨詩〉（僅二句），凡五首。

⊙ 荀　雍

荀雍，字道雍。穎川人。以文章爲謝靈運所知，共爲山澤之游，官至員外散騎郎。事蹟具《宋書》（卷六七）、《南史》（卷十九）本傳。

〈隋志〉云：「宋員外郎荀雍集二卷。注云：梁四卷。」

〈舊唐志〉云：「荀雍集十卷。」

〈新唐志〉云：「荀雍集十卷。」

按〈隋志〉著錄《荀雍集》二卷，注云梁有四卷，已佚。〈舊、新唐志〉俱作十卷，亦久佚。今僅存逯欽立《先秦漢魏晉南北朝詩·宋詩》（卷四）輯其佚詩〈臨川亭詩〉一首。

⊙　孔　欣

孔欣，會稽山陰人。仕晉，入宋爲國子博士，後去職。景平中，會稽太守褚淡之以爲參軍。有集十卷。見嚴可均《全宋文》（卷四十）。

〈隋志〉著錄《宋員外郎荀雍集》二卷，注云：「國子博士孔欣集九卷，亡。」

〈舊唐志〉云：「孔欣集八卷。」

〈新唐志〉云：「孔欣集十卷。」

按〈隋志〉著錄其集九卷，已佚。〈舊、新唐志〉均作八卷，亦久佚。今存詩文，逯欽立《先秦漢魏晉南北朝詩·宋詩》（卷一）輯其詩，有〈置酒高堂上〉、〈相逢狹路間〉、〈猛虎行〉、〈祠太廟〉，凡四首（含殘句）；嚴可均《全宋文》（卷四十）輯其佚文，僅〈七誨殘篇〉一則。孔欣能詩，尤善樂府，〈置酒高堂上〉，寫宴會盛況，頌贊友朋嘉會；〈相逢狹路間〉，以對話方式、問答結構篇章，表達隱逸遁跡之趣，郭茂倩《樂府詩集》收有此二首。

⊙　袁伯文

袁伯文，爲中書郎。有集十一卷。見嚴可均《全宋文》（卷四十）。

〈隋志〉云：「宋中書郎袁伯文集十一卷。注云：并目錄。」

〈舊唐志〉云：「袁伯文集十卷。」

〈新唐志〉云：「袁伯文集十卷。」

按袁伯文集，〈隋志〉著錄十一卷，注云并目錄；〈舊、新唐志〉均作十卷，其集久佚。今存詩文，逯欽立《先秦漢魏晉南北朝詩·宋詩》（卷十）輯其詩，有〈楚妃歎〉、〈述山貧詩〉，凡二首；嚴可均《全宋文》（卷四十）據《文選·謝莊宣貴妃誄注》所引，輯其佚文〈美人賦〉，僅二句。

⊙　顏延之

顏延之，又作顏延，字延年。琅邪臨沂人。少孤貧，好讀書，文章美冠當時。性好飲酒，不拘細行。三十始仕。晉義熙中，後將軍吳國內史劉柳以爲行參軍，轉主簿，歷豫章公劉裕世子參軍。宋受禪，補太子舍人。少帝即位，以正員郎兼

中書郎，出爲始安太守。元嘉初，徵爲中書侍郎，尋領步兵校尉，出爲永嘉太守。因疏誕，不能斟酌當世，故每爲權要所裁抑。嘗坐啓買人田不肯還直，免官。元凶弒立，以爲光祿大夫。孝武即位，以爲金紫光祿大夫，領湘東王師。孝建三年卒，年七十三。諡曰憲子。居身儉約，不營財利，布衣蔬食，獨酌郊野。與謝靈運具以文彩齊名，江左並稱顏謝。事蹟具《宋書》（卷七三）、《南史》（卷三四）本傳。

〈隋志〉云：「宋特進顏延之集二十五卷。注云：梁三十卷。又有顏延之逸集一卷，亡。」

〈舊唐志〉云：「顏延之集三十卷。」

〈新唐志〉云：「顏延之集三十卷。」

〈宋志〉云：「顏延之集五卷。」

按顏延之官至金紫光祿大夫，故其集又名《顏光祿集》。《宋書》本傳稱延之與陳郡謝靈運俱以詞采齊名。自潘岳、陸機之後，文士莫及也，江左稱顏謝焉。所著並傳於世。〈隋志〉著錄其集二十五卷，注云梁有三十卷，又有《顏延之逸集》一卷，亡。〈舊、新唐志〉均著錄三十卷，似南朝舊本復出，已佚。南宋尤袤《遂初堂書目》著錄《顏延之集》，不注卷數。今存明人輯本，有汪士賢《漢魏諸家集》本，輯《顏延之集》一卷；張燮《七十二家集》本，輯《顏光祿集》五卷；張溥《漢魏六朝百三家集》本，輯《顏光祿集》一卷，分賦、詔、表、書、序、七、文、頌、贊、箋、連珠、謚議、哀策文、誄、祭文、銘、狀、樂府、詩十九類編次，末附本傳，凡收賦五篇，詔表書等雜文二十九篇，樂府七篇，詩二十七題三十一首。近人丁福保輯《漢魏六朝名家集》，以前人所輯，重編爲《顏延年集》四卷，卷一至卷三收文，卷四收詩。又嚴可均《全宋文》（卷三六至卷三八）輯其文，凡三十八篇；逯欽立《先秦漢魏晉南北朝詩·宋詩》（卷五）輯其詩，凡二十七題三十一首，另有詩殘句三首，收錄顏延之詩文，較前爲備。

⊙ 顏　竣

顏峻，字士遜。琅邪臨沂人。父顏延之。初爲太學博士，後爲孝武府佐。孝武入討，領錄事，仕總內外，並造檄書。後任遇尤隆，奏無不可。在朝極陳得失，諫爭懇切，無所迴避，嘗有鑄錢之論。後出爲東揚州刺史，頗懷怨憤。及王僧達臨死，陳其前後怨言，孝武怒，乃下獄賜死。事蹟具《宋書》（卷七五）、《南史》（卷三四）本傳。

〈隋志〉云：「宋東揚州刺史顏竣集十四卷。注云：并目錄。」

〈舊唐志〉云：「顏竣集十三卷。」

〈新唐志〉云：「顏竣集十三卷。」

按《南史》本傳稱其有文集行於世。其集〈隋志〉著錄十四卷，注云并目錄。〈舊、新唐志〉均著錄十三卷，殆目錄亡矣。今其集久佚，所存詩文，嚴可均《全宋文》（卷三八）輯其文，有〈讓中書令表〉、〈張暢卒官表〉、〈奏薦孔覬王彧爲散騎常侍〉、〈郊廟樂議〉、〈與虜互市議〉、〈鑄四銖錢議〉、〈鑄二銖錢議〉、〈爲世祖檄京邑〉、〈几贊序〉，凡九篇；逯欽立《先秦漢魏晉南北朝詩·宋詩》（卷六）輯其詩，有〈皇后登歌〉、〈七廟迎神辭〉、〈淫思古意詩〉、〈攝衣詩〉，凡四首，多有殘闕。

⊙ 顏 測

顏測，琅邪臨沂人。顏延之二子，顏峻弟。以文章見知，官至江夏王義恭傅、大司徒錄事參軍。以兄貴顯爲憂，早卒。事蹟具《宋書》（卷七三）、《南史》（卷三四）本傳。

〈隋志〉云：「宋大司馬錄事顏測集十一卷。注云：并目錄。」

〈舊唐志〉云：「顏測集十一卷。」

〈新唐志〉云：「顏測集十一卷。」

按顏測集，〈隋志〉著錄十一卷，注云并目錄。〈舊、新唐志〉均作十一卷。至宋，已佚。逯欽立《先秦漢魏晉南北朝詩·宋詩》（卷六）輯其詩，有〈七夕連句詩〉（僅二句）、〈九日坐北湖聯句詩〉（僅二句），皆據《初學記》卷四所輯錄。嚴可均《全宋文》（卷三八）輯其文，有〈山石榴賦〉、〈大司馬江夏王賜絹葛啓〉、〈梔子贊〉，凡三篇。

⊙ 王僧達

王僧達，琅邪臨沂人。父王弘。初爲始興王劉浚後軍參軍，後拜宣城太守。世祖討元凶，用爲長史。即位，遷尚書右僕射。自負才地，謂當時莫及，一二年間，便望宰相，世祖抑之，出爲吳郡太守。在郡劫奪沙門，得錢數百萬。以私注兵家子爲己子，事發禁錮。後起爲臨淮太守，遷中書令。帝以其終無悔心，因高闍造反事陷之，賜死。事蹟具《宋書》（卷七五）、《南史》（卷二一）本傳。

〈隋志〉云：「宋護軍將軍王僧達集十卷。注云：梁有錄一卷。」

〈舊唐志〉云：「王僧達集十卷。」

〈新唐志〉云：「王僧達集十卷。」

〈宋志〉云：「王僧達集十卷。」

按〈隋志〉著錄其集十卷，注云梁有錄一卷。〈舊、新唐志〉及〈宋志〉均作十卷，已佚。其詩立意平平，有著意雕琢之嫌，然亦間有可誦之句。鍾嶸《詩品》將其與謝瞻、謝混、袁淑、王微等人，同列中品，謂「才力苦弱，故務其清淺，殊得風流媚趣。」今存詩文，嚴可均《全宋文》（卷十九）輯其文，有〈答詔〉、〈表謝〉、〈上表解職〉、〈求徐州啓〉、〈與沈璞書〉、〈答丘珍孫書〉、〈祭顏光祿文〉，凡七篇；逯欽立《先秦漢魏晉南北朝詩‧宋詩》（卷六）輯其詩，有〈釋奠詩〉、〈答顏延年詩〉、〈和琅琊王依古詩〉、〈七夕月下詩〉、〈詩〉，凡五首。

⊙ 張　暢

張暢，字少微。吳郡吳人。父褘，叔邵。少有操行，起家太守主簿。累遷世祖安北長史，隨鎮彭城。元嘉二十七年（450 年）魏軍逼彭城。江夏王義恭欲棄城，力議不可，乃止。嘗與魏李孝伯應對，隨宜應答，吐屬如流，大爲北人嘆服。後爲司空長史、南郡太守。南譙王義宣討元凶爲元佐。後義宣舉兵叛，則拒不效力。卒官會稽太守。事蹟具《宋書》（卷五九）本傳。

〈隋志〉云：「宋會稽太守張暢集十二卷。注云：殘缺。梁十四卷，錄一卷。」

〈舊唐志〉云：「張暢集十四卷。」

〈新唐志〉云：「張暢集十四卷。」

按〈隋志〉著錄其集十二卷，注云殘缺，梁有十四卷，錄一卷。〈舊、新唐志〉俱作十四卷，似爲南朝舊本復出，其集久佚。嚴可均《全宋文》（卷四九）輯其文，有〈棄彭城南歸議〉（《宋書》本傳）、〈爲南譙王義宣與從弟永書〉（《宋書》張永傳）、〈河清頌〉（《初學記》）、〈若耶山敬法師誄〉（《廣弘明集》），凡四篇。

⊙ 何尚之

何尚之，字彥德。廬江灊人。父叔度。少頗輕薄，好樗蒱。及長，折節蹈道，以操立見稱。起家臨津令。後入武帝府，從征長安。雅好文義，爲文帝親重，爲丹陽尹。立宅南郭外，舉玄學聚生徒。謂之南學。後爲宰相，屢陳說國事。元嘉二十九年（452 年）致仕，尋起復，委以北伐。元凶、孝武世並爲尚書令。立身簡約，車服率素，雖執衡當朝，然親故一無荐舉。事蹟具《宋書》（卷六六）、《南史》（卷三十）本傳。

〈隋志〉著錄《宋會稽太守張暢集》十二卷，注云：「又有宋司空何尚之集十卷，亡。」

按其集〈隋志〉著錄十卷，已佚。嚴可均《全宋文》（卷二八）輯有其佚文，凡十五篇。

⊙　何　偃

何偃，字仲弘。廬江灊人。父尚之。州辟議曹從事。元凶弒立，父子並受重用。善攝機宜，曲得時譽。孝武即位，任遇無改，有加舊臣。後遷吏部尚書。素好談玄，《莊子‧逍遙篇》傳於世。事蹟具《宋書》（卷五九）本傳。

〈隋志〉云：「宋吏部尚書何偃集十九卷。注云：梁十六卷。」

〈舊唐志〉云：「何偃集八卷。」

〈新唐志〉云：「何偃集八卷。」

按其集〈隋志〉著錄十九卷，注云梁有十六卷。〈舊、新唐志〉均作八卷，今已佚。詩今僅存樂府詩冉冉生孤竹一篇，郭茂倩《樂府詩集》收之，逯欽立《先秦漢魏晉南北朝詩‧宋詩》（卷一）亦收之。嚴可均《全宋文》（卷二八）輯其文，有〈月賦〉、〈北伐議〉、〈臨軒夾扶議〉、〈郊祀遇雨議〉、〈與謝尚書〉、〈常滿樽銘〉，凡六篇。

⊙　江智淵

江智淵，濟陽考城人。夷弟子。初為著作郎。入隨王誕府，待之甚厚。誕將抗命，乃請假先返得免。愛好文雅，詞采清贍。世祖深相知待，恩禮冠朝。後寵衰，出為新安王長史。因議殷貴妃諡號，為上所銜，以憂卒。事蹟具《宋書》（卷五九）本傳。

〈隋志〉云：「宋北中郎長史江智深集九卷。注云：并目一卷。」

〈舊唐志〉云：「江智泉集十卷。」

〈新唐志〉云：「江智淵集十卷。」

按〈隋志〉著錄其集九卷，注云并目一卷。〈舊、新唐志〉均著錄十卷，今已佚。逯欽立《先秦漢魏晉南北朝詩‧宋詩》（卷六）輯其〈富貴妃挽歌詩〉一首，僅四句，乃據《初學記》卷十四、《詩紀》卷五十四所輯。

⊙　虞通之

虞通之，會稽餘姚人。官至步兵校尉。有集二十卷。見嚴可均《全宋文》（卷五五）。

〈隋志〉云：「宋黃門郎虞通之集十五卷。注云：梁二十卷。」

〈舊唐志〉云：「虞通之集五卷。」

〈新唐志〉云：「虞通之集五卷。」

按《虞通之集》，〈隋志〉著錄十五卷，注云梁有二十卷。〈舊、新唐志〉僅存五卷，今已佚。清嚴可均《全宋文》（卷五五）輯其文，據《藝文類聚》、《初學記》

所引，有〈江學讓尚公主表〉、〈明堂頌〉，凡二篇。

⊙　謝　莊

　　謝莊，字希逸。陳郡陽夏人。謝弘微子。七歲能屬文。文帝時，為始興王法曹行參軍，轉太子舍人、盧陸王文學、太子洗馬，又轉隨王誕記室，遷太子中庶子。孝武即位，嘗為孝武改正，討劉劭〈檄文〉，除侍中，遷左衛將軍，拜吏部尚書，歷廣陵太守、臨淮太守。明帝時為散騎常侍、光祿大夫，轉中書令，加金紫光祿大夫。泰始二年卒，年四十六。諡曰憲子。事蹟具《宋書》（卷八五）、《南史》（卷二十）本傳。

　　〈隋志〉云：「宋金紫光祿大夫謝莊集十九卷。注云：梁十五卷。」

　　〈舊唐志〉云：「謝莊集十五卷。」

　　〈新唐志〉云：「謝莊集十五卷。」

　　《唐日本國見在書目》云：「謝莊集二十卷。」

　　〈宋志〉云：「謝莊集一卷。」

　　按謝莊官至金紫光祿大夫，故其集又名《謝光祿集》。《宋書》本傳稱莊所著文章四百餘首，行於世。〈隋志〉著錄其集十九卷，注云梁有十五卷。〈舊、新唐志〉均作十五卷，似南朝舊本復出。南宋尤袤《遂初堂書目》著錄《謝莊集》，不注卷數。〈宋志〉著錄一卷。今存明人輯本，有張燮《七十二家集》本，輯《謝光祿集》三卷；張溥《漢魏六朝百三家集》本，輯一卷，分賦、詔、表、奏、章、啟事、牋、書、帖、議、贊、哀策文、誄、墓誌銘、樂府、詩、聯句十七類編次，末附本傳。凡收賦四篇，詔表奏章等雜文二十九篇，樂府十三篇二十二首，詩十五首。近人丁福保輯《漢魏六朝名家集》，以前人所輯，編為《謝希逸集》三卷，卷一至卷二文，卷三詩。又嚴可均《全宋文》（卷三四至卷三五）輯其文，凡三十六篇；逯欽立《先秦漢魏晉南北朝詩·宋詩》（卷六）輯其詩，凡十七首，收錄謝莊詩文，較前為備。

⊙　鮑　照

　　鮑照，字明遠。東海人。文辭贍逸，嘗為古樂府，文甚遒麗。為劉義慶侍郎，甚見知賞。孝武時，為太學博士，中書舍人。宋孝武帝以文章自高，頗多忌，由是賦不敢盡其才，出為秣陵令，轉永嘉令。尋為劉子頊前軍參軍，掌書記之任。泰始二年，子頊起兵敗，為亂兵所殺。事蹟具《宋書》（卷五一）、《南史》（卷十三）本傳。

　　〈隋志〉云：「宋征虜記室參軍鮑照集十卷。注云：梁六卷。」

〈舊唐志〉云：「鮑照集十卷。」

〈新唐志〉云：「鮑照集十卷。」

《崇文總目》云：「鮑照詩集一卷。」

《郡齋讀書志》著錄《鮑參軍集》十卷。

《直齋書錄解題》著錄《鮑參軍集》十卷。

《文獻通考・經籍考》著錄《鮑參軍集》十卷。

〈宋志〉云：「鮑昭集十卷。」

《四庫全書總目》著錄《鮑明遠集》十卷。

　　按鮑照曾任臨海王劉子頊前軍參軍，世稱鮑參軍，故其集又名《鮑參軍集》。南朝齊永明間，虞炎奉齊文惠太子命編輯鮑照詩文，據虞炎序稱雖「片辭只韻，罔不收集」。然究竟年代稍遠，零落者多，所存者僅半。〈隋志〉著錄其集十卷，注云梁有六卷。此六卷蓋即虞炎本。〈舊、新唐志〉皆爲十卷，與〈隋志〉同。宋有十卷刻本，直至清仍見載《絳雲樓書目》，毛扆、錢曾、華子肅等亦嘗以宋刻本校明刻本。明刻本現存最者，當爲正德五年（1510 年）朱應登刻《鮑參軍集》十卷本，凡賦二卷，詩六卷，文二卷。據朱應登跋語，此刻本所據乃得自都穆家之舊本，《四庫全書》所收即此本。然卻以舊本之說不可信，實則朱本編次與宋刻本同，所謂舊本恐即是宋本也，故四庫館臣以未曾見宋本而生疑問。另一明刻本，即四部叢刊影印毛扆校宋本，此本編次與朱應登本同。然行路難第七首「蹲蹲」作「樽樽」，「啄」作「逐」，與朱本有異，可見所據宋刻底本，與朱本不同。明張溥《漢魏六朝百三家集》，輯《鮑參軍集》二卷，卷一分賦、表疏、啓、書、頌、銘、文七類編次，凡收賦十篇，表疏等雜文二十七篇；卷二分樂府、詩、聯句三類編次，末附本傳，凡收樂府四十四篇，詩一百一十三題一百四十三首。其底本亦應爲朱應登十卷本，唯篇目次第重編，又較朱本增多詩數首，而此增益者，顯然采自諸類書所引。清胡鳳丹《六朝四家全集》本，則自張溥本出。其集注本有清錢振倫注，全書分六卷。卷一爲賦、表疏；卷二爲啓、書、頌、銘、文。後錢仲聯補注，集說并校此二卷。卷三、卷四爲樂府；卷五、卷六爲詩，黃節於錢注基礎補注，並集說此二卷，後錢仲聯增補注釋、集說並校。

⊙　沈懷遠

　　沈懷遠，吳興武康人。懷文弟。爲始興王睿府佐，深見親待。坐納王鸚鵡爲妾，徙廣州。後因有功，免死。前廢帝以爲武康令。有《南越志》傳世。事蹟具《宋書》（卷八二）、《南史》（卷三四）本傳。

〈隋志〉著錄宋征虜記室參軍鮑照集十卷，注云：「又有宋武康令沈懷遠集十九卷，亡。」

按《沈懷遠集》，〈隋志〉著錄十九卷，久佚。今僅存嚴可均《全宋文》（卷四五）輯其文，有〈長鳴雞贊〉、〈博羅縣簞竹銘〉，凡二篇。

⊙　徐　爰

徐爰，又名瑗，字長玉。南琅邪開陽人。仕晉爲琅邪王大司馬府中典軍。宋元嘉中，累遷殿中侍御史。元嘉末，從孝武，撰立儀注。孝建初，補尚書水部郎，轉殿中郎、尚書右丞，遷左丞。大明中，領著作郎，撰成國史。爲人便僻，善事人，能得人主微旨。頗涉書傳，尤悉朝儀。泰始初，領長水校尉尚書左丞。後廢帝即位，爲南濟陰太守、中散大夫。事蹟具《宋書》（卷九四）、《南史》（卷七七）本傳。

〈隋志〉云：「宋太中大夫徐爰集六卷。注云：梁十卷。」

〈舊唐志〉云：「徐爰集十卷。」

〈新唐志〉云：「徐爰集十卷。」

按《徐爰集》，〈隋志〉著錄六卷，注云梁有十卷。〈舊、新唐志〉均作十卷，似南朝舊本復出，今已佚。逯欽立《先秦漢魏晉南北朝詩·宋詩》（卷十）輯其詩，有〈華林北澗詩〉、〈詠牛女詩〉（僅二句）。嚴可均《全宋文》（卷四十）輯其文，凡二十四篇。

⊙　吳邁遠

吳邁遠，曾任江州從事。好爲篇章，宋明帝聞而召之，及見，曰：「此人聯絕之外，無所復有。」好自誇而嗤鄙他人，每作詩得稱意語，輒擲地呼曰：「曹子建何足數哉。」宋元徽二年，坐桂陽之亂誅死。有集八卷。事蹟具《南史》（卷五二）〈文學檀超附傳〉。

〈隋志〉云：「宋江州從事吳邁遠集一卷。注云：殘缺。梁八卷，亡。」

按其集〈隋志〉著錄一卷，注云殘缺，梁有八卷，亡。今僅存其詩，多爲樂府詩。鍾嶸《詩品》列爲下品，謂其「善於風人答贈」。意即善作樂府，而爲離情別緒之詩。徐陵《玉臺新詠》收其〈擬樂府〉四首，皆寓離別答贈之意。部分詩句尚具古樸之氣。逯欽立《先秦漢魏晉南北朝詩·宋詩》（卷十）輯其詩，凡十一首。

⊙　湯惠休

湯惠休，字茂遠。初爲沙門，名惠休。善屬文，辭采綺艷，徐湛之與之甚厚。世祖命使還俗，除揚州從史。事蹟具《宋書》（卷七一）本傳。

〈隋志〉云：「宋宛朐令湯惠休集三卷。注云：梁四卷。」

〈舊唐志〉云：「湯惠休集三卷。」

〈新唐志〉云：「湯惠休集三卷。」

按其集南朝梁時有四卷，〈隋志〉著錄僅存三卷，〈舊、新唐志〉同。其集久佚，逯欽立《先秦漢魏晉南北朝詩·宋詩》（卷六）輯其存詩十一首。其詩多寫兒女之情，詩風清麗婉轉，華美流暢，且富南朝樂府民歌氣息。如〈怨詩行〉、〈秋思引〉，寫思婦懷人之狀；〈白紵歌〉，狀舞者窈窕嫵媚之姿，率皆自然眞切，婉變多情。善於寫情，爲其詩特色。故鍾嶸《詩品》卷下稱其「情過其才」。

（二）史志未著錄者

⊙ 徐湛之

徐湛之，字孝源，小名仙童。東海郯人。羨之兄孫，逵之子。初徐著作佐郎，不拜。後預范曄謀反事，以告發獲免。尋拜尚書僕射，領護軍，總掌朝務，與江湛并居權要。元嘉末與文帝同被元凶所害。事蹟具《宋書》（卷七一）、《南史》（卷十五）本傳。

按徐湛之詩文，史志未見其集著錄。清嚴可均《全宋文》（卷十七）輯其佚文，有〈上范曄等反謀表〉（據《宋書·范蔚宗傳》所輯）、〈遷郡自陳表〉（據《宋書》本傳所輯）、〈翠龜表〉（殘，據《初學記》三十所輯），凡三篇。

⊙ 荀倫

荀倫，一作苟倫，字君文。河內人。見嚴可均《全宋文》（卷五七）。

按荀倫詩文，史志未見其集著錄。清嚴可均《全宋文》（卷五七）輯其佚文，僅〈與河伯牋〉一篇，爲殘篇。據《初學記》卷六所輯，嚴氏案語指劉敬叔《異苑》云：「河內荀儒，字君林。乘冰省舅氏，陷河而死。兄倫，字君文，求尸積日不得。設祭水側，授牋與河伯，宿岸側。冰開，手執牋浮上。倫又牋謝之。」

⊙ 孔法生

孔法生，始末未詳。

按孔法生詩文，史志未有其集著錄。逯欽立《先秦漢魏晉南北朝詩·宋詩》（卷四）輯其詩，僅〈征虜亭祖王少傅〉一首，據《初學記》十八所輯。

⊙ 陸凱

陸凱，始末未詳。

按陸凱之作，史志未見著錄。逯欽立《先秦漢魏晉南北朝詩·宋詩》（卷四）

輯其詩，據《歲華紀麗》一、《御覽》十九、四百九、九百七十、《事類賦·梅賦》、《萬花谷》七、《詩紀》五十四所引，僅〈贈范曄詩〉一首。《初學記》卷二十八異文校注亦徵引，然逯氏未提及。

⊙　蕭　璟

蕭璟，始末未詳。

按蕭璟詩文，史志未見其集著錄。逯欽立《先秦漢魏晉南北朝詩·宋詩》（卷十）輯其詩，僅〈貧士詩〉一首，輯自《初學記》十八、《詩紀》五十四。

⊙　喬道元

喬道元，始末未詳。

按喬道元詩文，史志未見其集著錄。清嚴可均《全宋文》（卷五七）輯其佚文，僅〈與天公牋〉一篇，輯自高似孫《緯略》（題吞道元與吞公牋）、《藝文類聚》三十五、《初學記》十九、《御覽》七百七十三。

九、齊

（一）史志著錄者

⊙　蕭子良

蕭子良，字雲英。齊武帝第二子。仕宋歷邵陵王左軍參軍，轉主簿、安南記室參軍、輔國將軍、會稽太守。高帝受禪，封聞喜縣公，爲征虜將軍、丹陽尹。武帝即位，封竟陵郡王。歷鎮北將軍、南徐州刺史、征北將軍、南兗州刺史，入爲護軍將軍，進號車騎將軍，位至司徒，領尚書令，徙揚州刺史，加中書監。鬱林王即位，進太傅，督南徐州。好交結，廣集才學名士於建康兩邸。談論風雅，兼信佛學。武帝卒，爲太孫蕭昭業所忌，憂懼而亡。嘗集人抄五經百家，編成四部要略。今存《南齊竟陵王集》。事蹟具《南齊書》（卷四十）、《南史》（卷四四）本傳。

〈隋志〉云：「齊竟陵王子良集四十卷。」

〈舊唐志〉云：「齊竟陵王集三十卷。」

〈新唐志〉云：「齊竟陵王集三十卷。」

按蕭子良曾封竟陵王，故其集名《竟陵王集》，又名《蕭竟陵集》。《南齊書》本傳稱其所著內外文筆數十卷，雖無文采，多是勸誡。〈隋志〉著錄四十卷，〈舊、新唐志〉均作三十卷，宋代書目未見著錄，已佚。今存明張溥《漢魏六朝百三家集》，輯《竟陵王集》二卷，卷一分啓、表、書；卷二分序、七、詩，凡六類編次，末附

本傳，收啓表等雜文二十一篇，詩五首。又嚴可均《全齊文》（卷七）輯其文，凡二十七篇；逯欽立《先秦漢魏晉南北朝詩・齊詩》（卷一）輯其詩，凡六首，輯錄蕭子良詩文，較前為備。

⊙　褚彥回

褚淵，字彥回。祖籍河南陽翟。娶宋文帝女，拜駙馬都尉、著作佐郎。宋明帝信重之，封雩都伯，歷侍中、吏部尚書、右衛將軍，遺詔以中書令輔政。引蕭道成執政，助殺後廢帝、立順帝、代宋建齊，封南康郡公，任尚書令。齊高帝臨終令以錄尚書事輔武帝，進位司空。旋卒，諡文簡。事蹟具《南齊書》（卷二三）、《南史》（卷二八）本傳。

〈隋志〉云：「齊太宰褚彥回集十五卷。」

〈舊唐志〉云：「齊褚彥回集十五卷。」

〈新唐志〉云：「齊褚淵集十五卷。」

按褚淵集，〈隋志〉著錄十五卷，〈舊、新唐志〉同，今已佚。清嚴可均《全齊文》（卷十四）輯其佚文，有〈秋傷賦〉、〈為宋順帝禪位齊王詔〉、〈答詔稱柳世隆〉、〈奏劾陸澄〉、〈難王儉喪遇閏議〉、〈薦臧榮緒啓〉、〈謝賜珮啓〉、〈遜位啓〉、〈答蕭領軍書〉、〈答何昌寓書〉，凡十篇。

⊙　丘巨源

丘巨源，蘭陵人。宋孝武時舉丹陽郡孝廉。大明五年（461 年），助徐爰撰國史。明帝即位，參與草擬詔誥，自南臺御史為王景文鎮軍參軍。元徽中，除奉朝請。歷佐諸王府，轉羽林監。齊受禪，為尚書主客郎。領軍司馬、越騎校尉，除武昌太守，改餘杭令。齊明帝為吳興，巨源嘗作〈秋胡詩〉，有諷刺語，以事見殺。有《龜經秘要》二卷、集十卷。事蹟具《南齊書》（卷五二）、《南史》（卷七二）〈文學傳〉。

〈隋志〉著錄《齊太宰褚彥回集》十五卷，注云：「餘杭令丘巨源集十卷，錄一卷，亡。」

按《南齊書》本傳稱其有集十卷，〈隋志〉著錄同，已佚。所存詩文，《玉臺新詠》收錄〈七寶扇〉、〈聽鄰妓詩〉二首；逯欽立《先秦漢魏晉南北朝詩・齊詩》（卷二）亦錄之；嚴可均《全齊文》（卷十七）輯其佚文，有〈為尚書符荊州〉、〈馳檄數沈攸之罪惡〉、〈與尚書令袁粲書〉，凡三篇。

⊙　王　儉

王儉，字仲寶。祖籍琅邪臨沂，東晉丞相王導六世孫。幼襲父僧綽豫寧侯爵，

好學不倦。娶宋明帝女陽羨公主，拜駙馬都尉。年十八，起爲秘書郎，遷秘書丞。仿漢劉歆目錄學著作七略撰七志四十卷，又撰定元徽四部書目，均佚。助齊高帝代宋建齊，封南康縣公，任尙書左僕射、領吏部尙書掌選舉。高帝臨終以爲侍中、尙書令，輔佐武帝。永明中，領國子祭酒，於家開學士館，集四部書，重禮學，闡揚儒風。居官每自比東晉名相謝安。事蹟具《南齊書》（卷二三）、《南史》（卷二二）本傳。

〈隋志〉云：「齊太尉王儉集五十一卷。注云：梁六十卷。」

〈舊唐志〉云：「王儉集六十卷。」

〈新唐志〉云：「王儉集六十卷。」

按儉字仲寶，卒諡文憲，故其集又名《王文憲集》。《南齊書》本傳稱其撰《古今喪服集記并文集》，並行於世。〈隋志〉著錄五十一卷，注云梁有六十卷。〈舊、新唐志〉均作六十卷，似南朝舊本復出。宋代書目未見著錄，已佚。今存明張溥《漢魏六朝百三家集》，輯有《王文憲集》一卷，分賦、表、議、奏、啓、章、牋、書、經義問答、贊、碑文、連珠、哀策、詩十四類編次，末附本傳。凡收賦二篇，表議等雜文四十二篇，詩十題十四首。又嚴可均《全齊文》（卷九至卷十一）輯其文三卷，凡五十三篇；逯欽立《先秦漢魏晉南北朝詩·齊詩》（卷一）輯其詩，凡七題八首，收錄王儉詩文，較前爲備。

⊙ 虞　羲

虞羲，字子陽。會稽人。齊始安王引爲侍郎，尋兼建安征虜府主簿功曹，又兼記室參軍事。天監中卒。有集九卷。事蹟具《南史》（卷五九）〈王僧孺附傳〉、《文選·虞子陽詩注》引《虞羲集敍》。

〈隋志〉云：「齊前軍參軍虞羲集九卷。注云：殘缺，梁十一卷。」

〈舊唐志〉云：「虞羲集十一卷。」

〈新唐志〉云：「虞羲集十一卷。」

按《南史·王僧儒》傳稱虞羲盛有才藻。其詩以《文選》收錄之〈詠霍將軍北伐〉爲著，詩寫沙場烽火，甚有氣勢。胡應麟《詩藪》稱「大有建安風骨」。其餘諸詩，不乏清麗流轉之作，故鍾嶸《詩品》稱其詩「奇句清拔」，甚而謝朓亦常嗟誦之。可知其詩名享譽當世。〈隋志〉著錄其集九卷，注云已有殘缺，梁有十一卷。〈舊、新唐志〉均著錄十一卷，似南朝舊本復出，已佚。今存詩文，逯欽立《先秦漢魏晉南北朝詩·梁詩》（卷五）輯其詩，凡十三首；嚴可均《全齊文》（卷二五）輯其文，據《藝文類聚》所引，僅〈與蕭令王僕射書爲袁彖求諡〉一篇。

⊙ 王 融

　　王融，字元長。琅邪臨沂人。王儉侄，少舉秀才，累遷太子舍人。自恃才地，躁於名利，望三十以內位至公輔。嘗上書齊武帝求自試，除秘書丞，遷中書郎兼主客郎，屢言伐魏之策。永明九年（491 年），芳林園禊宴，以作〈曲水詩序〉，傳誦一時，南北稱美。與竟陵王蕭子良友善，爲竟陵八友，舉爲寧朔將軍。武帝病篤，欲擁子良嗣位，不成。郁林王稱制，遂下獄賜死。通聲律、文藻富麗，與沈約、謝朓共開永明體詩風。有文集十卷，存詩八十餘首，文五十餘篇。事蹟具《南齊書》（卷四七）、《南史》（卷二一）本傳。

　　〈隋志〉云：「齊中書郎王融集十卷。」

　　〈舊唐志〉云：「王融集十卷。」

　　〈新唐志〉云：「王融集十卷。」

　　《唐日本國見在書目》云：「王融集十卷。」

　　《崇文總目》云：「王融文集七卷。」

　　〈宋志〉云：「王融集七卷。」

　　按王融官至寧朔將軍，故其集又名《王寧朔集》。《南齊書》本傳稱融有文集行於世。〈隋志〉著錄十卷，〈舊、新唐志〉同。《崇文總目》著錄七卷。南宋尤袤《遂初堂書目》著錄《王融集》，不注卷數。〈宋志〉則作七卷，已佚。今存明人輯本，有張燮《七十二家集》本，輯《王寧朔集》四卷；張溥《漢魏六朝百三家集》本，輯一卷。張溥本自張燮本出，分賦、疏、表、策問、啓、書、序、頌、哀策文、墓銘、樂府、詩、聯句十三類編次，末附本傳，凡收賦二篇，疏表等雜文五十五篇，樂府十六題四十三首，詩三十題四十二首。又嚴可均《全齊文》（卷一二至一三）輯其文，凡二十八篇；逯欽立《先秦漢魏晉南北朝詩·齊詩》（卷二）輯其詩，有樂府十四篇，詩三十八題四十五首，收錄王融詩文，較前爲備。

⊙ 謝 朓

　　謝朓，字玄暉。陳郡陽夏人。少好學，初爲齊竟陵王蕭子良、隨王蕭子隆功曹，以文才見賞，爲竟陵八友。永明初爲豫章王太尉參軍，轉王儉衛軍東閣祭酒、太子舍人、隨王鎮西功曹，轉文學，遷新安王中軍記室，尋兼尚書殿中郎。明帝輔政，以爲驃騎諮議，領記室。明帝即位，轉中書郎，出任宣城太守，又爲晉安王鎮北諮議、南東海太守，行南徐州事，遷尚書吏部郎。後爲徐孝嗣所誣，永元元年爲始安王遙光所殺，卒於獄中。所著詩文甚多，平仄協調，音韻鏗鏘、詞采華麗。事蹟具《南齊書》（卷四七）、《南史》（卷十九）本傳。

〈隋志〉云：「齊吏部郎謝朓集十二卷。」又「謝朓逸集一卷。」

〈舊唐志〉云：「謝朓集十卷。」

〈新唐志〉云：「謝朓集十卷。」

《崇文總目》云：「謝玄暉文集十卷。」

《唐日本國見在書目》云：「謝吏集一卷，又謝朓集一卷。」

《郡齋讀書志》著錄謝宣城集五卷，晁氏云：

> 《文選》所錄謝朓詩近二十首，集中多不載，今附入。

《直齋書錄解題》著錄《謝宣城集》五卷，陳氏云：

> 集本十卷，樓炤知宣州，止以上五卷賦與詩刊之。下五卷皆當時應用之文，襄世之事，可采者已見〈本傳〉及《文選》，餘視詩劣焉，無傳可也。

《文獻通考・經籍考》著錄《謝宣城集》五卷。

〈宋志〉云：「謝朓集十卷，又詩一卷。」

《四庫全書總目》著錄《謝宣城集》五卷。

按謝朓曾任宣城太守，世稱謝宣城，故其集又名《謝宣城集》。《顏氏家訓・文章篇》載，南朝梁劉孝綽常以謝（朓）詩置几案間，動輒諷味。知齊梁時已有《謝朓詩集》流傳。〈隋志〉著錄十二卷，逸集一卷。〈舊、新唐志〉僅著錄《謝朓集》十卷，知《謝朓集》於隋唐時，雖有散佚，卷帙依然可觀。至北宋，《崇文總目》著錄《謝玄暉集》十卷。直至南宋，十卷本仍存，然據晁公武《郡齋讀書志》所云，知此十卷本並非完帙。南宋紹興二十七年（1157 年），樓炤於宣州任上，將舊藏十卷本之前五卷，即賦與詩部分抽出刊行，名《謝宣城詩集》。《四部叢刊》影印即據此本，卷一賦九篇，樂府歌辭八首，四言詩二十八首；卷二鼓吹曲四十三首；卷三為五言詩四十三首；卷四為五言詩四十六首；卷五為五言詩四十首、聯句七首。此與樓炤題跋所云：「其上五卷，賦與樂章以外，詩乃百有二首。」正合。樓炤本於南宋另有洪汲翻刻本，刻於嘉定十三年（1220 年），為現存最早刻本。明正德間劉紹刊於武功本、嘉靖間黎晨刊本、薛應旂《六朝詩集》本，皆出自宋五卷本，然紕漏舛誤殊多。明後期又有梅鼎祚校本、汪士賢《漢魏諸家集》本、張燮《七十二家集》本、張溥《漢魏六朝百三家集》本，均承明正德武功刻本而有所輯佚，然卷數不等，或五卷，或六卷，或合為一卷。清嘉慶元年（1796 年）吳騫以盧文弨所藏，依宋校本為底本校明代諸本，刊正《謝宣城詩集》五卷，刻入《拜經樓叢書》。《四部備要》即據吳騫校本排印。近人丁福保輯《漢魏六朝名家集》，收《謝宣城集》五卷，末附逸詩與教、箋等雜文，悉依明汪士賢刻本。又嚴可均《全齊文》（卷二三）輯其文，

凡二十八篇；逯欽立《先秦漢魏晉南北朝詩‧齊詩》（卷三至卷四）輯其詩，凡二卷。

⊙　張　融

　　張融，字思光。吳郡吳人。宋會稽太守張暢子。宋世，起家爲新安王北中郎參軍，因事貶爲交州封溪縣令。後舉秀才，入朝爲尚書儀曹郎。屢爲軍府屬官。入齊，官至司徒右長史。爲人行止怪異，不同時俗，雖有高才，以無治能而仕宦不達。通佛學，解經異於道俗，臨終令家人於棺左放《孝經》、《老子》，右置《小品法華經》以葬。善爲文章，而不依時體，稱「可師耳以心，不可使耳爲心師；但有以體爲常，政當使常有其體」。自編其文集行於世，名爲《玉海》。已佚。事蹟具《南齊書》（卷四一）、《南史》（卷三二）本傳。

　　〈隋志〉云：「齊司徒左長史張融集二十七卷。注云：梁十卷。又有張融《玉海集》十卷，大澤集十卷，金波集六十卷，亡。」

　　〈舊唐志〉云：「張融玉海集六十卷。」

　　〈新唐志〉云：「張融玉海集六十卷。」

　　按張融官至司徒左長史，故其集又名張長史集。《南齊書》本傳稱其有文集數十卷，行於世。自名其集爲《玉海》，自稱「玉以比德，海崇上善」。〈隋志〉著錄張融集二十七卷，注云梁有十卷，又《玉海集》十卷，《大澤集》十卷，《金波集》六十卷，亡。〈舊、新唐志〉則僅著錄《玉海集》六十卷，當爲諸集之匯編。至宋，亡佚。今存明張溥《漢魏六朝百三家集》，輯《張長史集》一卷，分賦、箋、書、論、序、誡、詩七類編次，末附本傳，凡收賦一篇，箋書等雜文九篇，詩四首。又嚴可均《全齊文》（卷十五）輯其文，凡十三篇；逯欽立《先秦漢魏晉南北朝詩‧齊詩》（卷二）輯其詩，凡五首，收錄張融詩文，較前爲備。

⊙　虞　炎

　　虞炎，會稽人。初爲博士，累遷散騎侍郎、驍騎將軍。有集七卷。事蹟具《南齊書》（卷五二）、《南史》（卷七二）〈文學傳〉。

　　〈隋志〉著錄齊太尉徐孝嗣集十卷，注云：「虞炎集七卷，亡。」

　　按虞炎與沈約、謝朓頗多交往，今存詩多與謝朓唱和之作，有三首亦附見《謝宣城詩集》。〈隋志〉著錄其集七卷，久佚。今存詩文，逯欽立《先秦漢魏晉南北朝詩‧齊詩》（卷五）輯其詩，有〈玉階怨〉、〈餞謝文學離夜詩〉、〈詠簾詩〉、〈奉和竟陵王經劉巘墓下詩〉，凡四首；嚴可均《全齊文》（卷二五）輯其文，有〈郊壇瓦屋議〉、〈鮑照集序〉，凡二篇。

⊙　劉　繪

劉繪，字士章。彭城人。宋中領軍劉緬子，劉悛弟。仕宋爲著作郎。齊初，歷諸王府佐，遷中書郎，掌詔誥。竟陵王蕭子良招聚文士，爲後進領袖。能言善辯，嘗選對北魏使臣。工隸書，撰能書人名，且以贊己。中興二年卒於大司馬從事中郎。事蹟具《南齊書》（卷四八）、《南史》（卷三九）本傳。

〈隋志〉著錄齊太尉徐孝嗣集十卷，注云：「梁國從事中郎劉繪集十卷，亡。」

按劉繪善爲詩，詩多爲與謝朓、沈約等人唱和之作，詩風亦與沈謝相近。鍾嶸《詩品》將其與王融同列下品，稱二人「並有盛才，詞美英淨」，以爲五言詩爲其所短。〈隋志〉著錄其集十卷，久佚。今存詩文，逯欽立《先秦漢魏晉南北朝詩・齊詩》（卷五）輯其詩，有〈同沈右率諸公賦鼓吹曲二首〉、〈餞謝文學離夜詩〉、〈入琵琶峽望積布磯呈玄暉詩〉、〈詠博山香爐詩〉、〈詠萍詩〉、〈和池上梨花詩〉、〈送別詩〉，凡八首；嚴可均《全齊文》（卷十七）輯其文，有〈爲豫章王嶷乞收葬蛸子響表〉、〈難何佟之南北郊牲色議〉、〈與始安王遙光牋〉，凡三篇。

十、梁

（一）史志著錄者

⊙　梁武帝

蕭衍，字叔達。蘭陵武進人。齊永明初爲巴陵王南中郎法曹參軍，歷王儉東閣祭酒、隨王諮議參軍。隆昌初爲寧朔將軍。鎭壽春，明帝即位，封建陽縣男。歷右軍司馬、淮陵太守，入爲博士、太子中庶子，拜輔將軍、雍州刺史。和帝即位，爲尚書僕射，進中書監、大司馬、錄尚書、驃騎大將軍、揚州刺史、都督中外諸軍事。封梁公，加九錫，位相國。進封梁王，以中興二年受禪，改元七，在位四十八年。太清三年卒，年八十六。諡曰武皇帝。事蹟具《梁書》（卷一、二、三）、《南史》（卷六、七）本紀。

〈隋志〉云：「梁武帝集二十六卷。注云：梁三十二卷。」又「梁武帝詩賦集二十卷。」又「梁武帝雜文集九卷。」又「梁武帝別集目錄二卷。」又「梁武帝淨業賦三卷。」又總集類云：「圍棋賦一卷。注云：梁武帝撰。」又「梁武連珠一卷。注云：沈約注。」又「梁武帝制旨連珠十卷。注云：梁邵陵王綸注。」又「梁武帝制旨連珠十卷。注云：陸緬注。」

〈舊唐志〉云：「梁武帝集十卷。」

〈新唐志〉云：「梁武帝集十卷。」

按《梁書・武帝紀》稱蕭衍勤述儒釋，雅好詞賦，躬制贊序，凡六百卷，凡

諸文集，又百二十卷。〈隋志〉著錄其集二十六卷，注云梁有三十二卷，又詩賦集二十卷，雜文集九卷，別集目錄二卷，淨業賦三卷；總集類又著錄其〈圍棋賦〉、〈連珠〉諸作。〈舊、新唐志〉僅著錄《梁武帝集》十卷。宋王應麟《玉海》著錄作四十卷，已佚。今存明人輯本，有薛應旂《六朝詩集》本，輯《梁武帝集》一卷；張燮《七十二家集》本，輯《梁武帝御制集》十二卷；張溥《漢魏六朝百三家集》本，輯《梁武帝集》一卷。近人丁福保輯《漢魏六朝名家集》，以前人所輯，編爲《梁武帝集》八卷，卷一至卷八收文，卷八收詩。又嚴可均《全梁文》（卷一至卷七），凡七卷；逯欽立《先秦漢魏晉南北朝詩・梁詩》（卷一）輯其詩，凡一卷，收錄梁武帝詩文，較前爲備。

⊙　梁簡文帝

蕭綱，字世纘。梁武帝第三子。天監五年（506 年）封晉安王，歷任荊、江、雍、揚等州刺史。中大通三年（531 年），昭明太子蕭統去世，被立爲皇太子。太清三年（549 年）即位，受制於侯景，大寶二年被殺。六歲能文，自稱七歲即有詩癖。力主「文章且須放蕩」。爲太子時，與徐摛、庾肩吾等友善，倡「宮體詩」，文辭淫艷華麗，風靡一時。著《禮大義》、《老子義》、《莊子義》、《諸王傳》，有文集多種。事蹟具《梁書》（卷四）、《南史》（卷八）本紀。

陸罩，字洞元。吳郡吳人。杲子。少篤學，多所該覽，善屬文。簡文居藩，爲記室參軍。撰帝集序，稍遷太子中庶子，掌管記，禮遇甚厚。初簡文在雍州，撰《法寶聯璧》，罩與群賢並抄掇區分者數歲。中大通六年而書成，命湘東王爲序。其作者有侍中、國子祭酒、南蘭陵蕭子顯等三十人。以比王象劉卲之皇覽焉。事蹟具《南史・陸杲傳》。

〈隋志〉云：「梁簡文帝集八十五卷。注云：陸罩撰，并錄。」

〈舊唐志〉云：「梁簡文帝集八十卷。」

〈新唐志〉云：「梁簡文帝集八十卷。」

《直齋書錄解題・詩集類》著錄《梁簡文帝集》五卷，陳氏云：

> 案〈隋志〉八十五卷，唐已闕五卷。《中興書目》止存一卷，詩百篇，又闕其三首。今五卷皆詩，總二百四十四篇。

〈宋志〉云：「《梁簡文帝集》一卷。」

按《南史》梁本紀稱蕭綱有文集一百卷行世。〈隋志〉著錄八十五卷，注云陸罩撰，內有目錄。〈舊、新唐志〉均著錄八十卷。南宋《中興館閣書目》則作一卷。〈宋志〉僅著錄一卷，已佚。今存明人輯本，有薛應旂《六朝詩集》本，輯《梁

簡文帝集》二卷；閔光世《文選遺集》本，輯二卷；張燮《七十二家集》本，輯梁《簡文帝御制集》十六卷；張溥《漢魏六朝百三家集》本，輯《梁簡文帝集》二卷。近人丁福保輯《漢魏六朝名家集》，以前人所輯，編為《梁簡文帝集》八卷，卷一至卷七文，卷八詩。又嚴可均《全梁文》（卷八至卷十四）輯其文，凡七卷；逯欽立《先秦漢魏晉南北朝詩·梁詩》（卷二十至卷二二）輯其詩，凡三卷，收錄梁簡文帝詩文，較前為備。

⊙　梁元帝

蕭繹，字世誠。武帝第七子。天監十三年（514 年），封湘東王，歷任會稽太守、侍中、江州刺史，後為荊州刺史，都督荊雍九州諸軍事。侯景亂中，受密詔為大都督中外諸軍事，以討景，然擁兵觀望。附於西魏，攻滅宗室蕭綸、蕭紀。大寶三年（552 年），遣王僧辯擊滅侯景，即帝位於江陵。承聖三年（554 年），雍州刺史蕭詧引西魏軍攻江陵，戰敗被殺。城陷之時，將歷年所集古今圖書七萬卷付之一炬。諡元帝。有文才，工書畫。今存詩百餘首。賦九篇。《金樓子》殘存六卷及古今同姓名錄，其他均佚。事蹟具《梁書》（卷五）、《南史》（卷八）本紀。

〈隋志〉云：「梁元帝集五十二卷。」又「梁元帝小集十卷。」

〈舊唐志〉云：「梁元帝集五十卷。」又「梁元帝集十卷。」

〈新唐志〉云：「元帝集五十卷。」又「小集十卷。」

《直齋書錄解題·詩集類》著錄《梁元帝詩》一卷。

按《南史·梁本紀》稱其有文集五十卷。〈隋志〉著錄其集五十二卷，又小集十卷。〈舊、新唐志〉均著錄梁元帝集五十卷，小集十卷。其集大抵亡於宋。今存明人輯本，有薛應旂《六朝詩集》本，輯《梁元帝集》一卷；張燮《七十二家集》本，輯《梁元帝御制集》十卷；張溥《漢魏六朝百三家集》本，輯《梁元帝集》一卷。近人丁福保輯《漢魏六朝名家集》，以前人所輯，編為《梁元帝集》五卷，卷一至卷四文，卷五詩。又嚴可均《全梁文》（卷一五至卷十八）輯其文四卷，凡一百三十五篇；逯欽立《先秦漢魏晉南北朝詩·梁詩》（卷二五）輯其詩，有樂府十八篇；詩九十二首，所收《梁元帝詩》文，較前為備。

⊙　梁昭明太子

蕭統，昭明太子，字德施。梁武帝長子。天監元年（502 年）立為皇太子，病卒，諡為昭明。崇佛好文，博覽群書，藏書近三萬卷。招聚劉勰、王筠等學士研討篇籍、商榷古今，輯先秦至梁詩文七百餘篇，分三十七類，三十卷，名為《文選》，於後世文學創作頗有影響。另有《文章英華》及文集多種。事蹟具《梁書》

（卷八）、《南史》（卷五三）本傳。

〈隋志〉云：「梁昭明太子集二十卷。」

〈舊唐志〉云：「梁昭明太子集二十卷。」

〈新唐志〉云：「梁昭明太子集二十卷。」

《直齋書錄解題》著錄《昭明太子集》五卷。

〈宋志〉云：「《昭明太子集》五卷。」

《四庫全書總目》著錄《昭明太子集》六卷。

按《南史》本傳稱統有文集二十卷。此二十卷本至隋唐時猶存，而〈宋志〉著錄僅存五卷。《文獻通考》則不著錄，知宋末已散佚。今存明人據類書采掇而成，有明嘉靖間楊愼等校定遼府寶訓堂刊五卷本、明葉紹泰刊六卷本、明汪士賢輯《漢魏諸家集》所收五卷本、張溥輯《漢魏六朝百三家集》所輯一卷本。張溥本自張燮本出，分賦、疏、令、書、啓、序、七、贊、傳、義、樂府、詩十二類編次，凡收賦五篇，疏令等雜文三十篇，樂府七篇，詩二十題二十五首。《四庫全書》以明葉紹泰刊本，凡詩賦一卷，雜文五卷。四部叢刊影印明楊愼等校刊五卷本，凡賦一卷，詩一卷，雜文三卷。《四部備要》本則據五卷本排印。又嚴可均《全梁文》（卷十九至卷二一）輯其文三卷，凡四十四篇；逯欽立《先秦漢魏晉南北朝詩‧梁詩》（卷十四）輯其詩，凡樂府十篇，詩二十四題二十六首。

⊙　蕭　詧

蕭詧，字理孫。昭明太子統第三子。普通中，封曲江縣公。中大通中，進封岳陽郡王，領會稽太守。歷宣惠將軍，知戍石頭事，琅邪、彭城二郡太守，東揚州刺史。中大同初，除持節，都督雍、梁等州，西中郎將，雍州刺史。太清中，拒命不受代，尋稱藩於魏，魏立爲梁王，於襄陽承制。及元帝敗沒，建號於江陵，改元大定。在位八年，諡曰宣皇帝。有集十卷。事蹟具《周書》（卷四八）、北史（卷九三）本傳。

〈隋志〉云：「梁岳陽王詧集十卷。」

按《周書》本傳稱其著文集十五卷。〈隋志〉著錄十卷，已佚。今存佚詩，見逯欽立《先秦漢魏晉南北朝詩‧梁詩》（卷二七），有〈建除詩〉、〈迎舍利詩〉、〈塵尾詩〉、〈詠紙詩〉、〈虳詩〉、〈詠弓詩〉、〈詠履詩〉、〈大梨詩〉、〈詠百合詩〉、〈詠蘭詩〉，凡十首，其詩多詠物之作。又嚴可均《全梁文》（卷六八）輯其文，有〈愍時賦〉、〈游七山寺賦〉、〈圍棋賦〉、〈櫻桃賦〉、〈臨雍州下教〉、〈連珠〉，凡六篇。

⊙　蕭　紀

蕭紀，字世詢。梁武帝第八子。封武陵郡王。歷丹陽尹、揚州刺史等職。梁末，爲征西大將軍、益州刺史，在任十七年。侯景亂中，遣子圓照率精兵三萬臨三峽，以討侯景爲名，荊州刺史蕭繹止之，許各安境界。及侯景敗亡，於大寶二年（551 年）在成都稱帝。年號天正，以圓照爲太子，封置百官，旋舉兵東下，攻蕭繹。戰於三峽中。西魏受蕭繹之請，出兵據益州，前後失據，兵敗被殺。事蹟具《梁書》（卷五五）、《南史》（卷五三）。

〈隋志〉云：「梁武陵王紀集八卷。」

〈舊唐志〉云：「梁武陵王集八卷。」

〈新唐志〉云：「武陵王紀集八卷。」

按其集〈隋志〉著錄八卷，〈舊、新唐志〉同。原集久佚，逯欽立《先秦漢魏晉南北朝詩·梁詩》（卷十九）輯其詩，有〈同蕭長史看妓〉（《初學記》作劉孝綽）、〈和湘東王夜夢應令詩〉、〈曉思詩〉、〈明君詞〉、〈閨妾寄征人〉、〈詠鵲〉，凡六首。

⊙ 宗夬

宗夬，字明揚。南陽涅陽人。仕齊歷臨川王常侍、驃騎行參軍、秣陵令、都官尙書郎、御史中丞。梁天監元年，遷征虜長史、東海太守。二年，徵爲太子右衛率。冬，遷五兵尙書。三年，卒。自幼勤學，工詩能文，以文學游於竟陵王蕭子良門下。有文集九卷。事蹟具《梁書》（卷十九）、《南史》（卷五十）本傳。

〈隋志〉云：「梁司徒諮議宗夬集九卷，注云：并錄。」

〈舊唐志〉云：「宗史集十卷。」

〈新唐志〉云：「宗史集十卷。」

按其集〈隋志〉著錄九卷，注云并錄。〈舊、新唐志〉均作十卷，題宗史。蓋「夬」「史」二字形而訛也，當正作夬。原集久佚，逯欽立《先秦漢魏晉南北朝詩·梁詩》（卷二）輯其詩，有〈荊州樂三首〉、〈遙夜吟〉、〈別蕭諮議詩〉，凡五首。

⊙ 江淹

江淹，字文通。濟陽考城人。初仕宋爲王國屬官，因事下獄，自辯獲免。蕭道成輔政，以爲參軍事，掌軍文表記。仕齊至侍中。梁時，官至金紫光祿大夫，封醴陵侯。少孤貧好學，以文學知名，晚年才思衰退，人稱「江郎才盡」。有齊史十三卷，又自編前後文集二十卷。事蹟具《梁書》（卷十四）、《南史》（卷五九）本傳。

〈隋志〉云：「梁金紫光祿大夫集江淹集九卷。注云：梁二十卷。」又「江淹後集十卷。」總集類云：「江淹擬古一卷。注云：羅潛注。」

〈舊唐志〉云：「江淹前集十卷。」又「江淹後十卷。」

〈新唐志〉云：「江淹前集十卷。」又「江淹後十卷。」

《崇文總目》云：「江淹集十卷。」

《郡齋讀書志》著錄《江淹集》十卷，晁氏云：

　著述百餘篇，自撰爲前後集，今集凡二百四十九篇。

《直齋書錄解題》著錄《江文通集》十卷。

《文獻通考・經籍考》著錄《江淹集》十卷。

〈宋志〉云：「江淹集十卷。」

《四庫全書總目》著錄《江文通集》四卷。

　　按江淹官至金紫光祿大夫，封醴陵侯，世稱江光祿、江醴陵。《晉書》本傳稱淹生前嘗以己所作三百餘篇詩文，自撰爲前後集，即〈隋志〉注所云梁二十卷本。至隋唐時仍存，故隋唐志皆著錄之。宋代公私書目僅著錄《江淹集》十卷。考明翻宋本四部叢刊影印本自序，記仕履僅及遷正員、散傳常侍、中書侍郎，時江淹年三十六，可知此十卷本，即江淹自撰之前集，後集至宋已佚。宋後《江文通集》有二種：其一爲南宋書棚本，《皕宋樓藏書志》著錄。明影宋刻本、《四部叢刊》本、明萬曆間汪士賢輯刻《漢魏諸家集》本、明梅鼎祚校刊《江光祿集》本，凡十卷，分賦二卷，詩二卷，文六卷，計二百五十六篇。其二爲明天啓、崇禎間，張燮輯《七十二家集》本，輯十四卷、明末張溥《漢魏六朝百三家集》，輯《江醴陵集》二卷本，此二者不僅按詩、賦、文分爲三大類，且文尚分若干小類，所收篇目亦較前一種增〈井賦〉、〈傷愛子賦〉等篇，顯係後人重編。明萬曆二十六年（1598 年），胡之驥有《江文通集》匯注十卷，以梅鼎祚本爲底本，校以汪士賢本，並予以注釋。除采《文選・李善注》外，尚引證新史料，釋名物、典故尤能追本溯源。清乾隆二十三年（1758 年），梁賓重編《江文通集》四卷，此本以汪士賢十卷本爲底本，校以湯斌抄本及張溥本，凡收詩文二百六十七篇，爲迄今最全之本。

⊙　范　雲

　　范雲，字彥龍。南鄉舞陰人。范縝從弟。年八歲即能操筆賦詩，兼善作文，下筆輒成。齊建元初，居竟陵王蕭子良門下，爲「竟陵八友」之一。齊時，任零陵內史、建武將軍、廣州刺史諸職，因得罪豪門，嘗下獄。遇赦起爲國子博士。後助蕭衍建梁，任侍中、吏部尚書，官至尚書右僕射，封霄城縣侯，卒於任。有文集三十卷。事蹟具《梁書》（卷十三）、《南史》（卷五七）本傳。

　　〈隋志〉云：「梁尚書僕射范雲集十一卷。注云：并錄。」

〈舊唐志〉云：「梁范雲集十二卷。」

〈新唐志〉云：「梁范雲集十二卷。」

按本傳稱其有集三十卷。范雲才思敏捷，屬文下筆立成，時人每疑其宿構。與沈約、謝朓、王融等友善，爲當時文壇領袖之一。其詩以洗麗明淨見長，鍾嶸《詩品》將其與丘遲同列中品，稱其「清便宛轉，如流風回雪」。《文選》錄其詩三首，知其詩頗爲時人所重。〈隋志〉著錄十一卷，注云并錄，〈舊、新唐志〉均作十二卷，蓋并錄計之。今已佚，所存詩文，嚴可均《全梁文》（卷四五）輯其文，有〈爲柳司空讓尚書令初表〉、〈第二表〉、〈除始興郡表〉，凡三篇；逯欽立《先秦漢魏晉南北朝詩·梁詩》（卷二）輯其詩，凡三十九首。

⊙ 任 昉

任昉，字彥升。樂安博昌人。幼以好學知名鄉里。年十六辟爲宋丹陽尹劉秉主簿。後任太常博士、征北行參軍。齊武帝永明初，任尚書殿中郎、太子步兵校尉等職，主東宮書記。明帝時，爲侍中、中書監、揚州刺史。入梁，任黃門侍郎、秘書監等職。以善作表、奏、書、記著稱，當世王公表奏、朝廷文誥多出其手。時沈約以能詩聞名，故世有「沈詩任筆」之譽。藏書至萬餘卷，有文集三十四卷，并地記、雜傳等近四百卷。事蹟具《梁書》（卷十四）、《南史》（卷五九）本傳。

〈隋志〉云：「梁太常卿任昉集三十四卷。」

〈舊唐志〉云：「任昉集三十四卷。」

〈新唐志〉云：「任昉集三十四卷。」

〈宋志〉云：「任昉集六卷。」

按任昉字彥昇，官至御史中丞，故其集名《任彥昇集》，又名《任中丞集》。《梁書》本傳稱昉撰《雜傳》二百四十七卷，《地記》二百五十二卷，《文章》三十三卷。〈隋志〉著錄其集三十四卷，〈舊、新唐志〉同。南宋尤袤《遂初堂書目》著錄《任昉集》，不注卷數。〈宋志〉著錄六卷。今存明人輯本，有汪士賢《漢魏諸家集》本，輯《任彥昇集》六卷；張燮《七十二家集》本，輯《任中丞集》六卷；張溥《漢魏六朝百三家集》本，輯《任彥昇集》一卷。近人丁福保《漢魏六朝名家集》，以前人所輯，編爲《任彥昇集》五卷，卷一至卷四文，卷五詩。又嚴可均《全梁文》（卷四一至四四）輯其文四卷，凡六十四篇；逯欽立《先秦漢魏晉南北朝詩·梁詩》（卷五）輯其詩，凡二十一首，收錄任昉詩文，較前爲備。

⊙ 柳 惲

柳惲，字文暢。河東解人。仕齊初爲竟陵王法曹行參軍，歷鄱陽相、相國司

馬。梁時，遷侍中，與沈約定律。歷左民尚書、秘書監，卒於吳興太守任上，爲政清靜廉明。少好學，善尺牘，好醫術，善彈琴，工圍棋。有文集十二卷。事蹟具《梁書》（卷二一）、《南史》（卷三八）本傳。

〈隋志〉著錄《梁太常卿任昉集》三十四卷，注云：「中護軍柳惲集十二卷，亡。」

《直齋書錄解題·詩集類》著錄《柳吳興集》一卷，陳氏云：

> 梁吳興太守河東柳惲文暢撰。僅有十八首。

按其集〈隋志〉著錄十二卷，久佚。至宋，《直齋書錄解題》僅存詩集一卷十八首。徐陵《玉臺新詠》選錄其詩若干。惲多才藝，善琴奕，尤工爲詩。詩風清新流麗。今存詩文，逯欽立《先秦漢魏晉南北朝詩·梁詩》（卷八）輯其詩，凡十五題十八首；嚴可均《全梁文》（卷五八）輯其文，有〈答釋法雲書難范縝神滅論〉一篇。

⊙　劉　苞

劉苞，字孝嘗，一字孟嘗。彭城人。梁初，自征虜主簿升爲右軍功曹，官至太子洗馬，掌書記，侍講壽光殿。自幼好學，工詩能文，與族兄劉孝綽等以文才爲梁武帝所知，常侍宴賦詩。有文集十卷。事蹟具《梁書》（卷四九）、《南史》（卷三九）本傳。

〈隋志〉著錄《梁太常卿任昉集》三十四卷，注云：「太子洗馬劉苞集十卷，亡。」

按《劉苞集》，〈隋志〉著錄十卷，已佚。逯欽立《先秦漢魏晉南北朝詩·梁詩》（卷八）輯其詩，有〈九日侍宴樂遊苑正陽堂詩〉、〈望夕雨詩〉，凡二首。

⊙　沈　約

沈約，字休文。吳興武康人，父沈璞爲宋淮南太守，被殺。避難流寓，篤志好學，博通經書。仕宋至尚書度支郎。入齊，歷東陽太守、國子祭酒等職，以文學游於竟陵王蕭子良門下，與謝朓、蕭衍等稱「竟陵八友」。後助衍建梁，歷任尚書左僕射、侍中、中書令。官至尚書令兼太子少傅，加特進。卒諡隱侯。藏書兩萬卷，素有齊梁文壇領袖之譽。著詩重聲律對偶，與謝朓共倡「永明體」，有「四聲八病」之說。著《四聲譜》一卷、《宋文章志》三十卷、《晉書》一百一十卷、《齊紀》二十卷、《宋書》一百卷、《高祖紀》十四卷。另有文集百卷。事蹟具《梁書》（卷十三）、《南史》（卷五七）本傳。

〈隋志〉云：「梁特進沈約集一百一卷。注云：并錄。」

〈舊唐志〉云：「沈約集一百卷。」又「沈約集略三十卷。」

〈新唐志〉云：「沈約集一百卷。」又「沈約集略三十卷。」

《崇文總目》云：「沈約集九卷。」

《直齋書錄解題》著錄《沈休文集》十五卷、《別集》一卷、又九卷，晁氏云：

> 約有文集百卷，今所存者惟此而已。十五卷者，前二卷爲賦，餘皆
> 詩也。別集雜錄詩文，不分卷。九卷者，皆詔草也。《館閣書目》但有此
> 九卷，及詩一卷，凡四十八首。

《文獻通考・經籍考》著錄《沈休文集》十五卷、《別集》一卷、又九卷。

〈宋志〉云：「沈約集九卷，又詩一卷。」

按約字休文，故其集又稱《沈休文集》。《梁書》本傳稱約所著《晉書》百一十卷、《宋書》百卷、《齊紀》二十卷、《高祖紀》十四卷、《邇言》十卷、《諡例》十卷、《宋文章志》三十卷，文集百卷，皆行於世。〈隋志〉著錄其集一百一卷，注云目錄一卷，與本傳所稱正合。〈舊、新唐志〉則著錄一百卷，又《沈約集略》三十卷。北宋時，《崇文總目》著錄九卷，至南宋《中興館閣書目》著錄九卷，《沈約傳》一卷；陳振孫《直齋書錄解題》著錄《沈休文集》十五卷、《別集》一卷、又九卷。〈宋志〉則僅作《沈約集》九卷，又詩一卷。宋代諸本，大致如此，今已亡佚。現存最早刻本皆明人所輯，有薛應旂《六朝詩集》本，輯梁《沈約集》一卷；張燮《七十二家集》本，輯《沈隱侯集》十六卷；張溥《漢魏六朝百三家集》本，輯《沈隱侯集》二卷。又明萬曆十三年（1585年），沈啟原輯刻《沈隱侯集》四卷，崇禎五年（1632年），阮元聲刻《劉沈合集》本，刻《沈隱侯集》十六卷，附錄一卷。阮本即自張燮本出。近人丁福保輯《漢魏六朝名家集》，以前人所輯，編爲《沈休文集》九卷，卷一賦，卷二至卷八雜文，卷九詩。又嚴可均《全梁文》（卷二五至卷三二）輯沈約文，凡八卷；逯欽立《先秦漢魏晉南北朝詩・梁詩》（卷六至卷七）輯其詩，凡二卷，輯錄沈約詩文，較前尤備。

⊙　王僧孺

　　王僧孺，東海剡人。家貧，傭書養母。仕齊，歷王國左常侍、太學博士、丹陽郡功曹、候官令、治書侍御史、錢唐令。梁受禪，除後軍臨川王記室參軍，出爲南海太守。徵拜中書郎，領著作，遷尚書左丞，遷少府卿。出監吳郡，還除尚書吏部郎。出爲仁威南康王長史，行府州國事，以事免，起爲安西安成王參軍。遷鎮右始興王中記室、北中郎南康王諮議參軍，入直西省。普通三年卒，年五十八。有《總集十八州譜》七百一十卷、《百家譜》三十卷、《百家譜集鈔》十五卷、《兩臺彈事》

五卷、集三十卷。事蹟具《梁書》（卷三三）、《南史》（卷五九）本傳。

〈隋志〉云：「梁中軍府諮議王僧孺集三十卷。」

〈舊唐志〉云：「王僧孺集三十卷。」

〈新唐志〉云：「王僧孺集三十卷。」

按王僧孺曾任尚書左丞，故其集又名《王左丞集》。《梁書》本傳稱其有文集三十卷，《兩臺彈事》不入集內為五卷，及《東宮新記》，並行於世。〈隋志〉著錄三十卷，〈舊、新唐志〉同。至宋，亡佚。今存明張溥《漢魏六朝百三家集》，輯《王左丞集》一卷，分賦、表、牋、啓、教、書、序、碑、墓誌銘、傳、誄、祭文、佛事文、樂府、詩十五類編次，末附本傳。凡收賦一篇，表牋等雜文二十七篇，樂府六篇，詩三十一首。又嚴可均《全梁文》（卷五一至卷五二）輯其文二卷，凡三十篇；逯欽立《先秦漢魏晉南北朝詩‧梁詩》（卷十二）輯其詩，凡三十三首，收錄王僧孺詩文，較前為備。

⊙　張　率

張率，字士簡。吳郡吳人。少好學，十二歲始日作詩一首，直至十六。仕齊歷著作佐郎、太子舍人、尚書殿中郎、太子洗馬。入梁，為相國主簿。天監初為鄱陽王友，遷司徒謝朏掾，進秘書丞。歷中權建安王中記室參軍、雲麾晉安王中記室，除中書侍郎，復為晉安王宣惠諮議，領江陵令，隨府遷江州諮議、領記室，出監豫章臨川郡，除太子僕、司徒右長史、揚州別駕，又遷太子家令、黃門郎，位終新安太守。有《文衡》十五卷及文集四十卷。事蹟具《梁書》（卷三三）、《南史》（卷三一）本傳。

〈隋志〉云：「梁黃門郎張率集三十八卷。」

〈舊唐志〉云：「張率集三十卷。」

〈新唐志〉云：「張率集三十卷。」

按率少好作文，《七略》、〈藝文志〉所載詩賦，其文亡佚者，嘗補作之。《梁書》本傳謂昭明太子稱其才筆弘雅。所著有《文衡》十五卷及文集四十卷，皆已佚。其集〈隋志〉著錄三十八卷，〈舊、新唐志〉著錄三十卷，已佚。其詩以樂府見長，今存作品多為樂府詩，《玉臺新詠》錄其詩七首。逯欽立《先秦漢魏晉南北朝詩‧梁詩》（卷十三）輯其詩十五題二十四首；嚴可均《全梁文》（卷五四）輯其文，有〈繡賦〉、〈河南國獻舞馬賦應詔〉，凡二篇。

⊙　吳　均

吳均，字叔庠。吳興故鄣人。出身寒微，以文學為沈約所賞。梁天監初，為

吳興太守柳惲主簿。歷建安王偉記室。王遷江州，補國侍郎，兼府城局，還除奉
朝請。私撰齊春秋，梁武帝惡其實錄，焚其書稿，免職。後奉詔撰《通史》，起三
皇，迄齊代，未成而卒。曾注范曄《後漢書》、《著廟記》、《十二州記》等書百餘
卷。又有《續齊諧記》一卷，文集二十卷。事蹟具《梁書》（卷四九）、《南史》（卷
七二）本傳。

〈隋志〉云：「梁奉朝請吳均集二十卷。」

〈舊唐志〉云：「吳均集二十卷。」

〈新唐志〉云：「吳均集二十卷。」

《崇文總目》云：「吳均集十卷。」

《郡齋讀書志》著錄《吳均集》三卷，晁氏云：

> 有集二十卷，唐世搜求，止得十卷，今又亡其七矣。舊題誤曰吳筠，
> 筠乃唐人，此詩殊不類，而其中有贈柳貞陽、周興嗣輩詩，固已知其非
> 筠文。有蕭子雲贈吳朝請入東詩，蓋在武帝時爲奉朝請，則知爲均也無
> 疑矣。蕭子雲詩八、蕭子顯、朱异、平筠、王僧孺詩各一附。顏之推譏
> 均集中有破鏡賦，今已亡之。

《文獻通考·經籍考》著錄《吳均集》三卷。

〈宋志〉云：「吳均集三卷。」

按吳均字叔庠，官至奉朝請，故其集又名《吳朝請集》。《梁書》本傳稱均有文
集二十卷。〈隋志〉著錄二十卷，〈舊、新唐志〉同。北宋時，《崇文總目》作十卷。
至南宋，晁公武《郡齋讀書志》作三卷。〈宋志〉著錄《吳均集》三卷，已佚。今存
明人輯本，有張燮《七十二家集》本，輯《吳朝請集》三卷，張溥《漢魏六朝百三
家集》本，輯一卷。張溥本自張燮本出，分賦、表、書、檄、說、連珠、樂府、詩
八類編次，凡收賦五類，表書等雜文九篇，樂府詩三十題三十七篇，詩六十七題九
十八首。又嚴可均《全梁文》（卷六十）輯其文，凡十三篇；逯欽立《先秦漢魏晉南
北朝詩·梁詩》（卷十至卷十一）輯其詩，凡樂府三十題三十七篇，詩七十七題一百
一十首，輯錄吳均詩文，較前爲備。

⊙ 徐 勉

徐勉，字修仁。東海郯人。幼孤貧好學。齊時歷太學博士、尚書殿中郎、領
軍長史。梁時，爲武帝器重，歷吏部尚書、尚書僕射、中書令等職。爲官清廉，
雖居顯位而家無積蓄。勤於著述，所著各書及文集多佚。事蹟具《梁書》（卷二五）、
《南史》（卷六十）本傳。

〈隋志〉云：「梁儀同三司徐勉前集三十五卷。」又「徐勉後集十六卷。注云：并序錄。」

〈舊唐志〉云：「徐勉前集二十五卷。」又「徐勉後集十六卷。」

〈新唐志〉云：「徐勉前集二十五卷。」又「徐勉後集十六卷。」

按《梁書》本傳稱其凡所著前後二集四十五卷，《南史》本傳稱凡所著前後二集五十卷。〈隋志〉著錄前集三十五卷，後集十六卷，注云并序錄。〈舊、新唐志〉均著錄前集二十五卷，後集十六卷，均已散佚。嚴可均《全梁文》（卷五十）輯其文，凡十五篇；逯欽立《先秦漢魏晉南北朝詩‧梁詩》（卷十五）輯其詩，有〈採菱曲〉、〈迎客曲〉、〈送客曲〉、〈和元帝詩〉、〈昧旦出新亭渚詩〉、〈詠司農府春幡詩〉、〈詠琵琶詩〉、〈夏詩〉，凡八首。

⊙ 王暕

王暕，字思晦，琅邪人。齊太尉儉子。弱冠選尚淮南公主，拜駙馬都尉。齊明帝時，除驃騎從事中郎。天監初，除太子中庶子。歷侍中、五兵尚書。出為晉陵太守，徵為吏部尚書。累遷侍中、尚書左僕射，領國子祭酒。天監四年卒，年四十七。事蹟具《梁書》（卷二一）本傳。

〈隋志〉云：「梁尚書左僕射王暕集二十一卷。」

〈舊唐志〉云：「王暕集二十卷。」

〈新唐志〉云：「王暕集二十卷。」

按王暕集，〈隋志〉著錄二十一卷，〈舊、新唐志〉均著錄二十卷，已佚。今存詩文，逯欽立《先秦漢魏晉南北朝詩‧梁詩》（卷五）輯其詩，〈有觀樂應詔詩〉、〈詠舞詩〉，凡二首；嚴可均《全梁文》（卷四八）輯其文，僅〈答釋法雲書難范縝神滅論〉一篇。

⊙ 劉孝標

劉峻，字孝標。平原人。幼時時被擄入北魏，刻苦讀書。齊武帝時返家，遍借書籍，人稱「書淫」，遂博通群書，文才過人，仕齊為豫州刑獄參軍。梁時，召入西省，典校秘書。後居山講學。著〈辯命論〉、〈廣絕交論〉，文筆犀利。注《世說新語》，引書四百餘種。有文集六卷。事蹟具《梁書》（卷五十）、《南史》（卷四九）本傳。

〈隋志〉云：「梁平西刑獄參軍劉孝標集六卷。」

按劉峻字孝標，曾任安成王戶曹參軍，故其集又名《劉戶曹集》。〈隋志〉著錄其集六卷，〈舊、新唐志〉均不著錄，知至唐已亡佚。今存明人輯本，有張燮《七

十二家集》本，輯《劉戶曹集》二卷；張溥《漢魏六朝百三家集》，輯一卷。張溥本自張燮本出，分啓、書、序、志、論、詩六類編次，凡收啓書等雜文十二篇，詩四首。其文〈以辨命論〉、〈廣絕交論〉爲著，前者言窮通，皆由天命所定；後者緣於實事而發，以其嘗受任昉賞識，昉死後，其子貧困，然任昉舊友卻不予照顧，故劉峻爲此深感不平，因撰此文。《文選》收錄此二篇。其詩風格古樸，雅有晉宋遺風，卓然於齊梁詩風之外。所存〈自江州還入石頭〉、〈始居山營室〉等，大抵以寫景見長。又嚴可均《全梁文》（卷五七）輯其文，凡十三篇；逯欽立《先秦漢魏晉南北朝詩·梁詩》（卷十二）輯其詩，有〈登郁洲山望海詩〉、〈自江州還入石頭詩〉、〈始居山營室詩〉、〈出塞〉，凡四首，收錄劉孝標詩文，較前爲備。

⊙ 裴子野

裴子野，字幾原。河東聞喜人。裴松之曾孫。自幼好學，精通文史，有盛名。仕齊歷武陵王國常侍、江夏王參軍，入梁官至鴻臚卿領步兵校尉。爲官廉潔，家人衣食不足。刪沈約《宋書》爲《宋略》二十卷，又著《眾僧傳》、《方國使圖》，另有文集存世。事蹟具《梁書》（卷三十）、《南史》（卷三三）本傳。

〈隋志〉云：「梁鴻臚卿裴子野集十四卷。」

〈舊唐志〉云：「裴子野集十四卷。」

〈新唐志〉云：「裴子野集十四卷。」

按《梁書》本傳稱其有文集二十卷。〈隋志〉著錄僅存十四卷，〈舊、新唐志〉同，此集今佚。佚存詩文，逯欽立《先秦漢魏晉南北朝詩·梁詩》（卷十四）輯其詩，有答〈張貞成皋詩〉、〈詠雪詩〉、〈上朝值雪詩〉，凡三首；嚴可均《全梁文》（卷五三）輯其文一卷，凡十四篇。其文尚古，不爲綺靡麗艷之詞，與當時文風大異其趣。如喻虜檄文，筆力遒勁，頗具秦漢遺風。其詩風格典雅樸質，以〈詠雪詩〉較可誦。

⊙ 蕭子範

蕭子範，字景則。南蘭陵人。齊高帝孫，豫章王嶷之子。七歲封祁陽縣侯，拜太子洗馬。入梁，降爵爲子。歷後軍記室參軍、司徒主簿，出爲建安太守，遷南平王從事中郎、臨賀王長史，出爲始興內史，累官至光祿卿、廷尉卿，位終秘書監。大寶元年，召爲光祿大夫，不拜卒。事蹟具《梁書》（卷三五）、《南史》（卷四二）本傳。

〈隋志〉云：「梁始興內史蕭子範集十三卷。」

〈舊唐志〉云：「蕭子範集三卷。」

〈新唐志〉云：「蕭子範集三卷。」

按《梁書》本傳稱其有前後文集三十卷。〈隋志〉著錄十三卷，似爲三十卷之誤；〈舊、新唐志〉著錄三卷，則似脫「十」字，然已佚不可考。今存詩多爲寫景詠物之作，間有清新可誦之句。逯欽立《先秦漢魏晉南北朝詩·梁詩》（卷十九）輯其詩，有〈羅敷行〉、〈夏夜獨坐詩〉、〈東亭極望詩〉、〈春望古意詩〉、〈望秋月詩〉、〈落花詩〉、〈夜聽鴈詩〉、〈後堂聽蟬詩〉、〈入元襄王第詩〉、〈歌〉（〈七誘〉所系），凡十首；嚴可均《全梁文》（卷二二）輯其佚文，有〈家園三月三日賦〉、〈建安城門峽賦〉、〈直坊賦〉、〈傷往賦〉、〈求撰昭明太子集表〉、〈爲兄宗正讓都官尙書表〉、〈爲蔡令樽讓吳郡表〉、〈到臨賀王信威府牋〉、〈七誘〉、〈冠子箴〉，凡十篇。

⊙ 江　洪

江洪，濟陽人。善著文。齊時，游竟陵王蕭子良門下，入梁，仕至建陽令，因事得罪，被殺。事蹟具《南史》（卷七二）、（卷五九）本傳。

〈隋志〉云：「梁建陽令江洪集二卷。」

按〈隋志〉著錄其集二卷，已佚。鍾嶸《詩品》將其與虞羲同列下品，以其詩作雖不多，然「亦能自迴出」。《玉臺新詠》采錄詩多首。今存詩多爲樂府詩，逯欽立《先秦漢魏晉南北朝詩·梁詩》（卷二六），有〈和巴陵王四詠〉、〈詠歌姬詩〉、〈詠舞女詩〉、〈和新浦侯齋前竹詩〉、〈和新浦侯詠鶴詩〉、〈詠薔薇詩〉、〈江行詩〉、〈詠荷詩〉、〈詠美人治粧〉，凡十首。

⊙ 費　昶

費昶，江夏人。爲鄉里才子。善爲樂府，作鼓吹曲，爲梁武帝所稱賞。官至新田令。事蹟具《南史》（卷七二）〈文學何思澄傳〉。

〈隋志〉云：「梁新田令費昶集三卷。」

按《南史》本傳稱其閭里才子，善爲樂府詩，又作鼓吹曲。梁武帝見而賞之，稱其「才意新拔，有足嘉異」。〈隋志〉著錄其集三卷，已佚。《玉臺新詠》收其詩十二首，多爲閨情〈怨思〉之作，辭采輕麗。逯欽立《先秦漢魏晉南北朝詩·梁詩》（卷二七）復由《樂府詩集》、《文苑英華》中輯錄其詩五首，凡十七首。

⊙ 謝　嵸

謝嵸，仕梁爲東陽郡丞。有集八卷。見逯欽立先秦漢魏晉南北詩梁詩（卷二七）。

〈隋志〉云：「梁東陽郡丞謝嵸集八卷。」

〈舊唐志〉云：「謝嵸集十卷。」

〈新唐志〉云：「謝嵸集十卷。」

按謝瑱集，〈隋志〉著錄八卷，〈舊、新唐志〉則均作十卷，已佚。逯欽立《先秦漢魏晉南北朝詩・梁詩》（卷二七）輯其詩，僅存〈和蕭國子詠奈花詩〉一首。

⊙ 何　遜

何遜，字仲言。東海人。何承天曾孫。八歲能詩，後舉秀才，甚爲范雲、沈約賞識。梁天監中，始仕爲奉朝請，後任安成王參軍事兼尙書水部郎、盧陵王記室，天監末卒於任。工詩能文，與劉孝綽齊名，世稱何劉。有文集八卷。事蹟具《梁書》（卷四九）、《南史》（卷三三）本傳。

〈隋志〉云：「梁仁威記室何遜集七卷。」

〈舊唐志〉云：「何遜集八卷。」

〈新唐志〉云：「何遜集八卷。」

《郡齋讀書志》著錄《何遜集》二卷，晁氏云：

與劉孝綽以文章見重於世，謂之何劉。王僧孺集其文爲八卷，今亡佚不全。

《直齋書錄解題》著錄何仲言集三卷，陳氏云：

本傳集八卷，《館閣書目》同。今所傳止此。

《文獻通考・經籍考》著錄《何遜集》二卷。

〈宋志〉云：「何遜詩集五卷。」

《四庫全書總目》著錄《何水部集》一卷。

按何遜曾任尙書水部郎、盧陵王蕭續記室，世稱何水部、何記室。故其集又名《何水部集》、《何記室集》。《南史》本傳稱何遜文章與劉孝綽齊名，王僧孺曾集其文爲八卷。〈隋志〉著錄七卷，〈舊、新唐志〉著錄均作八卷，似爲南朝舊本復出。南宋時，晁公武《郡齋讀書志》著錄二卷，亡佚已甚。〈宋志〉著錄《何遜詩集》五卷，亦佚。今存最早刻本爲明正德間張紘刊《何水部集》一卷，計詩九十五首，聯句十三首，末附七召一篇。《四庫全書》所收即此本。另有明嘉靖間薛應旂《六朝詩集》本，輯《何水部集》二卷，有詩無文。明萬曆間張燮《七十二家集》本，輯《何記室集》三卷，詩與張紘本篇目相同，文字有異。文則較張紘本爲多，有賦、書、七召各一篇，箋二篇。明張溥《漢魏六朝百三家集》本，輯《何記室集》一卷，此本即自張燮本出，分賦、箋、書、七、樂府、詩六類編次，末附本傳。凡收賦一篇，箋書等雜四篇，樂府詩四篇，詩九十二題九十七首，聯句十二首。嚴可均《全梁文》（卷五九）輯其文，有〈窮鳥賦〉、〈與建安王謝秀才箋〉、〈爲孔導辭建安王箋〉、〈爲衡山侯與婦書〉，凡四篇；逯欽立《先秦漢魏晉南北朝詩・梁詩》（卷八至卷九）輯

其詩，凡〈樂府詩〉四篇，詩九十題九十五首，聯句十七首。

⊙　劉　緩

劉緩，字含度。劉昭子，緄弟。少知名，大同初，歷安西湘東王記室，除通直郎。六年，遷鎮南湘東王中錄事，卒於江州。事蹟具《梁書》（卷四九）、《南史》（卷七二）〈文學・劉昭傳〉。

〈隋志〉著錄梁仁威記室《何遜集》七卷，注云：「梁有安西記室劉綏集四卷，亡。」

按劉緩，曾任安西湘東王記室，故〈隋志〉著錄《劉綏集》四卷，「綏」字當為「緩」之誤。《顏氏家訓》稱劉緄、劉緩兄弟，並為名器。其集今已佚，逯欽立《先秦漢魏晉南北朝詩・梁詩》（卷十七）輯其詩，凡十題十二首；嚴可均《全梁文》（卷十三）據《藝文類聚》、《初學記》所引，輯其〈照鏡賦〉一篇。其詩有宮體之習，多輕綺之作。

⊙　陸　倕

陸倕，字佐公。吳郡吳人。少勤學，博文強記。年十七舉秀才，仕齊歷竟陵王議曹從事參軍、為廬陵王法曹行參軍，與梁武帝等名列「竟陵八友」。梁天監初，為安成王外兵參軍、臨川王東曹掾，遷太子庶子、國子博士、中書侍郎，擢為吏部郎，參選事，出為溵陽太守，復除國子博士，官至太常卿。有文集二十卷。事蹟具《梁書》（卷二七）、《南史》（卷四八）本傳。

〈隋志〉云：「梁太常卿陸倕集十四卷。」

〈舊唐志〉云：「陸子倕集二十卷。」

〈新唐志〉云：「陸倕集二十卷。」

按倕字公佐，官至太常卿，故其集又名《陸太常集》。《梁書》本傳稱其有文集二十卷，行於世。〈隋志〉著錄其集十四卷，〈舊、新唐志〉則均作二十卷，似為南朝舊本復出，〈舊唐志〉「子」字似衍。至宋，亡佚。今存明人輯本，有張燮《七十二家集》本，輯《陸太常集》二卷；張溥《漢魏六朝百三家集》本，輯一卷。張溥本自張燮本出，分賦、表、章、教、書、啓、銘、碑、墓誌銘、祭文、詩十一類編次，凡收賦三篇，表章等雜文二十二篇，詩三首。又嚴可均《全梁文》（卷五二）輯其文，凡二十五篇；逯欽立《先秦漢魏晉南北朝詩・梁詩》（卷十三）輯其詩，有〈釋奠應令詩〉九章（殘）、〈和昭明太子鍾山解講詩〉、〈以詩代書別後寄贈詩〉、〈贈任昉詩〉，凡四首，輯存陸倕詩文，較前為備。

⊙　劉孝綽

劉孝綽，字孝綽。彭城人。劉繪子。七歲能文，號爲「神童」。爲沈約、范雲等推重。天監初，爲著作佐郎，遷太子舍人、尚書水部郎，出爲平南安成王記室，補太子洗馬，遷尚書金部郎，出爲上虞令，遷除秘書丞，累遷司徒右長史、太府卿、太子僕、廷尉卿，復爲太子僕，除安西湘東王諮議參軍，遷尚書吏部郎，官至秘書監。恃才傲物，嘗五次免官。文辭爲後進所崇尚，每一文出，時人爭相傳誦，乃至傳於北朝。事蹟具《梁書》（卷三三）、《南史》（卷三九）本傳。

〈隋志〉云：「梁廷尉卿劉孝綽集十四卷。」

〈舊唐志〉云：「劉孝綽集十二卷。」

〈新唐志〉云：「劉孝綽集十二卷。」

《直齋書錄解題·詩集類》著錄《劉孝綽集》一卷，陳氏云：

　本傳稱文集數十萬言，今所存止此。

〈宋志〉云：「劉子綽集一卷。」

按劉孝綽官至秘書監，故其集又名《劉秘書集》。《梁書》本傳稱孝綽辭藻爲後進所宗，世重其文，每作一篇，朝成暮遍，好事者咸諷誦傳寫，流聞絕域。文集數十萬言，行於世。〈隋志〉著錄十四卷，〈舊、新唐志〉均作十二卷。〈宋志〉則作《劉子綽集》一卷，子當作孝。今存明人輯本，有薛應旂《六朝詩集》本，輯《劉孝綽集》一卷；張燮《七十二家集》本，輯《劉祕書集》二卷；張溥《漢魏六朝百三家集》本，輯一卷。張溥本自張燮本出，分表、啓、書、序、碑、樂府、詩七類編次，末附本傳。凡收表啓等雜文十六篇，樂府詩六篇，詩六十題六十一首。又嚴可均《全梁文》（卷六十）輯其文，凡十七篇；逯欽立《先秦漢魏晉南北朝詩·梁詩》（卷十六）輯其詩，凡一卷，收錄劉孝綽詩文，較前爲備。

⊙　**劉孝儀**

劉潛，字孝儀。彭城人。南朝梁秘書監劉孝綽三弟。幼時父卒，兄弟數人相勵勤學，並有文才。天監五年，舉秀才，累遷尚書殿中郎，補太子洗馬，出爲陽羨令，擢建康令。大同中爲中書郎，歷司徒右長史、尚書左丞、御史右丞、臨海太守。中大同初，入守都官尚書。太清初，出爲豫章內史。侯景亂中，遣子率眾入援京師，後郡城失守，病卒。有文集二十卷。事蹟具《梁書》（卷四一）、《南史》（卷三九）本傳。

〈隋志〉云：「梁都官尚書劉孝儀集二十卷。」

〈舊唐志〉云：「劉孝儀集二十卷。」

〈新唐志〉云：「劉孝儀集二十卷。」

按劉孝儀官至豫章內史，故其集又名《劉豫章集》。《梁書》本傳稱其有文章二十卷，行於世。〈隋志〉著錄其集二十卷，〈舊、新唐志〉并同。至宋，亡佚。今存明人輯本，有張燮《七十二家集》本，輯《劉豫章集》二卷；張溥《漢魏六朝百三家集》本，輯　卷。張溥本自張燮本出，分賦、表、彈文、啓、書、連珠、碑、銘、樂府、詩十類編次，末附本傳。凡收賦一篇，表啓等雜文三十六篇，樂府詩一篇，詩十一首。又嚴可均《全梁文》（卷六一）輯其文，凡四十篇；逯欽立《先秦漢魏晉南北朝詩·梁詩》（卷十九）輯其詩，凡十二首，收錄劉孝儀詩文，較前為備。

⊙ 劉孝威

劉孝威，劉孝綽六弟。初為晉安王法曹參軍，轉主簿。官至太子中庶子兼通事舍人。侯景亂中，隨司州刺史柳仲禮西上安陸，病卒。有文集行於世。事蹟具《梁書》（卷四一）、《南史》（卷三九）本傳。

〈隋志〉云：「梁太子庶子劉孝威集十卷。」

〈舊唐志〉云：「劉孝威前集十卷。」又「劉孝威後集十卷。」

〈新唐志〉云：「劉孝威前集十卷。」又「劉孝威後集十卷。」

《崇文總目》云：「劉孝威詩一卷。」

〈宋志〉云：「劉孝威一卷。」

按劉孝威官至太子中庶子兼通事舍人，故其集又名《劉庶子集》。〈隋志〉著錄其集十卷，〈舊、新唐志〉均著錄前集十卷，後集十卷。南宋尤袤《遂初堂書目》著錄《劉孝威集》，不注卷數。〈宋志〉僅著錄一卷。今存明人輯本，有薛應旂《六朝詩集》本，輯《劉孝威集》一卷；張燮《七十二集》本，輯《劉庶子集》二卷；張溥《漢魏六朝百三家集》本，輯二卷。張溥本自張燮本出，分啓、書、贊、樂府、詩五類編次，末附本傳。凡收啓書等雜文十五篇，樂府詩二十四篇，詩三十三題三十四首。又嚴可均《全梁文》（卷六一）輯其文，凡十六篇；逯欽立《先秦漢魏晉南北朝詩·梁詩》（卷十八）輯其詩，凡一卷，收錄劉孝威詩文，較前為備。

⊙ 陸雲公

陸雲公，字子龍。倕從孫。吳郡人。幼聰穎，五歲誦《論語》、《毛詩》，九歲讀《漢書》，及長，好學有才思。為湘東王行參軍，以文才升為尚書儀曹郎，兼著作郎。官終黃門郎。掌著作。精於圍棋，深受梁武帝恩寵，奉詔校定棋品。有文集十卷。事蹟具《梁書》（卷五十）、《南史》（卷四八）本傳。

〈隋志〉云：「梁黃門郎陸雲公集十卷。」

〈舊唐志〉云：「陸雲公集四卷。」

〈新唐志〉云：「陸雲公集四卷。」

按〈隋志〉著錄其集十卷，〈舊、新唐志〉僅著錄四卷，今已佚。所存詩文，嚴可均《全梁文》（卷五二）輯其文，有〈星賦〉、〈御講般若經序〉、〈太伯碑〉，凡三篇；逯欽立《先秦漢魏晉南北朝詩‧梁詩》（卷十七）輯其〈釋奠應令詩十章〉。

⊙ 蕭子雲

蕭子雲，字景喬。齊高帝孫。年十二，封爲新浦縣侯，自爲章表，有文采。入梁，降爲子。年三十始爲秘書郎，遷太子舍人，官至侍中、國子監祭酒。撰郊廟歌辭以代梁初沈舊作。侯景亂中，東奔晉陵，俄卒廟中。兼通文史，善草、隸書，當世以爲楷法，遠流域外。有《晉書》一百一十卷，《東宮新記》二十卷，另有文集十九卷。事蹟具《梁書》（卷三五）、《南史》（卷四二）本傳。

〈隋志〉云：「梁國子祭酒蕭子雲集十九卷。」

〈舊唐志〉云：「蕭子雲集二十卷。」

〈新唐志〉云：「蕭子雲集二十卷。」

按《梁書》本傳稱子恪兄弟十六人，五人具文才，子雲即其一也。梁初承沈約所撰郊廟歌辭，子雲建議改定，爲梁武帝所納。今傳梁郊廟歌辭多出子雲之手。其辭曲奧古雅，並無可誦。而部分模山範水之詩，則生氣靈動，自然清新，呈現清淺明麗之風格。如〈落日郡西齋望海山〉、〈東郊望春酬王建安雋晚游〉等，皆清麗可賞。此外子雲善書法，工草隸，所作書法爲世楷模，深得武帝所賞，稱其筆力勁駿。其集〈隋志〉著錄十九卷，與本傳所稱正合。〈舊、新唐志〉均著錄二十卷，已佚。今存詩文，嚴可均《全梁文》（卷二三）輯其文，有〈歲暮直廬賦〉、〈玄圃園講賦〉、〈請改郊廟樂辭啓〉、〈答敕改撰郊廟樂辭〉、〈答敕論書〉，凡五篇；逯欽立《先秦漢魏晉南北朝詩‧梁詩》（卷十九）輯其詩，有〈東郊望春諴王建安雋晚遊詩〉、〈贈海法師遊甌山詩〉、〈落日郡西齋望海山詩〉、〈寒夜直坊憶袁三公詩〉、〈贈吳均詩〉、〈春思詩〉，凡六首。

⊙ 王 筠

王筠，字元禮，一字德柔，琅邪臨沂人。齊司空僧虔孫。起家中軍臨川王行參軍，遷太子舍人、尚書殿中郎。累遷太子洗馬、中舍人，並掌東宮管記。出爲丹陽尹丞，遷中書郎，除太子家令。普通六年，除尚書吏部郎，遷太子中庶子。中大通三年，出爲臨海太守。大同初，遷秘書監。大寶元年，簡文即位，卒。年六十九。有集十一卷、《中書集》十一卷、《臨海集》十一卷，《左佐集》十一卷、《尚書集》

九卷。事蹟具《梁書》（卷三三）、《南史》（卷二二）〈王曇首附傳〉。

〈隋志〉云：「梁太子洗馬王筠集十一卷。注云：并錄。」又「王筠中書集十一卷。注云：并錄。」又「王筠臨海集十一卷。注云：并錄。」又「王筠左佐集十一卷。注云：并錄。」又「王筠尚書集九卷。注云：并錄。」

〈舊唐志〉云：「王筠洗馬集十卷。王筠中庶子集十卷。王筠左右集十卷。王筠臨海集十卷。王筠中書集十卷。王筠尚書集十一卷。」

〈新唐志〉云：「王筠洗馬集十卷。王筠中庶子集十卷。王筠左右集十卷。王筠臨海集十卷。王筠中書集十卷。王筠尚書集十一卷。」

按王筠官至太子詹事，故其集又名《王詹事集》。《梁書》本傳稱筠自撰其文章，以一官為一集，自洗馬、中書、中庶子、吏部、左佐、臨海、太府各十卷，尚書三十卷，凡一百卷，行於世。〈隋志〉著錄太子洗馬《王筠集》十一卷，注云并錄、《中書集》十一卷，注云并錄、《臨海集》十一卷，注云并錄、《左佐集》十一卷，注云并錄、《尚書集》九卷，注云并錄。〈舊、新唐志〉均著錄洗馬集十卷、中庶子集十卷、左右（當作佐）集十卷、《臨海集》十卷、《中書集》十卷、《尚書集》十卷。至宋，亡佚。今存明人輯本，有張燮《七十二家集》本，輯《王詹事集》二卷；張溥《漢魏六朝百三家集》本，分賦、表、牋、書、序、記、碑、哀策文、樂府、詩十類編次，末附本傳。凡收賦一篇，表牋等雜文十六篇，樂府詩七題八首，詩二十八題三十三首。又嚴可均《全梁文》（卷六五）輯其文，凡十九篇；逯欽立《先秦漢魏晉南北朝詩·梁詩》（卷二四）輯其詩，有樂府七篇，詩三十四題三十九首，輯錄王筠詩文，較前為備。

⊙　鮑泉

鮑泉，字潤岳。東海人。博涉史傳，兼有文才。初為湘東王常侍，深為蕭繹賞愛。累遷至信州刺史。侯景之亂，繹與河東王蕭譽交兵，奉命征湘州，不克，免官。後起為郢州長史，唯飲酒博戲自娛，不恤軍政。後侯景陷郢州，被俘殺。有《新儀》三十卷，文集一卷。事蹟具《梁書》（卷三十）、《南史》（卷六二）本傳。

〈隋志〉云：「梁平北府長史鮑泉集一卷。」

〈舊唐志〉云：「鮑泉集一卷。」

〈新唐志〉云：「鮑泉集一卷。」

按〈隋志〉著錄其集一卷，〈舊、新唐志〉同，已佚。逯欽立《先秦漢魏晉南北朝詩·梁詩》（卷二四）輯其詩，有〈詠剪綵花詩〉、〈奉和湘東王春日詩〉、〈落日看還詩〉、〈南苑看遊者詩〉、〈江上望月詩〉、〈秋日詩〉、〈詠梅花詩〉、〈詠薔薇

詩〉、〈寒閨詩〉，凡八首。其詩多詠物之作，輯沾濡艷情，有綺靡之風。

⊙ **張 纘**

張纘，字伯緒。張緬弟。十一歲尚梁武帝女，拜駙馬都尉，封利亭侯。十七歲任秘書郎，遍覽秘閣圖書。累官歷吳興太守、吏部尚書、湘州刺史。侯景亂中，預諸王混戰，為岳陽王蕭詧所殺。有《鴻寶》一百卷，文集二十卷。事蹟具《梁書》（卷三四）、《南史》（卷五六）本傳。

〈隋志〉云：「梁雍州刺史張纘集十一卷。注云：并錄。」

〈舊唐志〉云：「張纘集十卷。」

〈新唐志〉云：「張纘集十卷。」

按《梁書》本傳稱其有《鴻寶》一百卷，文集二十卷。〈隋志〉著錄十一卷，注云并錄。〈舊、新唐志〉均著錄十卷，蓋不計錄也。其集久佚，今存詩文，嚴可均《全梁文》（卷六四）輯其文，凡十六篇；逯欽立《先秦漢魏晉南北朝詩·梁詩》（卷十七）輯其詩，有〈大言應令詩〉、〈細言應令詩〉、〈侍宴餞東陽太守蕭子雲應令詩〉，凡三首。

⊙ **庾肩吾**

庾肩吾，字子慎。南陽新野人。庾於陵弟，庾信父。八歲能賦詩，初為梁晉安王蕭綱常侍，與劉孝威、徐摛等十人抄撰群書。蕭綱為皇太子，兼東宮通事舍人，升為犬子中庶子。綱即位，以為度支尚書。景亂中被俘，以文才獲釋，奔江陵，任江州刺史、封武康縣侯。倡「宮體詩」，與徐摛齊名。有文集十卷。事蹟具《梁書》（卷四九）、《南史》（卷五十）本傳。

〈隋志〉云：「梁度支尚書庾肩吾集十卷。」

〈舊唐志〉云：「庾肩吾集十卷。」

〈新唐志〉云：「庾肩吾集十卷。」

〈宋志〉云：「庾肩吾集二卷。」

按庾肩吾曾任度支尚書，故其集又名《庾度支集》。《梁書》本傳稱其有文集行於世。〈隋志〉著錄十卷，〈舊、新唐志〉同。南宋尤袤《遂初堂書目》著錄庾肩吾詩，不注卷數。〈宋志〉著錄則作二卷。今存明人輯本，有張燮《七十二家集》本，輯《庾度支集》四卷；張溥《漢魏六朝百三家集》本，輯一卷，分表、章、啓、序、論、銘、樂府、詩八類編次，末附本傳。凡收表章等雜文四十一篇，樂府詩八篇，詩七十六首，聯句十七首。又嚴可均《全梁文》（卷六六）輯其文，凡三十二篇；逯欽立《先秦漢魏晉南北朝詩·梁詩》（卷二三）輯其詩，凡一卷，輯

錄庾肩吾詩文，較前爲備。

⊙　蕭　欣

蕭欣，安成王秀之孫，煬王機之子。蕭詧踐位，以欣襲機封。歷侍中、中書令、尙書僕射、尙書令。蕭巋之二十三年卒。有集三十卷。事蹟具《周書》（卷四八）、《北史》（卷九三）〈蕭詧附傳〉。

〈隋志〉云：「梁安成蕃王蕭欣集十卷。」

〈舊唐志〉云：「蕭欣集十卷。」

〈新唐志〉云：「蕭欣集十卷。」

按其集〈隋志〉著錄十卷，〈舊、新唐志〉同，已佚。今存詩文，嚴可均《全梁文》（卷二一）輯其文，僅〈謝賜甘露啓〉一篇；逯欽立《先秦漢魏晉南北朝詩·梁詩》（卷二八）輯其還宅作詩一首。

⊙　朱　超

朱超，仕梁爲中書舍人。有集一卷。見逯欽立《先秦漢魏晉南北朝詩·梁詩》（卷二七）。

〈隋志〉云：「梁中書舍人朱超集一卷。」

按朱超，或疑爲朱超道。其集〈隋志〉著錄一卷，已佚。逯欽立《先秦漢魏晉南北朝詩·梁詩》（卷二七）輯其詩，凡十八首，或有殘缺。

⊙　甄玄成

甄玄成，字敬平。中山人。以錄事參軍隨宣帝鎮襄陽，轉中記室參軍。歷中書侍郎、御史中丞、祠部尙書、吏部尙書。大定六年卒，贈侍中護軍將軍。有集二十卷。事蹟具《周書》（卷四八）、《北史》（卷九三）〈蕭詧附傳〉。

〈隋志〉云：「梁護軍將軍甄玄成集十卷。注云：并錄。」

〈舊唐志〉云：「甄玄成集十卷。」

〈新唐志〉云：「甄玄成集十卷。」

按其集〈隋志〉著錄十卷，注云并錄。〈舊、新唐志〉均著錄十卷，已佚。今存作品，嚴可均《全梁文》（卷六八）據《初學記》所引，輯其〈車賦〉一篇。

⊙　沈君攸

沈君攸，始末未詳。

〈隋志〉云：「梁散騎常侍沈君攸集十三卷。」

〈舊唐志〉云：「沈君攸集十二卷。」

〈新唐志〉云：「沈君攸集十二卷。」

按沈君攸善爲樂府詩，〈隋志〉著錄其集十三卷，〈舊、新唐志〉均作十二卷，已佚。逯欽立《先秦漢魏晉南北朝詩‧梁詩》（卷二八）輯其詩，有〈採桑〉、〈採蓮曲〉、〈薄暮動弦歌〉、〈羽觴飛上苑〉、〈桂楫泛河中〉、〈雙燕離〉、〈賦得臨水詩〉、〈同陸廷尉驚早蟬詩〉、〈待夜出妓詩〉、〈詠冰應教詩〉，凡十首。多言情詠物之作。以〈采蓮曲〉較可誦，〈桂楫泛河中〉、〈薄暮動弦歌〉，已粗具七言排律之規模。

⊙　沈滿願

沈滿願，征西記室范靖妻。有集三卷。見逯欽立《先秦漢魏晉南北朝詩‧梁詩》（卷二八）。

〈隋志〉云：「梁征西記室范靖妻沈滿願集三卷。」

〈舊唐志〉云：「范靖妻沈滿願集五卷。」

〈新唐志〉云：「范靖妻沈滿願集三卷。」

按〈隋志〉著錄其集三卷，〈新唐志〉同，〈舊唐志〉則作五卷，已佚。馮惟訥《古詩紀》云：「按〈新唐志〉有范靖妻沈滿願集三卷，樂府及《玉臺新詠》所載有〈昭君歎〉二首，又〈挾琴歌〉、〈映水曲〉、〈登樓曲〉、〈越城曲〉、〈晨風行〉、〈戲繡詠〉、〈殘燈詠〉、〈五采竹火籠〉、〈詠步搖花〉，存十一首。」《烏程縣志》云：「沈滿願，征西記室范靖妻。能詩，嘗偕請坐後園觀灑翠池，又上洗心亭共索筆硯爲〈映水曲〉。滿願先成詩，靖奇之，傳有〈五彩竹火籠詩〉，又〈步搖花詩〉，著有集三卷。」又逯欽立《先秦漢魏晉南北朝詩‧梁詩》（卷二八）輯其佚詩，凡十二首。

（二）史志未著錄者

⊙　劉　遵

劉遵，字孝陵。彭城人。劉孺弟。初爲著作郎、太子舍人，累遷晉安王記室諮議參軍、帶邱縣令。後隨晉安王蕭綱爲府屬，官至太子中庶子。以學行文才深爲綱所寵遇。事蹟具《梁書》（卷四一）、《南史》（卷三九）本傳。

按《梁書》本傳稱其死後，綱深痛悼之，爲其編輯文集。其集史志未著錄，卷亡。其詩大致與蕭綱相近，多輕綺靡麗之作。逯欽立《先秦漢魏晉南北朝詩‧梁詩》（卷十五）輯其詩，有〈度關山〉、〈相逢狹路間〉、〈和簡文帝賽漢高帝廟詩〉、〈繁華應令詩〉、〈從頓還城應令詩〉、〈應令詠舞詩〉、〈七夕穿針詩〉、〈四時行生回詩〉，凡九首。

⊙　紀少瑜

紀少瑜，字幼瑒。丹陽秣陵人。年十三能屬文，爲名流王僧儒稱賞。十九游大學，備通六經，嘗代博士講，辯捷如流。工草書。仕梁始爲晉安王王國中尉，大同七年（541年），引爲東宮學士。卒於武陵王記室參軍。事蹟具《南史》（卷七二）本傳。

按其作史志皆未著錄。徐陵《玉臺新詠》選錄其詩四首，多爲詠物言情之作，未脫齊梁詩風。逯欽立《先秦漢魏晉南北朝詩·梁詩》（卷十三）亦輯錄其詩，有〈遊建興苑詩〉、〈擬吳均體應教詩〉、〈月中飛螢詩〉、〈春日詩〉、〈詠殘燈詩〉（殘），凡五首。

⊙ 到 溉

到溉，字茂灌。彭城武原人。少孤貧，與弟洽俱聰敏有才學，爲任昉所賞識。仕梁初爲王國左常侍，歷殿中郎。出爲建安內史，遷中書郎、兼吏部、太子中庶子。湘東王爲會稽太守，以溉爲輕車長史，除通直散騎常侍、御史中丞。出爲郢州長史、江夏太守，入爲左民尚書，授散騎常侍，官至侍中、國子祭酒。以儉樸著稱，爲官清廉。有文集二十卷。事蹟具《梁書》（卷四十）、《南史》（卷二五）本傳。

按《梁書》本傳稱其有文集二十卷，行於世。其集史志均未著錄，已佚。逯欽立《先秦漢魏晉南北朝詩·梁詩》（卷十七）輯其詩，有〈餉任新安班竹杖因贈詩〉、〈答任昉詩〉、〈秋夜詠琴詩〉、〈儀賢堂監策秀才聯句詩〉，凡四首。

⊙ 徐 摛

徐摛，字士秀，一字士繢。東海郯人。徐陵父。自幼好學，遍覽經史。天監中爲晉安王侍讀，王爲皇太子，轉家令，出爲新安太守。還爲中庶子，除太子左衛率。大寶元年，簡文帝即位，授左衛將軍，不拜卒。以才學爲梁武帝及簡文帝寵信。與庾肩吾等倡「宮體詩」，所撰篇什，東宮盡學之，詩風淫靡浮艷。事蹟具《梁書》（卷三十）、《南史》（卷六二）本傳。

按《梁書》本傳稱其屬文好學新變，不拘舊體。其新變實承繼永明體餘緒而發展，並於五言詩之律化前進。其詩不乏已近唐代律詩之作。然其與蕭綱共同掀起綺靡麗艷之詩風，形成宮體詩。今存詩作大多爲詠物之作，少見宮體詩綺艷低下之風調。其集史志俱未著錄，久佚。逯欽立《先秦漢魏晉南北朝詩·梁詩》（卷十九）輯其詩，有〈胡無人行〉、〈詠筆詩〉、〈詠橘詩〉、〈壞橋詩〉、〈賦得簾塵詩〉，凡五首；嚴可均《全梁文》（卷五十）輯其文，有〈冬蕉卷心賦〉、〈婦見舅姑議〉，凡二篇。

⊙ 殷 芸

殷芸，字灌蔬。陳郡長平人。幼有異操，何憲見而深相歎賞。性格倜儻，不拘細節。然不妄交游，內無雜客。齊永明中，爲宜都王行參軍。梁天監初，爲西中郎主簿、臨川王記室。天監七年（508 年），遷通直散騎侍郎，兼中書通事舍人。後累遷國子博士，昭明太子侍讀、司徒左長史等職。勵精勤學，博洽郡書。時昭明太子愛士好文，殷芸與陸倕、王筠、到洽、劉孝綽等常游宴，以文學見稱。曾奉梁武帝令博采故書，撰小說三十卷。事蹟具《梁書》（卷四一）、《南史》（卷六十）本傳。

按《殷芸集》，史志均無著錄，已佚。嚴可均《全梁文》（卷五四）輯其〈與到溉書〉佚文一則；逯欽立《先秦漢魏晉南北朝詩·梁詩》（卷十五）輯其〈詠舞詩〉一首。

⊙ 蕭 琛

蕭琛，字彥瑜。南蘭陵人。仕齊初爲太學博士，累遷尙書左丞、御史中丞。與蕭衍、沈約等爲竟陵八友。梁時，歷宣城、吳興等六郡太守，官至侍中、金紫光祿大夫。深爲梁武帝寵愛。著有《皇覽抄》、《漢書文府》、《齊梁拾遺》等書。事蹟具《梁書》（卷二六）、《南史》（卷十八）本傳。

按《梁書》本傳稱其自稱「少壯三好：音律、書、酒。年長以來，二事都廢，惟書籍不衰。」任宣城太守時，曾得北僧所藏班固眞本《漢書序傳》，珍藏後贈予鄱陽王蕭範。又嘗作《皇覽鈔》二十卷。其作今已散佚，史志未著錄。逯欽立《先秦漢魏晉南北朝詩·梁詩》（卷十五）輯其詩，有〈和元帝詩〉、〈別蕭諮議前夜以醉乖例今晝由醒敬應教詩〉、〈餞謝文學詩〉、〈詠韉應詔〉，凡四首；嚴可均《全梁文》（卷二四）輯其文，有〈嗣君廟見議〉、〈郎官緩杖密啓〉、〈答釋法雲書難范縝神滅論〉、〈難范縝神滅論〉，凡四篇。

⊙ 虞 騫

虞騫，會稽人。工爲五言。官至王國侍郎。見逯欽立《先秦漢魏晉南北朝詩·梁詩》（卷五）。

按虞騫詩文，史志未見其集著錄。逯欽立《先秦漢魏晉南北朝詩·梁詩》（卷五）輯其詩，有〈登鍾山下峰望詩〉、〈遊潮山悲古塚詩〉、〈尋沈剡夕至嵊亭詩〉、〈視月詩〉、〈擬雨詩〉，凡五首。

⊙ 王 訓

王訓，字懷範，小字文殊。琅邪臨沂人。王儉孫。幼聰警有識量，爲梁武帝所賞。初補國子生，射策高第，任秘書郎。遷太子舍人。後歷爲秘書丞、宣城王文學、太子中庶子，官至侍中。工詩善文。事蹟具《梁書》（卷二一）〈王暕附傳〉、

《南史》（卷二二）〈王曇首附傳〉。

　　按王訓詩文今多佚，史志未見其集著錄。逯欽立《先秦漢魏晉南北朝詩·梁詩》（卷九）輯其詩，有〈度關山〉、〈獨不見〉、〈奉和同泰寺浮圖詩〉、〈奉和率爾有詠詩〉、〈應令詠舞詩〉、〈詩〉（僅二句，《南史》王訓傳引），凡六首。

⊙　陸　罩

　　陸罩，另撰有《梁簡文帝集》，別有考。

　　按陸罩詩文，史志未見其集著錄。逯欽立《先秦漢魏晉南北朝詩·梁詩》（卷十三）輯其詩，有〈採菱曲〉、〈奉和往虎窟山寺詩〉、〈閨怨詩〉、〈詠笙詩〉，凡四首。〈詠笙詩〉，《初學記》十六及《文苑英華》作陸罕，疑字誤也。

⊙　傅　昭

　　傅昭，字茂遠。北地靈州人。少以才學知名，仕齊歷尚書儀曹郎、中書通事舍人等職，官至尚書左丞。梁時，歷五兵、左民尚書，出任安成、臨海太守。居官清廉，不因私利與人相交，京師後進宗其學而重其道。官終散騎常侍、金紫光祿大夫。事蹟具《梁書》（卷二六）、《南史》（卷六十）本傳。

　　按傅昭詩文，史志未見其集著錄。逯欽立《先秦漢魏晉南北朝詩·梁詩》（卷十四）輯其詩，僅〈恭職北郊詩〉一首。

⊙　蕭　推

　　蕭推，字智進。蕭秀次子。普通六年（525 年），封南浦侯，歷淮南、晉陵、吳郡太守，所在均遇大旱，人稱「旱母」。侯景圍建康，守東府城，城陷被殺。事蹟具《梁書》（卷二二）、《南史》（卷五二）蕭秀附傳。

　　按蕭推詩文，史志未見其集著錄。逯欽立《先秦漢魏晉南北朝詩·梁詩》（卷十七）輯其詩，僅〈賦得翠石應令詩〉一首。采自《初學記》五、《萬花谷後》五、《詩紀》七十一。

⊙　楊　皦

　　楊皦，仕梁爲中軍司馬。太清二年守東府，爲侯景所害。見逯欽立《先秦漢魏晉南北朝詩·梁詩》（卷十七）。

　　按楊皦詩文，史志未見其集著錄。逯欽立《先秦漢魏晉南北朝詩·梁詩》（卷十七）輯其詩，僅〈詠舞詩〉一首，采自《類聚》四十三、《初學記》十五、《文苑英華》二百十三、《萬花谷後》三十二（作楊皦詩）、《詩紀》九十四。

⊙　伏　挺

伏挺，字士標。平昌安丘人。少有盛名。齊末州舉秀才，對策爲當時第一。梁武舉兵反齊，引爲征東行參軍。天監初，任中軍參軍事，歷武康令、南臺治書侍御史等職，因納賄，懼罪亡匿爲僧，遇赦得免，客游吳興、吳郡，死於侯景亂中。著有邇說十卷、文集二十卷。事蹟具《梁書》（卷五十）、《南史》（卷七一）本傳。

按《梁書》本傳稱其著有《邇說》十卷，文集二十卷。其集隋唐諸志皆未著錄，蓋亡矣。今存詩文，逯欽立《先秦漢魏晉南北朝詩・梁詩》（卷十九）輯其詩，僅〈行舟值早霧詩〉一首；嚴可均《全梁文》（卷四十）輯其文，僅〈致徐勉書〉一篇。本傳稱其爲五言詩，善效謝康樂體，今觀其存詩，工於寫景，確有靈運遺風。

⊙ 何敬容

何敬容，字國禮。廬江人。齊吏部尚書何昌寓子。齊時，尙齊武帝女，拜駙馬都尉。梁初，任秘書郎，累遷侍中、守吏部尚書，所在稱職。普通四年（523 年），出爲吳郡太守，勤恤民隱，治爲天下第一。中大通三年（531 年），從吏部尚書升爲尚書右僕射，參掌選舉，代徐勉參與機密大政，至大同十一年（545 年），因事免官。太清元年（547 年），復起爲太子詹事、侍中，旋卒於任。事蹟具《梁書》（卷三七）、《南史》（卷三十）〈何尙之附傳〉。

按何敬容詩文，史志未見其集著錄。逯欽立《先秦漢魏晉南北朝詩・梁詩》（卷十九）輯其詩，僅〈詠舞詩〉一首，輯自《初學記》十五、《詩紀》九十。嚴可均《全梁文》（卷四十）輯其佚文，僅〈入學無齒胄議〉（殘）一篇，輯自《隋書・禮儀志》四。

⊙ 沈 旋

沈旋，字士規。沈約子，襲父爵爲建昌縣侯。仕梁歷中書侍郎、永嘉太守、司徒右長史等職，卒於南康內史任。事蹟具《梁書》（卷十三）、《南史》（卷五七）〈沈約附傳〉。

按沈旋詩文，史志未見其集著錄。逯欽立《先秦漢魏晉南北朝詩・梁詩》（卷二六）輯其詩，僅〈詠螢火詩〉一首，輯自《初學記》三十、《文苑英華》百三百二十九（作詠螢）、《詩紀》九十一。

⊙ 沈 趨

沈趨，字孝鯉。約次子。位黃門郎。見逯欽立《先秦漢魏晉南北朝詩・梁詩》（卷二六）。

按沈趨詩文，史志未見其集著錄。逯欽立《先秦漢魏晉南北朝詩・梁詩》（卷二六）輯其詩，有〈賦得霧詩〉、〈詠雀詩〉，凡二首。前首輯自《初學記》二（題

沈趨）、《文苑英華》百五十六、《詩紀》九十一；後首輯自《類聚》九十二、《詩紀》九十一。

⊙ 徐怦

徐怦，勉從子。武陵王紀鎮益州，以爲直兵參軍。紀僭號，固諫，見殺。見嚴可均《全梁文》（卷五十）。

按徐怦詩文，史志未見其集著錄。今存詩文，逯欽立《先秦漢魏晉南北朝詩‧梁詩》（卷二四）輯其詩，僅〈夏日詩〉一首，輯自《初學記》三（引作〈夏詩〉）、《詩紀》八十九；嚴可均《全梁文》（卷五十）輯其佚文，僅〈與將帥書〉殘篇一句，輯自《南史》五十三〈武陵王紀傳〉。

⊙ 褚澐

褚澐，字士洋。河南陽翟人。爲縣令。遷湘東王府參軍。仕至御史中丞。見逯欽立《先秦漢魏晉南北朝詩‧梁詩》（卷二四）。

按褚澐詩文，史志未見其集著錄。逯欽立《先秦漢魏晉南北朝詩‧梁詩》（卷二四）輯其詩，有〈詠柰詩〉、〈賦得蟬詩〉，凡二首。澐或作雲。

⊙ 劉孝先

劉孝先，劉孝綽七弟。梁武帝時，爲武陵王蕭紀法曹參軍、主簿，隨至益州，轉安西記室。承聖二年（552 年），與兄孝勝隨紀軍東下，翌年，紀敗，孝先赴江陵，梁元帝任爲黃門郎，官至侍中。擅五言詩。事蹟具《梁書》（卷四一）、《南史》（卷三九）〈劉潛附傳〉。

按劉孝先詩文，史志未見其集著錄。逯欽立《先秦漢魏晉南北朝詩‧梁詩》（卷二六）輯其詩，有〈和兄孝綽夜不得眠詩〉、〈草堂寺尋無名法師詩〉、〈和亡名法師秋夜草堂寺禪房月下詩〉、〈詠竹詩〉、〈春宵詩〉、〈冬曉詩〉，凡六首。

⊙ 徐胐

徐胐，始末未詳。

按徐胐詩文，史志未見其集著錄。逯欽立《先秦漢魏晉南北朝詩‧梁詩》（卷二六）輯其詩，僅〈夏詩〉一首，此詩《初學記》三引作徐摛，《文苑英華》百五十七作徐胐夏日。

⊙ 徐昉

徐昉，仕晉安王。隨府在雍州。號高齋學士。見逯欽立《先秦漢魏晉南北朝詩‧梁詩》（卷二六）。

按昉，逯欽立作防。其詩文，史志未見其集著錄。逯欽立《先秦漢魏晉南北朝詩・梁詩》（卷二六）輯其詩，有〈長安有狹邪行〉、〈賦得觀濤詩〉、〈賦得蝶依草應令詩〉，凡三首。

⊙　王臺卿

王臺卿，梁武帝時，官刑獄參軍，與江仲舉、蔡薳、庾仲容等俱爲雍州刺史南平王蕭恪門客。時人嘗歌曰：「江千萬，蔡五百，王新車，庾大宅」。王臺卿因有王新車之稱。見逯欽立《先秦漢魏晉南北朝詩・梁詩》（卷二七）。

按臺卿詩文，史志未見其集著錄。逯欽立《先秦漢魏晉南北朝詩・梁詩》（卷二七）輯其詩，凡十八首。其多奉和應教之作，詠物言情，不脫齊梁綺豔之風。

⊙　戴　暠

戴暠，始末未詳。

按戴暠詩文，史志未見其集著錄。逯欽立《先秦漢魏晉南北朝詩・梁詩》（卷二七）輯其詩，有〈驅馬篇〉、〈釣竿〉、〈君子行〉、〈從軍行〉、〈煌煌京洛行〉、〈月重輪行〉、〈神仙篇〉、〈車馬行〉、〈度關山〉、〈詠欲眠詩〉，凡十首。《玉臺新詠》錄其〈詠欲眠詩〉一首。所作多爲樂府詩。《初學記》一引〈月重輪行〉，題作戴嵩。清吳兆宜疑暠爲陳人，善樂府。

⊙　李鏡遠

李鏡遠，始末未詳。

按鏡遠詩文，史志未見其集著錄。逯欽立《先秦漢魏晉南北朝詩・梁詩》（卷二八）輯其詩，有〈詠日詩〉、〈蜻蝶行〉，凡二首。〈詠日詩〉，《藝文類聚》一作〈李鏡遠詩〉、《初學記》一、《文苑英華》百五十一並作〈日詩〉、《詩紀》九十三作〈詠日詩〉；〈蜻蝶行〉，輯自《樂府詩集》六十一、《詩紀》九十三。

⊙　湯僧濟

湯僧濟，始末未詳。

按湯僧濟詩文，史志未見其集著錄。逯欽立《先秦漢魏晉南北朝詩・梁詩》（卷二八）輯其詩，僅〈詠渫井得金釵詩〉一首，輯自《玉臺新詠》八、《類聚》七十（作渫井得金釵）、《初學記》七（作〈渫井得金釵〉）、《御覽》七百十八（作〈梁陽濟泄井得金釵詩〉）、《詩紀》九十四。

⊙　聞人蒨

聞人蒨，始末未詳。

　　按聞人蒨詩文，史志未見其集著錄。逯欽立《先秦漢魏晉南北朝詩·梁詩》（卷二八）輯其詩，僅〈春日詩〉一首，蒨字作倩。輯自《玉臺新詠》八、《詩紀》九十四、《類聚》三、《初學記》三、《文苑英華》百五十七。

⊙　**劉 憺**

　　劉憺，始末未詳。

　　按劉憺詩文，史志未見其集著錄。逯欽立《先秦漢魏晉南北朝詩·梁詩》（卷二八）輯其詩，僅〈驚早露詩〉一首，輯自《初學記》二、《文苑英華》百五十六、《詩紀》九十四。

⊙　**顧 煊**

　　顧煊，始末未詳。

　　按顧煊詩文，史志未見其集著錄。逯欽立《先秦漢魏晉南北朝詩·梁詩》（卷二八）輯其詩，僅〈賦得露詩〉一首。采自《初學記》二、《文苑英華》百五十六（作顧愷）、《詩紀》九十四、《萬花谷後》二（作顧煊詩）。

⊙　**蕭 和**

　　蕭和，始末未詳。

　　按蕭和詩文，史志未見其集著錄。嚴可均《全梁文》（卷二四）輯其佚文，僅〈螢火賦〉一篇，輯自《初學記》三十。

⊙　**褚 洊**

　　褚洊，始末未詳。

　　按褚洊詩文，史志未見其集著錄。清嚴可均《全梁文》（卷六七）輯其佚文，僅〈芳林園甘露頌〉一篇，輯自《初學記》二，題作神洊。蓋褚、神形近而訛也。

⊙　**蕭 鈞**

　　蕭鈞，始末未詳。

　　按蕭鈞詩文，史志未見其集著錄。《初學記》卷三引其〈晚景遊泛懷友詩〉，未見輯存。

十一、北 魏

（一）史志著錄者

⊙　**後魏孝文帝**

拓跋宏，又稱元宏。拓跋弘長子。皇興三年（469年），立爲皇太子。五年，即位。及父卒，聽馮太后臨朝總政。嘗整飭吏治，班俸祿制，行均田法。太和十四年（490年）始親政。尋大興文治，遷都洛陽。信重漢族士人，立國子、太學、四門小學於都。又革鮮卑舊俗、服制、語言，禁士民胡服。令朝廷三十歲以下人不得用鮮卑語，獎掖胡漢通婚，改拓跋爲元氏。復評定士族，官制朝儀。以魏先不用錢，乃鑄行太和五銖錢。性好讀書，有才思。聽覽政事，從善如流，遇人寬恕。後屢發兵南下攻齊，終病卒於軍中。在位二十九年，諡曰孝文，廟號高祖。事蹟具《魏書》（卷七）、《北史》（卷三）本紀。

〈隋志〉云：「後魏孝文帝集三十九卷。」

〈舊唐志〉云：「後魏文帝集四十卷。」

〈新唐志〉云：「後魏文帝集四十卷。」

按《魏書・本紀》稱其才藻富贍，好爲文章，詩賦銘頌，任興而作，有大文筆，馬上口授，及其成也，不改一字。自太和十年已後，詔冊皆帝之文也。自餘文章百有餘篇。其集〈隋志〉著錄三十九卷，〈舊、新唐志〉作四十卷，原集已佚。今存詩文，逯欽立《先秦漢魏晉南北朝詩・北魏詩》（卷一）輯其詩，有〈縣瓠方丈竹堂饗侍臣聯句詩〉（輯自《魏書》及《北史・鄭道昭傳》、《御覽》百七十事類賦歌賦註引《後漢書》、《詩紀》百八）、〈詩〉（僅三言二句，輯自《御覽》百六十八），凡二首；嚴可均《全後魏文》（卷三至卷七）輯其文，凡五卷，所存多詔冊之文。

⊙ **高 允**

高允，字伯恭。渤海修人。少孤，博通經史天文術數。初被征爲中書〈博士〉，遷侍郎，授太子拓跋晃經書。嘗與崔告共修國史，遇國史之獄，以太子營救得免。文成帝時，爲中書令，領秘書監，封梁城侯。深爲帝所重，常呼爲令公而不名之。文明馮太后臨朝，又引參決大政。後遷中書監，進爵咸陽公。孝文帝時，加光祿大夫、金章紫綬。前後歷事五帝，居官五十餘年，以直臣聞。有《左氏公羊釋》、《毛詩拾遺》等凡百餘篇，又明算法，爲《算術》三卷。諡曰文。事蹟具《魏書》（卷四八）、《北史》（卷三一）本傳。

〈隋志〉云：「後魏司空高允集二十一卷。」

〈舊唐志〉云：「後魏高允集二十卷。」

〈新唐志〉云：「後魏高允集二十卷。」

按允官至中書令，文成帝敬稱令公，故其集又稱《高令公集》。魏書本傳稱其

有集行於世。〈隋志〉著錄二十一卷，〈舊、新唐志〉著錄二十卷。至宋，亡佚。今存明人輯本，有張燮《七十二家集》本，輯《高令公集》二卷；張溥《漢魏六朝百三家集》本，輯一卷。張溥本自張燮本出，分賦、表、疏、上書、書、頌、論、訓、祭文、詩十類編次，末附本傳。凡收賦一篇，表疏等雜十一篇，詩四題二十三首。又嚴可均《全後魏文》（卷二八）輯其文一卷，凡十三篇；逯欽立《先秦漢魏晉南北朝詩・北魏詩》（卷一）輯其詩，凡四題二十三首，收錄高允詩文，較前爲備。

⊙　李　諧

李諧，字虔和。頓丘人。李平子。博學有文辯。受父前爵彭城侯。初爲太尉參軍，歷尙書郎、北海王顥撫軍司馬，入爲中書侍郎，加輔國將軍、相州大中正、光祿大夫，除金紫光祿大夫。及元顥入洛，以爲給事黃門侍郎，顥敗，除名。東魏孝靜帝時，爲兼散騎常侍、聘梁使主，以才辯爲梁人所稱。後爲秘書監，遇偏風廢頓。事蹟具《魏書》（卷六五）、《北史》（卷四三）本傳。

〈隋志〉云：「後魏司農卿李諧集十卷。」

〈舊唐志〉云：「李諧集十卷。」

〈新唐志〉云：「李諧集十卷。」

按《魏書》本傳稱其所著文集，別有集錄，行於也。《北史》本傳則云文集十餘卷。〈隋志〉著錄十卷，〈舊、新唐志〉同，今佚。現僅存〈述身賦〉一篇，敍永安二年（529 年）四月，元顥叛入蕭梁後，又攻洛陽，官李諧爲給事黃門侍郎，未幾顥敗，諧亦被除名。故諧作此賦，歷述自身從師求學，釋巾從吏，居官守位，以此爲縱，以史跡時事爲橫，旨在申明其生性蕭散，寓名而仕，並爲受顥官一事辯白。其文今存於嚴可均《全後魏文》（卷三五）；逯欽立《先秦漢魏晉南北朝詩・北魏詩》（卷二）輯其佚詩，有〈釋奠詩〉、〈江浦賦詩〉，凡二首。

⊙　盧元明

盧元明，字幼章。范陽涿人。盧昶子。涉獵群書，有文才，性好玄理，作〈史子新論〉數十篇。初封城陽縣子，爲中書侍郎，東魏孝靜帝時，爲兼吏部郎中，副使於梁，爲南中所稱。後爲尙書右丞，轉散騎常侍，監起居。事蹟具《魏書》（卷四七）、《北史》（卷三十）本傳。

〈隋志〉云：「後魏太常卿盧元明集十七卷。」

〈舊唐志〉云：「盧元明集六卷。」

〈新唐志〉云：「盧元明集六卷。」

按元明涉歷群書，性好玄理，作〈史子新論〉數十篇，文筆并有集錄。〈隋志〉著錄其集十七卷，〈舊、新唐志〉僅著錄六卷。至宋，已佚。其詩佚文句，嚴可均《全後魏文》（卷三七）輯其佚文，有〈幽居賦〉（闕）、〈劇鼠賦〉、〈嵩高山廟記〉，凡二篇；逯欽立《先秦漢魏晉南北朝詩·北魏詩》（卷二）輯其詩，有〈晦日汎舟應詔詩〉、〈夢友人王由賦別〉，凡二首，皆僅存殘句。

⊙ 袁曜

袁曜，字景騰。陳郡人。袁翻弟。博學有俊才。初爲司空行參軍，後遷車騎將軍、太傅清可王懌文學，懌之文表多出於曜。有文集行於世。事蹟具《魏書》（卷八五）、《北史》（卷四七）本傳。

〈隋志〉云：「後魏司空祭酒袁躍集十三卷。」

〈舊唐志〉云：「袁躍集九卷。」

〈新唐志〉云：「袁躍集九卷。」

按魏書本傳稱有文集行於世。〈隋志〉著錄其集十三卷，〈舊、新唐志〉均作九卷。至宋，已佚。逯欽立《先秦漢魏晉南北朝詩·北魏詩》（卷二）輯其佚詩，僅存〈釋奠詩〉一首。

⊙ 溫子昇

溫子昇，字鵬舉。濟陽冤句人。家世寒素，師事崔靈恩、劉蘭。博覽百家，文章清婉，有重名於時。孝明帝初，補御史，又爲廣陽王淵行臺郎中。孝莊帝時，爲南主客郎，修起居注。豫誅爾朱榮，當時敕詔，皆子昇詞。孝武帝時，遷散騎常侍。東魏時，爲高澄大將軍諮議參軍，及元瑾謀誅高澄見殺，澄疑其知情，下晉陽獄，終食弊襦而卒。撰有《永安記》三卷及《諸文筆》三十五卷。事蹟具《魏書》（卷八五）、《北史·文苑傳》（卷八三）。

〈隋志〉云：「後魏散騎常侍溫子昇集三十九卷。」

〈舊唐志〉云：「溫子昇集二十五卷。」

〈新唐志〉云：「溫子昇集三十五卷。」

按溫子昇，曾任侍讀兼舍人，故其集又名《溫侍讀集》。魏書本傳稱其死後，太尉長史宋游道收葬之，又爲集其文筆爲三十五卷。〈隋志〉著錄其集三十九卷，〈舊唐志〉作三十五卷，〈新唐志〉則作三十五卷，未知孰是。至宋，亡佚。今存明人輯本，有張燮《七十二家集》本，輯《溫侍讀集》二卷；張溥《漢魏六朝百三家集》本，輯一卷。張溥本自張燮本出，分詔、敕、表、上書、銘、碑、墓誌銘、文、樂府、詩十一類編次，末附本傳。凡收詔敕等雜文二十五篇，樂府詩六題七篇，詩四

首。又嚴可均《全後魏文》（卷五一）輯其文，凡二十七篇；逯欽立《先秦漢魏晉南北朝詩・北魏詩》（卷二）輯其詩，凡十題十一首，輯錄溫子昇詩文，較前爲備。

（二）史志未著錄者

⊙ 後魏太武帝

拓跋燾，又名佛狸。拓跋嗣長子。初封太平王，爲監國，拜相國，加大將軍。泰常八年（423 年），即位。任用漢族士人，大整流品，明辯姓族。改定律令，除封禁良田之令，任民耕墾，致墾田大增。詔令王、公、卿、大夫之子均入太學，百工商賈之子各習父兄之業。嘗立太子晃爲監國，副理萬機，總統百揆。又北逐柔然，滅夏、燕、涼諸國，遂盡有北方之地。屢取河南之地，嘗大舉攻宋，兵至瓜步。與龜茲、疏勒諸國通使，復開西域。爲政嚴虐，果於殺戮，以國史事，盡誅崔浩及其姻親。又尊道滅佛，兩度毀經像塔寺，坑殺僧人。終爲宦者宗愛所殺。在位三十年，諡曰太武，廟號世祖。事蹟具《魏書》（卷四）、《北史》（卷二）本紀。

按其詩文，史志未見其集著錄。嚴可均《全後魏文》（卷一）輯其佚文，凡三十七篇。所作亦多詔冊之文。

⊙ 常 景

常景，字永昌。河內溫人。孝文時爲門下錄事，累遷車騎將軍、右光祿大夫、秘書監。曾擬劉琨作〈扶風歌〉十五首。永安二年，除中軍將軍、正黃門。永熙二年，監議事。武定八年卒。見逯欽立《先秦漢魏晉南北朝詩・北魏詩》（卷二）。

按常景集，史志均未著錄，久佚。張鵬一《隋志補錄目》著錄《常祕書集》，不著卷數。今存詩文，嚴可均《全後魏文》（卷三二）輯其佚文，有〈家令爲公主無服議〉、〈中書監高允遺德頌〉（闕）、〈司馬相如贊〉、〈王褒贊〉、〈嚴君平贊〉、〈揚雄贊〉、〈圖古像讚述〉、〈洛橋銘〉、〈護軍將軍高顯碑銘〉（闕），凡七篇；逯欽立《先秦漢魏晉南北朝詩・北魏詩》（卷二）輯其詩，僅〈讚四君詩〉四首。又《洛陽伽藍記》（卷一）載有其碑文，《文鏡祕府論》（天卷）載有其〈四聲論〉。

⊙ 崔 浩

崔浩，字伯淵，小名桃簡。宏長子。皇始中爲通直郎。天興中給事祕書，轉著作郎。明元即位，拜博士祭酒。爵武城子。泰常中襲父爵白馬公。東宮建，以爲右弼。尋拜相州刺史，加左光祿大夫。太武即位，以公歸第。始光中進爵東郡公，拜太常卿。神䴥中加侍中、特進、撫軍大將軍、左光祿大夫，進司徒。太平

眞君十一年六月，坐修國史忤旨，并范陽盧氏、太原郭氏、河東柳氏皆夷族。時年七十。事蹟具《魏書》（卷三五）、《北史》（卷二一）。

按崔浩詩文，史志未見其集著錄。清嚴可均《全後魏文》（卷二二）輯其佚文，有〈冊封沮渠蒙遜爲涼王〉、〈議軍事表〉、〈上五寅元曆表〉、〈上疏讚明寇謙之受神誥事〉、〈注易敘〉、〈食經敘〉、〈論諸葛武侯〉、〈廣德殿碑頌〉、〈女儀〉，凡八篇。

十二、北　齊

（一）史志著錄者

⊙　邢　邵

邢邵，字子才，河間鄭人。少有文名，仕魏爲宣武帝挽郎。歷奉朝請、著作佐郎，甚爲朝野所重，每一文出，京師爲之紙貴。累遷中書侍郎、散騎常侍、國子祭酒、尙書令侍中、黃門侍郎。爾朱榮入洛，邵與楊愔避地嵩山，普泰中，徵爲散騎常侍。尋出西兗州刺史，在州督察屬吏，不擾民。除太常卿兼中書監，攝國子祭酒，朝臣帶領三職，時人榮之。與溫子昇爲文士之冠，世論謂之溫、邢。事蹟具《北史》（卷四三）本傳。

〈隋志〉云：「北齊特進邢子才集三十一卷。」

〈舊唐志〉云：「邢子才集三十卷。」

〈新唐志〉云：「邢邵集三十卷。」

按邢邵字子才，位授特進，故其集又名《邢特進集》。《北齊書》本傳稱，自北魏孝明帝後，北方文雅大盛，邢邵雕蟲之美，獨步當時。每一文出，京師爲之紙貴，讀誦俄遍遠近。有集三十卷，見行於世。〈隋志〉著錄其集三十一卷，蓋內并目錄一卷。〈舊、新唐志〉均作三十卷。至宋，亡佚。今存明人輯本，有張燮《七十二家集》本，輯《邢特進集》二卷；張溥《漢魏六朝百三家集》本，輯一卷。張溥本自張燮本出，分賦、詔、表、奏、書、序、議、頌、銘、碑、諡議、哀策文、墓誌、樂府、詩十五類編次，末附本傳。凡收賦一篇，詔表等雜文二十八篇，樂府詩一篇，詩七首。又嚴可均《全北齊文》（卷三）輯其文，凡二十九篇；逯欽立《先秦漢魏晉南北朝詩・北齊詩》（卷一）輯其詩，有〈思公子〉、〈三日華林園公宴詩〉、〈冬夜酬魏少傅直史館詩〉、〈冬日傷志篇〉、〈七夕詩〉、〈齊韋道遜晚春宴詩〉、〈應詔甘露詩〉、〈賀老人星詩〉、〈詩〉（殘），凡九首，收錄邢子才詩文，較前爲備。

⊙　魏　收

魏收，字伯起，小字佛助。鉅鹿下曲陽人。少以文華顯，釋褐太學博士，節閔

帝立，遷散騎侍郎，典起居注，並修國史。受司馬子如荐，爲高歡中外府主簿。啓請文襄修國史，獲准。齊將受禪，撰禪代詔冊，尋除中書令。後累遷至侍中。收之文名，與溫子昇、邢子才相亞，世號三才。性輕躁，不護細行，《魏書》一出，眾口喧然，有受金之譏。卒，贈司空，尚書右僕射。事蹟具《北史》（卷五六）本傳。

〈隋志〉云：「北齊尚書僕射魏收集六十八卷。」

〈舊唐志〉云：「魏收集七十卷。」

〈新唐志〉云：「魏收集七十卷。」

按收字伯起，官至尚書右僕射，加位特進，故其集又名《魏特進集》。《北齊書》本傳稱其有集七十卷。〈隋志〉著錄其集六十八卷，〈舊、新唐志〉均作七十卷，似舊本復出。至宋，亡佚。今存明人輯本，有張燮《七十二家集》本，輯《魏特進集》三卷；張溥《漢魏六朝百三家集》本，輯一卷。張溥本自張燮本出，分詔、冊文、啓、移文、書、議、文、祭文、樂府、詩十類編次，末附本傳。凡收詔、冊文等雜文十五篇，樂府詩四篇，詩八首。又嚴可均《全北齊文》（卷四）輯其文，凡二十篇；逯欽立《先秦漢魏晉南北朝詩・北齊詩》（卷一）輯其詩，凡十五題十六首，輯錄魏收詩文，較前爲備。

⊙　劉　逖

劉逖，字子長。彭城叢亭里人。好騎射，愛交游，善戲謔。魏末徵詣霸府，文襄以爲永安公高浚開府行參軍。留心文藻，手不離卷，專精讀書。天保初，行定陶縣令，坐事免，十餘年不得調。後除太子洗馬，歷散騎常侍，依附和士開，授中書侍郎入典機密。祖珽執政，徙爲仁州刺史，未幾徵還，待詔文林館，重除散騎常侍。與崔季舒等同時被戮。事蹟具《北齊書》（卷四五）、《北史・文苑傳》（卷四二）。

〈隋志〉云：「北齊儀同劉逖集二十六卷。」

〈舊唐志〉云：「劉逖集四十卷。」

〈新唐志〉云：「劉逖集四十卷。」

按史載劉逖所制詩賦及雜文凡三十卷。〈隋志〉著錄二十六卷，〈舊、新唐志〉均著錄四十卷，已佚。今僅存逯欽立《先秦漢魏晉南北朝詩・北齊詩》（卷一）所輯錄五言詩四首，且有殘闕，即對雨詩、秋朝野望、浴溫湯泉、清歌發詩。嚴可均《全北齊文》（卷八）據《隋書・辛德源傳》，輯其佚文〈薦辛德源表〉一篇。

（二）史志未著錄者

⊙　北齊武成帝

高湛，渤海蓨人。高歡第九子。元象中封長廣郡公。齊受禪，進爵爲王。歷尚書令、錄尚書奏事、兼司徒。廢帝即位，遷太尉。乾明初爲大司馬，領并州刺史，遷太傅錄尚書事，領京畿大都督。皇建初爲右丞相。二年十一月即位，改元二。太甯河清。在位四年，傳位太子，自稱太上皇帝。天統四年崩。諡曰武成皇帝。事蹟具《北史》（卷八）本紀。

按高湛詩文，史志未見其集著錄。清嚴可均《全北齊文》（卷二）輯其佚文，有〈輕罰詔〉、〈詔封子繪〉、〈贈諡張耀詔〉、〈蠲雜戶詔〉、〈手敕河南王孝瑜〉、〈宣敕定州〉、〈敕魏收〉、〈手敕和士開〉、〈養生論〉，凡九篇。《初學記》二十三引以三臺宮爲大興聖寺詔，嚴可均未收錄。

⊙ **蕭　放**

蕭放，字希逸。祗子。襲爵爲清河郡公。武平中，待詔文林館，頗善丹青，見知齊後主。累遷太子中庶子、散騎常侍。見逯欽立《先秦漢魏晉南北朝詩·北齊詩》（卷一）。

按蕭放之作，史志未見著錄。逯欽立《先秦漢魏晉南北朝詩·北齊詩》（卷一）輯其詩，有〈冬夜詠妓詩〉（據《初學記》十五、《文苑英華》二百十三、《萬花谷後》三十二、《詩紀》百十所引）、〈詠竹詩〉（據《初學記》二十八、《文苑英華》三百二十五、《詩紀》百十所引），凡二首。

⊙ **顏之推**

顏之推，字介。琅邪臨沂人。幼承家學，善《周官》、《左氏》，博覽群書、文辭典麗。梁湘東王蕭繹辟爲左常侍，加鎮西墨曹參軍，後隨蕭方諸出鎮郢州，掌管記。侯景陷郢州，被執。景平，還江陵，又爲周軍所破，大將軍李穆重之，送往弘農。值河水暴漲，之推遂攜妻子乘船奔齊。爲司徒錄事參軍，待詔文林館。周兵陷晉陽，之推進後主奔陳之策，不能用。齊亡入關，開皇中以疾卒。有文三十卷，撰《家訓》二十篇。事蹟具《北齊書》（卷四五）、《北史》（卷六三）本傳。

按本傳稱其有文三十卷，史志均未著錄，已佚。今存詩文，逯欽立《先秦漢魏晉南北朝詩·北齊詩》（卷二）輯其詩，有〈神仙詩〉、〈古意詩〉二首、〈從周入齊夜度砥柱〉、〈和陽納言聽鳴蟬篇〉、〈詩〉（僅一句），凡五首；嚴可均《全隋文》（卷十三）輯其文，有〈觀我生賦〉、〈上言用梁樂〉、〈顏氏家訓序致〉，凡三篇。

⊙ **祖　珽**

祖珽，字孝徵。范陽遒人。祖瑩子。起家秘書郎，文宣任并州刺史，召爲開府倉曹參軍。性疏率，不能廉愼守道，受納財物，私盜官粟，頗爲時人所譏。結

納長廣王，及即位，爲武成帝，拜珽中書侍郎，建策禪子，早定君臣，帝從之，拜秘書監。後主親政，爲侍中，請罷京畿府，出計誅斛律光，奏立文林館，又用權術，求爲領軍。受穆提婆，陳令萱讒，出爲北徐州刺史，卒於州。事蹟具《北史》（卷四七）木傳。

按祖珽之作，史志皆未著錄，卷亡。今僅存詩三首，見逯欽立《先秦漢魏晉南北朝詩·北齊詩》（卷二），即〈從北征詩〉、〈望海詩〉、〈挽歌〉。

⊙ 裴讓之

裴讓之，字士禮。裴佗子。魏末爲屯田主客郎中，歷文襄大將軍主簿，兼散騎常侍，聘梁。齊受禪，魏帝遜居別宮，讓之流涕歔欷。以參掌儀注，除清河太守。違律殺吏，侍中高德政復以私憾讒之，文宣賜死于家。事蹟具《北史》（卷三八）本傳。

按裴讓之詩文，史志未見其集著錄。逯欽立《先秦漢魏晉南北朝詩·北齊詩》（卷一）輯其詩，有〈從北征詩〉、〈有所思〉、〈公館讌酬南使徐陵詩〉，凡三首。

⊙ 袁奭

袁奭，字元明。陳郡人。梁司空昂之孫。以侍中奉貢至齊。及莊敗，除琅邪王儼大將軍諮議。入文林館，遷太中大夫。見逯欽立《先秦漢魏晉南北朝詩·北齊詩》（卷一）。

按袁奭詩文，史志未見其集著錄。逯欽立《先秦漢魏晉南北朝詩·北齊詩》（卷一）輯其詩，僅〈從駕遊山詩〉一首，輯自《初學記》十三、《文苑英華》百七十、《詩紀》百十。

⊙ 楊訓

楊訓，後主時，爲通直散騎侍郎，待詔文林館，同修《御覽》。見逯欽立《先秦漢魏晉南北朝詩·北齊詩》（卷一）。

按楊訓詩文，史志未見其集著錄。逯欽立《先秦漢魏晉南北朝詩·北齊詩》（卷一）輯其詩，僅〈群公高宴詩〉一首，輯自《初學記》十四、《詩紀》百十。

⊙ 馬元熙

馬元熙，字長明。馬敬德子。受父業，爲通直侍郎，待詔文林館。武平中，教授皇太子孝經。隋開皇中卒。事蹟具《北齊書》（卷四四）、《北史》（卷八一）本傳。

按馬元熙詩文，史志未見其集著錄。逯欽立《先秦漢魏晉南北朝詩·北齊詩》

（卷二）輯其詩，僅〈日晚彈琴詩〉一首，據《初學記》十六、《文苑英華》二百十二、《萬花谷後》三十二、《詩紀》百十引所輯。

⊙　趙儒宗

趙儒宗，始末未詳。

按趙儒宗詩文，史志未見其集著錄。逯欽立《先秦漢魏晉南北朝詩・北齊詩》（卷二）輯其詩，僅〈詠龜詩〉一首，據《類聚》九十六（作趙宗儒）、《初學記》三十、《文苑英華》三百三十（佚作者名）、《詩紀》百十引所輯。

十三、北　周

（一）史志著錄者

⊙　後周明帝

宇文毓，又名統萬突，宇文泰長子。大統末，拜開府儀同三司、宜州刺史，魏恭帝三年（556年）授大將軍，鎮隴右。周禪代，進位柱國，轉岐州刺史。孝閔帝廢，宇文護遣使迎之，即帝位。朝政仍由護斷決。武成元年（559年）春正月始親政，軍旅之事，護猶總焉。是歲改都督諸州軍為總管，遣大司馬賀蘭祥討吐谷渾，破之。二年夏四月，因食遇毒，死於長安延壽殿。毒為護所為也。諡曰明帝，廟號世宗。事蹟具《周書》（卷四）、《北史》（卷九）本紀。

〈隋志〉云：「後周明帝集九卷。」

〈舊唐志〉云：「後周明帝集十卷。」

〈新唐志〉云：「後周明帝集五十卷。」

按毓幼而好學，善屬文。在位時集文人學者八十餘人，於麟趾殿校勘經史，為北周一大盛事。所著文章共十卷，大多亡佚。〈隋志〉著錄九卷，〈舊唐志〉作十卷，〈新唐志〉則作五十卷，疑「五」字衍也。今所存僅詔敕之文十數篇及詩三首，嚴可均全《北周文》（卷一）輯其文，凡十四篇；逯欽立《先秦漢魏晉南北朝詩・北周詩》（卷一）輯其詩，有〈貽韋居士詩〉、〈過舊宮詩〉、〈和王褒詠摘花〉，凡三首。毓嘗南來文人王褒等詩酒唱和，故深受南方詩風影響。其詩對仗工整，遣詞俗麗，情調溫軟。

⊙　宇文逌

宇文逌，字爾固突，宇文泰子。少好經史，初封滕國公，天和末，拜大將軍，未幾，遷柱國。建德中，進爵為王。齊平，從征稽胡，多有斬獲。宣政初，進位

上柱國，任伐陳元帥，節度諸軍事。大象末，爲楊堅所害。事蹟具《周書》（卷十三）、《北史》（卷五八）本傳。

〈隋志〉云：「後周滕簡王集八卷。」

〈舊唐志〉云：「後周滕王集十二卷。」

〈新唐志〉云：「後周滕簡王集十二卷。」

按其集〈隋志〉著錄八卷，已佚。〈舊、新唐志〉均作十二卷，亦已佚。今存詩文，嚴可均《全北周文》（卷四）輯其佚文，有〈庾信集序〉、〈道教實花序〉，凡二篇；逯欽立《先秦漢魏晉南北朝詩·北周詩》（卷一）輯其詩，僅〈至渭源詩〉一首。

⊙ 宗懍

宗懍，字元懍。南陽涅陽人。梁元帝鎮荊州，引爲記室，歷臨汝、建成、廣晉三縣令，及帝即位，擢爲尚書侍郎。江陵平，與王褒等俱入關。周禪代，拜車騎大將軍，受命在麟趾殿刊定群書。保定中卒。事蹟具《周書》（卷四二）、《梁書》（卷四一）本傳。

〈隋志〉云：「後周儀同宗懍集十二卷。注云：并錄。」

〈舊唐志〉云：「後周宗懍集三十卷。」

〈新唐志〉云：「宗懍集十卷。」

按本傳稱有集二十卷，行於世。〈隋志〉著錄十二卷，注云并錄。〈舊唐志〉著錄三十卷，〈新唐志〉作十卷，未知孰是。今其集已佚，所存詩僅四首，逯欽立《先秦漢魏晉南北朝詩》（卷一）輯錄之，有〈和歲首寒望詩〉、〈早春詩〉、〈春望詩〉、〈麟趾殿詠新井詩〉。其詩摹物精細，對偶工整，語言俗麗，爲齊梁風格之作。

⊙ 王褒

王褒，字子淵。琅邪臨沂人。性沈靜，七歲能文，博覽史傳，尤工屬文。梁武帝喜其才藝，遂以弟女妻之。起家秘書郎，及侯景陷建業，梁元帝嗣位江陵，拜褒侍中。及杜國于謹征江陵，褒隨元帝出降，隨例至長安。保定中，除內史中大夫，建德後，頗參朝議，東宮既建，授太子少保，遷小司空。卒於宣州刺史。事蹟具《周書》（卷四一）、《梁書》（卷四一）本傳。

〈隋志〉云：「後周小司空王褒集二十一卷。注云：并錄。」

〈舊唐志〉云：「王褒集三十卷。」

〈新唐志〉云：「王褒集二十卷。」

按王褒官至小司空，故其集又名《王司空集》。〈隋志〉著其集二十一卷，注

云并錄。〈舊唐志〉著錄三十卷，〈新唐志〉則作二十卷，疑〈舊唐志〉誤「二」
為「三」也。至宋，亡佚。今存明人輯本，有薛應旂《六朝詩本》，輯《王司空集》
三卷；張燮《七十二家集》本，輯《王司空集》一卷；張溥《漢魏六朝百三家集》
本，輯一卷。張溥本自張燮本出，分詔、表、啓、書、序、箋、銘、碑、祭文、
文、樂府、詩十二類編次，末附本傳。凡收詔、表等雜文二十六篇，樂府詩十九
篇，詩二十九題三十首。又嚴可均《全後周文》（卷七）輯其文一卷，凡二十六篇；
逯欽立《先秦漢魏晉南北朝詩》《北周文》（卷一）輯其詩，凡樂府五言十三題十
四首、〈六言〉一首、〈七言〉一首、雜言二首，五言詩二十九題三十首，收錄王
褒詩文，較前為備。

⊙ 蕭撝

蕭撝，字智遐。蘭陵人，蕭秀之子。初為給事中，梁武帝以撝辭令可觀，令
兼中書侍郎，接迎東魏使。及侯景作亂，蕭紀稱尊號於成都，授撝侍中、中書令。
尉遲迥伐蜀，撝率文武以城歸降。受周明帝命於麟趾殿校定經史。出為上州刺史，
為政仁恕，待下以誠。

建德初，遷少傅，尋卒。贈大將軍，益州刺史。事蹟具《周書》（卷四二）、《北
史》（卷二九）本傳。

〈隋志〉云：「後周少傅蕭撝集十卷。」

〈舊唐志〉云：「蕭撝集十卷。」

〈新唐志〉云：「蕭撝集十卷。」

按史傳稱撝幼入國學，博觀經史，雅好屬文，所著詩賦雜文數萬言。〈隋志〉
著錄其集十卷，〈舊、新唐志〉同。至宋，已佚。今存詩文，嚴可均《全後周文》
（卷十九）輯其文，僅〈存請歸養表〉一篇；逯欽立《先秦漢魏晉南北朝詩·北
周詩》（卷一）輯其詩，有〈孀婦吟〉、〈日出行〉、〈樂歌〉、〈和梁武陵王遙望道館
詩〉、〈上蓮山詩〉，凡五首。其詩寫景纖小，情調溫軟，亦屬南朝詩風格。

⊙ 庾 信

庾信，字子山。南陽新野人，庾肩吾之子。幼而俊邁，聰敏絕倫，善春秋左
氏傳。時肩吾為梁太子中庶子，徐陵及信並為抄撰學士，父子在東宮，恩隆莫比。
既有盛才，文並綺艷，故世號為徐、庾體。及侯景陷建業，信奔於江陵。梁元帝
承制，除御史中丞。後使於西魏，值于謹大軍南討，遂留長安。江陵平，拜撫軍
將軍。周建，出為洛州刺史，為政簡靜，吏民安之。明帝、武帝並雅好文學，信
特蒙恩禮，群公碑誌，多相請託，當時文名，唯王褒與之相類。大象初，以疾卒。

事蹟具《周書》（卷四一）、《北史》（卷八三）本傳。

〈隋志〉云：「後周開府儀同庾信集二十一卷。注云：并錄。」

〈舊唐志〉云：「庾信集二十卷。」

〈新唐志〉云：「庾信集二十卷。」

《郡齋讀書志》著錄《庾開府集》二十卷。

《直齋書錄解題》著錄《庾開府集》二十卷，陳氏云：

> 其在揚都，有集四十卷，及江陵，又有三卷，皆兵火不存。今集止
> 自入魏以來所作，而哀江南賦實爲首冠。

《文獻通考‧經籍考》著錄《庾開府集》二十卷。

〈宋志〉云：「庾信集二十卷，又哀江南賦一卷。」又「王道珪注哀江南賦一卷；張庭芳注哀江南賦一卷。」

《四庫全書總目》著錄《庾開府集》箋註十卷，北周庾信撰、清吳兆宜註；《庾子山集》十六卷、卷首二卷，北周庾信撰、清倪璠纂註。

按庾信詩文作品結集甚早，南朝有十四卷本，後於江陵又有三卷本，然如宇文逌庾集序云十四卷本「値太清罹亂，百不一存」，三卷本又「重遭兵火，一字無遺」。北周大象元年（579 年），宇文逌搜集庾信入北以後之作，編爲《庾信集》二十卷。〈隋志〉著錄二十一卷，注云并錄，或以爲增多之一卷，爲隋平陳後所得南朝舊作。現存庾信之作確有作於南朝者，如〈奉和同泰寺浮圖〉、〈將命至鄴〉等，可知此說不無道理。然唐宋書目仍著錄二十卷，且元代後，此本實已散佚。今存大抵明人抄撮《藝文類聚》、《初學記》、《文苑英華》等諸類書而編成，有明正德十六年（1521 年）朱承爵存餘堂刻《庾開府詩集》四卷；明嘉靖間朱曰藩刻《庾開府詩集》六卷；明嘉靖間薛應旂刻《庾開府詩集》二卷；明萬曆間屠隆評點徐庾集本《庾子山集》十六卷；明天啓元年（1621 年）張燮《七十二家集》本，輯《庾開府集》十六卷；明天啓六年汪士賢《漢魏六朝名家集》本，輯《庾開府集》十二卷；張溥《漢魏六朝百三家集》本，輯二卷。張溥本自張燮本出，後清倪璠注本則翻用屠隆評點本。據《隋志‧魏澹傳》稱，澹入隋前已注《庾信集》。又據〈新唐志〉，唐人張庭芳、崔令欽亦嘗爲〈哀江南賦〉作注。其書久已不傳。直至清，胡渭乃始爲作注，未及成書，後由吳兆宜采輯其說，增補而成《庾開府集》箋注十卷。幾於同時，倪璠亦有《庾子山集》注十六卷。倪氏注本較吳兆宜注本詳盡，爲清注庾集最善者。今除有崇岫堂原刻本外，尚有清道光十九年（1839 年）同文堂刻本、光緒二十年（1894 年）儒雅堂刻本。《四部備要》本即據崇岫堂本排印。

（二）史志未著錄者

⊙ 後周武帝

宇文邕，字禰羅突。宇文泰第四子。恭帝元年，封輔城郡公。孝閔受禪，拜大將軍，鎮同州。明帝即位，遷柱國蒲州刺史，入爲大司空治御正。進封魯國公，領宗師。武成二年四月即位，改元四，保定、天和、建德、宣政。在位十八年，諡曰武皇帝。事蹟具《周書》（卷五、六）、《北史》（卷十）本紀。

按宇文邕詩文，史志未見其集著錄。嚴可均《全後周文》（卷二）輯其佚文，凡六十四篇，多爲詔策之文。

⊙ 宇文昶（李昶）

宇文昶，即李昶，小名那。頓丘臨黃人。祖彪，魏御史中尉。昶仕西魏，歷都官郎中、相州大中正、銀青光祿大夫、太祖丞相府記室參軍、中書侍郎、御史中尉、大將軍儀同三司。賜姓宇文氏。周受禪，天保元年，進驃騎大將軍。二年，轉御正中大夫。保定五年，出爲昌州刺史，遇疾卒，年五十。事蹟具《周書》（卷十三）〈騰聞王附傳〉、《北史》（卷五八）〈周宗室傳〉。

按宇文昶詩文，史志未見著錄。今存詩文，嚴可均《全後周文》（卷六）輯其文，僅〈答徐陵書〉一篇；逯欽立《先秦漢魏晉南北朝詩・北周詩》（卷一）輯其詩，有〈陪駕幸終南山詩〉、〈奉和重適陽關〉，凡二首。

⊙ 宗羈

宗羈，始末未詳。

按宗羈詩文，史志未見其集著錄。逯欽立《先秦漢魏晉南北朝詩・北周詩》（卷一）輯其詩，僅〈登渭橋詩〉一首，據《類聚》九、《初學記》七、《詩紀》百十二所輯。

⊙ 孟康

孟康，始末未詳。

按《初學記》云隋康孟，然據其今所存詩，隋無趙王，逯欽立將之系於北周。《先秦漢魏晉南北朝詩・北周詩》（卷四）輯其詩，據《初學記》一、《文苑英華》百五十一、《詩紀》百十二所引，僅〈詠日應趙王教詩〉一首。

⊙ 劉璠

劉璠，字寶義，沛國沛人。少好讀書，兼善文筆。在梁爲蕭循輕車府簿，兼記室參軍，尋遷華陽太守。屬侯景之亂，璠從梁元帝，任樹功將軍，鎮西府諮議參軍。

蕭紀稱制於蜀，召璠爲中書侍郎，使者八返，乃至蜀。後降於達奚武，入關見宇文泰，授中外府記室，甚被信重。遷同和邵守，爲治有德政，流民歸附。於和中卒。著《梁典》三十卷。事蹟具《周書》（卷四二）、《北史》（卷七十）本傳。

按本傳稱其有集二十卷，史志均未見著錄。清嚴可均《全後周文》（卷十九）輯其佚文，僅〈雪賦〉一篇，采自《周書・劉璠傳》、《藝文類聚》二、《初學記》二。

十四、陳

（一）史志著錄者

⊙ 陳後主

陳叔寶，字元秀。陳宣帝長子。天嘉三年（562 年），立爲安成王世子，歷太子中庶子、侍中，太建元年（569 年）正月，立爲皇太子。十四年正月，即帝位，在位七年。荒於酒色，昵近群小，大修宮室，濫施刑罰，不理朝政。常使嬪妃夾坐，與狎客唱和，君臣酣歌，通霄達旦。自以大江天塹，不虞外難。禎明三年（589 年）正月，隋軍突陷建康，於井中被獲。後入長安，卒於洛陽。有文集數十卷。事蹟具《陳書》（卷六）、《南史》（卷十）本紀。

〈隋志〉云：「陳後主集三十九卷。」

〈舊唐志〉云：「陳後主集五十卷。」

〈新唐志〉云：「陳後主集五十五卷。」

《崇文總目》云：「陳后主集十卷。」

〈宋志〉云：「陳后主集一卷。」

按〈隋志〉著錄其集三十九卷，〈舊唐志〉作五十卷，〈新唐志〉則作五十五卷。至宋，僅存十卷。南宋尤袤《遂初堂書目》著錄《陳後主集》，不注卷數。〈宋志〉僅著錄一卷。今存明人輯本，有張燮《七十二家集》本，輯《陳後主集》三卷；張溥《漢魏六朝百三家集》本，輯一卷。近人丁福保輯《漢魏六朝名家集》，以前人所輯，編爲二卷，卷一文，卷二詩。又嚴可均《全陳文》（卷四）輯其文，凡三十八篇；逯欽立《先秦漢魏晉南北朝詩・陳詩》（卷四）輯其詩及沈后詩，凡一卷，收錄陳後主詩文，較前爲備。

⊙ 周弘讓

周弘讓，周弘正弟。博學多通，早年不得志，隱居茅山，不應徵召。侯景亂中，懼死而爲景中書侍郎，爲時人所譏。梁元帝時，任國子祭酒。陳世祖初，以白衣領太常卿、光祿大大。著有《續高士傳》七卷及文集二十餘卷。事蹟具《南

史》（卷三四）本傳。

〈隋志〉云：「陳金紫光祿大夫周弘讓集九卷。」又「陳周弘讓後集十二卷。」

〈新唐志〉云：「周弘讓集十八卷。」

按《南史》本傳稱著有《續高士傳》七卷及文集二十餘卷。〈隋志〉著錄《周弘讓集》九卷，後集十二卷，凡二十一卷。〈舊唐志〉未著錄，〈新唐志〉作十八卷，已佚。弘讓與當時著名文人徐陵、王褒等，皆有書札往來。如所作〈答王褒書〉、〈與徐陵書荐方圓〉等。今存詩文，逯欽立《先秦漢魏晉南北朝詩·陳詩》（卷二）輯其詩，有〈留贈山中隱士〉、〈春夜醮五岳圖文〉、〈賦得長笛吐清氣〉、〈立秋詩〉，凡四首；嚴可均《全陳文》（卷五）輯其文，有〈山蘭賦〉、〈奏宋齊故事〉、〈答王褒書〉、〈與徐陵書荐方圓〉，凡四篇。

⊙ 沈 炯

沈炯，字禮明。吳興武康人。少有俊才，仕梁爲尙書左民侍郎，出爲吳令。侯景亂中，受逼從景將宋子仙，後爲王僧辯重金求得，爲其掌軍書盟約。梁元帝以爲給事黃門侍郎。西魏陷江陵，俘入長安，藏才思歸。後歸，仕梁敬帝至御史中丞。陳初，加通直散騎常侍，旋卒。贈侍中。有文集二十卷。事蹟具《陳書》（卷十九）、《南史》（卷六九）本傳。

〈隋志〉云：「陳侍中沈炯前集七卷、陳沈尙後集十三卷。」

〈舊唐志〉云：「陳沈炯前集六卷、沈炯後集十三卷。」

〈新唐志〉云：「陳沈炯前集六卷、沈炯後集十三卷。」

〈宋志〉云：「沈炯集七卷。」

按沈炯官至通直散騎常侍，卒贈侍中，故其集又名《沈侍中集》。《陳書》本傳稱其有集二十卷，行於世。〈隋志〉著錄《前集》七卷，《後集》十三卷。〈舊、新唐志〉著錄《前集》六卷，《後集》十三卷。南宋尤袤《遂初堂書目》著錄《沈炯集》，不注卷數。〈宋志〉著錄則僅作七卷。今存明人輯本，有張燮《七十二家集》本，輯《沈侍中集》三卷；張溥《漢魏六朝百三家集》本，輯一卷。張溥本自張燮本出，分賦、表、啓、書、銘、碑、哀策文、祭文、文、樂府、詩十一類編次，末附本傳。凡收賦二篇，表啓等雜文二十篇，樂府二篇，詩十六首。又清嚴可均《全陳文》（卷十四）輯其文，凡一卷；今人逯欽立《先秦漢魏晉南北朝詩·陳詩》（卷一）輯其詩，凡十九首，輯錄沈炯詩文，較前爲備。

⊙ 釋惠摽

釋惠摽，涉獵有才思，陳寶應反，以預謀坐誅。見逯欽立《先秦漢魏晉南北

朝詩・陳詩》（卷十）。

〈隋志〉云：「陳沙門釋摽集二卷。」

按惠摽，又作慧摽，《南史・虞寄傳》等作慧摽。天嘉四年（563 年）寶應起兵謀反，惠摽作五言詩以送之，寶應得之甚悅。然友人虞寄一覽便止，謂所親曰「摽公既以此始，必以此終」。後陳寶應兵敗被誅，惠摽果坐此被殺。其集〈隋志〉著錄二卷，已佚。逯欽立《先秦漢魏晉南北朝詩・陳詩》（卷十）輯其詩，有〈詠山詩〉三首、〈詠水詩〉三首、〈詠孤石〉、〈贈陳寶應〉，凡八首，除後者〈贈寶應詩〉外，餘七首均爲題詠山水之作。

⊙　釋洪偃

釋洪偃，俗姓謝氏。會稽山陰人。在梁爲梁武帝所優禮。梁亂，避地縉雲。陳武受禪，乃復出都。天嘉五年卒。有集八卷。見逯欽立《先秦漢魏晉南北朝詩・陳詩》（卷十）。

〈隋志〉云：「陳沙門釋洪偃集八卷。」

按《釋洪偃集》，〈隋志〉著錄八卷。其集久佚，逯欽立《先秦漢魏晉南北朝詩・陳詩》（卷十）輯其詩有〈遊故苑詩〉、〈登吳昇平亭〉、〈遊鍾山之開善定林息心宴坐引筆賦〉，凡三首。

⊙　周弘正

周弘正，字思行。汝南安城人。周顒孫。幼孤，好學不倦，年十歲通老子、易經，十五補國子生，在國學講易經，諸生傳習其義。仕梁歷太學博士、國子博士、聽者傾朝野。侯景亂中，投梁元帝於江陵，官至左民尚書。陳時，歷太子詹事、侍中、國子祭酒，至尚書右僕射。善清談，爲梁末玄宗領袖，通曉佛經，工詩能文。有文集二十卷。事蹟具《陳書》（卷二四）、《南史》（卷三四）本傳。

〈隋志〉云：「陳尚書僕射周弘正集二十卷。」

〈舊唐志〉云：「周弘正集二十卷。」

〈新唐志〉云：「周弘正集二十卷。」

按《陳書》本傳稱其特善玄言，兼明釋典，爲梁、陳間著名之學宗。時碩學名儒，莫不請質釋疑。著有多種經學著作，今皆亡佚。又工詩能文，以出使北周時作品較出色。著有文集二十卷。〈隋志〉著錄其集二十卷，〈舊、新唐志〉同，已佚。今存詩文，逯欽立《先秦漢魏晉南北朝詩・陳詩》（卷二）輯其詩，凡十四首；嚴可均《全陳文》（卷五）輯其文，有〈請梁武帝釋乾坤二繫義表〉、〈測獄刻數議〉、〈奏記晉安王〉、〈謝梁元帝賚春秋糊屏風啓〉、〈謝梁元帝賚玉門棗啓〉、〈謝

敕賚烏紗帽等啓〉、〈謝東宮賜穀袍啓〉、〈謝敕賚紫鮓啓〉，凡八篇。

⊙ 陰 鏗

陰鏗，字子堅。武威姑臧人。梁時爲湘東王法曹行參軍，陳世祖時，累遷至晉陵太守、員外散騎常侍。幼聰慧、五歲能誦詩賦，後博覽史傳。長於五言詩，善述山水景物，工音韻格律，體近唐人律詩。有文集三卷。事蹟具《陳書》（卷三四）、《南史》（卷六四）本傳。

〈隋志〉云：「陳鎮南府司馬陰鏗集一卷。」

《郡齋讀書志》著錄《陰鏗集》一卷，晁氏云：

有集三卷，隋已亡其二，今所存十〈數詩〉而已。

《文獻通考・經籍考》著錄《陰鏗集》一卷。

按陰鏗官至員外散騎常侍，故其集又名《陰常侍集》。《陳書》本傳稱其有文集三卷，行於世。〈隋志〉著錄一卷，〈舊、新唐志〉均未著錄。南宋晁公武《郡齋讀書志》著錄一卷，據其所言，可知隋唐以來，陰鏗僅詩集流傳。至宋，詩集亦亡佚。今存清人張澍《二酉堂叢書》本，輯《陰常侍詩集》一卷。張澍序云：「系以文苑英華及諸類書編集，得三十五首，較馮北海詩紀多一篇，復參校其字之同異，敘而刊之，以饗同好者。」今有清道光元年（1821 年）本。又逯欽立《先秦漢魏晉南北朝詩・陳詩》（卷一）輯其詩，凡三十四首。

⊙ 顧野王

顧野王，字希馮。吳郡吳人。幼聰慧好學。年十二，隨父至建安，撰建安《地記》二篇。長而遍覽經史，天文地理、蓍龜占候、蟲篆奇字，無所不通，又長於繪畫。仕梁歷王府屬官。陳世祖時，補撰史學士，陳宣帝時，任太子率更令，後領大著作，掌修國史，知梁史事。卒於光祿卿。著玉篇、輿地志等書多種。事蹟具《陳書》（卷三十）、《南史》（卷六九）本傳。

〈隋志〉云：「陳左衛將軍顧野王集十九卷。」

按《陳書》本傳稱其有文集二十卷，〈隋志〉著錄十九卷，已佚。今存詩文，逯欽立《先秦漢魏晉南北朝詩・陳詩》（卷二）輯其詩，有〈羅敷行〉、〈芳樹〉、〈有所思〉、〈隴頭水〉、〈長安道〉、〈陽春歌〉、〈豔歌行〉三首、〈餞友之綏安詩〉，凡十首；嚴可均《全陳文》（卷十三）輯其佚文，有〈舞影賦〉、〈箏賦〉、〈笙賦〉、〈拂塵篠賦〉、〈上呈玉篇啓〉、〈玉篇序〉、〈虎丘山序〉，凡七篇。

⊙ 徐 陵

徐陵，字孝穆。東海郯人。父徐摛，梁時以文學知名。陵八歲能文，十三歲

通曉老子、莊子，後博覽群書，善於雄辯。仕梁始爲晉安王寧蠻府參軍、官至給事黃門侍郎、祕書監。兩使於北朝，陳世祖時，遷吏部尚書，領大著作。宣帝以爲建昌縣侯。歷尚書僕射、侍中、中書監等職，朝廷文誥均出其草。詩文爲當時所宗尙，與庾信齊名。集漢代以來詩賦編成《玉臺新詠》十卷，有文集三十卷。事蹟具《陳書》（卷二六）、《南史》（卷六二）本傳。

〈隋志〉云：「陳尙書左僕射徐陵集三十卷。」

〈舊唐志〉云：「徐陵集三十卷。」

〈新唐志〉云：「徐陵集三十卷。」

《崇文總目》云：「徐陵文集二卷。」

〈宋志〉云：「徐陵詩一卷。」

《四庫全書總目》著錄《徐孝穆集》箋注六卷，陳徐陵撰、清吳兆宜注。

按徐陵字孝穆，故其集又名《徐孝穆集》。仕梁爲東宮學士，詩文與庾信齊名，號徐庾體。《陳書》本傳稱其文頗變舊體，緝裁巧密，多有新意。每一文出手，好事者已傳寫成誦，遂被之華夷，家藏其本。後逢喪亂，多散失，存者三十卷。〈隋志〉著錄三十卷，〈舊、新唐志〉同。然此本於唐以後不見著錄。北宋《崇文總目》著錄二卷，〈宋志〉著錄一卷。今本系後人據《藝文類聚》、《文苑英華》等諸書所輯，有明人屠隆評點本《徐孝穆集》十卷（與《庾子山集》十六卷合刊），凡賦、詩一卷，文九卷。明張溥《漢魏六朝百三家集》本，輯《徐僕集》二卷，卷一賦、詔、策文、璽書、表、移文、檄；卷二啓、書、序、碑、頌、銘、哀策文、墓志、文、樂府、詩，末附本傳。凡收賦一篇，啓書等雜文八十一篇，樂府十四篇，詩二十二首。清吳兆宜箋注本即以屠隆本爲底本，卷次略加并合。徐集六卷中，吳氏僅成前五卷，後徐文炳續箋第六卷，名曰備考，附載吳注六卷之末。《四庫全書》即收此本。又嚴可均《全陳文》（卷六至卷十一）輯其文六卷，凡九十七篇；逯欽立《先秦漢魏晉南北朝詩·陳詩》（卷五）輯其詩，有樂府十五篇，詩二十三首。

⊙　張正見

張正見，字見賾。青河東武城人。幼好學有才，梁末，射策高第，授邵陵王國左常侍。元帝時，官至彭澤令，後避亂於匡俗山。入陳，歷尚書度支郎、通直散騎侍郎、撰史著士。宣帝太建中卒，年四十九。有文集十四卷。事蹟具《陳書》（卷三四）、《南史》（卷七二）本傳。

〈隋志〉云：「陳尙書度支郎張正見集十四卷。」

〈舊唐志〉云：「張正見集四卷。」

〈新唐志〉云：「張正見集四卷。」

〈宋志〉云：「張正見集一卷。」

按張正見官至通直散騎侍郎，故其集又名《張散騎集》。《陳書》本傳稱其有文集十四卷，其五言詩尤善，大行於世。〈隋志〉著錄十四卷，〈舊、新唐志〉均僅著錄四卷。南宋尤袤《遂初堂書目》著錄《張正見集》，不注卷數。〈宋志〉著錄一卷。今存明人輯本，有張燮《七十二家集》本，輯《張散騎集》二卷；張溥《漢魏六朝百三家集》本，輯一卷。張溥本自張燮本出，分賦、啓、樂府、詩四類編次，末附本傳。凡收賦三篇，啓一篇，樂府四十題四十三篇，詩四十四首。又嚴可均《全陳文》（卷十六）輯其文，有石賦、山賦、衰桃賦、謝賜錢啓，凡四篇；逯欽立《先秦漢魏晉南北朝詩·陳詩》（卷二至卷三）輯其詩，有樂府四十一題四十四篇，詩四十八首，收錄張正見詩文，較前爲備。

⊙　陸　玠

陸玠，字潤玉。吳郡吳人。幼好學，舉秀才，對策高第，任衡陽王文學、值天保殿學士。後太子陳叔寶召爲管記，兼中舍人，旋以失明，歸鄉里而卒。事蹟具《陳書》（卷三四）、《南史》（卷四八）本傳。

〈隋志〉云：「陳少府卿陸玠集十卷。」

〈舊唐志〉云：「陸珍集五卷。」

〈新唐志〉云：「陸珍集五卷。」

按《陳書·文學·陸瑜傳》稱玠有集十卷，〈隋志〉著錄《陸玠集》十卷，〈舊、新唐志〉作五卷，題陸珍。姚振宗《隋志考證·集部·別集》類云：「案珍爲玠之誤，北齊陽玠松有解頤二卷，見子部小說家。玠亦作珍，或作玢，誤與此同。逯欽立《先秦漢魏晉南北朝詩·陳詩》（卷二）所按，玢乃玠之訛，其以大正藏《高僧傳·支遁傳》衛玠，官本玠作玢，以此類推至陸玢當爲《陳書》、《南史》作陸玠者。今僅存〈賦得雜言詠栗詩〉一首，《先秦漢魏晉南北朝詩·陳詩》（卷二）收之。

⊙　陸　瑜

陸瑜，字幹玉。陸琰弟。幼好學不絕，聰敏強記。仕陳始爲安成王行參軍，官至太子洗馬、中舍人。年四十四卒。有文集十餘卷。事蹟具《陳書》（卷三四）、《南史》（卷四八）本傳。

〈隋志〉云：「陳光祿卿陸瑜集十一卷。注云：并錄。」

〈舊唐志〉云：「陸瑜集十卷。」

〈新唐志〉云：「陸瑜集十卷。」

按《陳書》本傳稱其有文集十卷。〈隋志〉著錄十一卷，注云并錄。〈舊、新唐志〉均著錄十卷，蓋不計錄也。今已佚，宋郭茂倩《樂府詩集》收其詩三首，爲其僅存詩作。逯欽立《先秦漢魏晉南北朝詩》（卷五）亦有輯存，有〈仙人攬六著篇〉、〈東飛伯勞歌〉、〈獨酌謠〉，凡三首；嚴可均《全陳文》（卷十七）輯其佚文，僅有〈琴賦〉一篇。

⊙　褚玠

褚玠，字溫理。河南陽翟人。少有美名，仕陳，始爲王府法曹，歷太子庶子、中書侍郎等職。陳宣帝時，爲山陰令，摧抑豪強，清廉正直，被讒免官。以文辭爲太子陳叔寶所愛，召爲侍從，當東宮管記，卒於御史中丞。事蹟具《陳書》（卷三四）、《南史》（卷二八）本傳。

〈隋志〉云：「陳御史中丞褚玠集十卷。」

〈舊唐志〉云：「褚介集十卷。」

〈新唐志〉云：「褚介集十卷。」

按《陳書・文學傳》稱其所製章奏雜文二百餘篇，皆切事理，由是見重於時。其集〈隋志〉著錄十卷，〈舊、新唐志〉卷同，題褚介，介當爲玠也，今已佚。嚴可均《全陳文》（卷十六）輯其文，僅〈風裏蟬賦〉一篇；逯欽立《先秦漢魏晉南北朝詩・陳詩》（卷六）輯其詩，亦僅〈鬥雞東郊道詩〉一首。

（二）史志未著錄者

⊙　姚　察

姚察，字伯審。吳興武康人。六歲誦書萬餘言，十二歲能屬文。梁簡文帝時，始爲南海王國左常侍，梁元帝時，爲佐著作，奉命撰史。陳初，徐陵引爲史佐。宣帝時歷宣明殿學士、東宮學士、尚書祠部郎等職，主修《梁史》。官至吏部尚書。陳亡入隋，任秘書丞，奉命撰《梁、陳》二史，未竟而卒，思廉續成《梁書》、《陳書》。又著《漢書訓纂》、《說林》等，并有文集二十卷。事蹟具《陳書》（卷二七）、《南史》（卷六九）本傳。

按本傳稱其有文集二十卷，史志未見著錄，久佚。今存詩文，逯欽立《先秦漢魏晉南北朝詩・隋詩》（卷三）輯其詩，有〈遊明慶寺詩〉、〈賦得笛詩〉，凡二首；嚴可均《全隋文》（卷十三）輯其文，有〈乞終喪表〉、〈遺命〉，凡二篇。

⊙　徐伯陽

徐伯陽，字隱忍。東海人。幼好學，讀書數千卷，年十五即以文筆稱著。仕

梁始爲河東王國右常侍，出爲侯官令。侯景亂中，至廣州依蕭勃。陳世祖時，返建康，卒於新安王府諮議參軍事。太建初，與馬樞、陳暄等以文會友，游宴賦詩，嘗編次文會詩，爲當時盛事。事蹟具《陳書》（卷三四）、《南史》（卷七二）本傳。

按徐伯陽之作，史志未見其集著錄。今存詩文，逯欽立《先秦漢魏晉南北朝詩·陳詩》（卷二）輯其詩，有〈日出東南隅行〉、〈遊鍾山開善寺詩〉，凡二首；嚴可均《全陳文》（卷十二）輯其佚文，僅〈皇太子釋奠頌〉一篇。

⊙ 傅縡

傅縡，字宜事。北地靈州人。好學善屬文，才思敏捷，軍國文書，下筆立成。梁末，爲王琳記室，琳敗，陳文帝以爲撰史學士。後主時，官至秘書監、右衛將軍，兼中書通事舍人，掌詔誥。鯁直敢言、爲權臣忌恨，被讒下獄。獄中上書後主，斥其酒色過度，寵信小人，「惡忠直若仇讎，視生民如草芥」，以致「神怒民怨，眾叛親離」，乃被賜死。事蹟具《陳書》（卷三十）、《南史》（卷六九）本傳。

按《陳書》本傳稱其有文集十卷，史志未著錄，已佚。宋郭茂倩《樂府詩集》載其樂府詩三首。逯欽立《先秦漢魏晉南北朝詩·陳詩》（卷五）亦輯其樂府詩，有〈採桑〉、〈走馬引〉、〈雜曲〉，凡三首；嚴可均《全陳文》（卷十六）輯其佚文，有〈笛賦〉、〈博山香爐賦〉、〈獄中上陳後主書〉、〈明道論〉，凡四篇。

⊙ 陸瓊

陸瓊，字伯玉。吳郡吳人。父陸雲公梁時以文學知名。瓊六歲作五言詩，頗有詞采，八歲善圍棋，京師號爲神童。陳文帝時，始爲王府法曹參軍。以文才遷尚書殿中郎。朝廷平周迪、陳寶應，軍國符檄，皆出其手。後歷太子中庶子，領大著作，撰國史，官至吏部尚書，以母喪去職，過哀而卒。有《陳書》四十一卷，并文集二十卷。事蹟具《陳書》（卷三十）、《南史》（卷四八）本傳。

按《陳書》本傳稱所著文集二十卷，行於世。其集史志未見著錄，久佚。今存詩文，逯欽立《先秦漢魏晉南北朝詩·陳詩》（卷五）輯其詩，有〈關山月〉、〈梁南吟〉、〈還臺樂〉、〈長相思〉、〈和張湖熟雹詩〉、〈玄圃宴各詠一物須箏詩〉，凡六首；嚴可均《全陳文》（卷十七）輯其佚文，有〈栗賦〉、〈下符討周迪〉、〈下符討陳寶應〉，凡三篇。

⊙ 孔奐

孔奐，字休文。會稽山陰人。好學善屬文，通經史百家，州舉秀才，射策高第，仕梁至尚書儀曹侍郎。侯景亂中，爲景將侯子鑒所得，令掌書記，朝士多因而得全性命。梁敬帝時，任建康令，勉力備軍糧，助陳霸先破北齊軍。陳時，歷

御史中丞、吏部尚書，在官正直有聲稱，官至侍中、中書令。卒於散騎常侍、金紫光祿大夫。事蹟具《陳書》（卷二一）、《南史》（卷二七）本傳。

按孔奐之作，史志未見其集著錄。逯欽立《先秦漢魏晉南北朝詩·陳詩》（卷五）輯其詩，僅〈賦得名都　何綺詩〉一首，輯自《類聚》二十一、《初學記》二十四、《詩紀》百一。

⊙　阮　卓

阮卓，陳留尉氏人。幼聰明篤學，善談論，工五言詩。陳世祖時，始為鄱陽王外兵參軍，後主時，遷德教殿學士，旋以副使使隋，為隋文帝所賞。使還，因目疾辭官歸鄉，以飲酒為文自娛。陳亡，徵入長安，行至江州卒。事蹟具《陳書》（卷三四）、《南史·文學傳》（卷七二）。

按《陳書·本傳》稱其幼而聰敏，篤志經籍，善於談論，尤工五言詩。其集史志未見著錄，今存逯欽立《先秦漢魏晉南北朝詩·陳詩》（卷六）輯其詩，有〈關山月〉、〈長安道〉、〈詠魯仲連詩〉、〈賦得詠風詩〉、〈賦得蓮下游魚詩〉、〈賦得黃鵠一遠別詩〉，凡六首。其詩作多為詠物。

⊙　劉　刪

劉刪，仕陳為長史，侯安都為侍中大將軍，引以為客。見逯欽立《先秦漢魏晉南北朝詩·陳詩》（卷六）。

按劉刪太建初年，與張正見、賀徹、祖孫登、徐伯陽等人為文會之友，史稱皆一時之士。遊宴賦詩，勒成卷軸，徐伯陽為作集序，一時傳為佳話。其集史志俱未著錄，已佚。今存詩十首，多詠物之作，技巧熟練，或有聲律諧合者，如〈詠蟬〉，已臻律絕；〈泛宮亭湖〉，亦已基本合律。今存逯欽立《先秦漢魏晉南北朝詩·陳詩》（卷六），凡十首。

⊙　祖孫登

祖孫登，仕陳為記室，侯安都引以為客。見逯欽立《先秦漢魏晉南北朝詩·陳詩》（卷六）。

按祖孫登，太建初年，與徐伯陽、劉刪等人為文會之友，游宴賦詩，勒成卷軸，徐伯陽為作集序，文壇傳為佳話。史稱其為一時之士。又嘗與諸文士於鄱陽王席上飲酒限刻賦詩，祖孫登先成，受賞頗豐。史載未有文集傳世。逯欽立《先秦漢魏晉南北朝詩·陳詩》（卷六）輯其詩，有〈紫騮馬〉、〈宮殿名登高臺〉、〈賦得司馬相如〉、〈詠風〉、〈詠水〉、〈詠柳〉、〈賦得涉江採芙蓉〉、〈蓮調〉、〈詠城塹中荷〉，凡九首。其詩多為詠物之作，於聲律技巧掌握較熟練，所作〈紫騮馬〉、〈蓮

調〉等詩，已暗合唐律標準。

⊙ 何胥

何胥，後主時爲太常令。採宮中豔詩被之管絃，以爲新曲。見逯欽立《先秦漢魏晉南北朝詩・陳詩》（卷六）。

按何胥之作，史志未見其集著錄。逯欽立《先秦漢魏晉南北朝詩・陳詩》（卷六）輯其詩，有〈被使出關詩〉、〈賦得待詔金馬門詩〉、〈傷章公大將軍詩〉、〈哭陳昭詩〉，凡四首。

⊙ 賀脩

賀脩，仕陳爲比部郎。見逯欽立《先秦漢魏晉南北朝詩・陳詩》（卷六）作賀循。

按賀脩之作，多已佚，史志未見其集著錄。逯欽立《先秦漢魏晉南北朝詩・陳詩》（卷六）輯其詩，僅〈賦得夾池脩竹詩〉，輯自《類聚》八十九、《初學記》二十八及《文苑英華》三百二十五（作賀脩〈賦得夾池竹〉）、《詩紀》百六。

⊙ 賀徹

賀徹，仕陳爲左民郎。見逯欽立《先秦漢魏晉南北朝詩・陳詩》（卷六）。

按賀徹詩文，史志未見其集著錄。逯欽立《先秦漢魏晉南北朝詩・陳詩》（卷六）輯其詩，有〈採桑〉、〈賦得長笛吐清氣詩〉、〈賦得爲我彈鳴琴詩〉，凡三首。

⊙ 楊縉

楊縉，陳中書舍人。以辭學知名。陳亡，自江左徙關中。見逯欽立《先秦漢魏晉南北朝詩・陳詩》（卷六）。

按楊縉，逯欽立作陽縉。其作今多亡佚，史志未見其集著錄。逯欽立《先秦漢魏晉南北朝詩・陳詩》（卷六）輯其詩，有〈賦得荊軻詩〉、〈照帙秋螢詩〉、〈俠客控絕影詩〉，凡三首。

⊙ 蔡凝

蔡凝，字子居。濟陽考城人。博覽經卷，有文才，工草隸。陳世祖時，爲秘書郎，宣帝時，尚公主，拜駙馬都尉，歷中書侍郎、吏部侍郎等職。後主時，任給事黃門侍郎，以刪正忤旨，貶爲王府長史。陳亡徙關中，於道卒。事蹟具《陳書》（卷三四）、《南史》（卷二九）本傳。

按蔡凝之作，史志未見其集著錄。逯欽立《先秦漢魏晉南北朝詩・陳詩》（卷六）輯其詩，僅有賦得處處春雲生詩一首，輯自《初學記》一、《詩紀》百六。

⊙　蕭　詮

蕭詮，仕陳爲黃門郎。見逯欽立《先秦漢魏晉南北朝詩·陳詩》（卷六）。

按蕭詮之作，史志未見其集著錄。逯欽立《先秦漢魏晉南北朝詩·陳詩》（卷六）輯其詩，有〈巫山高〉、〈賦得往往孤山映詩〉、〈詠銜泥雙燕詩〉、〈賦得夜猿啼詩〉、〈賦得婀娜當軒織詩〉，凡五首。

⊙　陳　暄

陳暄，義興國山人。梁名將陳慶之子。仕陳初爲東宮學士，後主時任通直散騎常侍。文才俊逸，而行無節操，與孔範、江總等十餘人侍後主游宴，時人稱之「狎客」。後主以俳優處之，數加輕侮，後因事受驚，數日而卒。事蹟具《南史》（卷六一）本傳。

按陳暄之作，史志未見其集著錄。今存詩文，逯欽立《先秦漢魏晉南北朝詩·陳詩》（卷六）輯其詩，有〈洛陽道〉、〈長安道〉、〈紫騮馬〉、〈雨雪曲〉，凡四首；嚴可均《全陳文》（卷十六）輯其佚文，有〈應詔語賦〉、〈食梅賦〉、〈奏請詔智顗還都〉、〈與兄子秀書〉，凡四篇。

⊙　蕭　鄰

蕭鄰，始末未詳。

按蕭鄰，逯欽立《先秦漢魏晉南北朝詩·陳詩》（卷九）作蕭驎。其詩文，今史志未見其集著錄。逯氏輯其〈詠袙複詩〉一首，引《詩紀》云：「疑即袙服，女人協衣也。」又云：「丹鉛餘錄作袼複裙。」逯氏案云：「《初學記》二十六服食部裙下引此詩，題作詠裙複。又《玉臺》引此，題作〈詠袙複〉。袙與袙異，馮氏以袙複爲袙服，非也。此詩應作詠袙複，袙複即帊複，或帕複。釋名，帕複，橫其腹也。又《酉陽雜俎》云，鬼以綾帊複贈辛秘，帶有一結，皆即此袙複。似《玉臺》、《初學記》皆誤也。」

⊙　孔　範

孔範，字法言。會稽山陰人。後主時爲都官尚書。與江總等並爲狎客。陳亡入隋，隋文帝暴其過惡，與王瑳、王儀、沈瓘名爲四罪，流之遠裔。見逯欽立《先秦漢魏晉南北朝詩·陳詩》（卷九）。

按孔範之作，史志未見著錄。逯欽立《先秦漢魏晉南北朝詩·陳詩》（卷九）輯其詩，有〈賦得白雲抱幽石詩〉（據《初學記》一、《詩紀》百六所引）、〈和陳主詠鏡詩〉（《初學記》二十五、《萬花谷》續七作〈詠鏡詩〉、《詩紀》百六所引），凡二首。

十五、隋

（一）史志著錄者

⊙ 隋煬帝

　　楊廣，又名英。隋文帝楊堅次子。初封晉王，歷武衛將軍，河南、淮南道尚書令、雍州牧、并州總管、內史令諸官。開皇九年（589 年）率兵平陳，遷太尉。交結內外，謀奪嗣位，至二十年，終為太子。仁壽四年（604 年）即帝位，遂恣行無度。大業元年（605 年），役丁數百萬盛修洛陽宮及西苑，極盡侈麗；又掘通濟渠與邗溝，沿途遍置離宮別館。次年，出遊江都，羽儀綿延數十里。三年，遣使求訪異俗，至流球（今臺灣）而還。又大修馳道，增築長城。四年，役兵丁、婦人百萬修永濟渠，廣造宮殿。嘗發兵敗吐谷渾，拓地數千里；又遣將攻流球，俘口萬餘。自七年至十年三征高麗，因國用不足，乃預徵十年之租，兵士、民伕，死者不可勝計。終致田疇荒蕪，民不得生，天下擾攘，兵戈四起。後三游江都，不復北歸，自感存日不久，乃肆情淫樂。義寧二年（618 年），遇兵變為臣下所殺。入唐，追諡為煬帝。事蹟具《隋書》（卷三、四）本紀。

　　〈隋志〉云：「煬帝集五十五卷。」

　　〈舊唐志〉云：「隋煬帝集三十卷。」

　　〈新唐志〉云：「隋煬帝集五十卷。」

　　按〈隋志〉著錄煬帝集五十五卷，〈舊唐志〉作三十卷，〈新唐志〉作五十卷。宋代書目則未見著錄，已佚。今存明人輯本，有張燮《七十二家集》本，輯隋煬帝集八卷；張溥《漢魏六朝百三家集》本，輯一卷。張溥本自張燮本出，分詔、來、璽書、檄、令、書、文、誄、疏、樂府、詩十一類編次，末附本紀。凡收詔、檄等雜文百四篇，樂府詩十二題十八篇，詩三十二題三十三首。張溥題辭云：「帝朝京師還，作歸蕃賦，命柳辯序之，今集無有，知傳者多缺。」近人丁福保輯《漢魏六朝名家集》，以前人所輯，編為《隋煬帝集》五卷，卷一至卷四文，卷五詩。又嚴可均《全隋文》（卷四至卷七）輯其文四卷，凡一百三十篇；逯欽立《先秦漢魏晉南北朝詩·隋詩》（卷三）輯其詩，有樂府十二題十九篇，或有殘闕，詩二十四首，收錄隋煬帝詩文，較前為備。

⊙ 盧思道

　　盧思道，字子行。范陽人。力學至精，善詩文。仕北齊至給事黃門侍郎，待詔文林館。入北周，授儀同三司。坐弟反當死，奉命作露布立成得免。遷武陽太守，非其所好，乃作孤鴻賦。隋立，累遷散騎侍郎，奏內史侍郎事。有集三十卷，

行於時。事蹟具《隋書》（卷五七）、《北史》（卷三十）本傳。

〈隋志〉云：「武陽太守盧思道集三十卷。」

〈舊唐志〉云：「隋盧思道集二十卷。」

〈新唐志〉云：「隋盧思道集二十卷。」

按思道曾任武陽太守，故其集又名《盧武陽集》。〈隋書〉本傳稱其有集三十卷，行於時。〈隋志〉著錄三十卷，〈舊、新唐志〉均作二十卷。至宋，亡佚。今存明人輯本，有張燮《七十二家集》本，輯《盧武陽集》三卷；張溥《漢魏六朝百三家集》本，輯一卷。張溥本自張燮本出，分賦、檄、表、書、序、論、誄、祭文、文、樂府、詩十一類編次，末附本傳。凡收賦二篇，檄、表等雜文九篇，樂府十一篇，詩十四首。又嚴可均《全隋文》（卷十六）輯其文，凡十三篇；逯欽立《先秦漢魏晉南北朝詩·隋詩》（卷一）輯其詩，有樂府十一篇，詩十七首，收錄盧思道詩文，較前為備。

⊙　李元操

李孝貞，字元操。趙郡柏人。魏征南將軍驀從子。避隋祖諱禎，因改稱字。仕北齊為司徒府參軍，射策甲科，拜給事中。歷太尉府外兵參軍中書舍人。出為博陵太守。遷司州別駕，除給事黃門侍郎。周平齊，授儀同三司少典祀下大夫。宣帝初轉吏部下大夫。靜帝初授上儀同三司。隋受禪，拜馮翊太守。開皇初，歷蒙州刺史，徵拜內史侍郎，參典文翰，出為金州刺史。見嚴可均《全隋文》（卷二十）。

〈隋志〉云：「金州刺史李元操集十卷。」

〈舊唐志〉云：「李元操集二十二卷。」

〈新唐志〉云：「李元操集二十二卷。」

按〈隋志〉著錄其集十卷，〈舊、新唐志〉均作二十二卷。至宋，已佚。李元操，本名孝貞，以避隋祖諱禎，因改稱字。今僅存詩六首，逯欽立《先秦漢魏晉南北朝詩·隋詩》（卷二）輯錄之，即〈巫山高〉、〈鳴鴈行〉、〈奉和從叔光祿愔元日早朝〉、〈聽百舌鳥〉、〈酬蕭侍中春園聽妓〉、〈園中雜詠橘樹〉、〈詠鵲詩〉。其詩題材沿襲《梁、陳》詩路，多為詠物、聽妓之作。語頗古拙，用典使事則生硬，不具特色。又嚴可均《全隋文》（卷二十）據《初學記》所引輯其佚文，僅〈為周宣帝祭比干文〉一篇。

⊙　辛德源

辛德源，字孝基。隴西狄道人。博覽書記，有重名。仕北齊累遷比部郎中，待詔文林館。入北周為宣納上士。隋立，久不調，隱於林慮山。後征參修國史。蜀王

楊秀辟爲屬官，累轉恣儀參軍。著集《注春秋三傳》、《政訓》、《內訓》，《注揚子法言》。有文集二十卷行於世。事蹟具《隋書》（卷五八）、《北史》（卷五十）本傳。

〈隋志〉云：「蜀王府記室辛德源集三十卷。」

〈舊唐志〉云：「辛德源集三十卷。」

〈新唐志〉云：「辛德源集三十卷。」

按〈隋書〉本傳稱其有文集二十卷，行於世。〈隋志〉著錄三十卷，〈舊、新唐志〉同。至宋，已佚。今所存僅詩十一首及殘文數則。北齊詩人劉逖稱其「文章綺艷，體調清華」。嚴可均《全隋文》（卷二十）據《初學記》所引輯其文，有〈幽居賦〉（闕）、〈姜肱贊、東晉庾統朱明張臣尉三人贊〉，凡二篇；逯欽立《先秦漢魏晉南北朝詩‧隋詩》（卷二）輯其詩，凡十一首。

⊙ 李德林

李德林，字公輔。隋博陵安平人。博學多通，北齊天保中舉秀才上第，累擢中書侍郎，修國史，判文林館事。周武帝平齊，特引入，訪以風俗政教，錄授內史上士，倍受寵任。楊堅執政，爲腹心，委以書檄。嘗獻策以重臣高熲監軍平定尉遲迥之亂，得遷內史令，參修律令。屢獻平陳之策，大受稱許。後議事忤旨，出爲懷州刺史。遇旱，令民掘井無益，乃被貶而卒。事蹟具《隋書》（卷四二）、《北史》（卷七二）本傳。

〈隋志〉云：「懷州刺史李德林集十卷。」

〈舊唐志〉云：「李德林集十卷。」

〈新唐志〉云：「李德林集十卷。」

按德林字公輔，曾任懷州刺史，故其集又名《李懷州集》。〈隋書〉本傳稱其所撰文章勒成八十卷，遭亂亡失，見五十卷行於世。〈隋志〉僅者錄十卷，〈舊、新唐志〉同。至宋，亡佚。今存明人輯本，有張燮《七十二家集》本，輯《李懷州集》二卷；張溥《漢魏六朝百三家集》本，輯一卷。張溥本自張燮本出，分詔、冊文、書、序、論、詩六類編次，末附本傳。凡收詔、冊文等雜文十五篇，詩六首。又嚴可均《全隋文》（卷一七至一八）輯其文二卷，凡十八篇；逯欽立《先秦漢魏晉南北朝詩‧隋詩》（卷二）輯其詩，有〈相逢狹路間〉、〈從駕巡遊〉、〈從駕還京〉、〈夏日詩〉、〈入山詩〉、〈詠松樹詩〉，凡六首，收錄李德林詩文，較前爲備。

⊙ 牛弘

牛弘，字里仁，安定鶉觚人。仕周爲中外府記室內史上士，轉納言上士，加威烈將軍員外散騎侍郎。襲父允爵臨涇公。宣政初，轉內史下大夫，進位吏持節

大將軍儀同三司。隋受禪，遷散騎常侍，開皇初，授秘書監，拜禮部尚書，除太常卿。尋授大將軍，拜吏部尚書。煬帝即位，進位上大將軍，後進位右光祿大夫。大業六年從幸，卒于江都。有集十三卷。事蹟具《隋書》（卷四九）本傳。

〈隋志〉云：「吏部尚書牛弘集十二卷。」

〈舊唐志〉云：「牛弘集十二卷。」

〈新唐志〉云：「牛弘集十二卷。」

按牛弘曾封奇章郡公，故其集又名牛奇章集。〈隋書〉本傳稱弘有文集十三卷，行於世。〈隋志〉著錄十二卷，〈舊、新唐志〉同。至宋，亡佚。今存明人輯本，有張燮《七十二家集》本，輯《牛奇章集》三卷；張溥《漢魏六朝百三家集》本，輯一卷。張溥本自張燮本出，分表、奏、論、議、樂府、詩六類編次，末附本傳。凡收表、奏等雜文九篇，樂府詩十九題五十七篇，詩一首。又嚴可均《全隋文》（卷二四）輯其文一卷，凡十篇；逯欽立《先秦漢魏晉南北朝詩·隋詩》（卷五）輯其詩，僅奉和冬至乾陽殿受朝應詔詩一首。

⊙ 薛道衡

薛道衡，字玄卿。河東汾陰人。好學工詩文。北齊時與諸儒修定五禮，歷司州兵曹從事、太尉主簿、中書侍郎。齊滅入北周。楊堅執政，從梁睿平蜀，累遷內史舍人，充聘陳使，詩作為陳人所傳誦。平陳之際，專典文翰，嘗斷言此役必克。遷內史侍郎，為權臣楊素所忌，出為刺史，在任清儉。煬帝徵還，轉播州刺史，入拜司隸大夫。大業三年，以獻頌歸美先朝、褒揚前相高熲罪，迫令自盡，天下稱冤。有文集七十卷行世。事蹟具《隋書》（卷五七）、《北史》（卷三六）本傳。

〈隋志〉云：「司隸大夫薛道衡集三十卷。」

〈舊唐志〉云：「薛道衡集三十卷。」

〈新唐志〉云：「薛道衡集三十卷。」

《直齋書錄解題·詩集類》著錄《薛道衡集》一卷，陳氏云：

> 詩凡十九篇，本集三十卷，所存止此。大抵隋以前文集存全者亡幾，多好事者於類書中抄出以備家數也。

按道衡官至司隸大夫，故其集又名《薛司隸集》。《隋書》本傳稱其有文集七十卷，行於世。〈隋志〉著錄三十卷，〈舊、新唐志〉同。今存明人輯本，有張燮《七十二家集》本，輯《薛司隸集》二卷；張溥《漢魏六朝百三家集》本，輯一卷。張溥本自張燮本出，分賦、表、書、碑、頌、祭文、樂府、詩八類編次，末附本傳。凡收賦一篇，表、書等雜文六篇，樂府四題五篇，詩十六首。又嚴可均

《全隋文》（卷十九）輯其文，有宴喜賦、因聘陳奏請責陳主稱藩、爲敬肅考狀、弔延法師書、隋高祖文皇帝頌、老氏碑、祭淮文、祭江文，凡八篇；逯欽立《先秦漢魏晉南北朝詩·隋詩》（卷四）輯其詩，有樂府四題五篇、詩十六首。

⊙ 何 妥

何妥，字栖鳳。西城人。仕梁及周。隋高祖受禪，除國子博士，奉詔考正鍾律。累遷國子祭酒。開皇末卒。有《周易講疏》十三卷、《大隋封禪書》一卷、《樂要》一卷、集十卷。事蹟具《隋書》（卷七五）、《北史·儒林傳》（卷八二）。

〈隋志〉云：「國子祭酒何妥集十卷。」

〈舊唐志〉云：「何妥集十卷。」

〈新唐志〉云：「何妥集十卷。」

按《隋書·儒林傳》稱其有集十卷。〈隋志〉著錄其集十卷，〈舊、新唐志〉同。至宋，亡佚。今存詩文，嚴可均《全隋文》（卷十二）輯其文，有〈定樂舞表〉、〈上書諫文帝八事〉、〈受禪壇議〉、〈非十二律旋相爲宮議〉、〈非七調議〉、〈刺史箴〉（闕），凡五篇；逯欽立《先秦漢魏晉南北朝詩·隋詩》（卷二）輯其詩，有〈門有車馬客行〉、〈入塞〉、〈長安道〉、〈昭君詞〉、〈奉敕於太常寺脩正古樂〉、〈樂部曹觀樂〉，凡六首。

⊙ 柳顧言

柳䛒，字顧言。河東人。少聰敏，解屬文，好讀書，所覽將萬卷。仕梁爲著作郎。爲蕭愨侍中，吏部尚書，入隋，爲東宮學士，性嗜酒，言雜誹諧，爲太子所親狎。煬帝時，拜秘書監，入閣言辭談笑，終日而罷，帝猶恨不能夜召，作木偶人以像䛒。從幸揚州而卒。撰《晉王北伐記》十五卷，有集十卷。事蹟具《北史》（卷八三）本傳。

〈隋志〉云：「祕書監柳䛒集五卷。」

〈舊唐志〉云：「柳顧言集十卷。」

〈新唐志〉云：「柳顧言集十卷。」

按《隋書》本傳稱其有集十卷，行於世。〈隋志〉著錄五卷，〈舊、新唐志〉則均作十卷。至宋，已佚。今存詩文，嚴可均《全隋文》（卷十二）輯其文，有〈奏增房中樂鍾磬〉、〈與釋智顗書〉、〈晉王歸藩賦序〉（闕）、〈徐則畫像讚〉、〈天台國清寺智者禪師碑文〉，凡五篇；逯欽立《先秦漢魏晉南北朝詩·隋詩》（卷五）輯其詩，有〈奉和晚日楊子江應制〉、〈奉和晚日楊子江應教〉、〈奉和春日臨渭水應令〉、〈詠死牛〉、〈陽春歌〉，凡五首。

⊙　江　總

　　江總，字總持。濟陽考城人。幼聰敏好學。家藏書數千卷，晝夜苦讀。年十八，仕梁歷丹陽佐史、尚書殿中郎、太子洗馬、臨安令、太子中舍人。侯景寇京師，往依廣州。陳天嘉中爲中書侍郎。太建中，遷司徒右長史，授太子中庶子、通直散騎常侍，轉太子詹事，遷太常卿。後主即位，歷祠部尚書、尚書僕射，授尚書令，不持政務，隨宴後庭，唯與後主狎戲，競制艷詩。陳亡入隋，開皇十四年卒於江都，年七十六。有集三十卷、後集二卷。事蹟具《陳書》（卷二七）、《南史》（卷三六）本傳。

　　〈隋志〉云：「開府江總集三十卷。」又「江總後集二卷。」

　　〈舊唐志〉云：「江總集二十卷。」

　　〈新唐志〉云：「江總集二十卷。」

　　《直齋書錄解題・詩集類》著錄江總集一卷，陳氏云：

　　　　　唐志集二十卷，中興書目七卷，今惟存詩近百首云。

　　〈宋志〉云：「江總集七卷。」

　　按江總官至尚書令，世稱江令，故其集又名江令君集。《陳書》本傳稱其有文集三十卷，行於世。〈隋志〉著錄其集三十卷，《後集》二卷。〈舊、新唐志〉均著錄二十卷。南宋《中興館閣書目》著錄《七錄》，〈宋志〉著錄同。今存明人輯本，有張燮《七十二家集》本，輯《江令君集》五卷；張溥《漢魏六朝百三家集》本，輯一卷。張溥本自張燮本出，分賦、詔、表、章、啓、序、碑、贊、頌、銘、哀策文、誄、墓誌銘、文、樂府、詩十六類編次，末附本傳。凡收賦九篇，詔、表等雜文四十三篇，樂府詩二十九題三十六篇，詩六十一題六十二首。又嚴可均《全陳文》（卷一○至卷十一）輯其文二卷，凡五十六篇；逯欽立《先秦漢魏晉南北朝詩・陳詩》（卷七至卷八）輯其詩，凡二卷，收錄江總詩文，較前爲備。

⊙　蕭　慤

　　蕭慤，字仁祖。蘭陵人。梁宗室上黃侯曄之子。天保中入齊，武定中爲太子洗馬。後主時，爲齊州錄事參軍，待詔文林館，後入隋。有集九卷。事蹟具《北齊書・顏之推附傳》（卷四五）〈文苑傳〉。

　　〈隋志〉云：「記室參軍蕭慤集九卷。」

　　〈舊唐志〉云：「蕭慤集九卷。」

　　〈新唐志〉云：「蕭慤集九卷。」

　　按〈隋志〉著錄其集九卷，〈舊、新唐志〉同，已佚。今存詩文，逯欽立《先

秦漢魏晉南北朝詩・北齊詩》（卷二）輯其詩，凡十七首；嚴可均《全隋文》（卷十三）輯其文，僅〈春賦〉一篇。

⊙　**魏彥深**

魏澹，字彥深。鉅鹿下曲陽人。好學博通，善屬文。仕北齊累遷中書舍人，先後參修五禮、《御覽》與國史等。入北周官納言中士。隋立，累除散騎侍郎、太子舍人，注《庾信集》，撰《笑苑》、《詞林集》，以博物稱。遷著作郎，奉詔別撰《魏史》九十二卷，甚簡要。另有文集十卷行於世。事蹟具《隋書》（卷五八）、《北史》（卷五六）本傳。

〈隋志〉云：「著作郎魏彥深集三卷。」

〈舊唐志〉云：「魏澹集四卷。」

〈新唐志〉云：「魏澹集四卷。」

按《隋書》本傳稱其有文集三十卷，行於世。〈隋志〉著錄三卷，〈舊、新唐志〉均著錄四卷。至宋，已佚。今存詩文，逯欽立《先秦漢魏晉南北朝詩・隋詩》（卷二）輯其詩，有〈初夏應詔〉、〈詠階前萱草〉、〈詠石榴〉、〈園樹有巢鵲戲以詠之〉、〈詠桐詩〉，凡五首；嚴可均《全隋文》（卷二十）輯其佚文，〈鷹賦〉、〈謝陳主餞送啟〉、〈啟用敬字議〉、〈魏史義例〉，凡四篇。

⊙　**諸葛穎**

諸葛穎，字漢。丹陽建康人。八歲能文，仕梁為王府記室，奔北齊待詔文林館，歷太學博士、太子舍人。齊亡不得調，習書十餘年。隋立，以清辯俊才為晉王楊廣記室，除藥藏監。廣即位，累遷著作郎，頗親倖，好譖毀，性褊急。有集二十卷，著《鑾駕北巡記》、《幸江都道理記》、《洛陽古今記》、《馬名錄》，並行於世。事蹟具《隋書》（卷七六）、《北史》（卷八三）本傳。

〈隋志〉云：「著作郎諸葛穎集十四卷。」

〈舊唐志〉云：「諸葛穎集十四卷。」

〈新唐志〉云：「諸葛穎集十四卷。」

按《隋書》本傳稱其有集二十卷，行於世。〈隋志〉著錄十四卷，〈舊、新唐志〉同。至宋，亡佚。今存詩六首，見逯欽立《先秦漢魏晉南北朝詩・隋詩》（卷五），有〈奉和御製月夜觀星示百僚〉、〈奉和方山靈巖寺應教〉、〈奉和出穎至淮應令〉、〈奉和通衢建燈應教〉、〈賦得微雨東來應教〉、〈春江花月夜〉，凡六首。其詩多奉和應制之作。

⊙　**王　冑**

王冑，字承基，琅邪臨沂人。少有逸才，仕陳歷太子舍人、東陽王文學。陳滅，晉王楊廣引爲學士。仁壽末從劉方擊林邑，以功授帥都督。大業初任著作佐郎，爲帝所重。帝所制篇什，多令繼和。與虞綽齊名，後輩奉爲準的。性疏率，恃才負氣，陵傲時人。坐與楊玄感交，亡匿江左，被捕伏誅。所著詞賦，多行于世。事蹟具《隋書》（卷七六）、《北史》（卷八三）本傳。

〈隋志〉云：「著作郎王冑集十卷。」

〈舊唐志〉云：「王冑集十卷。」

〈新唐志〉云：「王冑集十卷。」

按《隋書》本傳稱所著詞賦，多行于世。〈隋志〉著錄其集十卷，〈舊、新唐志〉同。至宋，亡佚。今存詩十七首，其詩受建安詩風影響，然亦時有模仿之嫌。逯欽立《先秦漢魏晉南北朝詩·隋詩》（卷五）有輯存。

⊙ 陽休之

陽休之，字子烈。右北平無終人。解褐員外散騎侍郎，修起居注，受詔與魏收、李同軌等修國史。從賀拔勝奔梁，天平初歸鄴，爲文襄行臺郎中。齊受禪，參定禮儀，除散騎常侍，修起居注。歷中書監、尚書右僕射等。說祖珽撰《御覽》，附顏之推立文林館之議，魏史斷限與魏收頗有異同。齊亡，應徵赴長安，卒於隋初。撰《幽州人物志》。事蹟具《北齊書》（卷四二）、《北史》（卷四七）本傳。

〈舊唐志〉云：「北齊楊休之集二十卷。」

〈新唐志〉云：「陽休之集三十卷。」

按《隋書》本傳稱其有文集三十卷。〈舊唐志〉著錄二十卷，題楊休之；〈新唐志〉作三十卷，題陽休之。其集久佚，今其存詩，大多殘闕。逯欽立《先秦漢魏晉南北朝詩·北齊詩》（卷二）有輯存，有〈春日詩〉、〈詠萱草詩〉、〈正月七日登高侍宴詩〉、〈秋詩〉、〈贈馬子結兄弟詩〉，凡五首。其文僅存嚴可均《全隋文》（卷九）所輯〈陶潛集序錄〉一篇。

（二）史志未著錄者

⊙ 蕭大圜

蕭大圜，字仁顯。梁簡文帝第二十子。大寶初封樂梁郡王。承聖中改封晉熙郡王，除寧遠將軍，琅邪、彭城二郡太守。尋使魏請和，而江陵陷。至周保定中，封始寧縣公，加車騎大將軍儀同三司。建德中，除滕王迴友。隋開皇初拜內史侍郎，出爲西河郡守。有《士喪儀注》五卷，《要決》二卷，《梁舊事》三十卷，《淮

海亂離志》十卷，《寓記》三卷，集二十卷。見嚴可均《全隋文》（卷十三）。

按本傳稱其有集二十卷，史志未見著錄，已佚。嚴可均《全隋文》（卷十三）輯其佚文，僅〈竹花賦〉、〈閒放之言〉二篇。前者為殘篇，自佚文觀之，當屬詠物一類；後者為駢文，以人生不永，功名可輕為旨，寫景頗可取。

⊙ 孫萬壽

孫萬壽，字仙期。信都武強人。博涉經史，善為文，美談笑。仕北齊年十七奉朝請。隋立，初為滕穆王文學，坐衣冠不整徙江南。行軍總管宇文述召典軍書，不樂軍職，作五言詩寄意，盛傳於天下。後歸鄉里，十餘年不調。久乃授大理司直卒。有集十卷行於世。事蹟具《隋書》（卷七六）、《北史》（卷八一）本傳。

按《隋書》本傳稱有集十卷，行於世。其集史志均未見著錄，久佚。今存其作，逯欽立《先秦漢魏晉南北朝詩‧隋詩》（卷一）輯其詩，有遠〈戍江南寄京邑親友〉、〈答楊世子詩〉、〈別贈詩〉、〈和張丞奉詔於江都望京口詩〉、〈和周記室遊舊京詩〉、〈行經舊國詩〉、〈庭前枯樹詩〉、〈早發揚州還望鄉邑詩〉、〈東歸在路率爾成詠詩〉，凡九首。其詩風格蒼勁深樸，於隋初詩風深具特色。

⊙ 孔德紹

孔德紹，會稽人。官至景城縣丞。竇建德稱王，署為中書令，專典書檄。唐武德四年，建德敗，被殺。事蹟具《隋書‧文學傳》（卷七六）、《北史‧文苑傳》（卷八三）。

按其作今僅存詩十二首，佚文〈為竇建德遺秦王書〉一篇。其詩結構工整，語言典雅，風格渾樸。今存詩文，逯欽立《先秦漢魏晉南北朝詩‧隋詩》（卷六）輯其詩，有〈南隱遊泉山詩〉、〈行經太華詩〉、〈夜宿荒村詩〉、〈王澤嶺遭洪水詩〉、〈登白馬山護明寺詩〉、〈送舍利宿定晉巖詩〉、〈觀太常奏新樂詩〉、〈賦得涉江采芙蓉詩〉、〈賦得華亭鶴詩〉、〈送蔡君知入蜀詩〉二首，凡十題十一首；又《全唐詩》（卷七三三）輯其詩，《全唐文》（卷一三四）輯其文。

⊙ 許善心

許善心，字務本。高陽北新城人。好學強記，號為神童。初仕陳舉秀才，對策高第，累轉度支侍郎，補撰史學士。後使隋被留，累遷秘書監，編定經史圖籍。仁壽時攝太常卿，參定禮樂。煬帝以為左翊衛長史、攝左親衛武賁郎將，領江南兵宿衛殿省。從至江都，後附宇文化士，終被殺。著有《靈異記》等，並補撰父作《梁書》。事蹟具《隋書》（卷五八）本傳。

按其作史志均未著錄，今存詩文，嚴可均《全隋文》（卷十五）輯其文，有〈奏

駁皇后屬車乘數〉、〈七廟議〉、〈宇文述役兵議〉、〈對詔問太子朝謁著遠遊冠〉、〈梁
史序傳論述〉、〈神雀頌〉，凡六篇；逯欽立《先秦漢魏晉南北朝詩・隋詩》（卷六）
輯其詩，有〈奉和賜詩〉、〈奉和還京師詩〉、〈於太常寺聽陳國蔡子元所校正聲樂
詩〉、〈奉和冬至乾陽殿受朝應詔詩〉，凡四首。

⊙ 虞綽

虞綽，字士裕。會稽餘姚人。博學有俊才，尤工草隸。仕陳爲太學博士，遷
王記室。陳亡，晉王楊廣引爲學士，大業初轉祕書學士，參撰長洲玉鏡等書十餘
部。由校書郎遷著作郎，待詔禁中。後遷建節尉，坐楊玄感案，亡江南，變姓名
隱於信安。歲餘被執，斬於江都。所有詞賦，並行於世。事蹟具《隋書》（卷七六）、
《北史》（卷八三）本傳。

按《隋書》本傳稱其有詞賦，並行於世。其作史志均未著錄，久佚。今存詩
文，嚴可均《全隋文》（卷十四）輯其佚文〈大鳥銘〉一篇；逯欽立《先秦漢魏晉
南北朝詩・隋詩》（卷五）輯其於婺州被囚詩一首。

⊙ 明餘慶

明餘慶，平原鬲人。克讓子。官至司門郎。越王侗稱制，爲國子祭酒。見逯
欽立《先秦漢魏晉南北朝詩・隋詩》（卷二）。

按明餘慶，《初學記》三十引作明慶餘，殆誤也。其作史志未見著錄，逯欽立
《先秦漢魏晉南北朝詩・隋詩》（卷二）輯其詩，僅〈從軍行〉、〈詠死烏詩〉二首。

⊙ 元行恭

元行恭，北齊後主時爲省右戶郎，待詔文林館。隋開皇中位尙書郎。坐事徙
瓜州卒。見逯欽立《先秦漢魏晉南北朝詩・隋詩》（卷二）。

按元行恭詩文，史志俱未著錄。逯欽立《先秦漢魏晉南北朝詩・隋詩》（卷二）
輯其詩，有〈秋遊昆明池詩〉、〈過故宅詩〉二首。

⊙ 杜臺卿

杜臺卿，字少山。博陵曲陽人。北齊衛尉卿弼子。爲奉朝請，歷〈司空〉西
閣祭酒、司徒戶曹著作郎、中書黃門侍郎兼尙書左丞。周平齊，歸里。開皇初徵
拜著作郎。有《玉燭寶》十二卷，集十五卷。見嚴可均《全隋文》（卷二十）。

按本傳稱其有集十五卷，史志未見著錄，久佚。嚴可均《全隋文》（卷二十）
輯其佚文，據《初學記》六、《大觀本草》十九所引，〈僅淮賦并序〉一篇。

⊙ 蕭琮

蕭琮，字溫文。父巋。梁王詧之子。詧請魏師平江陵，遂稱帝於江陵。傳巋及琮，嗣位二載，入朝於隋。被留。賜爵莒國公。煬帝即位，改封梁公。後被廢卒。見逯欽立《先秦漢魏晉南北朝詩·隋詩》（卷五）輯其詩，據《初學記》一（作奉和月夜觀星詩）、《文苑英華》百五十二、《詩紀》百二十所引，僅〈奉和御製夜觀星示百僚詩〉一首。

⊙ 王 眘

王眘，字元恭，王胄兄。博學多通，少有盛名于江左，仕陳歷太子洗馬、中舍人。入隋與兄俱爲學士，煬帝時授秘書郎，卒官。事蹟具《隋書》（卷七六）、《北史·文苑王胄附傳》（卷八三）。

按王眘之作，史志未見其集著錄。今存逯欽立《先秦漢魏晉南北朝詩·隋詩》（卷五）輯其詩，僅〈七夕詩〉二首。

⊙ 岑德潤

岑德潤，南陽人。父之敬。博涉文史，雅有辭筆。德潤有父風，位至中軍吳興王記室。見逯欽立《先秦漢魏晉南北朝詩·隋詩》（卷五）。

按岑德潤之作，史志未見其集著錄。今存逯欽立《先秦漢魏晉南北朝詩·隋詩》（卷五）輯其詩，據《文苑英華》、《詩紀》、《初學記》、《類聚》等所引，有〈雞鳴篇〉、〈賦得臨階危石詩〉、〈詠灰詩〉、〈詠魚詩〉，凡四篇。

⊙ 于仲文

于仲文，字次武。于儀姪。好學有大志。仕北周，累遷刺史，以強察稱。楊堅執政，拒尉遲迥之有功，拜柱國。從平陳，定江南之亂。後煬帝引爲親信，累遷右翊衛大將軍，征遼敗績，下獄，憂恚而卒。撰《漢書刊繁》、《略覽》各三十卷。事蹟具《隋書》（卷六十）、《北史》（卷二三）本傳。

按于仲文之作，史志未見其集著錄。今存詩文，逯欽立《先秦漢魏晉南北朝詩·隋詩》（卷五）輯其詩，有〈侍宴東宮應令詩〉、〈答譙王詩〉，凡二首；嚴可均《全隋文》（卷二六）輯其文，有〈獄中上隋文帝書〉、〈詐移書州縣〉，凡二篇。

⊙ 袁 慶

袁慶，《隋書·禮樂志》有袁慶隆者，大業時爲秘書郎，煬帝命與柳顧言等典樂事，疑即此也。見逯欽立《先秦漢魏晉南北朝詩·隋詩》（卷五）。

按袁慶之作，史志未見著錄。今存逯欽立《先秦漢魏晉南北朝詩·隋詩》（卷五）輯其詩，僅〈奉和御製月夜觀星示百僚詩〉一首，據《初學記》一（作奉和

月夜觀星詩〉、《文苑英華》一百五十二、《詩紀》百二十所引輯錄。

⊙　崔仲方

崔仲方，字不齊。博陵安平人。有文武才干。仕北周累遷司玉大夫，參修律令。以軍功授平東將軍。從平齊、略淮南，計策居多。遷少內史。佐隋高祖稱帝，改定正朔服色與任會州總管，繫平諸羌。仁壽時授代州總管，進位大將軍。煬帝時累遷太常卿，上卿、信都太守。事蹟具《隋書》（卷六十）、《北史》（卷三二）本傳。

按崔仲方之作，史志未見其集著錄。今存詩文，逯欽立《先秦漢魏晉南北朝詩‧隋詩》（卷五）輯其詩，有〈奉和周趙王詠石詩〉、〈小山詩〉、〈夜作巫山詩〉，凡三首；嚴可均《全隋文》（卷九）輯其佚文，僅〈上書論取陳之策〉一篇。

⊙　杜公瞻

杜公瞻，杜蕤子。好學有家風，卒於安陽令。事蹟具《隋書》（卷五八）、《北史》（卷五五）本傳。

按杜公瞻之作，史志未見其集著錄。今存逯欽立《先秦漢魏晉南北朝詩‧隋詩》（卷六）輯其詩，據《初學記》二十七、《文苑英華》三百二十二（作同心芙蓉）、《萬花谷》三十七（作杜公瞻詩）、《詩紀》百二十六所引，僅〈詠同心芙蓉詩〉一首。

⊙　劉　斌

劉斌，南陽人。頗有詞藻，官至信都郡司功書佐。竇建德署為中舍人。建德敗，復為劉黑闥中書侍郎，後亡奔突厥。事蹟具《隋書‧文學傳》（卷七六）、《北史‧文苑傳》（卷八三）。

按劉斌詩文，史志未見其集著錄。逯欽立《先秦漢魏晉南北朝詩‧隋詩》（卷六）輯其詩，據《文苑英華》、《詩紀》、《初學記》、《苑詩類選》等所引，有〈和謁孔子廟詩〉、〈和許給事傷牛尚書弘詩〉、〈送劉員外同賦陳思王詩得好鳥鳴高枝詩〉、〈詠川詩〉，凡四首。

⊙　王　衡

王衡，太原晉陽人。父操，後梁時為尚書令。衡位至黃門侍郎。見逯欽立《先秦漢魏晉南北朝詩‧隋詩》（卷六）。

按王衡之作，史志未見著錄。逯欽立《先秦漢魏晉南北朝詩‧隋詩》（卷六）輯其詩，僅翫雪詩一首，據《初學記》二、文苑百五十五、《詩紀》百二十六所

引輯錄。

⊙ 李巨仁

李巨仁，始末未詳。

按李巨仁之作，史志未見其集著錄。逯欽立《先秦漢魏晉南北朝詩·隋詩》（卷七）輯其詩，據《初學記》、《樂府詩集》、《詩紀》等所引，有〈釣竿篇〉、〈京洛篇〉、〈登名山篇〉、〈賦得方塘含白水詩〉、〈賦得鏡詩〉，凡五首。

⊙ 弘執恭

弘執恭，始末未詳。

按弘執恭之作，史志未見其集著錄。逯欽立《先秦漢魏晉南北朝詩·隋詩》（卷七）輯其詩，據《文苑英華》、《樂府詩集》、《詩紀》、《初學記》等所引，有〈劉生〉、〈奉和出潁至淮應令詩〉、〈和平涼公觀趙郡王妓詩〉、〈秋池一株蓮詩〉，凡四首。

⊙ 卞斌

卞斌，始末未詳。

按卞斌之作，史志未見其集著錄。逯欽立《先秦漢魏晉南北朝詩·隋詩》（卷七）輯其詩，據《初學記》十五、《文苑英華》二百十二、《萬花谷後》三十二（作卞斌詩）、《詩紀》百二十六所引，僅〈和孔侍郎觀太常新奏樂詩〉一首。

⊙ 王由禮

王由禮，仕爲三公郎，餘皆不詳。

按王由禮之作，史志未見其集著錄。逯欽立《先秦漢魏晉南北朝詩·隋詩》（卷七）輯其詩，據《類聚》、《樂府詩集》、《詩紀》等所引，有〈驄馬〉、〈賦得馬援詩〉、〈賦得巖穴無結搆詩〉、〈賦得高柳鳴蟬詩〉，凡四首。

⊙ 胡師耽

胡師耽，始末未詳。

按胡師耽之作，史志未見其集著錄。逯欽立《先秦漢魏晉南北朝詩·隋詩》（卷七）輯其詩，據《初學記》五、《文苑英華》百五十九、二百五（作同終南山擬古）、《詩紀》百二十七所引，僅〈登終南山擬古詩〉一首。

⊙ 劉端

劉端，始末未詳。

按劉端之作，史志未見其集著錄。逯欽立《先秦漢魏晉南北朝詩·隋詩》（卷七）輯其詩，據《初學記》十四、《文苑英華》百七十九（作侍皇太子宴應令）、《詩

紀》百二十七所引，僅〈和初春宴東堂應令詩〉一首。

⊙ 沈君道

沈君道，始末未詳。

按沈君道之作，史志未見其集著錄。逯欽立《先秦漢魏晉南北朝詩‧隋詩》（卷七）輯其詩，據《初學記》十四、《文苑英華》百七十九、《詩紀》百二十七所引，僅〈侍皇太子宴應令詩〉一首。

⊙ 魯 本

魯本，始末未詳。

按魯本之作，史志未見其集著錄。逯欽立《先秦漢魏晉南北朝詩‧隋詩》（卷七）輯其詩，據《初學記》二十、《詩紀》百二十七所引，僅〈與胡師耽同繫胡州出被刑獄中詩〉一首。

⊙ 薛 昉

薛昉，始末未詳。

按薛昉之作，史志未見著錄。逯欽立《先秦漢魏晉南北朝詩‧隋詩》（卷七）輯其詩，僅〈巢王座韻得餘詩〉，據《初學記》十、《詩紀》百二十七所引輯錄。

十六、唐

（一）史志著錄者

⊙ 唐太宗皇帝

唐太宗，帝姓李氏，諱世民。神堯次子。聰明英武。貞觀之治，庶幾成康。功德兼隆，由漢以來，未之有也。而銳情經術，初建秦邸，即開文學館，召名儒十八人為學士。既即位，殿左置弘文館，悉引內學士，番宿更休，聽朝之間，則與討論典籍，雜以文詠，或日昃夜艾，未嘗少怠。詩筆草隸，卓越前古，至於天文秀發，沈麗高朗。有唐三百年風雅之盛，帝實有以啟之焉。在位二十四，諡曰文。事蹟具《舊唐書》（卷二）、《新唐書》（卷二）。

〈舊唐志〉云：「太宗文皇帝集三十卷。」

〈新唐志〉云：「太宗集四十卷。」

《崇文總目》云：「唐太宗集一卷。」

《直齋書錄解題》著錄《唐太宗集》三卷，陳氏云：

> 唐太宗皇帝本集四十卷。館閣書目但有詩一卷六十九首而已。今此

本第一卷賦四篇、詩六十五首，後二卷爲碑銘、書詔之屬，而訛謬頗多。世所傳太宗之文見於石刻者，如帝京篇、秋日效庾信體詩、三藏聖教序，皆不在。又晉書紀、傳論，稱制曰者四，皆太宗御製也。今獨載宣、武二紀論，而陸機、王羲之傳論不預焉。宣紀論復重出，其他亦多有非太宗文者雜廁其中，非善本也。

《文獻通考‧經籍考》著錄《唐太宗集》三卷。

〈宋志〉云：「唐太宗詩一卷。」

按〈舊唐志〉著錄太宗集三十卷，〈新唐志〉則著錄四十卷，《直齋書錄解題》作三卷，據陳氏所云館閣書目但有〈詩〉一卷六十九首，而此三卷本訛謬頗多，故非善本。明代有銅活字本二卷，爲後人所輯。收賦三篇、詩六十七首；《明朱警輯唐百家詩本》，凡一卷，收詩六十八首，未收賦。《全唐詩》（卷一）存其詩一卷，《全唐文》（卷四至卷十）輯其文，凡七卷。

⊙　唐高宗

李治，字爲善。太宗第九子，母文德皇后長孫氏。始封晉王，貞觀七年（633年），遙領并州都督。十七年，立爲皇太子。在位三十四年。即位初年，遵貞觀遺規，行均田制，修訂「律令格式」。行科舉，頒五經正義。改民部尚書爲戶部尚書，又詔以戶籍多寡定州之級別。人口增加，社會穩定，史稱「永徽之治」。在位間，自永徽二年（651 年），大食國始遣使朝獻。先後破西突厥、高麗，討平百濟，又擊吐蕃，統有西域。置安西四鎮，改翰海都護府爲安北都護府。上元二年（675 年）後，政事皆決於皇后武則天。弘道元年（683 年）卒，年五十六，諡曰天皇大帝，廟號高宗，葬乾陵。天寶十三載（754 年），改諡曰天皇大弘孝皇帝。事蹟具舊唐書（卷四）、新唐書（卷三）。

〈舊唐志〉云：「高宗大帝集八十六卷。」

〈新唐志〉云：「高宗集八十六卷。」

按其集〈舊、新唐志〉均作八十六卷，久佚。今存詩文，《全唐文》（卷一一至卷十五）輯其文，凡五卷；《全唐詩》（卷二）輯其詩，有〈太子納妃太平公主出降〉、〈七夕宴懸圃〉二首、〈過溫湯〉、〈九月九日謁慈恩寺題奘法師房〉、〈謁大慈恩寺〉、〈守歲〉、〈咸亨殿宴近臣諸親柏梁體〉，凡九首。

⊙　唐中宗

唐中宗，帝諱顯。高宗第七子。始封周王。儀鳳二年，徙封英王，改名哲。永隆元年，立爲皇太子。及即位，太后臨朝稱制，廢帝爲廬陵王。神龍元年，復

辟。在位六年，諡曰孝和。帝於景龍中，置修文館學士，盛引詞學之臣，從侍游讌。春幸梨園，並渭水祓除，則賜細柳圈辟惡。夏宴蒲萄園，賜朱櫻。秋登慈恩浮圖，獻菊花酒稱壽。冬幸新豐，歷白鹿觀，上驪山，賜浴湯池，給香粉蘭澤，從行給翔麟馬，品官黃衣各一。帝有所感，即賦詩，學士皆屬和焉。集四十卷。失傳。《全唐詩》今存詩及聯句詩七首。事蹟具《舊唐書》（卷七）、《新唐書》（卷四）本紀。

〈舊唐志〉云：「中宗皇帝集四十卷。」

〈新唐志〉云：「中宗集四十卷。」

按本紀稱其有集四十卷，〈舊、新唐志〉均著錄四十卷，已佚。今存詩文，《全唐文》（卷一六至卷十七）輯其文，凡二卷；《全唐詩》（卷二）輯其詩，〈有九月九日幸臨渭亭登高得秋字并序〉、〈登驪山高頂寓目〉、〈幸秦始皇陵〉、〈立春日遊苑迎春〉、〈十月誕辰內殿皇群臣效柏梁體聯句〉、〈景龍四年正月五日移仗蓬萊宮御大明殿會吐蕃騎馬之戲因重爲柏梁體〉、〈石淙〉，凡七首。

⊙ **唐睿宗**

李旦，初名李旭輪，後又更名李輪。高宗第八子，中宗母弟。始封殷王，後徙封豫王、冀王、相王。嗣聖元年（684 年），則天臨朝，廢中宗，乃立爲帝，仍臨朝稱制。則天改唐爲周，降其爲皇嗣。聖曆元年（698 年），讓位於中宗。神龍元年（705 年），進號安國相王。景龍四年（710 年），中宗死，臨淄王李隆基擁其復位，改元景雲。在位間，與突厥默啜和親，置二十四都督府、十道按察使，頒新格式於天下。延和元年（712），傳位於皇太子，自稱太上皇帝。開元四年（716年）卒，年五十五，諡曰大聖貞皇帝，廟號睿宗，葬於橋陵。天寶十三載（754 年），改諡曰玄眞大聖大興孝皇帝。事蹟具《舊唐書》（卷七）、《新唐書》（卷五）。

〈舊唐志〉云：「睿宗皇帝集十卷。」

〈新唐志〉云：「睿宗集十卷。」

按其集〈舊、新唐志〉均著錄十卷，久佚。今存詩文，《全唐文》（卷十八至卷十九）輯其文，凡二卷；《全唐詩》（卷二）輯其詩，僅〈石淙〉一首。

⊙ **虞世基**

虞世基，字茂世。會稽餘姚人。博學善草隸。仕陳至尚書左丞。入隋受煬帝寵任，累任內史侍郎，專典機密，日草敕書百紙而無遺廖。煬帝被圍於雁門，獻策設重賞及詔停遼東之役。及圍解未實施，天下言其欺詐。時天下大亂，瞞情不報，又放縱家室賣官鬻爵，然待貧弟世南甚薄，故爲朝野怨憤。尋宇文化及殺之。

事蹟具《隋書》（卷六七）、《北史》（卷八三）本傳。

〈舊唐志〉云：「虞茂代集五卷。」

〈新唐志〉云：「虞茂世集五卷。」

按本傳稱其嘗作五言詩，情理淒切，世以爲工。其集〈隋志〉未著錄，〈舊、新唐志〉均作五卷，〈舊唐志〉題作虞茂代，殆避太宗諱也。其集久佚，今僅存詩十八首，多奉和應詔之作，語言婉轉流麗，然情感較空泛。逯欽立《先秦漢魏晉南北朝詩・隋詩》（卷六）輯其詩，凡十八首。

⊙ **陳叔達**

陳叔達，字子聰。陳宣帝第十六子。善容止，有才學。在陳封義陽王。十餘歲侍宴，賦詩十韻，援筆便就，僕射徐陵甚奇之。入隋，爲絳郡通守，歸款於唐，授丞相府主簿，與記室溫大雅同掌機密。軍書敕令及禪代文誥，多叔達所爲。進黃門侍郎，兼納言侍中，封江國公。貞觀中，拜禮部尚書。有集十五卷。事蹟具《舊唐書》（卷六一）、《新唐書》（卷一○○）本傳。

〈舊唐志〉云：「唐陳叔達集五卷。」

〈新唐志〉云：「唐陳叔達集十五卷。」

按〈舊唐志〉著錄其集五卷，〈新唐志〉作十五卷，本傳亦稱十五卷，未見傳本，久佚。《全唐詩》（卷三十）輯其詩，有〈早春桂林殿應詔〉、〈後渚置酒〉、〈聽鄰人琵琶〉、〈州城西園入齋祠社〉、〈春首〉、〈初年〉、〈詠菊〉、〈自君之出矣〉，凡九首。《全唐文》（卷一三三）輯其文，有〈答王績書〉、〈大唐宗聖觀銘〉，凡二篇。

⊙ **褚 亮**

褚亮，字希明。杭州錢塘人。遂良父。好學善屬文。陳禎明初，爲尚書殿中侍郎。入隋爲東宮學士，遷太常博士。坐與楊玄感善，貶西海西郡司戶。薛舉署爲黃門侍郎。舉滅入唐，授秦王府文學。高祖每多畋獵，上書切諫，帝納其言。每從太宗征伐，常與密謀，多所裨益。與杜如晦等十八人爲文學館學士。貞觀中累遷散騎常侍，封陽翟縣男。貞觀十六年（642 年）進陽翟縣侯。致仕歸於家。卒，年八十八，贈太常卿，陪葬昭陵，諡曰康。事蹟具《舊唐書》（卷七二）、《新唐書》（卷一○二）本傳。

〈舊唐志〉云：「褚亮集二十卷。」

〈新唐志〉云：「褚亮集二十卷。」

按〈舊、新唐志〉著錄其集均作二十卷，《全唐詩》（卷三二）存詩一卷；《全唐詩補遺》錄一首，多爲祭祀樂章。《全唐文》（卷一四七）載其文，有〈聖製故

司空魏徵挽歌詞表〉、〈諫獵表〉、〈對建國判〉、〈與暹律師等書〉、〈金剛般若經注序〉、〈十八學士讚〉，凡六篇。《唐文拾遺》收碑銘三篇。

⊙ 虞世南

虞世南，字伯施。越州餘姚人。陳天嘉中，召爲建安王法曹參軍。陳滅，仕隋。大業初，累遷秘書郎。隋滅，爲竇建德所得，署黃門侍郎。太宗滅建德，引爲秦府參軍。轉記室，授弘文館學士，與房玄齡對掌文翰，太宗即位，拜員外散騎侍郎，兼弘文館學士。遷秘書監，封永興縣子。貞觀八年（634 年）進封永興縣公。太宗稱其德行、忠直、博學、文辭、書翰五絕。十二年以銀青光祿大夫致仕。卒，贈禮部尙書，諡曰文懿，詔陪葬昭陵。有《虞世南集》三十卷，《帝王略論》五卷。事蹟具《舊唐書》（卷七二）、《新唐書》（卷一○二）本傳。

〈舊唐志〉云：「虞世南集三十卷。」

〈新唐志〉云：「虞世南集三十卷。」

按虞世南曾任秘書監，故其集又名《虞秘監集》。〈舊、新唐志〉均著錄其集三十卷，原本久已散佚，今已不見單刻本。明代諸唐人總集，如銅活字本唐五十家詩集，朱警輯《唐百家詩》，黃貫曾輯《唐二十六家詩》中，皆收錄《虞世南集》一卷。又《四明叢書》輯《虞祕監集》四卷。又《全唐詩》（卷三六）輯其詩，凡一卷；《全唐文》（卷一三八）輯其文，凡一卷。

⊙ 薛 收

薛收，字伯褒。蒲州汾陰人。道衡子。出繼從父孺。年十二能屬文。唐初爲秦王府主簿，判陝東道大行臺金部郎中，掌書檄露布事。獻策擒建德，降世充，授天策府記室參軍。從平劉黑闥，封汾陰縣男。武德六年（623 年），以本官兼文學館學士。七年，卒，年三十三。貞觀七年（633 年）贈定州刺史。永徽六年（655年），又贈太常卿，陪葬昭陵。文集十卷。事蹟具《舊唐書》（卷七三）、《新唐書》（卷九八）本傳。

〈舊唐志〉云：「薛收集十卷。」

〈新唐志〉云：「薛收集十卷。」

按〈舊、新唐志〉著錄其集十卷，今已散佚不傳。《全唐文》（卷一三三）輯其文，有〈琵琶賦〉、〈上秦王書〉、〈隋故徵君文中子碣銘〉，凡三篇；《唐文拾遺》收一篇。

⊙ 楊師道

楊師道，字景猷。恭仁少弟。隋末戰亂，客居洛陽，爲王世充所拘。後奔唐，

授上儀同，爲備身左右。尋尚桂陽公主，超拜吏部侍郎，累轉太常卿，封安德郡公。貞觀十年（636 年），拜侍中，參與朝政。十三年（639 年），轉中書令。按太子承乾獄獲譴，罷爲吏部尙書。從征高麗。貞觀二十一年（647 年）卒，贈吏部尙書、并州都督，陪葬昭陵。師道善草隸，工詩。每與有名士燕集，歌詠自適，帝每見其詩，必吟諷嗟賞。後賜宴，帝曰，聞公每酣賞，捉筆賦詩，如宿構者，試爲朕爲之。師道再拜，少選輒成，無所竄定，一座嗟伏。事蹟具《舊唐書》（卷六二）、《新唐書》（卷一○○）本傳。

〈舊唐志〉云：「楊師道集十卷。」

〈新唐志〉云：「楊師道集十卷。」

按〈舊、新唐志〉著錄其集十卷，原本久佚。《全唐詩》（卷三四）存詩一卷，多爲應詔、詠物之作；《全唐詩》逸錄〈采蓮〉一首。《全唐文》（卷一五六）收其〈聽歌管賦〉一篇。

⊙ 庾 抱

庾抱，潤州江寧人。祖衆，陳御史中丞；父超，南平王記室。開皇中，爲延州參軍。後累歲，調吏部。又補元德太子學士，爲越巂主簿。義寧中，牛弘引爲隴西公府記室。尋轉太子舍人，未幾卒。有集十卷。事蹟具《舊唐書》（卷一九○）、《新唐書》（卷二○一）本傳。

〈舊唐志〉云：「庾抱集六卷。」

〈新唐志〉云：「庾抱集十卷。」

按《舊唐書》本傳稱其有文集十卷，〈舊唐志〉著錄六卷，〈新唐志〉作十卷，然其集久佚不傳。《全唐詩》（卷三九）存其詩五首。

⊙ 魏 徵

魏徵，字玄成。魏州曲城人。好讀書。爲道士。進十策於李密，密不能用。隨密入京師。以秘書丞安輯山東，召李勣歸唐。爲竇建德所獲，署起居舍人。建德敗，隱太子引爲洗馬。見秦王功高，陰勸太子早爲計。太宗即位，拜諫議大夫，封鉅鹿縣男。帝訪以天下事，知無不言，前後二百餘奏。拜尙書右丞。言「君所以明，兼聽也；所以暗，偏信也。」貞觀三年（629 年）以秘書監參預朝政。校定秘府圖籍。進爵鉅鹿郡公。七年，遷侍中。受詔總撰周、齊、隋、梁、陳五史，史成，加左光祿大夫，進封鄭國公。勸帝以亡隋爲鑒，居安思危，行聖賢之治。屢諫，帝比之於鑑，可明得失。卒於太子太師，贈司空、相州都督，諡曰文貞，陪葬昭陵。事蹟具《舊唐書》（卷七一）、《新唐書》（卷九七）本傳。

〈舊唐志〉云：「魏徵集二十卷。」

〈新唐志〉云：「魏徵集二十卷。」

按徵曾封爲鄭國公，故其集又名《魏鄭公集》。〈舊、新唐志〉均著錄其集二十卷，原本宋即亡佚失傳。今存《魏鄭公集》四卷，爲後人所輯。卷一爲詩，收詩凡三十五首；卷二至卷四爲文，收文凡二十四篇。有清光緒年間王灝輯刊畿輔叢書本、《叢書集成》初編本。

⊙ 上官儀

上官儀，字游韶。陝州陝人。貞觀初擢進士，授弘文館直學士，累遷秘書郎。龍朔二年，爲西臺侍郎同東西臺三品。工五言詩，以綺錯婉媚爲本，人多效之，稱「上官體」。爲高宗草廢武后詔，武后惡之。麟德元年坐與梁王忠謀大逆，下獄死。后追贈中書令、秦州都督、楚國公，有《上官儀集》三十卷。事蹟具《舊唐書》（卷八十）、《新唐書》（卷一七〇）本傳。

〈舊唐志〉云：「《上官儀集》三十卷。」

〈新唐志〉云：「《上官儀集》三十卷。」

按上官儀工五言詩，詩多應制奉和之作。其詩綺錯婉媚，辭藻華美，對仗精工，士大夫爭相仿效。又嘗歸納六朝以來對仗之法，創六對、八對之說。〈舊、新唐志〉著錄其集三十卷，原本久佚。《全唐詩》（卷四十）存其詩二十首；《全唐文》（卷一五四至一五五），輯其文二十篇。

⊙ 李義府

李義府，瀛州饒陽人。貞觀八年（634 年）李大亮荐之，對策擢第，補門下省典儀。遷監察御史，詔侍晉王。高宗立，遷中書舍人，兼修國史，請立武昭儀爲后，帝悅。永徽六年（655 年）拜中書侍郎、同中書門下三品。封廣平縣男。進爵爲侯，更封河間郡公。貌柔恭，與人語必嬉怡微笑，而褊忌陰賊，凡忤意者，皆中傷之，時號笑中刀，亦謂李貓。顯慶三年（658 年）與杜正倫、李友益交訟帝前，貶普州刺史。四年，召爲吏部尙書、同中書門下三品。奏改氏族志爲姓氏錄。以賣官爲事，人人咨訕。累遷右相。龍朔三年（663 年）坐贓流巂州。卒於貶所。贈揚州大都督。事蹟具《舊唐書》（卷八二）、《新唐書》（卷二二三）本傳。

〈舊唐志〉云：「李義府集三十九卷。」

〈新唐志〉云：「李義府集三十九卷。」

按〈舊、新唐志〉著錄其集三十九卷，原本久佚。《全唐詩》（卷三五）存其詩，有〈和邊城秋氣早〉、〈招諭有懷贈同行人〉（一作李乂詩）、〈宣正殿芝草〉、〈詠鸚鵡〉、

〈在巂州遙敘封禪〉、〈堂堂詞二首〉、〈詠烏〉，凡八首；《全唐文》（卷一五三）輯其文，有〈承華箴〉、〈大唐故禮部尚書張府君碑〉、〈大唐故蘭陵長公主碑〉，凡三篇。

⊙ **顏師古**

顏師古，名籀，以字行，一云字籀。其先琅邪臨沂人，後徙關中，遂爲京兆萬年人。齊黃門侍郎之推孫。隋仁壽中，授安養尉。高祖入關，授朝散大夫，轉起居舍人，累遷中書舍人。太宗即位，拜中書侍郎，封琅邪縣男。貞觀七年（633年），拜秘書少監。十一年，進爵爲琅邪縣子。十九年，從駕東巡，道病卒，年六十五，諡曰戴。有文集六十卷。考《五經》，注《漢書》、《急就章》，《撰匡謬正俗》八卷。事蹟具《舊唐書》（卷七三）、《新唐書》（卷一九八）本傳。

〈舊唐志〉云：「顏師古集四十卷。」

〈新唐志〉云：「顏師古集六十卷。」

按〈舊、新唐志〉著錄其集六十卷，久佚不傳。《全唐詩》（卷三十）存〈奉和正日臨朝詩〉一首；《全唐文》（卷一四七）輯其文，凡二十四篇。

⊙ **岑文本**

岑文本，字景仁。鄧州棘陽人。博考經史，善屬文。蕭銑據荊州，署中書侍郎，主文記。李孝恭平荊州，署荊州別駕。貞觀元年（627年）遷秘書郎，兼值中書省。封江陵縣子。十六年，遷中書侍郎，專典機要。十八年，擢中書令。從伐遼東，事一委倚，神用頓耗，卒於師。贈侍中、廣州都督，諡曰憲，陪葬昭陵。有《岑文本集》六十卷。事蹟具《舊唐書》（卷七十）、《新唐書》（卷一〇二）本傳。

〈舊唐志〉云：「岑文本集六十卷。」

〈新唐志〉云：「岑文本集六十卷。」

按〈舊、新唐志〉著錄其集六十卷，原本久佚。《全唐詩》（卷三三）存其詩，有〈奉和正日臨朝〉、〈奉述飛白書勢〉、〈日宴于庶子宅各賦一字得平〉、〈安德山池宴集〉，凡四首；《全唐文》（卷一五〇）輯其文，凡二十篇；《唐文拾遺》收錄文一篇。

⊙ **劉孝孫**

劉孝孫，荊州人。弱冠知名，與當時詞人虞世南等結爲文會。大業末，沒於王世充，世充弟引爲行臺郎中。武德初，歷虞州錄事參軍，太宗召爲秦府學士。貞觀六年（632年），遷著作郎、吳王友。曾采歷代文集，爲王撰《古今類序詩苑》四十卷。集三十卷。十五年，遷本府諮議參軍。尋遷太子洗馬，未拜卒。事蹟具《舊唐書》（卷七二）、《新唐書》（卷一〇二）本傳。

〈舊唐志〉云：「劉孝孫集三十卷。」

〈新唐志〉云：「劉孝孫集三十卷。」

按〈舊、新唐志〉著錄其集三十卷，已佚。《全唐詩》（卷三三）存其詩，有〈遊清都觀尋沈道士得仙字〉、〈早發成皋望河〉、〈遊靈山寺〉、〈冬日宴於庶子宅各賦一字得鮮〉、〈送劉散員同賦陳思王詩〉、〈游人久不歸〉、〈詠笛〉、〈賦得春鶯送友人〉，凡七首；《全唐文》（卷一五四）輯其文，僅〈沙門慧淨詩英華序〉一篇。

⊙　鄭世翼

鄭世翼，鄭州滎陽人。弱冠有盛名，武德中，歷萬年丞、揚州錄事參軍。數以言辭忤物，稱為輕薄。貞觀中坐怨謗，配流巂州卒。文集多遺失，撰交游傳，頗行於時。事蹟具《舊唐書》（卷一九○）、《新唐書》（卷二○一）本傳。

〈舊唐志〉云：「鄭代翼集八卷。」

〈新唐志〉云：「鄭世翼集八卷。」

按《舊、新唐書》本傳稱其著有文集八卷，多遺失，撰《交游傳》，頗行於時。〈舊、新唐志〉著錄其集八卷，已佚。《全唐詩》（卷三八）輯其詩，有〈週嚴君平古井〉、〈登北邙還望京洛〉、〈巫山高〉、〈看新婚〉、〈見佳人負錢出咯〉，凡五首。

⊙　李百藥

李百藥，字重規。定州安平人。隋時以蔭補三衛長，襲爵安平公。大業末授建安郡丞，為沈法興所得。歷事李子通、杜伏威、輔公祏。公祏平，貶涇州司戶。貞觀元年（627 年）拜中書舍人，封安平縣男。時議裂土予子弟功臣，乃上封建論，理據詳切，帝納其言而止。四年，授太子右庶子，太子嬉戲過度，作贊道賦以諷。十年，以撰齊史成，行左庶子。十一年，以撰五禮及律令成，封安平縣子。固乞致仕，許之。卒，諡曰康。有《李百藥集》三十卷。事蹟具《舊唐書》（卷七二）、《新唐書》（卷一○二）本傳。

〈舊唐志〉云：「李伯藥集三十卷。」

〈新唐志〉云：「李百藥集三十卷。」

按〈舊、新唐志〉著錄其集三十卷，已佚。《全唐詩》（卷四三）存其詩，凡一卷；《全唐文》（卷一四二）輯其文，凡十四篇；《唐文拾遺》收三篇。

⊙　孔紹安

孔紹安，越州山陰人。陳尚書奐之子。少誦古文集數十萬，外兄虞世南歎異之。與詞人孫萬壽篤忘年好，時人稱為孫孔。隋末，為監察御史。歸唐，拜內史

舍人，恩禮甚厚。嘗詔撰《梁史》，未成而卒。有文集五十卷。事蹟具《舊唐書・文苑傳》（卷一九〇上）。

〈舊唐志〉云：「孔紹安集三卷。」

〈新唐志〉云：「孔紹安集五十卷。」

按本傳稱其文有集五卷，〈舊唐志〉著錄三卷，〈新唐志〉著錄五十卷，今均佚而不傳。《全唐詩》（卷三八）存其詩，有〈侍宴詠石榴〉、〈詠夭桃〉、〈贈蔡君〉、〈結客少年場行〉、〈傷顧學士〉、〈別徐永元秀才〉、〈落葉〉（一作孔德紹詩），凡七首。

⊙　謝　偃

謝偃，本姓直勒氏。衛州衛縣人。祖孝政，北齊散騎常侍，改姓謝氏。初仕隋爲散從正員郎。貞觀初，應詔對策及第，歷高陵主簿。十一年（637 年），引爲弘文館直學士。十七年，出爲湘潭令，卒。有文集十卷，善作賦，時李百藥工詩，時人稱李詩謝賦。事蹟具《舊唐書》（卷一九〇）、《新唐書》（卷二〇一）本傳。

〈舊唐志〉云：「謝偃集十卷。」

〈新唐志〉云：「謝偃集十卷。」

按《謝偃集》，〈舊、新唐志〉著錄十卷，已佚。《全唐詩》（卷三八）輯其詩，有〈踏歌詞三首〉、〈樂府新歌應教〉，凡四首；《全唐文》（卷一五六）輯其文，凡十二篇，其中賦八篇。偃作〈塵、影〉二賦，甚工。唐太宗聞而召見，親爲作序，并令謝偃即賦，成〈述聖賦〉，大受獎賞。又獻〈惟皇誡德賦〉，陳國君安危盛衰之理，言辭懇切。時李百藥工五言詩，偃善作賦，人稱李詩謝賦。

⊙　蕭德言

蕭德言，字文行。雍州長安人。貞觀中著作郎，兼弘文館學士。博涉經史，晚尤篤志於學，自晝達夜，略無休倦，每開五經，必束帶盥濯，危坐對之。爲春宮侍讀，拜祕書少監。高宗以師傅恩，加銀青光祿大夫。集三十卷。事蹟具《舊唐書》（卷一八九上）、《新唐書・儒學傳》（卷一八九）。

〈舊唐志〉云：「蕭德言集三十卷。」

〈新唐志〉云：「蕭德言集二十卷。」

按〈舊唐志〉著錄其集三十卷，〈新唐志〉作二十卷，原本久佚。《全唐詩》（卷三八）存其詩，凡一卷。

⊙　袁　朗

袁朗，雍州長安人。其先仕陳，世爲冠族，陳亡徙關中。勤學善文。在陳，

釋褐秘書郎。曾作千字詩，時爲盛作。陳後主聞而召入禁中，使爲〈月賦〉，其染翰立成。歷太子洗馬、德教殿學士，遷秘書丞。陳亡，仕隋。武德初，授齊王文學。封汝南縣男，再轉給事中。貞觀初卒官。有文集十四卷。事蹟具《舊唐書》（卷一九〇）、《新唐書》（卷二〇一）本傳。

〈舊唐志〉云：「袁朗集四卷。」

〈新唐志〉云：「袁朗集十四卷。」

按〈舊唐志〉著錄其集四卷，〈新唐志〉作十四卷，然久已散佚不傳。《全唐詩》（卷三十）存其詩，有〈賦飲馬長城窟〉、〈和洗掾登城南埭望京邑〉、〈秋日應詔〉、〈秋夜獨坐〉，凡四首。

⊙ 任希古

任希古，字敬臣。棣州人。五歲喪母，刻志從學。年十六，刺史崔樞邲舉秀才，自以學未廣，遯去。後舉孝廉，虞世南器之。永徽初，與郭正一、崔融等同爲薛元超所薦。終太子舍人。

〈舊唐志〉云：「任希古集五卷。」

〈新唐志〉云：「任希古集十卷。」

按《舊唐書》稱有文集五卷，〈舊唐志〉著錄其集五卷，〈新唐志〉則著錄十卷，今無傳本，已佚。今存詩文，《全唐詩》（卷四四）輯其詩，有〈奉和太子納妃太平公主出降〉、〈和東觀群賢七夕臨泛昆明池〉、〈和左僕射燕公〉、〈春日端居述懷〉、〈和長孫祕監伏日苦熱〉、〈和李公七夕〉、〈和長孫祕監七夕〉，凡六首；《全唐文》（卷二三六）輯其文，僅〈寧義寺經藏碑〉一篇。

⊙ 杜之松

杜之松，博陵曲阿人。隋起居舍人。貞觀中，爲河中刺史。嘗答王績書云：「康成道重，不許太守稱官；老萊家居，羞與諸侯爲伍。僕豈不能正平公之坐，敬養亥唐，屈文侯之膝，恭師子夏。」其雅尚可知矣。（《全唐詩》頁 493）

〈舊唐志〉云：「杜之松集十卷。」

〈新唐志〉云：「杜之松集十卷。」

按其集〈舊、新唐志〉均著錄十卷，原本久佚。《全唐文》（卷一三四）僅輯其〈答王績書〉一篇。

⊙ 陳子良

陳子良，吳人。在隋時爲楊素記室。入唐，官右衛率府長史。與蕭德言、庾抱同爲隱太子學士。貞觀六年卒。集十卷。《全唐詩》今存詩十三首。（《全唐詩》

頁 496）

〈舊唐志〉云：「陳子良集十卷。」

〈新唐志〉云：「陳子良集十卷。」

按〈舊、新唐志〉均著錄其集十卷，已佚。《全唐詩》（卷三九）存其詩，凡十三首；《全唐文》（卷一三四）輯其文，有〈爲奚御史彈尙書某入朝不敬文〉、〈爲于季卿與王仁壽書〉、〈辯正論注序〉、〈隋新城郡東曹掾蕭平仲誄并序〉、〈平城縣正陳子幹誄并序〉、〈祭司馬相如文〉，凡六篇。

⊙ 薛元超

薛元超，蒲州汾陰人。收子。早孤，九歲襲爵汾陰男。及長，好學善屬文。太宗甚重之，令尙巢刺王女和靜縣主，累授太子舍人，與撰晉書。高宗即位，擢拜給事中，數上書陳君臣政體及時事得失。俄轉中書舍人，加弘文館學士，兼修國史。永徽五年（654 年），授黃門侍郎，兼檢校太子左庶丞。表荐任希古等十餘人，時論稱美。以疾出爲饒州刺史。坐事貶簡州刺史，配流嶲州。上元初，赦還，拜正諫大夫。永隆二年（681 年），拜中書令。卒後贈光祿大夫、秦州都督，陪葬乾陵。文集四十卷。事蹟具《舊唐書》（卷七三）、《新唐書》（卷九八）本傳。

〈舊唐志〉云：「薛元超集三十卷。」

〈新唐志〉云：「薛元超集三十卷。」

按《舊唐書》本傳稱其有文集四十卷，〈舊、新唐志〉均著錄其集三十卷，今已佚。《全唐詩》（卷三九）存奉和同太子監守違戀詩一首；《全唐文》（卷一五九）輯其文，有請停春殺高敦禮表、諫蕃官仗內射生疏、諫皇太子牋、孝敬皇帝哀冊文，凡四篇。

⊙ 劉禕之

劉禕之，常州晉陵人。少與孟利貞、高智周、郭正一俱以文藻知名。時人號爲劉、孟、高、郭。尋與利貞等同直昭文館。上元中，遷左史、弘文館直學士，與元萬頃等共撰列女傳、臣軌、百僚新誡、樂書，凡千餘卷。時人謂之北門學士。儀鳳二年（677 年），其姊在宮中爲內職，潛伺見之，坐是配流嶲州數載。還拜中書侍郎、同中書門下三品，賜爵臨淮男。時所有詔敕，獨出其手，構思敏速，皆可立待。垂拱三年，被誣告，又拒捍制使，賜死。睿宗即位，以其宮府舊僚，追贈中書令。有集七十卷，傳於時。事蹟具《舊唐書》（卷八七）、《新唐書》（卷一一七）本傳。

〈舊唐志〉云：「劉禕之集五十卷。」

〈新唐志〉云：「劉禕之集七十卷。」

　　按〈舊唐志〉著錄其集五十卷，〈新唐志〉著錄七十卷，未見傳本，已佚。《全唐詩》（卷四四）輯其詩，有〈奉和太子納妃太平公主出降〉、〈奉和別越王〉、〈酬鄭沁州〉、〈孝敬皇帝挽歌〉、〈九成宮秋初應詔〉，凡五首。

⊙　劉允濟

　　劉允濟，洛州鞏人。博學善屬文，與絳州王勃早齊名，特相友善。弱冠本州舉進士，累除著作佐郎。撰魯後春秋二十卷，遷左史，兼直弘文館。垂拱四年（688年），拜著作郎。天授中，為來俊臣所構，係獄。會赦免，貶授大庾尉。長安中，擢拜鳳閣舍人。中興初，坐與張易之款狎，左授青州長史，為吏清白。尋丁母憂，服闋而卒。事蹟具《舊唐書》（卷一九○）、《新唐書》（卷二○二）本傳。

　　〈舊唐志〉云：「劉允濟集二十卷。」

　　〈新唐志〉云：「劉允濟集二十卷。」

　　按〈舊、新唐志〉均著錄其集二十卷，原本久佚。《全唐詩》（卷六三）存其詩，有〈經廬岳回望江州想洛川有作〉、〈詠琴〉、〈怨情〉、〈見道邊死人〉，凡四首；《全唐文》（卷一六四）輯其賦，有〈明堂賦〉、〈天賦〉、〈地賦〉、〈萬象明堂賦〉、〈天行健賦〉，凡五篇。

⊙　駱賓王

　　駱賓王，婺州義烏人。七歲能屬文，尤妙於五言詩。嘗作帝京篇，當時以為絕唱。初為道王府屬，歷武功主簿，又調長安主簿。武后時，左遷臨海丞，怏怏失志，棄官去。徐敬業舉義，署為府屬，為敬業草檄，斥武后罪狀，后讀之，矍然歎曰，宰相安得失此人。敬業事敗，賓王亡命，不知所終。中宗時，詔求其文，得數百篇，集成十卷。事蹟具《舊唐書》（卷一九○）、《新唐書》（卷二○一）本傳。

　　〈舊唐志〉云：「駱賓王集十卷。」

　　〈新唐志〉云：「駱賓王集十卷。」

　　《崇文總目》云：「駱賓王集十卷。」

　　《郡齋讀書志》著錄駱賓王集十卷，晁氏云：

　　　　中宗詔求其文，得百餘篇，命郗雲卿次序之。

　　《直齋書錄解題》著錄駱賓王集十卷，陳氏云：

　　　　其首卷有魯國郗雲卿序，言賓王光宅中，廣陵亂，伏誅，莫有收拾
　　　其文者，後有敕搜訪。又有四五本，卷數亦同，而次序先後皆異，序文
　　　視前加詳，而云廣陵起義不捷而遁。本傳亦言敗而亡命，不知所終，與
　　　蜀序合。

　　《文獻通考・經籍考》著錄《駱賓王集》十卷。

　　〈宋志〉云：「駱賓王集十卷。」

　　《四庫全書總目》著錄《駱丞集》四卷、附錄一卷，唐駱賓王、明顏文選註。

　　按其集初由郗雲卿奉唐中宗之命編成，爲十卷。郗氏〈駱賓王文集序〉云：「文明中，與嗣業于廣陵共謀起義，兵事既不捷，因致逃遁，遂致文集悉皆散失。後中宗朝，降敕搜訪賓王詩筆，令雲卿集焉。所載者即當時之遺漏，凡十卷。」〈舊、新唐志〉、《崇文總目》、《郡齋讀書志》、《直齋書錄解題》均著錄十卷，可知郗雲卿此十卷本，於宋尙未散佚。至明，宋元舊本不見著錄，而明人編輯者多，卷帙亦異。據《廉石居藏書記》、《善本書室藏書志》、《千頃堂書目》等所載，有二卷、四卷、六卷、八卷、十卷、不分卷等諸種本。其中較著者有：《天祿琳琅書目後編》（卷十八）著錄，明陳魁士注駱子集注四卷，收頌一篇、賦二篇、詩一百一十七首、表一篇、對策三篇、啓十篇、書五篇、序九篇、雜著六篇，凡一百五十四篇。前有遺事二條、《唐書》本傳、葉逢春等二序、萬曆七年（1579 年）陳魁士自序、劉大烈後序。《善本書室藏書志》亦著錄此本。又《四庫全書》收錄《駱丞集》四卷，《提要》云：「此本四卷，蓋後人所裒輯。其注則明給事中顏文選所作，援引疏舛，殆無可取。以文選之外，別無注本，則其中亦尙有一二可采者，故姑并錄之，以備參考焉。」又唐駱先生文集六卷，烏程陸宏祚、仁和虞九章、錢塘童昌祚共訂釋。《善本書室藏書志》著錄，云：「是集卷一頌、賦、五言古詩，卷二五言律詩，卷三排律、五言絕句、雜言，卷四七言古詩、七言絕句、序類，卷五表啓類，卷六雜著類、檄類。」前列本傳，次爲附錄，收郗雲卿序等。又《四部叢刊》據以影印之明刊本《駱賓王文集》十卷，其中賦頌一卷、詩四卷、表啓書二卷、雜著三卷。至清，宋元舊本相繼發現，有北宋《駱賓王文集》十卷，遞經經毛氏汲古閣、顧氏小讀書堆、黃氏士禮居、楊氏海源閣收藏。收賦頌一卷、詩四卷、表啓書二卷、雜著三卷，前有郗雲卿序。又有元刊本《駱賓王文集》十卷，爲丁丙善本書室所藏。江藩半氈齋題跋云：「此本十卷，係元時所槧，卷目與《郡齋讀書志》、《宋史・藝文志》同，當是郗雲卿次序之舊本也。」然卷首卻無郗雲卿序，疑爲書賈所刪。其注釋本，除舊有陳魁士、顏文選二種外，清有《駱侍御全集》，附考異一卷，題「明宛上顏文選原注，邑後學陳坡節刪，道光己酉（1849年）滋德堂刊」。又有《駱臨海集》箋注十卷，義烏陳熙晉箋注。陳氏將明清流傳之《駱賓王文集》予以校訂輯佚，詳加箋釋，爲較佳之注本。

⊙　盧照鄰

盧照鄰，字昇之。范陽人。十歲，從曹憲、王義方授蒼雅，調鄧王府典籤。王有書十二車，照鄰總披覽，略能記憶，王愛重，比之相如。調新都尉，梁風疾，去官，居太白山，以服餌爲事，又客東龍門山，疾甚，足攣，一手又廢，乃去陽翟具茨山下，買園數十畝，疏潁水周舍，復豫爲墓，偃臥其中。後不堪其苦，與親屬訣，自投潁水死，年四十。嘗著五悲文以自明。有集二十卷。又幽憂子三卷。事蹟具《舊唐書》（卷一九○）、《新唐書》（卷二○一）本傳。

〈舊唐志〉云：「盧照鄰集二十卷。」

〈新唐志〉云：「盧照鄰集二十卷。」

《崇文總目》云：「盧照鄰集十卷。」又「幽憂子三卷。」

《郡齋讀書志》著錄《盧照鄰幽憂子集》十卷。

《直齋書錄解題》著錄《盧照鄰集》十卷。

《文獻通考・經籍考》著錄《盧照鄰幽憂子集》十卷。

〈宋志〉云：「《盧照鄰集》十卷。」

《四庫全書總目》著錄《盧昇之集》七卷，唐盧照鄰撰。

按盧照鄰，號幽憂子，故其集又名《幽憂子集》。據張鷟《朝野僉載》（卷六）稱盧照鄰「著幽憂子以釋憤焉，文集二十卷」。〈舊、新唐志〉均著錄《盧照鄰集》二十卷，知原集本二十卷。北宋時，《崇文總目》著錄《盧照鄰集》十卷，幽憂子三卷。其後《郡齋讀書志》、《直齋書錄解題》、《文獻通考・經籍考》均作十卷。至明，二十卷本、十卷本均已佚，僅明人張遜業、楊一統、許自昌等所輯唐人合集中，乃收其詩一卷或二卷。後明張燮輯《唐初四子集》，輯《幽憂子集》七卷、附錄一卷，始將其詩文合編。附錄含《舊、新唐書・盧照鄰》本傳、駱賓王艷情代郭氏答盧照鄰及遺事、集評等，卷首有張燮題詞。此本亦爲現存最早之詩文合集本。迨清乾隆時，項家達輯《初唐四傑集》，輯有《盧昇之集》七卷；《四庫全書》所收《盧昇之集》七卷，此二本均與張燮輯本同。此外，丁丙《善本書室藏書志》云：「宋刻有二卷本，載賦詩及五悲，惟無樂府九章與騷序對問書讚碑十七篇。此七卷本，乃後人摭拾而成，然尙稱舊帙也。」《四庫提要》云：「窮魚賦序稱：嘗思報德，故冠之篇首，則照鄰自編之集；當以是賦爲第一，而此本列秋霖、馴鳶二賦後，其與在朝諸賢書，亦非完本，知由後人掇拾而成，非舊帙矣。」《全唐詩》（卷四一至四二）輯其詩，凡二卷。

⊙ 楊 炯

楊炯，弘農華陰人。舉神童，授校書郎。永隆二年（681 年），爲崇文館學士。

俄遷詹事司直。則天初，坐從父弟神讓與與徐敬業亂，出爲梓州司法參軍。遷盈川令，又稱楊盈川。無何卒官，中宗時贈著作郎。爲官嚴酷，自負清高。與王勃、盧照鄰、駱賓王以文詞齊名，海內稱「王楊盧駱」，號「四傑」。炯聞之，謂人云：「吾愧在盧前，恥居王後。」當時議者以爲是。有文集三十卷。事蹟具《舊唐書》（卷一九〇）、《新唐書》（卷二〇一）本傳。

〈舊唐志〉云：「楊烱集三十卷。」

〈新唐志〉云：「楊烱盈川集三十卷。」

《郡齋讀書志》著錄《楊盈川集》二十卷，晁氏云：「集本三十卷，今多亡逸。」

按楊炯曾任盈川縣令，故其集又名《盈川集》。本傳稱有文集三十卷，〈舊、新唐志〉亦著錄三十卷。至宋，此三十卷本散佚，《郡齋讀書志》僅著錄二十卷。宋後，二十卷本亦已佚。現存宋槧本僅平津館所藏舊影本寫本之《唐四傑詩集》，存有《楊炯詩》一卷。高儒《百川書志》所輯《楊炯詩》一卷，即由此本單出。范氏《天一閣書目》著錄《盈川集》五卷，明嘉靖中永嘉張遜業校正，其序略云：「炯揮文宏富，平生著作，惟存是帙。三十卷者，惜未之見也。」明萬曆時，龍游童佩所輯，皇甫汸序略云：「搜輯遺文，彙裒簡帙，共得詩賦四十二首，序表碑銘志狀雜文二十九首，勒爲十卷，保殘守闕，存十於千，不愈於湮沒乎。」此本詩文合編爲十卷，另本傳、祭文、會要、通考等爲附錄一卷。《四庫提要》記童本云：「凡賦八首、詩三十四首、雜文三十九首。」又云：「文苑英華載其彭城公夫人爾朱氏墓誌銘一首，伯母東平郡夫人李氏墓誌銘一首，列庾信文後，明人因誤編入信集中。此本收爾朱氏誌一篇，而李氏誌仍不載，則蒐羅尚有所遺也。」《四部叢刊》影印童本，雜文四十二首，仍無爾朱氏誌及李氏誌二文，與館臣所見童本有異。崇禎間張燮重輯爲十三卷。瞿鏞《鐵琴銅劍樓藏書目錄》（卷十九）以舊鈔本著錄，云：「今世行本僅有童佩、張燮兩家所輯。仁和盧氏重訂張本，有張燮序，與童本分卷不同，舊爲李松雲藏書，每板心有文選閣三字。」今《全唐文》（卷一九〇至卷一九六）輯其文，凡七卷；《全唐詩》（卷五十）輯其詩，凡一卷。

⊙ 王　勃

王勃，字子安，絳州龍門人。祖通，隋蜀郡司戶書佐。六歲能文辭，年未及冠，應幽素舉及第。乾封初，上乾元殿頌，沛王賢聞其名，召爲沛府修撰。及長，詞藻奇麗，爲初唐四傑之一。麟德初對策高第，恃才傲物，坐事除名。父福時爲交趾令。勃往省視，道經南昌，預都督閻伯嶼宴於滕王閣。即席作宴集序，伯嶼驚爲天才。尋溺海死。勃文爲四傑之冠，以其爲駢四儷六之文，儒者頗病其浮艷。然初唐四傑

之文，皆精切有本源。事蹟具《舊唐書》（卷一九○）、《新唐書》（卷二○一）本傳。

〈舊唐志〉云：「王勃集三十卷。」

〈新唐志〉云：「王勃集三十卷。」

《崇文總目》云：「王勃文集三十卷。」

《郡齋讀書志》著錄《王勃集》二十卷。

《四庫全書總目》著錄《王子安集》十六卷、附錄一卷，唐王勃撰、明張燮輯編。

按《唐書·文苑傳》，稱其文集三十卷。楊炯〈王子安集序〉云：「君平生屬文，歲時不倦，綴其存者，才數百篇。」又云：「分爲二十卷，具諸篇目。」《崇文總目》亦作三十卷，《郡齋讀書志》則作二十卷，所記不一。至明，宋元舊本已佚。嘉靖時，永嘉張遜業刊《王勃集》，僅存詩賦二卷。崇禎中，張燮以張遜業刊本爲底，又輯《文苑英華》諸書，編爲十六卷，其中賦、詩三卷，文十三卷，並附錄《舊、新唐書》〈本傳〉，及遺事、集評、糾謬、補遺等。《四庫全書總目》云：「雖非唐宋之舊，而視別本，則較爲完善矣。」《四部叢刊》亦據此本影印。清蔣清翊有《王勃全集箋注》二十卷，光緒九年（1883 年）由蔣氏雙唐碑館刊行，其於凡例云：「是集編次，詩依張氏（遜業）本，賦及什文依《文苑英華》，清翊又從《唐語林》輯補贊一首，從善□本輯補賦、記各一首，從《全唐詩》、《初唐十二家集》、《韻語陽秋》輯補詩八首，從《全唐文》輯補序、碑各一首，均依次編入。此外如《續清涼傳》所載〈觀音大士贊〉，《紹興府志》所載〈仙人石詩〉，出於後人依託，概不羼入。」近人羅振玉輯有《王子安集佚文》一冊，附佚文、附錄、校記等行世。《全唐詩》（卷五五至五六）輯其詩，凡二卷。《全唐詩外編》補二十首。

⊙ 喬知之

喬知之，同州馮翊人。父師望，尚高祖女廬陵公主。與弟侃、備並以文詞知名，知之尤稱俊才。則天時，爲左司郎中。與武承嗣結怨，被殺。有喬知之集二十卷。事蹟具《舊唐書》（卷一九○）、《新唐書》（卷四）本傳。

〈舊唐志〉云：「喬知之集二十卷。」

〈新唐志〉云：「喬知之集二十卷。」

按〈舊、新唐志〉著錄其集均作二十卷，原本久佚。《全唐詩》（卷八一）存其詩，凡十八首；與喬侃（一首）、喬備（二首）合編爲一卷。其詩佳作有〈邊塞詩苦寒行〉、〈羸駿篇〉；情詩有〈定情田篇〉、〈綠珠篇〉等。

⊙ 蘇味道

蘇味道，趙州欒城人。與里人李嶠俱以文翰顯，時人謂之蘇李。弱冠擢進士第，累轉咸陽尉，裴行儉引管書記。延載中，歷鳳閣舍人、檢校侍郎。證聖元年，出爲集州刺史，俄召拜天官侍郎。聖曆初，遷鳳閣侍郎同鳳閣鸞臺三品，前後居相位數載，多識臺閣故事。神龍時，坐張易之黨貶眉州刺史，遷爲益州長史卒。集十五卷。《全唐詩》今編詩一卷。事蹟具《舊唐書》（卷九四）、《新唐書》（卷一一四）本傳。

〈舊唐志〉云：「蘇味道集十五卷。」

〈新唐志〉云：「蘇味道集十五卷。」

按蘇味道與李嶠、崔融、杜審言並稱文章四友。其詩擅長五律，多爲寫景詠物、應酬之作。其集〈舊、新唐志〉均著錄十五卷，原本久佚。《全唐詩》（卷六五）存其詩，凡一卷。

⊙ 薛　曜

薛曜，元超子。以文學知名。尚城陽公主，子紹尚太平公主。紹兄顗懼太盛，以問從兄克，克曰，帝甥尚主，由來故事，但以恭慎行之，何懼也。聖曆中，與修三教珠英，官正諫大夫。集二十卷。（《全唐詩》頁 869）

〈舊唐志〉云：「薛曜集二十卷。」

〈新唐志〉云：「薛曜集二十卷。」

按〈舊、新唐志〉著錄其集二十卷，然原本已佚。《全唐詩》（卷八十）存其詩，有〈奉和聖製夏日遊石淙山〉、〈子夜冬歌〉、〈舞馬篇〉、〈正夜侍宴應詔〉、〈送道士入天台〉，凡五首；《全唐詩補遺》（卷八八二）存三首，即〈登綿州富樂山別李道士策〉、〈九城尋山水〉、〈邙山古意〉。《全唐文》（卷二三九）輯其文，僅〈服乳石號性論〉一篇。

⊙ 崔　融

崔融，字安成，一作文成。齊州全節人。擢八科高第。累遷官門丞，兼崇文館學士。中宗爲太子時，選侍讀。武后賞其文，嵩山封禪華，命撰朝覲碑文。授著作郎。進鳳閣舍人，時有司議稅關市，諫止之。坐附張易之，貶袁州刺史。召拜國子司業，兼修國史，與修武后實錄。封清河縣子。融爲文華婉典麗，朝廷諸大手筆多手敕委之。卒，年五十四，贈衛州刺史，諡曰文。有崔融集六十卷。事蹟具《舊唐書》（卷九四）、《新唐書》（卷一一四）本傳。

〈舊唐志〉云：「崔融集四十卷。」

〈新唐志〉云：「崔融集六十卷。」

按融文章華婉典雅，極負盛名。與李嶠、蘇味道、杜審言號稱文章四友。朝

廷大作，均出其手。〈舊唐志〉著錄其集四十卷，〈新唐志〉著錄六十卷，原本久佚。《全唐詩》（卷六八）存其詩，凡一卷；《全唐文》（卷二一七至二二〇）輯其文，凡五十篇；《唐文拾遺》與《唐文續拾》各收錄其文一篇。

⊙　李　嶠

李嶠，字巨山。趙州贊皇人。兒時夢人遺雙筆，由是有文辭。弱冠擢進士第，始調安定尉，舉制策甲科。武后時，官鳳閣舍人。每有大手筆，皆特命嶠為之。累遷鸞臺侍郎，知政事。封趙國公。景龍中，以特進守兵部尚書同中書門下三品。睿宗立，出刺懷州。明皇貶為滁州別駕，改廬州。嶠富於才思，初與王楊接踵，中與崔蘇齊名，晚諸人沒，獨為文章宿老，一時學者取法焉。有集五十卷，雜詠詩十二卷。事蹟具《舊唐書》（卷九四）、《新唐書》（卷一二三）本傳。

〈舊唐志〉云：「李嶠集三十卷。」

〈新唐志〉云：「李嶠集五十卷。」

《郡齋讀書志》著錄李嶠集一卷，晁氏云：

集本六十卷未見，今所錄一百二十詠而已，或題曰單題詩，有張方注。

按《舊唐書》本傳稱有文集五十卷。〈舊唐志〉著錄其集三十卷，〈新唐志〉則作五十卷。辛文房《唐才子傳》云：「今集五十卷，雜詠詩十二卷，單題詩一百二十首，張方為注，傳於世。」據此，當以五十卷為是，然其集久佚，已不可考。《郡齋讀書志》著錄一卷，據晁氏所云，知兩宋間所流傳者僅單題詩一百二十首。單題詩或題李嶠雜詠，凡二卷，嘉慶間日本天瀑佚存叢書有刻本。前有天寶六年（747年）登仕郎守信安郡博士張庭芳撰序。上卷乾象、坤儀、芳草、嘉樹、靈禽、祥獸；下卷居處、服玩、文物、武器、音樂、玉帛凡十二部，每部十首，凡一百二十首。孫星衍《平津館鑒藏書記》云：「《全唐詩》李嶠集本有此詩，中多缺句，此本俱完。」錢塘丁丙《善本書室》著錄亦收此本。王重民《敦煌古籍敘錄》有《李嶠雜詠注》（張庭芳撰，斯555，伯3738），據其所考晁公武、辛文房所謂張方，當係張庭芳之誤，而辛文房所稱雜詠詩十二卷，單題詩一百二十首者，亦為一種，十二卷即十二部；一百二十首，為其總數，並非雜詠詩十二卷外，又有單題詩一百二十首。至於其他詩作，《善本書室藏書志》著錄《李嶠集》三卷，係明活字本，云：「舊集五十卷，此則後人摭拾而成，前賦後詩，與喜靖間徐獻忠所刊唐詩百家，次第一式，當從宋本出也。」《北京圖書館善本書目》有明嘉靖三十三年（1554年）黃氏浮玉山房刻唐詩二十六家本，與前本當同出一源。

⊙　陳子昂

陳子昂，字伯玉。梓州射洪人。家世富豪，獨苦節讀書，善屬文。文明初進士。則天召拜麟臺正字，數上書言事。俄遷右衛冑曹參軍。再轉右拾遺。曾隨武攸宜討契丹，表爲管記。聖曆初解職回鄉，縣令聞其富，誣之入獄，憂憤而死。性褊躁無威儀，然文詞宏麗，甚爲當時所重。有集十卷。事蹟具《舊唐書》（卷一九○）、《新唐書》（卷一○七）本傳。

〈舊唐志〉云：「陳子昂集十卷。」

〈新唐志〉云：「陳子昂集十卷。」

《崇文總目》云：「陳拾遺集十卷。」

《郡齋讀書志》著錄《陳子昂集》十卷。

《直齋書錄解題》著錄《陳拾遺集》十卷。

《文獻通考·經籍考》著錄《陳子昂集》十卷。

〈宋志〉云：「陳子昂集十卷。」

《四庫全書總目》著錄《陳拾遺集》十卷、附錄一卷。

按其集初由子昂之友盧藏用於其死後編輯而成，凡十卷。歷來史志均著錄十卷，然原集久佚，宋元刻本亦不見著錄。現存最早刻本爲明弘治四年（1491 年）楊澄黑口本，明新都楊春、射洪楊澄校定。前有張頤序，次爲盧藏用序。卷一詩賦、卷二詩、卷三至卷十文，後附《唐書》本傳、陳氏別傳、旌德碑、祭文及楊澄序等。《四部叢刊》據此影印，《四庫全書》所收則爲明弘治傳寫本，題作《陳拾遺集》，《提要》云：「此本傳寫多僞脫，第七卷闕二葉，據目錄尋之，〈禡牙文〉、〈禜海文〉在《文苑英華》九九五卷，〈弔塞上翁文〉在九九九卷，〈祭孫府君〉文在九七九卷，又〈送崔融等序〉之後，據目錄尚有〈餞陳少府序〉一篇，此本亦佚。《英華》七百十九卷有此文，今并葺補，俾成完本。《英華》八百二十二卷收陳子昂〈大崇福觀記〉一篇，稱武士彠爲太祖孝明皇帝，此集不載其目，殆偶佚脫，今并補入，俾操觚揮翰之士知立身一敗，遺詬萬年，有求其不傳而不能者焉。」丁丙《善本書室》藏有二種《陳伯玉集》，均爲二卷，僅載其詩，實爲十卷本之前二卷。《全唐詩》（卷八三至八四）收其詩，凡二卷；《全唐文》（卷二○九至二一六）輯其文，凡八卷。

⊙ 元希聲

元希聲，河南人。七歲善屬文，舉進士。累官司禮博士，預修《三教珠英》。景龍初，進吏部侍郎。集三十卷。事蹟具《全唐詩》（卷一○一）

〈舊唐志〉云：「元希聲集十卷。」

〈新唐志〉云：「元希聲集十卷。」

按〈舊、新唐志〉均著錄其集十卷，然原本久佚。《全唐詩》（卷一〇一）僅存其〈四言詩贈皇甫侍御赴都〉，凡八首。

⊙ 李 適

李適，字子至。京兆萬年人。擢進士第。調猗氏尉。武后時，預修《三教珠英》。遷戶部員外郎，兼修書學士。景龍初，擢修文館學士。睿宗朝，終工部侍郎。事蹟具《舊唐書‧文苑閻朝隱附傳》（卷一九〇中）、《新唐書‧文藝傳》（卷二〇二）。

〈舊唐志〉云：「李適集二十卷。」

〈新唐志〉云：「李適集十卷。」

按〈舊唐志〉著錄其集二十卷，〈新唐志〉則作十卷，然已久佚。《全唐詩》（卷七十）存其詩，凡一卷；《外編》又補錄其詩一首。

⊙ 沈佺期

沈佺期，字雲卿。相州內黃人。進士及第，長安中累遷給事中。張易之敗，流驩州。神龍中授起居郎、修文館直學士。歷中書舍人、太子詹事。開元初卒。善屬文，尤長律詩，與宋之問齊名。有《沈佺期集》十卷。事蹟具《舊唐書》（卷一九〇）、《新唐書》（卷二〇二）本傳。

《舊唐書》云：「沈佺期集十卷。」

〈新唐志〉云：「沈佺期集十卷。」

《郡齋讀書志》著錄《沈佺期集》五卷。

《直齋書錄解題》著錄《沈佺期集》十卷。

《文獻通考‧經籍考》著錄《沈佺期集》五卷。

〈宋志〉云：「沈佺期集十卷。」

按〈舊、新唐志〉均著錄十卷，《直齋書錄解題》同。《郡齋讀書志》、《文獻通考》則作五卷。其集宋元舊本久佚。高儒《百川書志》著錄《沈雲卿集》二卷，錢曾《讀書敏求記》著錄二卷，係柳僉摹寫宋本。現存明刊本有《百家唐詩本》三卷、許自昌《前唐十二家詩本》二卷、活字本四卷。單行本有正德年間王廷相刊《沈詹事集》七卷，傅增《湘藏園群書題記》（卷五）云：「此本則以詩體為次，凡五古、七古、五律、五排、七律、五絕、七絕，共七類。析為七卷，與各本皆不同。」此為沈佺期詩除各總集所收錄外，唯一單行本。《全唐詩》、《全唐文》（卷九五至九七）輯其詩，凡三卷。

⊙ 徐彥伯

徐彥伯，名洪，以字顯。兗州瑕丘人。河北道安撫大使薛延起荐之，對策高第。聖歷中累遷給事中，時大獄興，王公卿士以言語爲酷吏所引，死徙不可計，做樞機論以誡於世。神龍元年（705 年）遷太常少卿，與修武后實錄，封高平縣子。遷衛州刺史，以善政聞，璽書嘉勞。遷太子賓客。致仕，卒。彥伯文章典縟，晚年好爲彊澀之體，頗爲後進所效。有前後集各十卷。事蹟具《舊唐書》（卷九四）、《新唐書》（卷一一四）本傳。

〈舊唐志〉云：「徐彥伯前集十卷。」又「後集十卷。」

〈新唐志〉云：「徐彥伯前集十卷。」又「後集十卷。」

按其詩文多變易求新，如稱鳳閣爲鷦閣，龍門爲虯戶之類。後進仿效，稱徐澀體。唐中宗與修文館學士宴樂賦詩，常令徐彥伯作序，文彩華縟。所作〈采蓮曲〉、〈孤燭歎〉，較清新雋永。〈舊、新唐志〉著錄其集均有前集十卷，《後集》十卷，凡二十卷。然久無傳本，已佚。《全唐詩》（卷七六）存其詩，凡三十四首；《全唐文》（卷二六七）收其文，有〈南郊賦〉、〈汾水新船賦〉、〈登長城賦〉、〈中宗孝和皇帝哀冊文〉、〈樞機論〉、〈同韋子遊神泉詩序〉，凡六篇。《唐文續拾》載文一篇。

⊙ **宋之問**

宋之問，一名少連，字延清。虢州引農人。弱冠知名。初徵，令與楊炯分直內教。俄授雒州參軍。累轉尚方監丞、預修三教珠英。後坐附張易之，左遷瀧州參軍。武三思用事，起爲鴻臚丞。景龍中，再轉考功員外郎。時中宗增置修文館學士，之問與薛稷、杜審言膺其選，轉越州長史。睿宗即位，徙欽州，尋賜死。集十卷。事蹟具《舊唐書》（卷一九○）、《新唐書》（卷二○二）本傳。

〈舊唐志〉云：「宋之問集十卷。」

〈新唐志〉云：「宋之問集十卷。」

《崇文總目》云：「宋之問集十卷。」

《郡齋讀書志》著錄《宋之問考功集》十卷。

《直齋書錄解題》著錄《宋之問集》十卷。

《文獻通考‧經籍考》著錄《宋之問集》十卷。

〈宋志〉云：「宋之問集十卷。」

按〈舊、新唐志〉著錄其集十卷，《崇文總目》、《郡齋讀書志》、《直齋書錄解題》、《文獻通考》同。《郡齋讀書志》題作《宋之問考功集》。然原書久佚，宋版亦不見著錄。沈德壽《抱經樓藏書志》載有明崇禎刊本《宋學士集》九卷，有崇禎十三年（1640 年）曹荃序。此書亦少見。今傳《宋之問集》二卷，東莞莫伯驥

〈五十萬卷樓群書跋文〉云：「宋之問集上下卷，前後無序跋，卷上爲秋蓮賦、太平公主池山賦、次五言古詩、次七言古詩十六首。卷下爲五言律詩、五言排律、七言律詩、五言絕句、七言絕句，有求古居（黃丕烈）、繆荃孫兩章。」《四部叢刊續編》收《宋之問集》二卷，張元濟跋云：「宋之問集二卷，前後無序跋，版心題崦西精舍四字，不知何人所刻。審其字體，當在明嘉靖時矣。」鐵琴銅劍樓所藏，與《四部叢刊》所收本同，其《藏書目錄》云：「宋之問集二卷，明刊本。晁、陳二家書目俱載十卷，蓋明人掇拾之本也。版刻清朗，每版心有崦西精舍四字。」《全唐詩》（卷五一至卷五三）輯其詩，凡三卷；《全唐文》（卷二四〇至卷二四一）輯其文，凡二卷。

⊙　杜審言

杜審言，字必簡。襄州襄陽人。進士舉，爲隰城尉。雅善五言詩，工書翰，有能名。

然恃才高，甚爲時輩所嫉。累遷洛陽丞，後貶爲吉州司戶。武后時召爲著作佐郎，遷膳部員外郎。中宗時官至修文館直學士，卒。少與李嶠、崔融、蘇味道齊名，稱文章四友。有文集十卷。事蹟具《舊唐書》（卷一九〇）、《新唐書》（卷二〇一）本傳。

〈舊唐志〉云：「杜審言集十卷。」

〈新唐志〉云：「杜審言集十卷。」

《郡齋讀書志》著錄杜審言集十卷，晁氏云：「集有〈詩〉四十餘篇而已。」

《文獻通考・經籍考》著錄《杜審言集》十卷。

按〈舊、新唐志〉著錄其集十卷，《郡齋讀書志》著錄同，然據晁氏所云僅存詩四十餘篇，知其詩於宋即多散佚。今傳本有乾道六年（1170）本，楊萬里序云：「今戶曹趙君彥清旁搜遠摭，得其詩四十三首，將刻棗以傳好事，且以爲戶廳之寶玉大弓。」此所刻僅四十三首，當與晁氏所見本無大出入。由於十卷本自宋以來久佚，其傳詩亦不多，僅四十三首，故其集單行本亦少見。楊氏海源閣曾藏宋刊《杜審言詩集》一卷。楊紹和記云：「共詩四十三首，有明人朱校，頗精核。」此爲現存最古之刊本。明刊本作二卷，有銅活字本，陸心源《皕宋樓藏書志》、丁丙《善本書室藏書志》均有著錄。《全唐詩》（卷六二）存其詩，凡一卷。

⊙　富嘉謨

富嘉謨，雍州武功人。舉進士。長安中，累官晉陽尉，預修三教珠英。中興初，歷左臺御史，與吳少微友善，屬詞並以經典爲本，文體一變，號爲富吳體。

張說稱其文如孤峰絕岸，壁立萬仞，濃雲鬱興，震雷俱發，誠可畏也。若施於廊廟，則駭矣。事蹟具《舊唐書·文苑傳》（卷一九○中）。

〈舊唐志〉云：「富嘉謨集十卷。」

〈新唐志〉云：「富嘉謨集十卷。」

按《舊唐書》本傳稱其有文集五卷，然原本久佚。〈舊、新唐志〉均著錄十卷，亦已佚。今存詩文，《全唐詩》（卷九四）輯其詩，僅〈明冰篇〉一首；《全唐文》（卷二三五）輯其文，有〈麗色賦〉、〈爲建安王賀赦表〉、〈爲并州長史張仁亶謝賜長男官表〉、〈賀幸長安起居表〉，凡四篇。

⊙　吳少微

吳少微，新安人。舉進士。累至晉陽尉，與富嘉謨同官。中興初，以韋嗣立薦，拜右臺御史。嘗爲并州長史張仁壇撰〈進九鼎銘表〉。事蹟具《舊唐書·文苑富嘉謨附傳》（卷一九○中）。

〈舊唐志〉云：「吳少微集十卷。」

〈新唐志〉云：「吳少微集十卷。」

按〈舊、新唐志〉均著錄其集十卷，《舊唐書》本傳稱有集五卷，原本久佚。《全唐詩》（卷九四）存其詩，有長門怨、和崔侍御日用遊開化寺閣、哭富嘉謨、過漢故城、古意、〈怨歌行〉，凡六首。《全唐文》（卷二三五）輯其文，有〈代張仁亶賀中宗登極表〉、〈爲桓彥範謝男授官表〉、〈爲任虛白陳情表〉、〈爲并州長史張仁亶進九鼎銘表〉、〈冬日洛下登樓宴序〉、〈唐北京崇福寺銅鐘銘并序〉，凡六篇。

⊙　劉希夷

劉希夷，一名庭芝。汝州人。少有文華，落魄不拘常格。上元進士。善爲從軍閨情之詩，詞調哀苦，未爲人重。後孫昱撰《正聲集》，以希夷詩爲集中之最，由是大爲時所稱賞。後以志行不修。爲奸人所殺。有集十卷，詩集四卷。事蹟具《舊唐書》（卷一九○）、《新唐書》（卷六十）本傳。

〈舊唐志〉云：「劉希夷集三卷。」

〈新唐志〉云：「劉希夷集十卷。」又「劉希夷詩集四卷。」

按《舊唐書·文苑傳》稱其爲奸人所殺，又稱其善爲從軍、閨情之詩，詞調哀苦，爲時所重。《大唐新語·文章篇》稱其「好爲宮體，詞旨悲苦，不爲時所重。」又云：「後孫翌撰《正聲集》，以希夷爲集中之最，由是稍爲時人所稱。」孫翌爲開元年間人，《正聲集》今已佚。劉希夷〈舊唐志〉著錄其集三卷，〈新唐志〉著錄十卷，詩集四卷，原集久佚。《全唐詩》（卷八二）存其詩，凡三十五首。其詩

以〈白頭吟〉（一作〈代悲白頭吟〉）爲代表，悲歡韶光易逝、富貴無常，情調感傷，寄慨深沈，音韻和諧，語言優美，爲初唐七言歌行名篇。

⊙　韋承慶

　　韋承慶，字延休。鄭州陽武。思謙子。少以孝聞。冠舉進士，補雍王府參軍。累遷太子司議郎。儀鳳四年（679 年），詔皇太子賢監國，時太子頗近聲色，上書勸諫。調露初，東宮廢，出爲烏程令。長壽中，累遷鳳閣舍人，兼掌天官選事。後歷豫、虢等州刺史，頗著聲績，制書褒美。長安初，兼修國史。尋以修則天實錄之功，賜爵扶陽縣子。又制則天皇后紀聖文，加銀青光祿大夫。俄授黃門侍郎。未拜卒，贈秘書監，諡曰溫。事蹟具《舊唐書》（卷八八）、《新唐書》（卷一一六）本傳。

　　〈舊唐志〉云：「韋承慶集六十卷。」

　　〈新唐志〉云：「韋承慶集六十卷。」

　　按〈舊、新唐志〉均著錄六十卷，然原本久佚。《全唐詩》（卷四六）存其詩，有〈折楊柳〉、〈寒食應制〉、〈凌朝浮江旅思〉、〈直中書省〉、〈南行別弟〉、〈南中詠雁〉、〈江樓〉，凡七首。《全唐文》（卷一八八）輯其文，有〈靈臺賦〉、〈枯井賦〉、〈明堂災極諫疏〉、〈上東宮啓〉、〈重上直言諫東宮啓〉，凡五篇。

⊙　郭元振

　　郭震，字元振。魏州貴鄉人，以字顯。少有大志，十八舉進士，任俠使氣，撥去小節。嘗盜鑄及掠賣部中口千餘，以餉遺賓客。武后召欲詰，既與語，奇之，索所爲文章，上寶劍篇，后覽嘉歎。授右武衛鎧曹參軍，進奉宸監丞。久之，拜涼州都督。中宗神龍中，遷左驍衛將軍、安西大都護。睿宗立，召爲太僕卿。景雲二年，進同中書門下三品。先天元年，爲朔方軍大總管。明年，以兵部尚書復同中書門下三品，封代國公。明皇講武驪山，以軍容不整，流新州。開元元年，起爲饒州司馬，道病卒。有文集二十卷。事蹟具《舊唐書》（卷九七）、《新唐書》（卷一二二）本傳。

　　〈舊唐志〉云：「郭元振集二十卷。」

　　〈新唐志〉云：「郭元振集二十卷。」

　　按〈舊、新唐志〉均著錄二十卷，然原本久佚。《新唐書》又載《定遠安邊策》三卷、《九諫書》一卷。《全唐詩》（卷六六）存其詩，凡一卷。《全唐文》（卷二○五）輯其文，有〈劾趙彥昭韋嗣立韋安石奏〉、〈論去四鎮兵疏〉、〈離間欽陵疏〉、〈論闕啜忠節疏〉、〈上安置降吐谷渾狀〉，凡五篇。

⊙　魏知古

　　魏知古，深州人。性方直，有才名，弱冠舉進士。長安中，歷鳳閣舍人。神龍初，擢吏部侍郎。睿宗即位，以藩邸故吏，召拜黃門侍郎，遷散騎常侍，同平章事。開元初，改紫微令，終工部尚書，所薦洹水令呂太一、蒲州司功參軍齊澣、內率騎曹參軍柳澤、密尉宋遙、左補闕袁暉、右補闕封希顏、伊闕尉陳希烈，皆為聞人。宋璟嘗稱曰，叔向古之遺直，子產古之遺愛，能兼之者，其在魏公。有集七卷。事蹟具《舊唐書》（卷九八）、《新唐書》（卷一二六）本傳。

　　〈舊唐志〉云：「魏知古集二十卷。」

　　〈新唐志〉云：「魏知古集二十卷。」

　　按〈舊、新唐志〉均著錄其集二十卷，《舊唐書》本傳稱有集七卷，然原本久佚。《全唐詩》（卷九一）存其詩，有〈春夜寓直鳳閣懷群公〉、〈奉和春日途中喜雨應詔〉、〈從獵渭川獻詩〉、〈玄元觀尋李先生不遇〉，凡五首。《全唐文》（卷二三七）輯其文，有〈答張九齡賀西幸延期表〉、〈諫造金仙玉眞觀疏〉、〈又諫營道觀疏〉、〈報吐蕃宰相坌達延書〉，凡四篇。

⊙　閻朝隱

　　閻朝隱，字友倩。趙州欒城人。少與兄鏡幾、弟仙舟俱知名。連中進士、孝悌廉讓科，補陽武尉。性滑稽，屬辭奇詭，為武后所賞。累遷給事中，與修三教珠英。俄轉麟臺少監。張易之伏誅，坐徙嶺外。景龍初，自崖州赦還。先天中，為秘書少監。後又坐事貶通州別駕，卒官。事蹟具《舊唐書》（卷一九〇）、《新唐書》（卷二〇二）本傳。

　　〈舊唐志〉云：「閻朝隱集五卷。」

　　〈新唐志〉云：「閻朝隱集五卷。」

　　按〈舊、新唐志〉著錄其集五卷，原本久佚不傳。《全唐詩》（卷六九）存其詩，凡十三首。《全唐文》（卷二〇七）輯其文，有〈晴虹賦〉、〈亳州錄事參軍事上騎都尉馮府居紀孝碑〉，凡二篇。

⊙　蘇　瓌

　　蘇瓌，字昌容。京兆武功人。弱冠舉進士，初授豫王府錄事參軍，為王德眞、劉褘之所器重。長安中，累遷揚州大都督長史。神龍初，入為尚書右丞，再遷戶部尚書，尋加侍中，充西京留守，拜尚書右僕射，同中書門下三品，進封許國公。睿宗立，轉左僕射，以正立朝，獨申讜論。開元中，詔與劉幽求配享睿宗廟庭。有集十卷。事蹟具《舊唐書》（卷八八）、《新唐書》（卷一二五）本傳。

　　〈舊唐志〉云：「蘇瓌集十卷。」

〈新唐志〉云：「蘇瓌集十卷。」

　　按〈舊、新唐志〉著錄其集十卷，原本久佚。《全唐詩》（卷四六）存其詩，有〈奉和九日幸臨渭亭登高應制得暉字〉、〈興慶也侍宴應制〉，凡二首。《全唐文》（卷一六八）輯其文，有〈與宋璟同諫元宗疏〉、〈中樞龜鏡〉，凡二篇。《唐文拾遺》載文一篇。

⊙　李　乂

　　李乂，字尚眞。趙州房子人。年十二，工屬文。第進士，茂才異等。調萬年尉。長安中，擢監察御史，遷中書舍人，修文館學士。睿宗朝，進吏部侍郎，改黃門侍郎，中山郡公。開元初，轉紫微侍郎。未幾，除刑部尚書。卒，年六十八。居官沈正方雅，識治體，時稱有宰相器。與兄尚一、尚貞，俱以文章見稱，有《李氏花萼集》。乂與蘇頲對掌綸誥，明皇比之味道與嶠，並稱蘇李。事蹟具《舊唐書》（卷一○一）、《新唐書》（卷一一九）本傳。

〈舊唐志〉云：「李乂集五卷。」

〈新唐志〉云：「李乂集五卷。」

　　按李乂與其兄李尚一、李尚貞同以文章知名，兄弟文章共編爲《李氏花萼集》二十卷。〈舊、新唐志〉著錄《李乂集》五卷，原本久佚不傳。《全唐詩》（卷九二）存其詩一卷，凡三十四首，多應制之作。《全唐文》（卷二六六）輯其文，有〈諫遣使江南以官物充直贖生疏〉、〈對成都令勸學判〉、〈節愍太子哀冊文〉，凡三篇。

⊙　盧藏用

　　盧藏用，字子潛。范陽人。博學多能。初舉進士，選不調。隱居往於少室、終南二山，時人稱隨駕隱士。長安中，徵拜左拾遺，諫作興泰宮於萬安山，不從。應縣令舉，甲科，授濟陽令。歷中書舍人，吏部侍郎、尚書右丞。先天二年（713年）以託附太平公主，流配嶺表。開元初，起爲黔州都督府長史，兼判都督事。卒，年五十餘。有盧藏用集三十卷。事蹟具《舊唐書》（卷九四）、《新唐書》（卷一二三）本傳。

〈舊唐志〉云：「盧藏用集二十卷。」

〈新唐志〉云：「盧藏用集三十卷。」

　　按〈舊唐志〉著錄其集二十卷，〈新唐志〉作三十卷，原本久佚。《全唐詩》（卷九三）存其詩，多奉和應制之作，有〈九日幸臨渭亭登高應制得開字〉、〈奉和九月九日登慈恩寺浮圖應制〉、〈宋主簿鳴皋夢趙六予未及報而陳子云亡今追爲此詩〉、〈答宋兼貽平昔舊遊錢唐州高使君赴任〉、〈餞許州宋司馬赴任〉、〈奉和立春遊苑迎春應

制〉、〈奉和幸安樂公主山莊應制〉、〈夜宴安樂公主宅〉，凡八首。《全唐文》（卷二三八）輯其文，凡十三篇。

⊙ 來 濟

　　來濟，江都人。隋大將軍護（兒）之子也。宇文化及之難。護（兒）闔門遇害，濟流離艱險，篤志好學，舉進士。貞觀中，初置太子司議郎，妙選人望，遂以濟爲之，遷中書舍人，與令狐德棻等同撰《晉書》。永徽中，拜中書令，出爲庭州刺史，與突厥戰，陣沒。有集三十卷，行於世。事蹟具《舊唐書》（卷八十）、《新唐書》（卷一〇五）本傳。

　　〈新唐志〉云：「來濟集三十卷。」

　　按本傳稱其有集三十卷，行於世。〈新唐志〉著錄其集三十卷，原本久佚。今存《全唐詩》（卷三九）輯其詩，僅〈出玉關〉一首；《唐詩紀事》（卷四）又錄其七律一首。

⊙ 杜正倫

　　杜正倫，相州洹水人。隋仁壽中秀才擢第。善屬文，深明釋典。仕隋爲羽騎尉。武德中，歷遷齊州總管府錄事參軍。太宗聞其名，令直秦府文學館。貞觀元年（627 年），擢授兵部員郎。二年，拜給事中，兼知起居注。四年，累遷中書侍郎。六年，加散騎常侍行太子右庶子，兼崇賢館學士。十年，賜爵南陽縣侯。其出入兩宮，參典機密，甚以干理稱。後因泄禁中語，出爲谷州刺史，又左授交州都督，後配流驩州。顯慶元年（656 年），授黃門侍郎等職。二年，拜中書令，進封襄陽縣公。三年，出爲橫州刺史，尋卒。有集十卷行於世。事蹟具《舊唐書》（卷七十）、《新唐書》（卷一〇六）本傳。

　　〈新唐志〉云：「杜正倫集十卷。」

　　按其集〈新唐志〉著錄十卷，今已佚，未見傳本。《全唐詩》（卷三三）存其詩，有〈冬日宴于庶子宅各賦一字得節〉、〈玄武門侍宴〉，凡二首。《全唐文》（卷一五〇）輯其文，有〈彈將軍張謹等文〉、〈彈將軍李子和文〉、〈請慎言疏〉，凡三篇。《唐文拾遺》載文一篇。

⊙ 李敬玄

　　李敬玄，亳州譙人。博覽群書，特善五禮。貞觀末，高宗在東宮，以馬周薦，召入崇賢館侍讀。歷西臺侍郎、檢校司列常伯，典銓有序，選者歲萬餘人。每於街衢見之，無不知其姓名，時人服其強記。儀鳳中，爲中書令，劉仁軌奏鎮河西。敬玄自知非邊將才，上強遣之，敗於湟州。數稱疾求罷歸。帝察實不病，坐貶衡

州刺史。卒於揚州大都督府長史。有集三十卷。事蹟具《舊唐書》（卷八一）、《新唐書》（卷一〇六）本傳。

〈新唐志〉云：「李敬玄集三十卷。」

按其集〈新唐志〉著錄三十卷，原本久佚不傳。《全唐詩》（卷四四）存其詩，有〈奉和別魯王〉、〈奉和別越王〉，凡二首。

⊙　張文琮

張文琮，貝州武城人。太子賓客文瓘之弟。貞觀中，為持書侍御史。三遷亳州刺史。永徽初，徵拜戶部侍郎。後以罪貶授房州刺史，又出為建州刺史。尋卒。有文集二十卷。嘗表獻〈太宗文皇帝頌〉。事蹟具《舊唐書》（卷八五）、《新唐書》（卷一一三）本傳。

〈新唐志〉云：「張文琮集二十卷。」

按〈新唐志〉著錄其集二十卷，原本久佚。《全唐詩》（卷三九）存其詩，有〈同潘屯田冬日早朝蜀道難〉、〈昭君怨〉、〈詠水〉、〈賦橋〉、〈和楊舍人詠中書省花樹〉，凡六首。《全唐文》（卷一六二）輯其文，有〈太宗文皇帝頌〉、下建州教書，凡二篇。

⊙　劉　憲

劉憲，字元度。宋州寧州人。弱冠擢進士第，累遷左臺監察御史，貶溧水令，召為鳳閣舍人。神龍初，自吏部侍郎出刺渝州，尋入為修文館學士，歷太子詹事卒。武后時，吏部糊名考判求高才，惟憲與王適、司馬鍠、梁載言入第二等。集三十卷。《全唐詩》今編詩一卷。事蹟具《舊唐書》（卷一九〇）、《新唐書》（卷二〇二）本傳。

〈新唐志〉云：「劉憲集三十卷。」

按〈新唐志〉著錄其集三十卷，原本久佚不傳。《全唐詩》（卷七一）輯其詩，凡一卷。《全唐文》（卷二三四）輯其文，有〈對墳樹有甘露判〉、〈上東宮勸學啓〉、〈大唐故右武衛將軍上柱國乙速孤府君碑銘并序〉，凡三篇。

⊙　蔡允恭

蔡允恭，荊州江陵人。美姿容，善綴文。仕隋歷著作佐郎、起居舍人。雅善吟詠，煬帝有所賦，多令諷誦之。江都之難，其從宇文化及西上，沒於竇建德，及平東夏，太宗引為秦府參軍兼文學館學士。貞觀初，除太子洗馬。尋致仕，卒於家。有集二十卷，又撰《後梁春秋》十卷。事蹟具《舊唐書》（卷一九〇）、《新唐書》（卷二〇一）本傳。

〈新唐志〉云：「蔡允恭集二十卷。」

按其集〈新唐志〉著錄二十卷，然久已散佚。今僅存《全唐詩》（卷三八）所收〈奉和出潁至淮應令詩〉一首。

⊙　崔　液

崔液，字潤甫，小字海子。仁師孫，襲封安平男。官至殿中侍御史。坐兄湜事當流，亡命郢州。遇赦還，卒。工五言詩，有《崔液集》十卷。事蹟具《舊唐書》（卷七四）、《新唐書》（卷九四）本傳。

〈新唐志〉云：「崔液集十卷。注云：裴耀卿纂。」

按《舊、新唐書》本傳稱其〈幽征賦〉，詞甚典麗，惜此文已佚。觀其傳世詩作，文風確可以典麗當之。崔液友人裴耀卿集其遺文，編爲文集十卷，〈新唐志〉著錄，然久佚未見傳本。《全唐詩》（卷五四）存其詩，凡十二首；《全唐詩補遺》（卷八九○）存其〈蹋歌詞〉二首。

（二）史志未著錄者

⊙　韓王李元嘉

李元嘉，高祖第十一子。少好學，聚書至萬卷，皆以古文字參定同異，閨門修整，當世稱之。母宇文昭儀有寵，故特爲帝所愛。武德四年（621年）封宋王，徙封徐王。貞觀六年（632年）授潞州刺史。十年，改封韓王，授潞州都督。武后稱制，授太尉、定州刺史。中宗廢居房陵，王與越王貞父子謀舉兵反正，未發而泄，爲武后所殺。事蹟具《舊唐書》（卷六四）、《新唐書》（卷七九）。

按韓王元嘉之作，史志未見著錄。今僅存《全唐詩》（卷五）輯其〈奉和同太子監守違戀〉一首。

⊙　越王李貞

李貞，太宗第八子。善騎射涉文史，有吏幹，爲宗室材王。貞觀五年封漢王，七年授徐州都督。改封原王，又徙越王。垂拱中，王與韓王元嘉等謀舉兵反正，事敗，仰藥卒。事蹟具《舊唐書》（卷七六）、《新唐書》（卷八十）。

按其作史志未見著錄。今僅存《全唐詩》（卷六）輯其〈奉和聖製過溫湯〉一首。

⊙　徐賢妃

徐賢妃，名惠。湖州長城人。生五月能言，四歲通《論語》詩，八歲自曉屬文。辭致瞻蔚，又無淹思。太宗召爲才人，再遷充容。常上疏論時政，帝善其言，優賜之。永徽元年，贈賢妃。事蹟具《舊唐書》（卷五一）、《新唐書》（卷七六）

本傳。

　　按徐賢妃之作，史志未見其集著錄。今存《全唐詩》（卷五）輯其詩，有〈擬小山篇〉、〈長門怨〉、〈秋風函谷應詔〉、〈賦得北方有佳人〉、〈進太宗〉，凡五首。

⊙　朱子奢

　　朱子奢，蘇州吳人。善文辭，通春秋。隋大業中，直秘書學士。天下亂，辭疾歸鄉里。後從杜伏威入朝，授國子助教。貞觀時，累官諫議大夫、弘文館學士。為人樂易，能劇談，以義緣飾。每侍宴，帝令與群臣論難，皆莫能及。事蹟具《舊唐書》（卷一八九上）、《新唐書》（卷一九八）本傳。

　　按朱子奢之作，史志未見著錄。今存詩文，《全唐詩》（卷三八）輯其詩，僅有〈文德皇后輓歌〉一首；《全唐文》（卷一三五）輯其文，有〈請封禪表〉、〈諫將殺櫟陽尉魏禮臣表〉、〈諫欲觀起居紀錄表〉、〈立廟議〉、〈昭仁寺碑銘并序〉，凡五篇。

⊙　張文恭

　　張文恭，貞觀時人。與房玄齡、李懷儼、趙弘智、劉褘之、陽仁卿、上官儀、李淳風等同修《晉書》。見《全唐詩》（卷三九）、《唐詩紀事》（卷五）。

　　按張文恭之作，史志未見著錄。今僅存《全唐詩》（卷三九）輯其詩，有〈七夕〉、〈佳人照鏡〉，凡二首。

⊙　張大安

　　張大安，魏州繁水人。左武侯將軍公謹第三子。上元中，歷太子庶子、同中書門下三品。時章懷太子在春宮，與太子洗馬劉訥言等注范曄《後漢書》。宮廢，左授普州刺史。光宅中，卒於橫州司馬。事蹟具《舊唐書》（卷六八）本傳。

　　按張大安之作，史志未見著錄。今僅存《全唐詩》（卷四四）輯〈奉和別越王〉一首，餘皆不可考。

⊙　元萬頃

　　元萬頃，洛陽人。後魏景穆皇帝之裔。起家通事舍人。乾封中，從英國公李勣征高麗，令作檄文。萬頃譏其不知守鴨綠之險，莫離支報曰，謹聞命矣。遂移兵守鴨綠，兵不得入，坐流嶺外，遇赦還。為北門學士。則天時，遷鳳閣侍郎。坐與徐敬業兄弟友善，貶死。事蹟具《舊唐書》（卷一九○）、《新唐書》（卷二○一）本傳。

　　按元萬頃之作，史志未見著錄。今存詩文，《全唐詩》（卷四四）輯其詩，僅〈奉和太子納妃太平公主出降〉一首；《全唐文》（卷一六八）輯其文，有〈郊丘

明堂等嚴配議〉、〈明堂大饗議〉，凡二篇。

⊙　郭正一

郭正一，定州鼓城人。貞觀時，由進士署第，歷中書舍人、弘文館學士。永隆中，遷秘書少監，檢校中書侍郎，詔與郭待舉等并同中書門下承受進止平章事。永淳二年（683 年），遷中書侍郎。武后專國，罷爲國子祭酒，出檢校陝州刺史。永昌元年（689 年），爲酷吏所陷，流配嶺南而死。事蹟具《舊唐書》（卷一九〇）、《新唐書》（卷一〇六）本傳。

按郭正一之作，史志未見著錄。今存詩文，《全唐詩》（卷四四）輯其詩，僅〈奉和太子納妃公主出降〉一首；《全唐文》（卷一六八）輯其文，僅存一篇。

⊙　胡元範

胡元範，申州義陽人。介廉有才。則天時，爲鳳閣侍郎。坐救裴炎，流死巂州。見《全唐詩》（卷四四）、《唐詩紀事》（卷五）。

按胡元範之作，史志未見著錄。今僅存《全唐詩》（卷四四）輯其詩，有〈奉和太子納妃公主出降〉三首。

⊙　裴守真

裴守眞，絳州人。高宗時，爲太常博士。天授中，官司憲府丞令，推究詔獄，多平恕，不稱旨，出刺成州。徙寧州卒。事蹟具《舊唐書》（卷一八八）、《新唐書》（卷一二九）本傳。

按裴守眞之作，史志未見著錄。今存詩文，《全唐詩》（卷四四）輯其詩，僅〈奉和太子納妃太平公主出降〉三首；《全唐文》（卷一六八）輯其文，有〈請重耕織表〉、〈封禪射牲議〉、〈論立對破陣善慶二舞議〉，凡三篇。

⊙　楊思玄

楊思玄，弘農華陰人。師道兄子。高宗時爲吏部侍郎、國子祭酒。事蹟具《舊唐書》（卷六二）、《新唐書》（卷一九九）本傳。

按楊思玄之作，史志未見著錄。今僅存《全唐詩》（卷四四）輯其詩，有〈奉和聖製過溫湯〉、〈奉和別魯王〉，凡二首。

⊙　王德真

王德眞，武后時爲納言，房先敏以罪貶，訴於相府。內史騫味道曰，太后旨。劉褘之曰，乃上從有所奏云。后聞，貶味道，而以褘之爲忠臣。德眞推順曰，戴至德無異才，惟能歸善於君，爲時所服。后曰善。又爲侍中。後以罪流象州。見

《全唐詩》（卷四四）、《唐詩紀事》（卷五）。

　　按王德眞之作，史志未見著錄。今僅存《全唐詩》（卷四四）輯其〈奉和聖製過溫湯〉一首。

⊙　鄭義眞

　　鄭義眞，高宗時人。見《全唐詩》（卷四四）、《唐詩紀事》（卷五）。

　　按鄭義眞之作，史志未見著錄。今僅存《全唐詩》（卷四四）輯〈奉和聖製過溫湯〉一首。

⊙　蕭楚材

　　蕭楚材，高宗時，爲太常博士。見《全唐詩》（卷四四）。

　　按蕭楚材之作，史志未見著錄。今僅存《全唐詩》（卷四四）輯其〈奉和禮岱宗塗經濮濟詩〉一首。

⊙　薛克搆

　　薛克搆，天授中，官至麟臺監。坐弟克勤爲來俊臣所陷，配流嶺表而死。事蹟具《舊唐書》（卷一八五）、《新唐書》（卷一九七）本傳。

　　按薛克搆，又作薛克搆。其作史志未見著錄。今僅存《全唐詩》（卷四四）輯其〈奉和禮岱宗經濮濟〉一首。

⊙　徐　珩

　　徐珩，高宗時人。見《全唐詩》（卷四四）、《唐詩紀事》（卷五）。

　　按徐珩之作，史志未見著錄。今僅存《全唐詩》（卷四四）輯其〈日暮望涇水詩〉一首。

⊙　薛眘惑

　　薛眘惑，善投壺，背後投之，龍躍隼飛，百發百中，時推爲絕藝。見《全唐詩》（卷四五）、《唐詩紀事》（卷五）。

　　按薛眘惑之作，史志未見著錄。今僅存《全唐詩》（卷四五）輯其〈奉和進船洛水應制詩〉一首（《全唐詩》注云一作孫逖詩）。

⊙　賀　敳

　　賀凱，一作賀敳。越州山陰人。德仁弟，以博學知名。高宗時，官至率更令，兼太子侍讀。歷官率更令，崇賢館學士。事蹟具《舊唐書》（卷一九〇）、《新唐書》（卷二〇一）本傳。

　　按賀敳之作，史志未見著錄。今僅存《全唐詩》（卷四五）輯其〈奉和九月九

日應制詩〉一首。敳或作凱。

⊙ 崔湜

崔湜，字澄瀾。仁師孫。第進士。神龍初，累遷考功員外郎。桓彥範等引爲耳目，以防武三思讒間。以三思寵日隆，以彥範計告三思。尋擢中書舍人。及彥範等徙嶺外，說三思殺之。附託上官昭容。景龍三年（709 年）以中書侍郎同中書門下平章事。坐事貶江州司馬。未幾，遷尙書左丞。韋庶人臨朝，以吏部侍郎同中書門下平章事。睿宗立，出爲華州刺史。景雲二年（711 年）太平公主引爲中書侍郎，同中書門下三品。先天二年（713）坐太平公主事賜死。事蹟具《舊唐書》（卷七四）、《新唐書》（卷九九）本傳。

按〈新唐志〉載其曾與修撰三教珠英及道藏音義目錄。崔湜之作，史志未見著錄。今存詩文，《全唐詩》（卷五四）輯其詩，凡三十八首；《全唐文》（卷二八〇）輯其文，有〈野燎賦並序〉、〈御史臺精舍碑銘〉、〈故吏部侍郎元公碑〉，凡三篇。

⊙ 董思恭

董思恭，蘇州吳人。以文藻知名。所著篇詠，甚爲時人所重。初爲右史，知考功舉事，坐預泄問目，配流嶺表而死。事蹟具《舊唐書》（卷一九〇）、《新唐書》（卷一〇六）本傳。

按《舊唐書》本傳稱其所著篇詠，甚爲時人所重。所見遺篇，詠物詩居多，內容雖空泛，然言辭清暢。其作史志未見著錄，今僅存《全唐詩》（卷六三）輯其詩，凡十九首。

⊙ 于季子

于季子，咸亨中登進士第，則天時司封員外。見《全唐詩》（卷八十）、《唐詩紀事》（卷七）。

按于季子之作，史志未見著錄。今存之作，《全唐詩》（卷八十）輯其詩，有〈奉和聖製夏日遊石淙山〉、〈詠雲〉、〈詠螢〉、〈早春洛陽答杜審言〉、〈詠項羽〉、〈詠漢高祖〉、〈南行別弟〉（《全唐詩》注云一作楊師道詩，《英華》作韋承慶〈南中詠雁〉），凡七首。

⊙ 韋嗣立

韋嗣立，字延構。思謙子，承慶異母弟。第進士，累調雙流令，政有績。會承慶自鳳閣舍人以疾去職，則天召其代。時學校頹廢，刑法濫酷，嗣立上疏諫。尋遷秋官侍郎，三遷鳳閣侍郎、同鳳閣鸞臺平章事。長安中，以本官檢校汴州刺

史。景龍三年（709 年），轉兵部尚書、同中書門下三品。時中宗崇飾寺觀，又濫食封邑者眾，上書諫。與韋庶人宗屬疏遠，中宗特令編入屬籍，顧賞尤重。封爲逍遙公。開元初，爲國子祭酒。遷岳州別駕、陳州刺史。開元七年卒，贈兵部尚書，諡曰孝。事蹟具〈舊唐志〉（卷八八）、《新唐書‧韋思謙附傳》（卷一一六）。

按韋嗣立之作，史志未見著錄。今存詩文，《全唐詩》（卷九一）輯其詩，有〈偶遊龍門北溪忽懷驪山別業因以言志示弟淑奉呈諸大僚〉、〈奉和九日幸臨渭亭登高應制得深字〉、〈奉和張岳州王潭州別詩二首并序〉、〈奉和初春幸太平公主南莊應制〉、〈自湯還都經龍門北溪贈張左丞崔禮部崔光祿并序〉、〈酬崔光祿冬日述懷贈答并序〉、〈上巳日祓禊渭濱應制〉，凡八題九首；《全唐文》（卷二三六）輯其文，有〈省刑罰疏〉、〈請崇學校疏〉、〈諫濫官疏〉、〈請減濫食封邑疏〉，凡四篇。

⊙ 馬懷素

馬懷素，潤州丹徒人。博覽經史，善屬文。舉進士，又應制舉，登文學優贍科，拜郿尉，四遷左臺監察御史。處事平恕，當時稱之。遷考功員外郎，典舉平允。開元初，累封常山縣公，三遷秘書監，兼昭文館學士。病卒，年六十，贈潤州刺史，諡曰文。事蹟具《舊唐書》（卷一○二）、《新唐書》（卷一九九）本傳。

按馬懷素之作，史志未見著錄。今存詩文，《全唐詩》（卷九三）輯其詩，凡十二首；《全唐文》（卷二九六）輯其文，僅〈請編錄典籍疏〉一篇；又《唐文拾遺》載文一篇。

⊙ 牛鳳及

牛鳳及，長壽中撰《唐書》。劉軻與馬植論史官書，嘗稱之。見《全唐詩》（卷九九）、《唐詩紀事》（卷三）。

按牛鳳及之作，史志未見著錄。今僅存《全唐詩》（卷九九）輯其〈奉和受圖溫洛應制詩〉一首。

⊙ 李崇嗣

李崇嗣，則天時奉宸府主簿。聖曆中，曾奉敕預東觀修書，見沈佺期〈黃口贊序〉。與陳子昂有交游，陳子昂題李三書齋崇嗣，可知其行三。又〈酬李參軍崇嗣旅館見贈〉、〈夏日暉上人居別李參軍崇嗣〉等詩，可知其人。事蹟散見《全唐詩》（卷十）、《唐詩紀事》（卷六）。

按李崇嗣之作，史志未見著錄。今僅存《全唐詩》（卷一○○）輯其詩，有〈寒食〉（《全唐詩》注云一作沈佺期詩）、〈覽鏡〉（《全唐詩》注云一作李嗣宗詩）、〈獨愁〉，凡三首。

⊙ 李行言

李行言，隴西人。兼文學幹事。中宗時，爲給事中，能唱步虛歌，七月七日兩儀殿會宴，帝命爲之，行言於御前長跪，作三洞道士音詞，歌數曲，時論鄙之。見《全唐詩》（卷一○一）、《唐詩紀事》（卷十一）。

按李行言之作，史志未見著錄。今僅存《全唐詩》（卷一○一）輯其〈秋晚度廢關詩〉一首。

⊙ 趙彥昭

趙彥昭，甘州張掖人。少以文辭知名。中宗時，累遷中書侍郎、同中書門下三品，兼修國史，充修文館學士。睿宗時，出爲涼州都督，爲政清嚴。歷宋州刺史、吏部侍郎、刑部尚書、關內道持節巡邊使、檢校左御史臺大夫。素與郭元振、張說太善。蕭至忠伏誅，以功遷刑部尚書，封耿國公。俄而姚崇入相，甚惡其爲人，累貶江州別駕，卒。事蹟具《舊唐書》（卷九二）、《新唐書》（卷一二三）本傳。

按其作多爲應制詩，史志未見著錄。今僅存《全唐詩》（卷一○三）存其詩一卷，凡二十一首。

⊙ 韋 挺

韋挺，雍州萬年人。少與隱太子善，高祖平京師，署隴西公府祭酒。累遷太子左衛驃騎，檢校左衛率。武德七年（624 年），坐流於越嶲。及太宗在東宮，徵拜主爵郎中。貞觀初，遷尚書右丞。歷吏部、黃門侍郎，拜御史大夫、扶陽縣男。以兼魏王泰府事時，坐漏言貶太常卿。十九年（645 年），太宗將討遼東，主餽遠未符聖策，廢爲民，以白衣從。破蓋城，詔其鎮守。與術士公孫常書述懷，不平於失職。事發，太宗以其怨望，貶爲象州刺史。歲餘卒。事蹟具《舊唐書》（卷七七）、《新唐書》（卷九八）本傳。

按韋挺之作，史志未見著錄。今僅存《全唐文》（卷一五四）輯其〈論風俗失禮表〉、〈祫禘功臣配享議〉、〈涇水讚〉，凡三篇。

⊙ 高若思

高若思，《全唐文》（卷一五六）云太宗時人。

按高若思之作，史志未見著錄。今僅存《全唐文》（卷一五六）輯其〈勸封禪表〉一篇。

⊙ 鄭 軌

鄭軌，始末未詳。

按鄭軌之作，史志未見著錄。今僅存《全唐詩》（卷七六九）輯其〈觀兄弟同夜成婚詩〉一首。

⊙ 楊齊哲

楊齊哲，始末未詳。

按楊齊哲之作，史志未見著錄。今僅存《全唐詩》（卷七六九）輯其〈過函谷關詩〉一首、《全唐文》（卷二六○）輯其文，僅〈諫幸西京疏〉一篇。

⊙ 劉夷道

劉夷道，始末未詳。

按劉夷道之作，史志未見著錄。今僅存《全唐詩》（卷七六九）輯其〈傷死奴詩〉一首。《初學記》十九引作〈詠死奴詩〉。

⊙ 王 勣

王勣，《唐詩紀事》（卷五）稱其爲武德、貞觀間人。有集五卷。

按王勣之作，史志未見著錄。《全唐詩》（卷七六九）下云：「此下詩俱互見王績集。」胡震亨《唐音癸籤》（卷二九）云：「唐詩人名誤者，王績藝文志誤作勣，紀事又誤以爲有此兩人，皆非是。案詩亦見王績集中。」《初學記》卷十五引〈詠妓詩〉，題王勣作，未詳何說爲是，姑存疑以待考。

十七、待考者

⊙ 朱彥時

朱彥時，始末未詳。

按朱彥時其人，《初學記》編於晉劉謐之後，劉思眞前，故嚴可均《先唐文》（卷一）疑其爲晉人。其作史志未見著錄，今僅存〈黑兒賦〉數句，據《初學記》十九、《太平御覽》三百八十二所輯。

⊙ 劉思眞

劉思眞，始末未詳。

按梁有劉之遴，字思眞，然未聞有〈醜婦賦〉。嚴可均《先唐文》（卷一）輯其文，案云：「此作思眞，非即之遴。」所輯〈醜婦賦〉，據《初學記》十九、《太平御覽》三百八十二所引輯。

⊙ 臧 彥

臧彥，始末未詳。

按臧彥之作，忠志未見著錄。嚴可均《先唐文》（卷一）輯其〈駃牛賦〉，據《藝文類聚》（卷九四）、《初學記》二十九所引，前者引作臧彥，嚴氏據此以為彥字道顏；又據《初學記》二十九、《太平御覽》九百一所引，輯其〈弔驢文〉，前者引作臧道顏，後者作臧彥。

⊙ 綦母氏

綦母氏，始末未詳。

按綦母氏，失其名。東晉帝時。魯褒隱姓名作《錢神論》，曰有司空公司願見綦母先生，則綦母氏猶言無是公也。此文蓋魯褒已後人所作。其文史志未見著錄，嚴可均《先唐文》（卷一）輯其文，據《初學記》二十七、《御覽》八百三十所引，僅〈錢神論〉一篇。

⊙ 朱元微

朱元微，始末未詳。

按朱元微，一作元徽。其作史志未見著錄，嚴可均《先唐文》（卷一）輯其佚文，據《初學記》二十五所引，僅〈火不熱論〉一篇。

第三節　總集類

一、史志著錄者

⊙ 《文章流別志、論》　　（晉）摯虞撰

摯虞，另有《摯虞集》，別有考。

〈隋志〉云：「文章流別集四十一卷。注云：梁六十卷，志二卷，論二卷。」又「文章流別志、論二卷。注云：摯虞撰。」

〈舊唐志〉云：「文章流別集三十卷。注云：摯虞撰。」

〈新唐志〉云：「摯虞文章流別集三十卷。」

按《晉書》本傳稱虞撰《文章志》四卷，又撰《古文章類聚》，區分為三十卷，名曰《流別集》。各為之論，辭理愜當，為世所重。〈隋志〉著錄《文章流別集》四十一卷，注云梁有六十卷，志二卷，論二卷；又著錄摯虞撰《文章流別志、論》二卷。〈舊、新唐志〉著錄《文章流別集》三十卷，今皆已佚。以現存佚文觀之，「志」為文士小傳，亦載有其著述篇目。其或為《文章流別集》前作者之總介，同時亦具總集目錄性質，而單出別行，便成為史部著錄之文章志。《文章流別論》中主要為文體論。其主要收錄兩漢、曹魏時代作家之作品，分類繁富。據現存佚

文，所論文體有頌、賦、詩、七、箴、銘、誄、哀辭、哀策、對問、碑、圖讖等。
探討諸文體之性質與源流，指陳作家作品得失。此種文體分類，後爲《文心雕龍》、
《昭明文選》等相沿。〈隋志〉云：「總集者，以建安之後辭賦轉繁，眾家之集日
以滋廣。晉代摯虞苦覽者之勞倦，於是採摘孔翠，芟剪繁蕪，自詩賦下各爲條貫，
合而編之，謂之流別。」則此書爲總集至爲明顯。鍾嶸《詩品》曰：「摯虞文志，
詳而博贍，頗曰知言。」《文心雕龍・序志篇》云：「詳觀近代之論文者多矣。至
如魏文述典，陳思序書，應瑒文論，陸機文賦，仲洽流別，宏範翰林，或臧否當
時之才，或銓品前修之文，或汎舉雅俗之旨，或撮題篇章之意。」又曰：「流別精
而少功。」又〈隋志・史部・簿錄類〉著錄有《摯虞文章志》四卷，與本傳所載
同，似即此《七錄》所有之志二卷也。又別著錄《流別志論》二卷，似即《七錄》
之志二卷，論二卷，合并爲帙。嚴可均《全晉文》（卷七七）由《北堂書鈔》、《藝
文類聚》、《太平御覽》輯存摯虞《文章流別論》，凡一十二條。

⊙　〈翰林論〉　（晉）李充撰

　　李充，另有李充集，別有考。

　　〈隋志〉云：「翰林論三卷。注云：李充撰，梁五十四卷。」

　　〈舊唐志〉云：「翰林論二卷。注云：李充撰。」

　　〈新唐志〉文史類云：「李充翰林論三卷。」

　　《崇文總目》文史類云：「翰林論三卷。李充撰。」

　　〈宋志〉云：「李允翰林論三卷。」

　　按李充《翰林論》，〈隋志〉著錄三卷，注云梁有五十四卷，卷帙如此之多，
疑李充原撰有《翰林》一書，係文章總集，後散佚；而〈翰林論〉乃其中論述部
份。〈舊唐志〉作二卷，〈新唐志〉則作三卷，〈宋志〉題李允，亦三卷，約佚於趙
宋以後，今僅存十數則。嚴可均《全晉文》（卷五三）輯其文，據《初學記》、《太
平御覽》所引，凡八條。由現存〈翰林論〉佚文觀之，多爲論述文體，然較《文
章流別論》簡略。鍾嶸《詩品》云：「陸機文賦，通而無貶；李充翰林，疏而不切。」
《文心雕龍・序志篇》云：「詳觀近代之論文者多矣。至如魏文述典，陳思序書，
應瑒文論，陸機文賦，仲洽流別，宏範翰林，各照隅隙，鮮觀衢路。」又云：「翰
林淺而寡要。」

⊙　〈婦人集〉　不著撰人

　　〈隋志〉云：「婦人集二十卷。」

　　按《世說・賢媛篇》注稱《婦人集》載魏許允婦阮氏，與允書陳允禍患所起。

辭甚酸愴文，文多不錄。又載賈充妻李氏，王渾妻鍾夫人，王右軍夫人事，凡五條，並引《婦人集》當出是書。《初學記》二十一引一條，未見輯存。

⊙ 〈觀象賦〉　不著撰人

〈隋志〉云：「觀象賦一卷。」

按《魏書・藝術傳》稱：「張淵不知何許人也，明占候，曉內外星分。世祖神䴥中為太史令，驃騎軍謀祭酒，嘗著觀象賦。」又《北史・藝術傳》云：「張深著觀象賦，其言星文甚備，文多不載。」嚴可均《後魏文》（卷二二）輯其文，云：「淵仕苻堅，官爵未詳。又仕姚興父子，為靈臺令。姚泓仕赫連昌為太史令，太武平統萬，復為太史令。遷驃騎軍謀祭酒，著觀象賦并序，有注。見魏書本傳，又見十六國春秋六十九，無注。」《北史》作張深，《文選・月賦注》引作張泉，皆避唐諱。又《初學記》一略載此賦，題宋張鏡。〈隋志〉著錄宋新安太守《張鏡集》十卷，似此賦又見於《張鏡集》，疑《初學記》有誤。

⊙ 〈織錦迴文詩〉　前秦苻堅秦州刺史竇氏妻蘇氏撰

竇滔妻蘇氏，始平人。名蕙，字若蘭。善屬文，滔苻堅時，為秦州刺史，被徙流沙蘇氏思之織錦為迴文，旋圖詩以贈滔，宛轉循環以讀之，詞甚悽惋。凡八百四十字。事蹟具《晉書・列女傳》（卷九六）。

〈隋志〉著錄《吳聲歌辭曲》一卷，注云：「〈織錦迴文詩〉一卷，苻堅秦州刺史竇氏妻蘇氏作。」

按〈織錦迴文詩〉，〈隋志〉著錄一卷，久佚。《文選・江淹別賦注》引〈織錦迴文詩序〉云：「竇韜秦州被徙沙漠，其妻蘇氏，秦州臨去別蘇，誓不更娶，至沙漠便娶婦。蘇氏織錦端中，作此迴文，以贈之符國時人也。」此迴文於梁代書目自為一類，而乃雜置之樂府歌詩類中，又不與前五岳七星迴文詩為伍。蓋當屬稿之時，唯取諸家書目節節鈔入於前後，流別部居，未嘗措意及之也。是書輯入《名媛詩歸》第八卷。前有唐武則天撰〈織錦回文記〉，後附起宗道人分圖七。又清刊本，卷首題明釋子起宗道人讀法，康萬民、康禹民增讀，前有南阿山人康呂賜識言，後有吳門沈華跋。

⊙ 〈誹諧文〉　（宋）袁淑撰

袁淑，另有《袁淑集》，別有考。

〈隋志〉云：「誹諧文十卷。注云：袁淑撰。」

〈舊唐志〉云：「誹諧文十五卷。注云：袁淑撰。」

〈新唐志〉云：「袁淑俳諧文十五卷。」

　　按袁淑《誹諧文》，〈隋志〉著錄十卷，〈舊、新唐志〉均作十五卷，久佚。今存佚文，張溥《漢魏六朝百三家集》輯《袁忠憲集‧輯本序》云：「陽源俳諧集文，皆調笑其于藝苑，亦博塞之流也。」嚴可均《全宋文》（卷四四）據《藝文類聚》、《初學記》、《太平御覽》所引袁淑俳諧集，輯存有〈雞九錫文〉、〈又勸進牋驢山公九錫文〉、〈大蘭王九錫文〉、〈常山王九錫文〉，凡五篇。

二、史志未著錄者

⊙　〈李陵錄別詩〉二十一首

　　按此作史志未見著錄，《古詩紀》依據《文選》編蘇、李詩七首於《漢詩》卷二，而以《古文苑》〈李陵錄別詩〉十首附在《漢詩》卷十。蓋謂《文選》所載為蘇、李自作。《古文苑》所載乃後人假託，丁福保《全漢詩》總匯《文選》、《古文苑》各詩，分別編之蘇、李名下，蓋以為皆少卿、子卿之辭也。逯欽立《先秦漢魏晉南北朝詩‧漢詩》（卷十二）〈李陵錄別詩〉二十一首案云：「《文選》、《古文苑》蘇、李詩十七首以外，《書鈔》及《文選注》尚引李詩殘篇兩首，《古文苑》之孔融雜詩二首，亦原屬李陵。依此計之，蘇、李詩今存者尚有二十一首也。然檢宋顏延之〈庭誥〉云，逮李陵眾作，總雜不類，元是假託，非盡陵製。又檢〈隋志〉，只稱梁有《李陵集》二卷，不言有《蘇武集》。而宋、齊人凡稱舉摹擬古人詩者，亦只有李陵而無蘇武。據此，流傳晉、齊之李陵眾作，至梁始析出蘇詩。然仍附《李陵集》，《昭明》即據此選篇也。以出於李集，故《文選》蘇武各詩他書尚有引作李陵詩者。要之，此二十一首詩，即出李陵眾作也。又此二十一首種類雖雜，然無一切合李陵身世者，說明既非李陵所自作，亦非後人所擬詠。前賢如蘇軾、顧炎武等皆疑之固是，然亦未能釋此疑難也。欽立曩寫〈漢詩別錄〉一文，曾就此組詩之題旨內容用語修辭等，證明其為後漢末年文士之作，依據古今同姓名錄，後漢亦有李陵其人，固不止西京之少卿也。以少卿最為知名，故後人以此組詩附之耳。今總以〈李陵錄別詩〉為題，略依《古詩紀》，編之《漢詩》卷十二之中。」

　　由此可知，蘇李詩為漢代五言詩，相傳為西漢蘇武與李陵相互贈答之作。見於《文選》（卷二九）。狹義之蘇李詩專指《文選》所載之七首，廣義則包括《古文苑》載十首作品及散見其他書籍之詩句與篇名。此類作品又統稱別詩。齊梁時，即有蘇李詩真偽問題，經近代研究者考訂，蘇李詩並非蘇武、李陵所作，已成定論。現代研究者一般以為蘇李詩產生年代與〈古詩十九首〉大致相同，約東漢末

年。舊作李陵詩一般題作與蘇武詩，舊作蘇武詩則題爲蘇武詩。此類詩雖皆依托之作，然於藝術上取得較高成就。所寫爲朋友、夫婦、兄弟間之離別與相思，或婉轉纏綿，或迴腸蕩氣，眞摯表現親友相別時之複雜感情，對後世之別詩有較大影響。明譚元春《古詩歸》（卷三）評道：「使是僞作，蘇李必是一手結構，一副光景。」清沈德潛《古詩源》（卷二）謂「寫情款款，淡而彌悲」、「音極和，調極諧，字極穩，然自是漢人古詩，後人摹做不得。」《初學記》三、十八引〈李陵贈蘇武詩〉、〈李陵與蘇武詩〉、〈蘇武贈李陵詩〉、〈蘇武別李陵詩〉。逯欽立《先秦漢魏晉南北朝詩・漢詩》（卷十二）輯有〈李陵錄別詩〉二十一首。

⊙ 〈古詩五首〉

按古詩五首指載於《玉臺新詠》之五首古詩，其乃借首句爲詩題，即〈上山采蘼蕪〉、〈四座且莫喧〉、〈悲與親友別〉、〈穆穆清風至〉、〈蘭若生春陽〉。此五首詩內容各異，〈山上采蘼蕪〉爲棄婦詩，〈四座且莫喧〉爲詠物詩，〈悲與親友別〉爲別友之作，〈穆穆清風至〉寫女子懷春，〈蘭若生春陽〉則寫對情人之思念。各首間並無關聯，顯然非一人一時之作。然其藝術風格皆與《古詩十九首》相近，多用比興手法，語言簡潔自然，表達深摯感情，樸素平淡，委婉含蓄。故後世多以古詩五首爲東漢後期桓、靈間文人仿樂府民歌之作。如〈上山采蘼蕪〉，《太平御覽》引作〈古樂府〉；〈蘭若生春陽〉，唐宋人引用時亦稱〈古樂府〉。《初學記》二十五引古詩〈詠香鑪詩〉，即此古詩五首之〈四座且莫喧〉，古詩五首史志未見著錄，逯欽立《先秦漢魏晉南北朝詩・漢詩》（卷十二）有輯存。

⊙ 〈古詩十九首〉

按《古詩十九首》爲漢代某些無名氏五言詩之總稱，其稱始見梁昭明太子蕭統所編《文選》。自《文選》將之合編，後人遂將此十九首詩視爲整體，而別於其他古詩，實則現存無名氏古詩，並不僅此十九首。蕭統以前，此十九首或與其他各首並無區別，故後於《文選》之徐陵《玉臺新詠》，將此其中之八首與十九首外之〈蘭若生春陽〉，同歸入西漢賦家枚乘名下，稱「枚乘雜詩九首」。其次西晉陸機〈擬古〉十二首（鍾嶸《詩品》稱十四首，今可見者凡十二首），其中十一首見於《古詩十九首》中，另一首亦即〈蘭若生春陽〉。鍾嶸《詩品》又云「其外〈去者日以疏〉四十五首云云」，此〈去者日以疏〉亦在今《古詩十九首》中，可知此十九首於《文選》之前及其後一段時間，並未被視爲整體。

古詩之作者與寫作時代，歷代論者有諸多不同說法。劉勰《文心雕龍・明詩》云：「古詩佳麗，或稱枚叔，其孤竹一篇，則傅毅之詞，此采而推兩漢之作乎？」

劉勰以為古詩有傅毅之作，然於枚乘之作，似持存疑。且其以為作於兩漢，即有西漢人之作，亦有東漢人之作。至梁、陳間，徐陵《玉臺新詠》斷定枚乘詩有九首，然以〈冉冉孤生竹〉非傅毅之作，而歸其為無名氏之古詩中。鍾嶸則以〈去者日以疏〉等舊疑建安中曹植、王粲所制，其說又與劉、徐不同。可知此類詩作者於南北朝已無定論，各家之說，僅為臆測。以其史料缺乏，故難斷定。至其時代，前人所論不一，今人見解亦然。大致有二說：其一從劉勰之說，即以為「兩漢之作」，如隋樹森《古詩十九首集釋》；其二則以為「大概在西紀一二〇至一七〇約五十年間，比建安、黃初略先一期，而緊相銜接，所以風格和建安體格相近」，如梁啓超〈中國之美文及其歷史〉。

　　《古詩十九首》之內容，大致可分為三類：其一寫行子、思婦相思之情，如〈行行重行行〉、〈青青河畔草〉、〈涉江采芙蓉〉、〈冉冉孤生竹〉、〈庭中有奇樹〉、〈迢迢牽牛星〉、〈凜凜歲云暮〉、〈孟冬寒氣至〉、〈客從遠方來〉、〈明月何皎皎〉等十首；其二為思友或怨友之作，如〈明月皎夜光〉；其三為感歎人生無常，知己難遇，抒寫仕途坎坷之情，如〈青青陵上柏〉、〈今日良宴會〉、〈西北有高樓〉、〈迴車駕言邁〉、〈東城高且長〉、〈驅車上東門〉、〈去者日以疏〉、〈生年不滿百〉等八首。此三類大抵皆與東漢後期社會狀況有關。鍾嶸《詩品》稱《古詩十九首》「文溫以麗，意悲而遠。驚心動魄，可謂幾乎一字千金」。劉勰《文心雕龍》則謂「觀其結體散文，直而不野，婉轉附物，怊悵切情。實五言之冠冕也。」《初學記》四引〈迢迢牽牛星〉、十四引〈今日良宴會〉、十八引〈行行重行行〉、十九引〈青青河畔草〉。《文選》（卷二九）收有《古詩十九首》，逯欽立《先秦漢魏晉南北朝詩·漢詩》（卷十二）亦有輯錄。今人研究則以隋樹森《古詩十九首集釋》、馬茂元《古詩十九首探索》，較為詳備。

⊙　〈古　詩〉

　　按古詩本為後人對古代詩歌之通稱，漢時某些文人所作之五言詩，流傳至梁、陳時，不惟作者不詳，且亦失題，編撰者即將此部分詩俱題為古詩。此後，古詩即與漢樂府並稱，專指漢代無名氏所作之五言詩。此類作品，大多為文人仿樂府民歌所作，其中有許多為入樂之歌辭。古詩中有部分或疑為某些知名作家，如枚乘、傅毅、曹植、王粲等，然皆不可信。一般以為，此類詩產生於東漢末年，作者多屬下層文士。鍾嶸《詩品》謂古詩有五十九篇，今存古詩僅三十餘首，散見《文選》、《玉臺新詠》等書。其中見於《文選》之十九首作品，稱為《古詩十九首》。古詩作者所處時代及所屬階層雖大致相同，思想則較為複雜，故此類作品內

容並不致，然其對人生與社會之感傷情緒則相同。古詩於藝術成就較爲突出，此類作品除學習漢樂府民歌外，亦繼承古代文人詩之傳統。劉勰《文心雕龍》評爲「五言之冠冕」，概括其藝術特點爲「結體散文，直而不野，婉轉附物，怊悵切情」。史志未著錄，卷亡。《初學記》一、三、四、十五、十八、十九、二十五、二十八異文、三十異文皆引之，所引皆見於《文選》、《玉臺新詠》，未知是否引自此，《初學記》未注明，故姑存疑以俟考。

⊙　〈古樂府〉　不著撰人

　　按《漢書‧藝文志》云：「自孝武立樂府而采歌謠，於是有趙代之謳，秦楚之風，皆感於哀樂，緣事而發，亦可以觀風俗，知厚薄云。」又《宋書‧樂志》云：「凡樂章古辭，今之存者，並漢世街陌謠謳，〈江南可采蓮〉、〈烏生十五子〉、〈白頭吟〉之屬是也。」《文選‧古樂府注》曰：「漢武定郊祀而立樂府。」〈隋志〉於此《古樂府》八卷後，又有《樂府歌詩》自爲一類者，如《樂府歌辭鈔》一卷，不著撰人；梁又有《樂府歌詩》二十卷，秦伯文撰，亡；梁又有《樂府歌詩》十二卷，不著撰人，亡；梁又有《樂府三校歌詩》十卷，不著撰人，亡，……則此八卷當列後與彼爲伍。《初學記》一引〈古樂府詩〉（天上何所有）、十八引〈古樂府詩‧古善哉行〉（〈月沒參橫〉）、十八引〈古樂府詩〉（〈君家誠易知〉）、十九引〈古樂府詩‧陌上桑行〉（〈日出東南隅〉）、二十六〈古樂府詩‧陌上採桑〉（〈秦氏有好女〉）、三十引〈古樂府歌〉（〈烏生八九子〉）、三十引〈古樂府‧歌詞蛺蝶行〉（〈蝶遊蝶遨戲東園〉）、十八引〈樂府飛鵠行〉（〈念與君離別〉）、二十四引〈樂歌〉（〈黃金爲君門〉），散見宋郭茂倩《樂府詩集》，逯欽立《先秦漢魏晉南北朝詩》亦有輯存。如〈雞鳴〉，宋郭茂倩《樂府詩集》（卷二八）云：「樂府解題曰，古詞云，雞鳴高樹巔，狗吠深宮中，初言天下方太平，蕩子何所之。次言黃金爲門，白玉爲堂，置酒倡樂爲樂，終言桃傷而李仆，喻兄弟當相爲表裏，兄弟三人，近侍榮耀，道路與相逢，狹路間行同。」《初學記》二十八異文引〈古歌詩〉（桃生露井上）及〈古歌辭〉（桃生露井上），皆爲《樂府詩集》所稱「雞鳴」也。又烏生，《樂府詩集》（卷二八）云：「一曰烏生八九子。樂府解題曰，古辭云，烏生八九子，端坐秦氏桂樹間，言烏母子，本在南山巖石間，而來爲秦氏彈丸所殺，白鹿在苑中，人得以爲脯，黃鵠摩天，鯉在深淵，人得而烹煮之，則壽命各有定分，死生何歎前後也。」《初學記》三十引〈古樂府歌〉（〈烏生八九子〉）即爲此所稱「烏生」也。又〈陌上桑〉，《樂府詩集》（卷二八）云：「一曰豔歌羅敷行。古今樂錄曰，陌上桑瑟調，古辭豔歌羅敷行，日出東南隅篇。崔

豹古今注曰，陌上桑者，出秦氏女子，秦氏邯鄲人，有女名羅敷，爲邑人千乘王仁妻，王仁後爲趙王家令，羅敷出採桑於陌上，趙王登臺見而悅之，因置酒欲奪焉。羅敷巧彈箏，乃作陌上桑之歌以自明，趙王乃止。樂府解題曰，古辭言羅敷採桑，爲使君所邀，盛誇其爲侍中郎以拒之，與前說不同。」《初學記》十九、二十六所引〈陌上桑行〉、〈陌上採桑〉，皆此所稱「陌上桑」也。又相逢行，《樂府詩集》（卷三四）云：「一曰〈相逢狹路間〉行，亦曰長安有狹斜行。樂府解題曰，古辭文意與雞鳴曲同。」《初學記》十八引〈古樂府詩〉（〈君家誠易知〉）、二十四引〈樂歌〉（〈黃金爲君門〉）即此稱「相逢行」也。又善哉行，《樂府詩集》（卷三六）云：「樂府解題曰，古辭云，來日大難，口燥唇乾，言人命不可保，當見親友，且永長年術，與王喬八公遊焉。又魏文帝辭云，有美一人，婉如清揚，言其妍麗，知音識曲，善爲樂方，令人忘憂，此篇諸集所出，不入樂志。」《初學記》十八引古善哉行（〈月沒參橫〉），即此所稱「善哉行」也。又〈艷歌何嘗行〉，《樂府詩集》（卷三九）云：「一曰飛鵠行。古今樂錄曰，王僧虔技錄云，艷歌何嘗行歌，文帝何嘗古白鵠二篇。樂府解題曰，古辭云，飛來雙白鵠，乃從西北來，言雌病，雄不能負之而去。五里一反顧，六里一徘徊，雖遇新相知，終傷生別離也。又有古辭云，何嘗使獨，無憂不復，爲後人所擬。」《初學記》十八引〈樂府飛鵠行〉，即此所稱「艷歌何嘗行」也。

又雜曲歌辭，《樂府詩集》（卷六一）云：「《宋書・樂志》曰，古者天子聽政，使公卿大夫獻詩，耆艾修之，而後王斟酌焉。然後被於聲，於是有採詩之官。周室既衰，官失其職，漢魏之世，歌詠雜興，而詩之流，乃有八名。曰行、曰引、曰歌、曰謠、曰吟、曰詠、曰怨、曰歎，皆詩人六義之餘也。至其協聲律，播金石，而總謂之曲。若夫均奏之高下，音節之緩急，文辭之多少，則繫乎作者才思之淺深，與其風俗之厚薄。」又云：「雜曲者，歷代有之，或心志之所存，或情思之所感，或宴游懽樂之所發，或憂愁憤怨之所興，或敘離別悲傷之懷，或言征戰行役之苦，或緣於佛老，或出自夷虜，兼收備載，故總謂之雜曲。自秦漢以來，數千百歲，文人才子，作者非一，干戈之後，喪亂之餘，亡失既多，聲辭不俱，故有名存義亡，不見所起。」漢代雜曲歌，計十五篇，即〈馬援武溪深行〉、〈傅毅冉冉孤生竹〉、〈張衡同聲歌〉、〈辛延年羽林郎〉、〈宋子侯董嬌饒〉、〈繁欽定情田詩〉，及〈無名氏之蜨蝶行〉、〈驅車上東門〉、〈傷歌行〉、〈悲歌行〉、〈前後聲歌〉、〈孔雀東南飛〉、〈枯魚過河泣〉、〈棗下何纂纂〉，《初學記》三十所引〈古樂府・歌詞蛺蝶行〉，即爲漢雜曲歌辭之一也。

第三章　結　論

　　集部主要文獻乃指歷代文學家之總集、別集、文集等，以楚辭爲首。歷代總集、別集、文集頗多，然唐以前大多文集皆已散佚，存留者少。《初學記》一書收載古典文獻豐富，多已亡佚。今存者以集部觀之，見諸史志著錄者，楚辭類有一種，別集類有三百七十九種，其中先秦文集有二種，漢人文集有四十八種，三國文集有二十六種，晉人文集有一百四種，南北朝文集有一百二十一種，隋人文集有十五種，唐人文集有六十三種，總集類約有八種〔註1〕。前已論及，類書乃由諸古籍中摘錄部分文獻，故於傳抄中不免產生訛誤，且於編撰過程，或有爲編撰者刪節、改竄之處。《初學記》成書至今，已逾一千二百六十多年，歷代抄錄刊刻不絕，流佈甚廣，自或有遭抄錄或刊刻者竄亂之處。以其徵引集部典籍言之，如卷八州郡部河南道第十箴下，引揚雄〈潤州箴〉云：

> 洋洋潤州，江川秀遠；蔣廟鍾山，孫陵曲衍；江寧之邑，楚曰金陵；
> 吳晉梁宋，六代都興。

按〈潤州箴〉所敘之事，皆六朝時事，絕非漢時揚雄所作。故清陸以湉《冷廬雜識》卷四〔註2〕云：「……《初學記》所載多涼、潤二州，其〈潤州箴〉云：『蔣廟鍾山，孫陵曲衍，江寧之邑，楚曰金陵，吳晉梁宋，六代都興。』此皆漢以後事，豈得謂子雲所作，徐公碩儒，當不若是之舛，或其書爲後世妄人所增，有是誤耳。故古香齋本已疑而從闕，故排印本作□□。嚴可均校本云：「此箴非揚雄所作也，潤州唐武德三年置，疑楊師道或楊炯，當改。」其次《初學記》亦有謬誤之處，如引人之誤，卷十七人事部上恭敬第六「詩文・歌」下引魏文帝〈樂府短歌行〉云：「山不厭高，水不厭深，周公吐哺，天下歸心。」按《宋書・樂志》、《樂府詩

〔註1〕見本文附錄二〈初學記徵引集部典籍存佚表〉。
〔註2〕見胡玉縉《四庫全書總目提要補正》（卷四十）所引。

集》卷三十、《詩紀》卷十一、《文選》卷三十七、《藝文類聚》卷四十二等書所引，皆以爲魏武帝所作，《初學記》作魏文帝，恐有誤也。又如引用詩文題名有誤，卷八州郡部河南道第二「事對」於仙土石下引崔琰〈述征賦〉曰：「郁非山有仙土石室，乃往觀焉，見一道人。」此文封氏《聞見記》卷六、《水經注》卷三十、《藝文類聚》卷二十七，引用時皆作〈述初賦〉。

　　除此之外，《初學記》於文字之謬誤亦不乏其例。閻琴南於〈初學記研究〉一文中，於異文校注中收錄〈初學記異文〉凡四六二七條，由此可見《初學記》於文字方面存有不少問題。然以其具類書之三大作用，即可供檢尋各類材料，校勘考證古籍與搜輯古書佚文，故不惟便於專門資料之檢索，且當某種古籍於後代亡佚時，猶可由書中得見其梗概，發揮保存佚書佚文之功，於考索初唐以前集部典籍，極具價值。本文於稽考《初學記》徵引集部典籍後，歸結《初學記》之價值，茲分論如下：

第一節　文獻學方面

一、輯　佚

　　古代典籍，散佚頗多，往往前代〈藝文志〉或經籍志已著錄之書，歷時即已散佚不存。元馬端臨《文獻通考・經籍考・序》云：「漢、隋、唐、宋之史，俱有藝文志。然〈漢志〉所載之書，以〈隋志〉考之，十已亡其七；以〈宋志〉考之隋、唐，亦復如是。」由此可知，典籍亡佚現象頗甚。究其因，以史上朝代更迭繁多，社會動盪，輒令典籍散佚。牛弘、胡應麟所稱古書經歷「五厄」〔註3〕、「十厄」〔註4〕，即以歷代兵燹、禍亂不斷之故。除此之外，雕版印刷發明前，典籍流傳，皆以繕寫；雕版印刷發明後，卷帙浩繁之典籍以無力開雕，致散亡者亦多。古籍既已散佚不全，然於其流傳時，已爲他書廣爲引用摘錄或選輯，因而其書不惟見於史志或書目著錄，且尚可見遺篇斷章，後代好學博覽之士，將此散佚之古籍，予以搜輯，即爲輯佚。

　　輯錄佚書佚文，宋代學者已發其端緒；明代輯佚繼之，然猶有所囿。至清樸學盛行，輯佚成果漸著。張滌華《類書流別》云：

　　　　陳編舊籍，時有散亡，後人生千載之下，每苦不睹往古之聖。若有

〔註3〕見《隋書・牛弘傳》（卷四九）。
〔註4〕見胡應麟《少室山房筆叢》（卷一）。

類書以撮其大凡，條其篇目，則原書縱逸而遺文舊事，往往託以得存，
猶可資以補苴罅漏〔註5〕。

此誠爲類書存遺佚之功，如六朝之詩文集，見采於《北堂書鈔》、《藝文類聚》、《初
學記》等；初唐詩文，捃拾於《初學記》、《太平御覽》、《文苑英華》等，所在多有。
雖斷璣殘璧，仍沾漑後世。以《初學記》徵引集部典籍而論，見諸史志著錄者，有
三百七十九種，其中已佚而有輯本者，有一百一十七種，已佚而無輯本者，有二百
六十二種。史志未著錄者，計約有一百六十五種。據此結果可致力者有二：其一爲
增諸輯佚家之未輯，即據本文附錄一「初學記徵引集部典籍存佚表」，可知前人未錄、
未輯之書籍及篇章有幾何，再就本文附錄二「《初學記》徵引集部作者篇名索引」予
以彙集，經審慎考定及編排，則藏於《初學記》中某一佚書之資料，可不遺一字，
皆予輯存。其二爲補諸家之漏輯，由「《初學記》徵引集部作者篇名索引」，可於《初
學記》任一引用書於存本內所有之引用文字，均可瞭然，前修未密之處，皆可據此
補苴罅漏。如逯欽立輯校《先秦漢魏晉南北朝詩》，凡一百三十五卷，引用數百種子
史文集，《初學記》亦在其中。然檢尋其所搜輯，亦僅限於「詩文」中之詩作，於本
書之「事對」中引用先秦漢魏晉南北朝詩者，則似未留意。再如《初學記》蒐集甚
多唐開元七年以前作家之作，此於《全唐文》、《全唐詩》，甚而其他文體之總集中，
亦有未盡收入者，自可由此汲取材料，以實原作者之篇章。

二、校　勘

胡樸安《校讎學》云：「蒐集墳典，爲校讎家之責任；況欲比勘，必先備典籍，
故網羅逸書，乃校讎家之先務〔註6〕。」古籍於雕版印刷盛行前，皆以抄寫，故易
生錯訛。諸如字體缺謬、語句脫落，乃至錯簡、改竄、衍文增句等等。若可檢尋
較佳之本進行校訂，則或可考見古書原貌。類書所收材料，即由當時尚存典籍中
輯錄出，因此往往保存失傳古籍之原貌。故校勘古籍，輒以類書校對異文，更定
今本。於手抄古籍之時代，少一次傳抄，必可少一些訛誤；至雕版印刷時代，少
經一次翻刻，亦可免除某些錯簡及謬誤。故校勘應以古本爲貴，唐宋類書之可貴
亦即在此。由於古類書，尤以唐宋類書所引之典籍，多爲後人未見之古本，爲校
勘、考證提供重要之文獻依據。然欲校勘類書所引之古籍，必先校勘類書本身。

〔註5〕張滌華，《類書流別》，（台北：大立出版社，民國74年），頁41。
〔註6〕胡樸安、胡道靜合著，《校讎學》，台北：臺灣商務印書館，民國57年），卷下校讎
　　　方法，收入人人文庫七四四，頁56。

閻琴南〈初學記研究〉一文，即據《初學記》諸版本予以校勘，於異文校注中收錄〈初學記異文〉凡四六二七條，可見《初學記》於文字面存有諸多問題。然閻氏僅就《初學記》之輔本、校本，並稱引典籍，一一檢核，而得之成果，其所研究，猶有未盡者。校勘類書所引古籍，除以類書本身必須校勘外，於同一古籍，今尚存有諸版本者，亦應予以比勘校讎，以求確實客觀。《初學記》徵引集部典籍，正可於此方面提供比勘之文獻資料。如《初學記》二十一引李充〈翰林論〉云：「潘安仁之爲文也，猶翔禽之羽毛，衣被之綃穀。」鍾嶸《詩品》上「晉黃門郎潘岳」云：「翰林嘆其翩翩然如翔禽之有羽毛，衣服之有綃穀，猶淺於陸機。」又曰：「翰林篤論，故嘆陸爲深。」以此比勘校讎，可知《初學記》所引似有不全。

第二節　目錄學方面

雕版印刷盛行前，古籍皆賴繕寫得以流傳，故宋以前作家詩文集散佚頗多，宋後匯刻之諸家文集，基本維持原著面貌者亦已不多。宋以後作家詩文集，以雕版印刷之便，一部即可印成數百成千部，其維持原著面貌，即爲可能。然個人詩文集，除著名作家及達官貴人之集爲社會所重外，其餘諸集輒時刻時滅。《四庫全書總目》稱別集乃〈隋、唐志〉所著錄，〈宋志〉十不一存，〈宋志〉所著錄，今又十不存一。」即以個人詩文集「新刻日增，舊編日滅」而慨嘆也。如蔡邕《蔡中郎集》，〈隋志〉著錄十一卷，注云梁有二十卷，〈宋志〉僅存十卷，至《四庫全書總目》清刻本則僅作六卷；再者如《吳均集》，〈隋志〉著錄二十卷，〈宋志〉僅存三卷，後散佚，今僅存輯本。由歷代目錄之著錄可知，唐以前文集散佚甚多，然藉《初學記》徵引集部典籍之書目，可致力於以下數端：

一、補《隋書·經籍志》

〈隋志〉共收兩漢、魏、晉及梁、陳、齊、周、隋五代典籍，清張鵬一復自《魏書》、《南、北齊書》、《周書》、《隋書》、《北史》列傳，以及《唐書·經籍志》、〈律曆志〉等，搜輯〈隋志〉所未載者，就集部而言，得專集七十二家，雜文三十篇。今據《初學記》徵引集部典籍，猶有張氏未補者，可藉《初學記》著錄，以資參考〔註7〕。

二、補《梁書》、《陳書》、《北齊書》、《魏書書》、《周書》等〈藝文志〉

〔註 7〕詳參次頁附表。

補南北朝史志者，元人蔡珪、清人汪士鐸，並嘗撰補〈南北史藝文志〉，皆已亡佚。徐崇補〈南北史藝文志〉，僅取材於《南史》、《北史》之紀傳；其見於並時《八書》者，則別為〈載記〉一篇，殊屬無謂。范希曾《書目答問補正》載侯康補宋、齊、梁、陳、魏、北齊、周各書藝文志各一卷，湯洽補《梁書》、《陳書》〈藝文志〉各一卷，皆未見傳本。然則南北朝諸史之藝文志，有待於今人之補苴者甚急，今人聶崇岐〈補宋書藝文志〉，陳述〈補南齊書藝文志〉，李正奮〈補後魏書藝文志〉，然是時史志闕補者尚多，後由師大李雲光〈補梁書藝文志〉、楊壽彭〈補陳書藝文志〉、蒙傳銘〈補北齊書藝文志〉、賴炎元〈補魏書藝文志〉、王忠林〈補周書藝文志〉。今據《初學記》徵引集部典籍，亦有上述諸家未補入者，可據《初學記》予以著錄，以資參考〔註8〕。

三、存本引用書之考證

就《初學記》徵引集部典籍書目之考證，不惟可考見《初學記》一書於纂修時對資料之徵引運用，尚可得知前代至初唐傳書之多寡，並其沿革源委；且《初學記》著錄集部篇名不一，實有考核確定之必要，若能就《初學記》徵引集部典籍書目每一篇名皆為之考證，其於目錄學之研究亦頗有助益。以集部而言為如此，就《初學記》一書徵引之四部書目而言亦如此也。

第三節　文學史方面

集部之書，並非專記史實之書，而大抵皆係純文學，其為研究文學史之主要素材，顯然別集為文學研究最直接及主要之史料。研究作家之文學創作，必以其所有作品為依據，惟其如此乃可獲較全面、客觀之結論。而別集即系統而完備地收錄某作家之全部作品，故可為吾人研究某作家提供較為全面性之一手資料。如《嵇康集》由魯迅所校，即堪稱善本。其序云：

> 《魏中散大夫嵇康集》，在梁有十五卷，錄一卷。至隋佚二卷。唐世復出，而失其錄。宋以來乃僅存十卷。鄭樵《通志》所載卷數；與唐不異者，蓋轉錄舊記，非由目見。王楙已嘗辨之矣。至元槧刻，宋、元未嘗聞，明則有嘉靖乙酉黃省曾本，汪士賢二十一名家集本，皆十卷。在張溥《漢魏六朝百三名家集》中者，合為一卷。張燮所刻者又改為六

〔註8〕同註7。

卷，蓋皆從黃本出，而略正其誤，并增逸文。張燮本更變亂次第，彌失
其舊。惟程榮刻十卷本，較多異文，所據似別一本，然大略仍與他本不
甚遠。清諸家藏書簿所記，又有明吳寬叢書堂鈔本，謂源出宋槧，又經
鮑庵手校，故雖迻錄，校文者亦爲珍秘。余幸其書今在京師圖書館，乃
亟寫得之，更取黃本讎對，知二本根源實同，而互有訛奪。惟此所闕失，
得由彼書補正，兼具二長，乃成較勝〔註9〕。

由上可知校者於《嵇康集》之版本源流及優劣研究透徹，後選以時代最早之吳寬
抄校本爲底本，又以黃省曾、汪士賢、程榮、張溥、張燮等刻本以及《文選》、《太
平御覽》、《藝文類聚》等總集、類書相校，故具較高之史料價值，且爲研究嵇康
之生平、思想、文學創作提供全面而可信之史料。

其次唐以前文人別集亡佚頗甚，而《初學記》徵引諸多唐開元七年以前諸作
家之詩作，故於文學史方面斷裂不全者，可藉此略觀其軌跡；再者於研究初唐詩
學方面亦提供史料，或可由此對初唐詩風予以重新定位，且對漢魏六朝文學至盛
唐前文學之醞釀與演變，亦可由此而窺其大略也。

附　表（第三章註7）

作　者	時代	備　　　　　　　　　註
李延年	漢	初學記卷十九引李延年歌，逯氏漢詩（卷一）有輯存。
韋孟		姚振宗漢志拾補著錄漢楚王傅韋孟詩二篇
鄒陽		初學記卷十引上吳王書、卷二十六引酒賦
羊勝		初學記卷二十五引屏風賦，題芉勝，據考當爲羊勝。
公孫乘		初學記卷一引枚乘月賦，據考當爲公孫乘。
後漢章帝	後漢	初學記卷十三引巡幸詔，全後漢文（卷四至五）有輯存。
白狼王唐菆		初學記卷十五引遠夷慕德歌詩、遠夷懷德歌詩，逯氏漢詩（卷五）有輯存。
宋子侯		學記卷二十八引董嬌嬈詩，逯氏漢詩（卷七）有輯存。
朱浮		初學記卷六引與彭寵書，全後漢文（卷二一）有輯存。
袁安		初學記卷十五引夜酣賦，全後漢文（卷三十）有輯存。
鄧耽		初學記卷十三引賦祀賦，全後漢文（卷四九）有輯存。

〔註9〕魯迅，《魯迅全集》第九卷，（北京：人民文學出版，1973年），頁15。

郎顗		初學記卷一引上書，全後漢文（卷六十）有輯存。
滕輔		初學記卷二十二引祭牙文，全後漢文（卷六一）有輯存。
張昶		初學記卷五引張旭華嶽碑序，當為張昶，全後漢文（卷六四）有輯存。
秦嘉		初學記卷十四引述婚詩，逯氏漢詩（卷六）有輯存、其文全後漢文（卷六六）輯存之。
邊讓		初學記卷十五引章華賦，全後漢文（卷八四）有輯存。
傅幹		曾樸補後漢書・藝文志卷八著錄傅幹所著，卷數佚。
仲長統		初學記卷一引仲長統詩，逯氏漢詩（卷七）有輯存、其文全後漢文（卷八七至八九）輯存之。
應瑒	魏	初學記卷十八引雜詩，逯氏魏詩（卷八）有輯存、其文全三國文（卷三十）輯存之。
劉劭		初學記卷六、卷十五、卷二十二引趙都賦，卷三十引龍瑞賦，全三國文（卷三二）有輯存。
賈岱宗		初學記卷二十九引大狗賦，全三國文（卷五三）有輯存。
曹彪		初學記卷十八引答東阿王詩，逯氏魏詩（卷）有輯存。
闞澤	吳	初學記卷二十六引九章，全三國文（卷六六）有輯存。
裴景聲	西晉	初學記卷二十二引文身劍銘，全晉文（卷三三）有輯存。
裴頠		初學記卷十一引言吏部尚書表，全晉文（卷三三）有輯存，題裴顗，當作頠也。
劉伶		初學記卷二十六引劉伯倫酒德頌，劉伶字伯倫，全晉文（卷六六）有輯存、其詩逯氏晉詩（卷一）輯存之。
賈彬		初學記卷十六引箏賦，全晉文（卷八九）有輯存。
木華		初學記卷六引木玄虛海賦，木華字玄虛，全晉文（卷一○五）有輯存。
卞裕		初學記卷十八引送桓竟陵詩、詩，逯氏晉詩（卷十五）有輯存。
魯褒	東晉	初學記卷二十七引錢神論，全晉文（卷一一三）有輯存。
范堅		初學記卷二十八引安石榴賦，全晉文（卷一二四）有輯存
習嘏		初學記卷三十引長鳴雞賦，全晉文（卷一二四）有輯存。
徐虔		初學記卷十三引郊廟明堂議，全晉文（卷一四○）有輯存
劉謐之		初學記卷十九引與天公牋、龐郎賦，全晉文（卷一四三）有輯存。
黃章		初學記卷二十九引龍馬賦，全晉文（卷一○五）有輯存。

許邁		初學記卷八引與王逸少書，全晉文（卷一六七）有輯存。
王獻之妾桃葉		初學記卷二十五引王獻之桃葉團扇歌，逯氏晉詩（卷十三）有輯存，題王獻之妾桃葉所作。
趙整		初學記卷二十八引詠棗詩、詩，逯氏晉詩（卷十四）有輯存、其文全晉文（卷一五九）輯存之。
徐湛之	宋	初學記卷三十引翠龜表，全宋文（卷七一）有輯存。
苟（荀）倫		初學記卷六引苟倫與河伯牋，全宋文（卷五七）有輯存。
孔法生		初學記卷十八引征虜亭祖王少傅詩，逯氏宋詩（卷四）有輯存。
陸凱		初學記卷二十八異文引與范曄贈於詩，逯氏宋詩（卷四）有輯存，題作與范曄贈梅詩。
蕭璟		初學記卷十八引貧士詩，逯氏宋詩（卷十）有輯存。
喬道元		初學記卷十九引與天公牋，全宋文（卷五七）有輯存。
劉遵	梁	初學記卷四引七夕穿針詩、卷十五引應令詠舞詩，逯氏梁詩（卷十五）有輯存。
紀少瑜		初學記卷二十四引遊建興苑詩、卷二十五引詠殘燈詩、卷三十引詠月中飛螢詩，逯氏梁詩（卷十三）有輯存。
到溉		補梁書・藝文志據南史本傳著錄到溉集二十卷。
徐摛		初學記卷三引夏詩、卷二十一引詠筆詩，逯氏梁詩（卷十九）有輯存、其文全梁文（卷五十）輯存之。
殷芸		初學記卷十五引詠舞詩，逯氏梁詩（卷十五）有輯存、其文全梁文（卷五四）輯存之。
蕭琛		補梁書・藝文志據南史本傳著錄蕭琛集，不注卷數。
虞騫		補梁書・藝文志據南史吳均傳著錄虞騫集，不注卷數。
王訓		初學記卷十五引應令詠舞詩，逯氏梁詩（卷九）有輯存。
陸罩		初學記卷十六引陸罕詠笙詩，逯氏梁詩（卷十三）有輯存，當作陸罩。
蕭推		初學記卷五引賦得翠石應令詩，逯氏梁詩（卷十七）有輯存。
楊皦		初學記卷十五引詠舞詩，逯氏梁詩（卷十七）有輯存。
伏挺		補梁書・藝文志據南史本傳著錄伏挺集二十卷。
何敬容		初學記卷十五引詠舞詩，逯氏梁詩（卷十九）有輯存、其文全梁文（卷四十）輯存之。
沈旋		初學記卷三十引詠螢火詩，逯氏梁詩（卷二六）有輯存。
沈趨		初學記卷二引沈趨賦得霧詩，逯氏梁詩（卷二六）有輯存，題作

		沈趨。
徐怦		初學記卷三引夏詩，逯氏梁詩（卷二四）有輯存、其文全梁文（卷五十）輯存之。
褚澐		初學記卷二十八引詠柰詩、卷三十引賦得詠蟬詩，逯氏梁詩（卷二四）有輯存，澐或作雲。
劉孝先		初學記卷二十八引詠竹詩，逯氏梁詩（卷二六）有輯存。
徐朏		初學記卷三引徐摛夏詩，逯氏梁詩（卷二六）有輯存，作徐朏。
徐昉		初學記卷三十引賦得蝶依草詩、卷三十異文引作賦得蝶依草應令詩，逯氏梁詩（卷二六）有輯存。
王臺卿		初學記卷十六引詠箏詩，逯氏梁詩（卷二七）有輯存。
戴暠		初學記卷一引月重輪行詩，逯氏梁詩（卷二七）有輯存。
李鏡遠		初學記卷一引日詩，逯氏梁詩（卷二八）有輯存。
湯僧濟		初學記卷七引渫井得金釵，逯氏梁詩（卷二八）有輯存。
聞人蒨		初學記卷三引春日詩，逯氏梁詩（卷二八）有輯存。
劉憺		初學記卷二引驚早露詩，逯氏梁詩（卷二八）有輯存。
顧煊		初學記卷二引賦得露詩，逯氏梁詩（卷二八）有輯存。
蕭和		初學記卷三十引螢火賦，全梁文（卷二四）有輯存。
褚洊		初學記卷二引神洊芳林園甘露頌，全梁文（卷六七）有輯存，當作褚洊也。
蕭鈞		初學記卷十八引晚景遊泛懷友詩，未見輯存。
後魏太武帝	後魏	初學記卷二十七引作黃金盤鏤以白銀銘，全後魏文（卷一）輯有其文，然初學記所引此篇，未見輯存。
常景		張鵬一隋志補目、補魏書・藝文志皆著錄常秘書集，不注卷數。
崔浩		初學記卷四引女儀，全後魏文（卷二二）有輯存。
北齊武成帝	北齊	初學記卷二十三引以三臺宮爲大興聖寺詔，全北齊文（卷二）輯有其文，然此篇未見輯存。
蕭放		初學記卷十五引冬夜對妓詩、卷二十八引詠竹詩，
顏之推		張鵬一隋志補目著錄顏黃門集三十卷、蒙傳銘補北齊書・藝文志據其本傳著錄顏之推集三十卷。
祖珽		初學記卷六引祖孝徵望海詩、卷十四引挽歌詩，逯氏北齊詩（卷二）有輯存。
裴讓之		初學記卷二十引公館讌酬南使徐陵詩，逯氏北齊詩（卷一）有輯存。

袁奭		初學記卷十三引從駕遊仙詩，逯氏北齊詩（卷一）有輯存
楊訓		初學記卷十五引群公高宴詩，逯氏北齊詩（卷一）有輯存
馬元熙		初學記卷十六引日晚彈琴詩，逯氏北齊詩（卷二）有輯存
趙儒宗		初學記卷三十引詠龜詩，逯氏北齊詩（卷二）有輯存。
後周武帝	後周	初學記卷二十三引立通道觀詔，全後周文（卷二）輯有其文，然未收本篇。
宗羈		初學記卷七引登渭橋，北周詩（卷一）有輯存。
孟康		初學記卷一引康孟詠日應趙王教詩，逯氏北周詩（卷一）有輯存，然題作孟康。
劉璠		張鵬一隋志補目著錄劉司錄集二十卷；補周書·藝文志據北史本傳著錄劉司錄集二十卷。
徐伯陽	陳	初學記卷十四引皇太子釋奠頌，全陳文（卷十二）有輯存、其詩逯氏陳詩（卷二）輯存之。
傅縡		補陳書·藝文志據陳書本傳著錄傅縡集十卷。
陸瓊		補陳書·藝文志據陳書本傳著錄陸瓊集二十卷。
孔奐		補陳書·藝文志據陳書本傳著錄孔奐集十五卷。
阮卓		初學記卷一引賦得風詩、卷三十引賦得蓮下遊魚詩，逯氏陳詩（卷六）有輯存。
劉刪		初學記卷七引汎宮亭湖、卷十五引侯司空宅詠妓詩、卷三十引詠蟬詩，逯氏陳詩（卷六）有輯存。
祖孫登		初學記卷一引詠風詩、卷六引詠水詩、蓮調詩、卷二十四引登宮殿名登臺詩，逯氏陳詩（卷六）有輯存。
何胥		初學記卷二十四引賦得待詔金馬門詩，逯氏陳詩（卷六）有輯存。
賀脩		初學記卷二十八引賦得夾池竹詩，逯氏陳詩（卷六）有輯存。
賀徹		初學記卷十六引賦得長笛吐清氣詩，逯氏陳詩（卷六）有輯存。
楊縉		初學記卷三十引照帙秋螢詩，逯氏陳詩（卷六）有輯存。
蔡凝		初學記卷一引賦得處處春雲生詩，逯氏陳詩（卷六）有輯存。
蕭詮		初學記卷五引賦得往往孤山映詩、卷二十九引夜猿啼詩，逯氏陳詩（卷六）有輯存。
陳暄		初學記卷二十八異文引食梅賦，全陳文（卷十六）有輯存，其詩逯氏陳詩（卷六）輯存之。
蕭鄰		初學記卷二十六引詠裙複詩，逯氏陳詩（卷九）有輯存。
孔範		初學記卷一引賦得白雲抱幽石詩、卷二十五引和陳主詠鏡詩，逯

		氏陳詩（卷九）有輯存。
蕭大圜	隋	張鵬一隋志補目著錄蕭太守集二十卷；補周書・藝文志據北史本傳著錄蕭太守集二十卷。
孫萬壽		張鵬一隋志補目著錄孫司直集十卷。
孔德紹		初學記卷五引行經太華詩、卷六引王澤嶺遭洪水詩、卷十五引觀太常奏新樂詩（題孔德昭）、卷二十三引登白馬山護明寺詩、卷三十引賦得華亭鶴詩（題陳孔德紹），逯氏隋詩（卷六）、全唐文（卷一三四）、全唐詩（卷七三三）輯存之。
許善心		初學記卷十四引奉和冬至乾陽殿受朝應詔詩、卷十五引於太常寺聽陳國蔡子元所校正聲樂詩、卷二十引奉和賜詩、卷二十四引奉和還京師詩，逯氏隋詩（卷五）有輯存，其文全隋文（卷十五）輯存之。
虞綽		初學記卷二十引於婺州被囚詩，逯氏隋詩（卷五）有輯存、其文全隋文（卷十四）輯存之。
明餘慶		初學記三十引死烏詩，逯氏隋詩（卷二）有輯存。
元行恭		初學記卷七引秋游昆明池、卷二十四引過故宅詩，逯氏隋詩（卷二）有輯存。
杜臺卿		張鵬一隋志補目著錄杜著作郎集十五卷。
蕭琮		初學記卷一引奉和月夜觀星詩，逯氏隋詩（卷五）有輯存
王眘		初學記卷四引七夕詩，逯氏隋詩（卷五）有輯存。
岑德潤		初學記卷五引賦得臨階危石詩、卷三十引詠魚詩，逯氏隋（卷五）有輯存。
于仲文		初學記卷十引答譙王詩，逯氏隋詩（卷五）有輯存、其文全隋文（卷二六）輯存之。
袁慶		初學記卷一引奉和月夜觀星詩，逯氏隋詩（卷五）有輯存
崔仲方		初學記卷五引奉和周趙王詠石詩，逯氏隋詩（卷五）有輯存、其文全隋文（卷九）輯存之。
杜公瞻		初學記卷二十七引詠同心芙蓉詩，逯氏隋詩（卷六）有輯存。
劉斌		初學記卷五引詠山詩、卷十一引和許給事傷牛尙書詩，逯氏隋詩（卷六）有輯存。
王衡		初學記卷二引翫雪詩，逯氏隋詩（卷六）有輯存。
李巨仁		初學記卷六引賦得方塘含白水詩、卷二十二引釣竿篇、卷二十五引賦得鏡詩，逯氏隋詩（卷七）有輯存。
弘執恭		初學記卷六引奉和出潁至淮應令詩、卷十五引和平涼公觀趙郡王妓詩（題弘恭作），逯氏隋詩（卷七）有輯存。
卞斌		初學記卷十五引觀太常奏，逯氏隋詩（卷七）有輯存。

王由禮		初學記卷三十異文引賦高柳鳴蟬詩,逯氏隋詩（卷七）有輯存。
胡師耽		初學記卷五引登終南山擬古詩,逯氏隋詩（卷七）有輯存。
劉端		初學記卷十五引和初春宴東堂應令詩,逯氏隋詩（卷七）有輯存。
沈君道		初學記卷十五引應皇太子宴應令詩,逯氏隋詩（卷七）有輯存。
魯本		初學記卷二十引與胡師耽同繫胡州出被刑獄詩,逯氏隋詩（卷七）有輯存。
薛昉		初學記卷十引巢王座韻得餘詩,逯氏隋詩（卷七）有輯存。
越王李貞	唐	初學記卷七引奉和過溫湯,全唐詩（卷六）有輯存。
韓王元嘉		初學記卷十引奉和周太子監守違戀詩,全唐詩（卷五）有輯存。
徐賢妃		初學記卷七引秋風函谷應詔,全唐詩（卷五）有輯存。
朱子奢		初學記卷十三引請封禪表、卷十四引文德皇后挽歌詩,全唐文（卷一三五）、全唐詩（卷三八）皆有輯存。
張文恭		初學記卷四引七夕詩,全唐詩（卷三九）有輯存。
張大安		初學記卷十引奉和別越王詩,全唐詩（卷四四）有輯存。
元萬頃		初學記卷三引奉和春日詩、奉和春日池臺詩,卷十四引奉和太子納妃公主出降詩,全唐詩（卷四四）有輯存、其文全唐文（卷一六八）輯存之。
郭正一		初學記卷十四引奉和太子納妃公主出降詩,全唐詩（卷四四）有輯存、其文全唐文（卷一六八）輯存之。
胡元範		初學記卷十引奉和太子納妃詩,全唐詩（卷四四）有輯存。
裴守真		初學記卷十引奉和太子納妃詩,全唐詩（卷四四）有輯存、其文全唐文（卷一六八）輯存之。
楊思玄		初學記卷七引奉和過溫湯、卷十引奉和別魯王詩,全唐詩（卷四四）有輯存。
王德真		初學記卷七引奉和過溫湯,全唐詩（卷四四）有輯存。
鄭義真		初學記卷七引奉和過溫湯,全唐詩（卷四四）有輯存。
蕭楚材		初學記卷六引奉和展禮岱宗塗經濮濟詩,全唐詩（卷四四）有輯存。
薛克搆		初學記卷六引奉和展禮岱宗塗經濮濟詩,全唐詩（卷四四）有輯存。
徐珩		初學記卷六引日暮望涇水詩,全唐詩（卷四四）有輯存。
薛眘惑		初學記卷六引進船於洛水詩,全唐詩（卷四五）有輯存。
賀敳		初學記卷四引奉和九月九日詩,全唐詩（卷四五）有輯存

崔湜		初學記卷十引長寧公主東莊侍宴詩,全唐詩(卷五四)有輯存、其文全唐文(卷二八〇)輯存之。
董思恭		初學記卷一引日詩、詠月詩、詠星詩、詠風詩、詠雲,卷二引詠虹詩、詠雪詩、詠霧詩、詠露詩,全唐詩(卷六三)有輯存。
于季子		初學記卷一引詠雲,全唐詩(卷八十)有輯存。
韋嗣立		初學記卷六引奉和三日祓褉渭濱詩,全唐詩(卷九一)有輯存、其文全唐文(卷二三六)輯存之。
馬懷素		初學記卷十五引興慶池侍宴應制詩,全唐詩(卷九三)有輯存、其文全唐文(卷二九六)輯存之。
牛鳳及		初學記卷六引奉和受圖溫洛詩,全唐詩(卷九九)有輯存
李崇嗣		初學記卷四引寒食詩,全唐詩(卷一〇〇)有輯存。
李行言		初學記卷七引秋晚度廢關,全唐詩(卷一〇一)有輯存。
趙彥昭		初學記卷十一引奉和悼右僕射楊再思詩,全唐詩(卷一〇三)有輯存。
韋挺		初學記卷六引涇水讚,全唐文(卷一五四)有輯存。
高若思		初學記卷十三引勸封禪表,全唐文(卷一五六)有輯存。
鄭軌		初學記卷十四引觀兄弟同夜成婚詩,全唐詩(卷七六九)有輯存。
楊齊哲		初學記卷七引過函谷關,全唐詩(卷七六九)有輯存。
劉夷道		初學記卷十九引詠死奴詩,全唐詩(卷七六九)有輯存。
朱彥時	不詳	初學記卷十九引黑兒賦,先唐文(卷一)有輯存。
劉思眞		初學記卷十九引醜婦賦,先唐文(卷一)有輯存。
臧彥		初學記卷二十九引駊牛賦、弔驢文(題臧道顏),先唐文卷一)有輯存,彥字道顏。
綦母氏		初學記卷二十七引錢神論,先唐文(卷一)有輯存。
朱元微		初學記卷二十五引火不熱論,先唐文(卷一)有輯存。